제4판

e-Learning 컨텐츠 설계

조미헌 · 김민경 · 김미량 · 이옥화 · 허희옥 공저

교육과학사

e-Learning 컨텐츠에 대한 관심과 수요가 증대됨에 따라서 e-Learning 컨텐츠의 설계・개발 활동을 지원하고, 그 컨텐츠의 품질을 관리하며, 컨텐츠를 학교, 가정, 지역사회 등에 효율적으로 유통하는 체제가 마련되어 운영되고 있다. e-Learning 컨텐츠의 설계와 개발 과정에서는 학습 내용, 학습자, 학습 환경 등이 미리 확정된 조건에서 효과성, 효율성, 매력성 등의 목표를 달성하기 위한 최적의 방법들을 구상하고 구현해야 하기에 컨텐츠의 설계와 개발은 다양한 문제들을 해결하도록 하는 목표지향적인 작업이다. 이 책은 컨텐츠의 설계와 개발에 관심이 있는 교사를 포함한 개인은 물론 연구기관이나 공공기관, 컨텐츠 개발사 등의 관계자들이 참고할 수 있는 지침들을 제공한다.

이 책은 3부, 총 14개의 장으로 구성되었다. 제1부에서는 컨텐츠 설계와 개발의 개요를 소개하는 내용과 더불어서 컨텐츠 설계의 시작 단계에서 수행하는 기획 활동과 분석 활동에 초점을 두고 필요한 지침들을 제공하였다. 제2부에서는 컨텐츠 설계의 세부 활동들을 네 가지로 나누어서 살펴보고, 설계 이론과 더불어서 상호작용 설계, 교수-학습 유형별 설계, 지식의 유형별 설계 등 설계 과정에서 고려해야 할 사항들을 여러 측면에서 제안하였다. 그리고 제3부에서는 컨텐츠의 개발 과정을 다섯 가지 세부 단계로 나누어서 살펴보고 각종 자료들의 제작 과정과 도구들을 소개하였으며, 컨텐츠의 운영 환경에 대한 소개와 더불어서 개발한 컨텐츠에 대한 평가 방안을 제시하였다. 특히 제3부에서는 디지털 융・복합 환경의 지속적인 발전에 따라 다양화된 e-Learning 컨텐츠의 운영 환경과 기본적인 멀티미디어의 활용과 더불어서 AR, VR과 같은 실감형 컨텐츠에 대한 관심이 증가된 변화 등을 반영하였다. 이 책의 각 부 마지막 장에서는 각 부에서 다룬 지침 내용들을 기초로 하여 기획, 분석, 설계, 개발, 평가 등의 활동을 위해 활용할 수 있는 각종 양식과 점검표를 제공하여 실습 과정에서 쉽게 참고하고 활용할 수 있도록 하였다.

다섯 명의 저자들은 각자 오랜 기간 쌓아온 다양한 지식과 경험들을 담아 e-Learning 컨텐츠 설계와 개발 작업에 관심이 있는 여러 분들과 나누고자 이 책을 집필하였으며, 많은 분들의 관심 덕분에 이 책의 제4판을 출판할 수 있게 되었음에 깊은 감사를 드린다. 컴퓨터교육의 교과교육학적인 측면과 교육공학적인 측면에서 저자들이 다양한 의견과 정보를 나누기 위해 작은 모임을 만들고 서로를 격려하면서 보내온 세월이 어느덧 20년이 되었다. 그 오랜 시간 동안 저자들이 서로를 격려하고 신뢰하는 가운데 이제는 학문적인 동료를 넘어서서 인생의 참된 벗이 될 수 있었음에 감사한다. 또한, 지난 오랜 세월 동안 저자들이 집필한 여러 권의 책들을 맡아서 멋진 책으로 출판해주신 교육과학사의 한정주 대표님, 정경식 부장님, 이정호 편집실장님을 비롯한 많은 분들께 감사의 마음을 전하고 싶다.

2020년 1월

저자 일동

PART 01 컨텐츠 설계 및 개발의 기초

PART 02 컨텐츠 설계

PART 03 컨텐츠 개발 및 평가

PART

1 컨텐츠 설계 및 개발의 기초

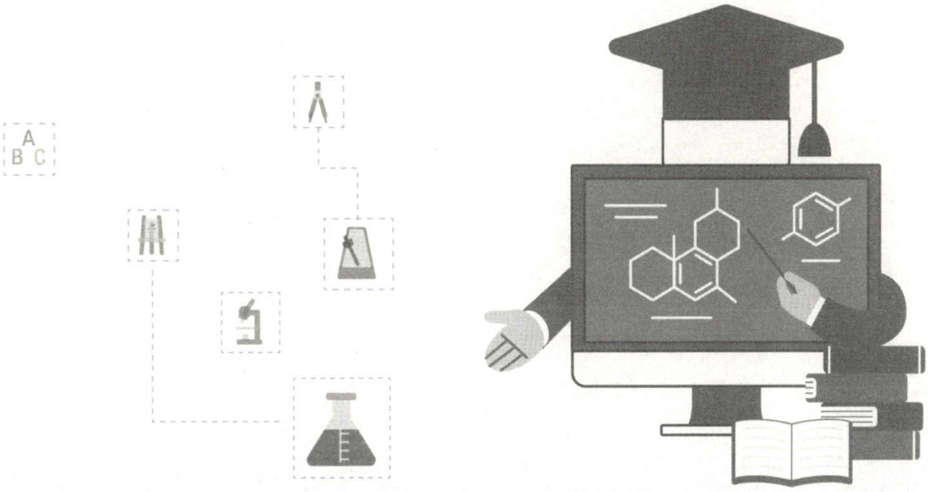

CHAPTER

01

컨텐츠 설계와 개발의 개요

이 장에서는 컨텐츠 설계 및 개발과 관련된 개요적인 내용을 살펴보고, 이 책의 전체적인 내용 구성을 소개한다. 먼저 컨텐츠 설계와 개발의 특성에 대해 살펴본다. 또한 교수설계와 개발 활동을 위해 체제적 접근 방법을 도입할 필요에 대해 알아보고, 관련 모형들을 살펴보며, 그 모형들의 특성을 분석한다. 이와 더불어서 체제적 교수설계 · 개발의 절차를 5가지 단계로 나누어서, 이 책의 구성과 연계하여 각 단계별로 진행되는 세부 활동들과 고려해야 할 사항들을 알아본다.

1 컨텐츠 설계와 개발의 특성

2 체제적 교수설계 · 개발
- 2.1 체제적 교수설계 · 개발 방법 도입의 필요
- 2.2 체제적 교수설계 · 개발 모형

3 체제적 교수설계 · 개발의 단계별 세부 활동
- 3.1 설계와 개발의 단계
- 3.2 기획
- 3.3 분석
- 3.4 설계
- 3.5 개발
- 3.6 평가

1 컨텐츠 설계와 개발의 특성

컨텐츠의 '설계'란 컨텐츠 개발의 요구를 파악하고, 그 요구를 해결하기 위한 계획을 세우는 작업을 의미한다. 또한 '개발'이란 설계 결과에 기초하여 각종 자료를 제작하며, 그 자료에 대한 형성평가를 실시하여 개발의 타당성을 검토하고 수정하는 작업을 일컫는다.

설계와 개발 과정에서는 대상이 되는 학습 내용의 특성, 학습자의 특성, 매체의 특성, 활용 환경의 특성, 예산, 일정 등과 같은 여러 가지 조건들이 고려되며, 교수설계자, 내용전문가, 교수자, 학습자, 그래픽 자료 개발자, 오디오 자료 개발자, 비디오 자료 개발자 등 다양한 사람들이 함께 참여하게 된다. 컨텐츠 설계와 개발의 과정에서 고려되는 여러 변인들을 정리하면 [그림 1-1]과 같다. 이 그림에서 볼 수 있듯이 설계와 개발 과정에서는 주어진 조건(학습 내용, 학습자, 환경 등)에서 목표로 달성하고자 하는 결과(효과성, 효율성, 매력성 등)를 얻기 위한 최적의 방법들을 구상하고 구현해야 하기에 설계와 개발은 '목표지향적인 작업'이며, '문제해결의 한 유형'으로 이해될 수 있다(최욱 외, 2010).

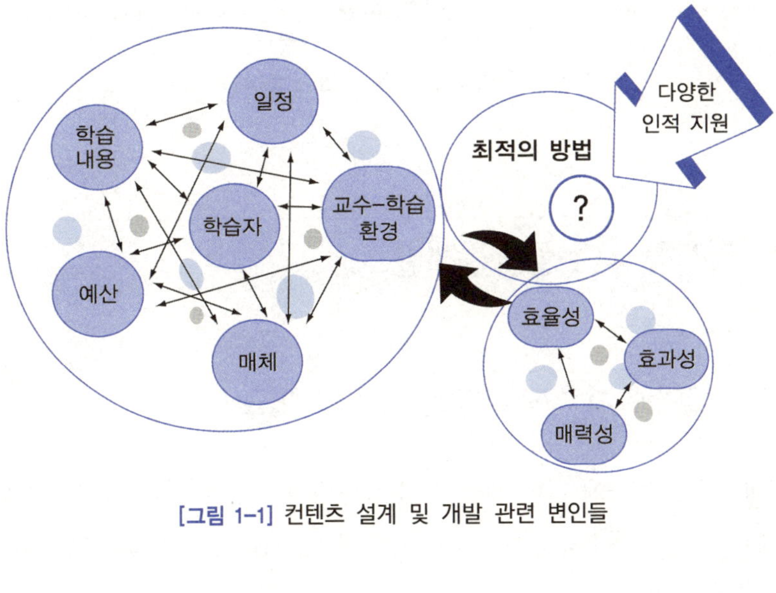

[그림 1-1] 컨텐츠 설계 및 개발 관련 변인들

한편, 컨텐츠 설계 및 개발과 관련한 세부 활동들을 정리하면 [그림 1-2]와 같다(김동식, 박인우, 2003; Alessi & Trollip, 2005). 설계와 개발 작업은 이와 같이 여러 가지 사항들을 고려하며 진행되기에 매우 복잡한 특성을 지닌다. 따라서 설계와 개발 과정에서는 다음 절에서 다루는 체제적 접근 방법(systems approach)을 도입할 필요가 있다.

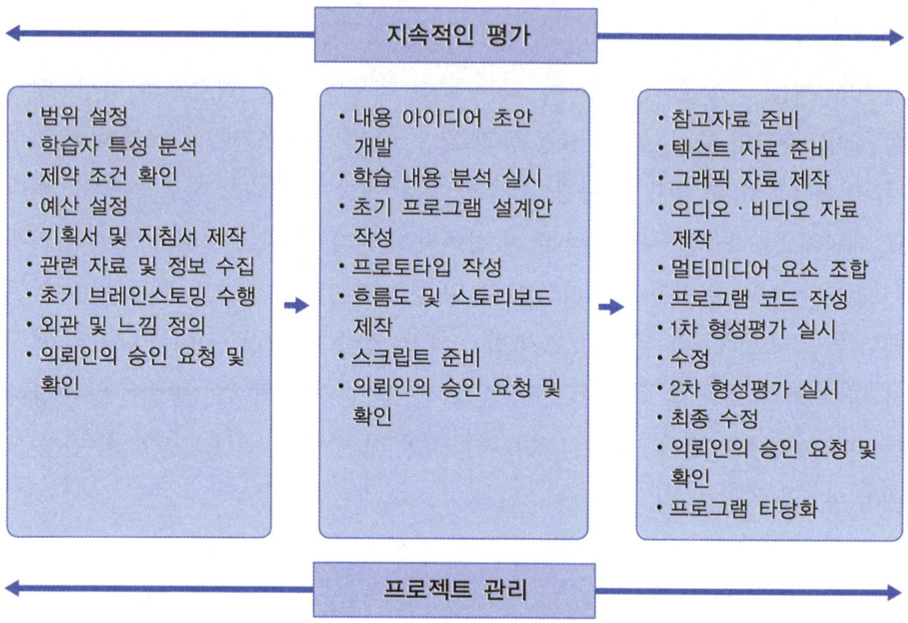

[그림 1-2] 컨텐츠 설계 및 개발 관련 세부 활동

2 체제적 교수설계 · 개발

2.1 체제적 교수설계 · 개발 방법 도입의 필요

교수설계 · 개발 활동에 대한 체제적 접근 방법의 도입에 대해 이해하기 위해서는 먼저 체제와 교수 체제(instructional system)의 의미를 이해할 필요가 있다. 체제란 특정 목적을 달성하기 위하여 상호작용하는 요소들의 집합체라고 할 수 있고, 교수 체제란 학습자의 학습 활동을 촉진시켜서 학습 목표를 달성시키기 위하여 상호작용하는 구성요소들의 집합체라고 정의할 수 있다.

교수 체제의 구성 요소들은 매우 다양하다. 그중 필수적이고 기본적인 요소들로는 학습자, 교수자, 학습 내용, 교수-학습 절차와 방법, 교수-학습 자료, 물리적 환경 조건, 심리적 환경 조건, 시간 계획 등을 들 수 있다. 이러한 요소들로 구성된 교수 체제는 여러 내장 기관, 근육, 뼈, 혈관 등 다양한 요소들로 구성된 사람의 몸에 비유될 수 있다. 즉 모든 구성 요소들은 그 각각이 해당 체제에 없어서는 안 될 중요한 역할을 담당하며, 또 다른 한편으로는 그 요소들 간의 유기적인 상호 영향성 역시 중요하다. 이에 체제적 접근 방법은 각 구성 요소의 기능을 독립적으로 최대한 발휘하도록 하면서, 동시에 그 요소들이 상호보완적인 관계를 유지하도록 하여 전체 체제가 추구하는 목표를 효과적으로 달성하고 체제의 기능을 극대화하도록 하는 방법으로 인정될 필요가 있다.

교수설계·개발 활동은 앞에서 살펴본 바와 같이 다양한 요소들로 구성된다. 이에 기대되는 학습 목표를 효과적이고 효율적으로 달성시키고자 체제적 접근 방법의 도입이 필요한 것이다. 체제적 접근 방법을 도입할 필요성과 도입의 이점을 몇 가지 측면에서 살펴보면 다음과 같다(박성익, 1997).

- 교수-학습 목표를 구체화하고, 그 목표와 전체적인 설계·개발 활동들이 일관되도록 하는 가운데 교수-학습 상황에서 간과하기 쉬운 여러 변인들을 효과적으로 통제함으로써 교수-학습 활동의 효과를 극대화시킨다.
- 학습 내용, 학습자, 학습 환경 등에 대한 분석 활동을 통해 효과적인 교수-학습 전략을 구안하고, 그 결과로 수업 진행의 효율성 또한 증진시킨다.
- 교수-학습 상황에서는 관련 변인들이 다양하게 상호작용하기에 교수-학습 역량을 증진시키는 데 도움이 되지 못하는 변인들을 개선함으로써 교수-학습의 매력성을 향상시킨다.
- 체제적 접근에 따른 교수설계·개발 활동은 경험적으로 검증되고 반복될 수 있는 과정이며, 평가를 통해 피드백을 제공함으로써 교수-학습 관련 요소들이 효과적으로 작용할 수 있도록 수정하고 보완할 수 있는 기회를 제공한다.

2.2 체제적 교수설계 · 개발 모형

교수설계 및 개발 활동과 관련하여 체제적 접근 방법을 도입한 다양한 모형들이 활용되고 있다. Morrison, Ross, Morrison과 Kalman의 모형, Dick, Carey와 Carey의 모형, Tripp과 Bichelmeyer의 모형, Alessi와 Trollip의 모형, Lee와 Owens의 모형 등이 그 예가 되며, 이들 모형들은 각각 나름대로의 차별화된 특징은 물론 공통점을 갖는다. 이 모형들 중에서 자주 사용되는 몇 가지 모형들을 살펴보고자 한다. 앞서 살펴본 바와 같이 교수 체제는 여러 가지 요소들로 구성되어 있는 복합적인 조직체이고, 그 구성 요소들은 상호 밀접하게 영향을 주는 관계에 있다. 따라서 이 모형들은 체제적 접근 방법을 도입함으로써 설계와 개발 활동이 순서적으로 이루어지고, 동시에 그 순서가 고정적인 것이 아니라 반복되고 순환되는 과정을 거치는 융통성을 갖게 된다(Gustafson & Branch, 2002). 설계와 개발 활동의 참여자는 목표를 설정하고, 설계와 개발 작업을 진행하면서 그 과정에서 얻은 정보에 의해 이미 설계 또는 개발한 자료를 지속적으로 평가하고 수정하며, 이전의 단계에서 결정한 사항을 바꿀 수도 있다.

2.2.1 ADDIE 모형

이 모형은 [그림 1-3]에 제시된 바와 같이 설계 및 개발과 관련한 활동을 '분석(Analysis)', '설계(Design)', '개발(Development)', '실행(Implementation)', '평가(Evaluation)' 등과 같은 세부 활동들로 분류하기에 각 활동들의 약자를 이용하여 ADDIE 모형으로 일컬어진다. '분석' 단계에서는 주어진 조건들에 대한 분석, 즉 요구 분석, 학습자 분석, 환경 분석, 직무 및 과제분석 등의 활동들이 이루어진다. '설계' 단계는 교수-학습 방법을 구체화하는 과정으로서 수행 목표를 명시하고, 평가 도구를 개발하며, 교수-학습 전략을 결정하는 작업이 이루어진다. '개발' 단계에서는 설계 단계에서 작성된 평가 도구와 교수-학습 전략을 반영하여 자료를 제작한다. 이 단계에서는 또한 제작된 자료에 대한 형성평가를 통해 문제점을 검토하고 수정하게 된다. 이와 비교할 때, '실행' 단계에서는 자료를 실제 교육 상황에서 직접 사용해보고 유지 및 관리 방안을 마련하게 되며, '평가' 단계에서는 자료를 활용한 교육성과에 대해 총괄적인 평가가 이루어진다.

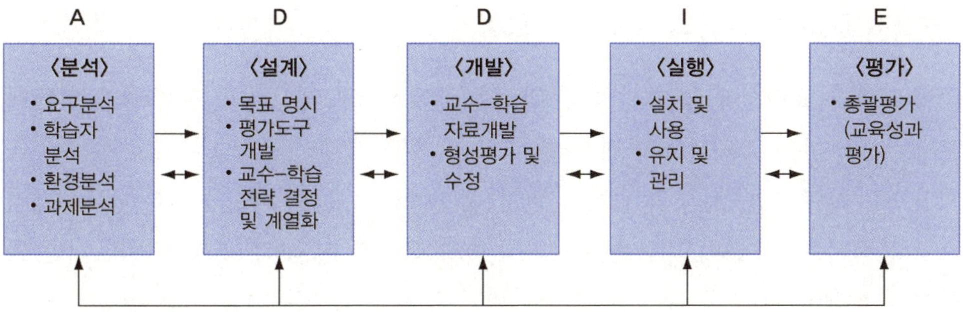

[그림 1-3] ADDIE 모형

2.2.2 Morrison, Ross, Morrison과 Kalman의 모형

이 모형은 [그림 1-4]에 제시된 바와 같이 설계나 개발의 여러 단계들과 요소들이 특정 순서와 관계없이 수행되도록 하기에 보다 유연한 접근을 허용한다. 설계자는 여러 활동들을 동시에 수행할 수 있고, 필요하다고 판단할 때에는 어느 단계에서나 수정 활동을 수행할 수도 있다. 특히 이 모형은 교수전략 설정 작업을 상세화하였으며, 학습자의 요구와 특성이 반영되도록 지원하여 교수-학습 활동을 개별화하는 데 유용한 모형으로 평가받고 있다.

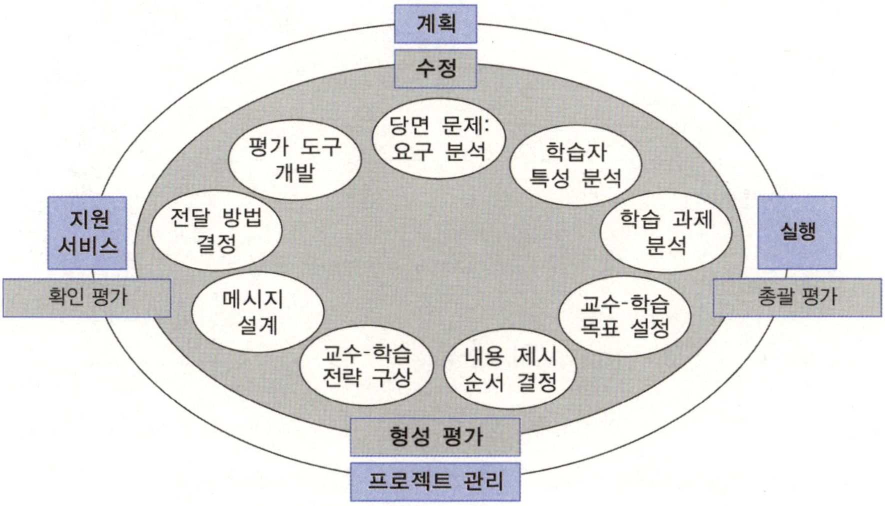

[그림 1-4] Morrison, Ross, Morrison과 Kalman의 모형

2.2.3 Dick, Carey와 Carey의 모형

이 모형은 교수설계 및 개발의 전 과정을 체계적으로 제시하며, 그 활동을 안내해 준다. 이 모형은 교육적 요구에 따른 자료 설계와 개발의 목적을 설정하는 활동을 시작으로 하여, 학습 내용과 관련한 변인 및 요소들은 물론 학습자의 특성을 체계적으로 분석하고, 그 분석 내용을 종합하여 학습 목표를 기술함으로써 설계와 개발 활동이 지향해야 할 바를 주어진 조건에 맞게 구체화하도록 한다. 이후 설정된 학습 목표와 일관되도록 평가 도구와 교수-학습 전략을 개발하며, 이를 반영한 실제 자료 개발 활동과 평가 활동이 이루어진다. 이상과 같은 활동들이 진행되는 동안 지속적인 검토와 수정 작업이 각 활동에 대해 이루어지게 된다. 이 모형은 대표적인 교수체제개발 모형으로 인정받고 있다.

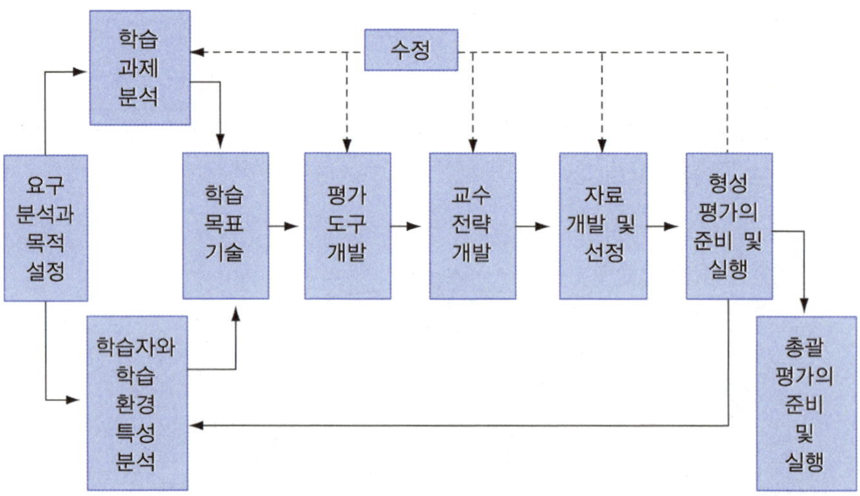

[그림 1-5] Dick, Carey와 Carey의 모형

2.2.4 Tripp과 Bichelmeyer의 모형

이 모형은 [그림 1-6]과 같이 요구 분석 및 학습 내용 분석(Assess needs and analyze content), 목표 설정(Set objectives), 프로토타입 구축(Construct prototype; 설계), 프로토타입 활용(Utilize prototype; 연구), 시스템 설치와 유지(Install and maintain system) 등과 같은 활동들로 구성된다. 이 모형의 대표적인 특징은 Rapid Prototyping 방법을 도입하여 설계의 초기 단계에서 최종 결과물과 유사한 프로토타입을 최종 결과물의 주요 요소들을 통합하여 실행이 가능한 형태로 빠르게 개발하는 활동을 중시한다는

것이다.

그와 같은 특징은 전통적인 체제적 교수설계·개발 방법이 갖는 문제점들을 극복하고자 하는 시도를 반영한다(Daugherty, Teng, & Cornachione, 2007). 먼저, 전통적인 설계 및 개발 작업이 순차적으로 이루어졌던 문제점을 극복하기 위하여 이 모형은 각 세부 활동들을 포개어진 상자로 시각화하여 그 활동들이 순차적으로 이루어지는 것이 아님을 강조한다. 즉 다른 교수 설계·개발 모형들과 같이 분석, 설계, 개발, 실행, 평가의 단계를 따르기는 하지만 그 활동들이 순환적으로 이루어져야 함을 강조한다. 한 가지 예로, 요구 분석이나 학습 내용 분석의 결과에 기초하여 프로토타입을 구축하게 되지만, 실제 프로토타입을 구축하고 활용한 경험이 다시 요구 분석이나 학습 내용 분석에 영향을 주기도 한다. 또한 이 모형은 전통적인 교수 설계·개발 방법은 최종 결과물이 만들어지기 전에는 교수설계의 결과를 알 수 없기에 사용자인 학습자나 교수자의 의견을 설계와 개발 과정에서 수렴하고 반영할 수 없었다는 문제를 극복하고자 한다. 즉 설계의 초반부터 설계자와 사용자가 서로 협동하여 프로토타입을 구축한 후에 활용해보면서 문제점을 발견하고 수정하는 작업을 반복하는 가운데 사용자의 의견을 반영함은 물론 학습이 이루어지는 상황의 특성 또한 반영하게 된다.

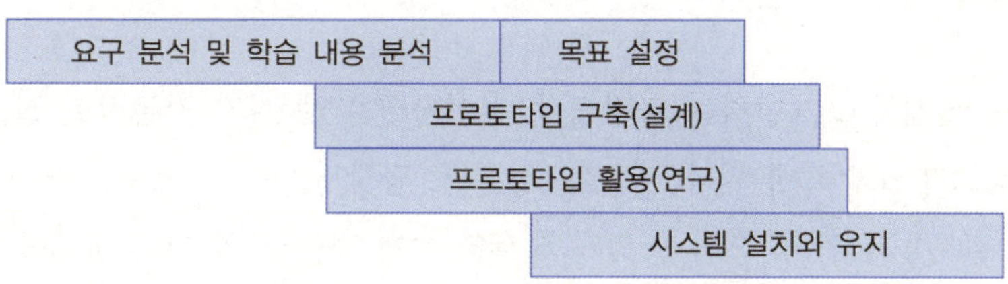

[그림 1-6] Tripp과 Bichelmeyer의 모형

2.2.5 모형들의 공통점

앞에서 살펴본 모형들을 비롯하여 컨텐츠 설계 및 개발과 관련한 다양한 교수체제 개발 모형들은 그 활용의 목적, 상황, 대상 등에 따라서 조금씩 다르기는 하지만 기본 요소들과 절차의 측면에서는 공통점을 갖는다. 특히 각 모형들은 '기획 및 분석', '설계', '개발' 그리고 '평가'의 단계로 세부 활동들을 구분하며, 각 단계별로 검토가 이루어지도록 하여 각 단계 자체에 대해 또는 단계들 간에 수정이 이루어지도록 한다는 공통점을 갖는다([그림 1-7] 참조). 컨텐츠를 설계하고 개발할 때에는 이와 같은 기본 단계와 절차를 고려하는 가운데, 특정 모형을 그대로 사용하기보다는 주어진 조건

과 환경에 맞게 그 모형을 변형하여 적용할 수도 있다.

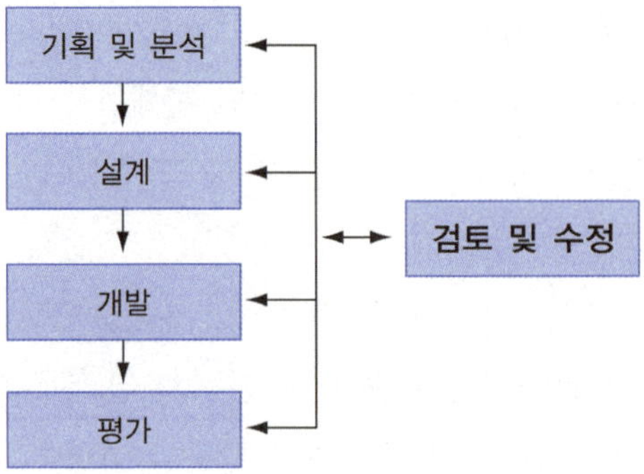

[그림 1-7] 컨텐츠 설계와 개발 활동

3 체제적 교수설계 · 개발의 단계별 세부 활동

3.1 설계와 개발의 단계

컨텐츠를 설계하고 개발하는 과정에서, 참여자들은 세 가지 기본적인 질문들에 대한 답을 찾고자 노력하게 된다(김동식, 정옥년, 장상필, 2002; Gustafson & Branch, 2002). 이 질문들과 위의 [그림 1-7]에 제시된 설계 및 개발의 기본 단계를 연계하여 정리하면 〈표 1-1〉과 같다.

〈표 1-1〉 컨텐츠 설계 및 개발 과정에서의 활동

질 문	단 계	활동 내용
가고자 하는 곳은 어디인가?	기 획 분 석	• 설계 및 개발 활동 기획 • 각종 분석 활동 수행 • 교수-학습 목표 설정
그곳에 어떻게 도달할 것인가?	설 계 개 발	• 교수-학습 전략 설계 • 자료 개발
그곳에 도달했는지 어떻게 알 수 있는가?	평 가	• 평가 방법 결정 • 평가 실시

이 책에서는 〈표 1-1〉의 내용을 고려하여, e-Learning 컨텐츠의 설계와 개발의 세부 단계를 '기획', '분석', '설계', '개발', '평가' 등과 같은 5가지 단계로 나누었다. 이 단계들은 [그림 1-8]에 정리된 바와 같이 순차적으로 진행되며, 동시에 체제적 접근 방법을 도입하여 진행 과정에서 지속적인 검토와 수정 작업이 이루어지는 역동적이고 순환적인 체제로 진행이 된다. 본 절에서는 이 책의 각 장별로 다루는 내용들과 연계하여 이 책의 구성을 소개하며, 각 단계별로 진행해야 할 작업과 고려해야 할 사항들을 간단히 살펴보고자 한다.

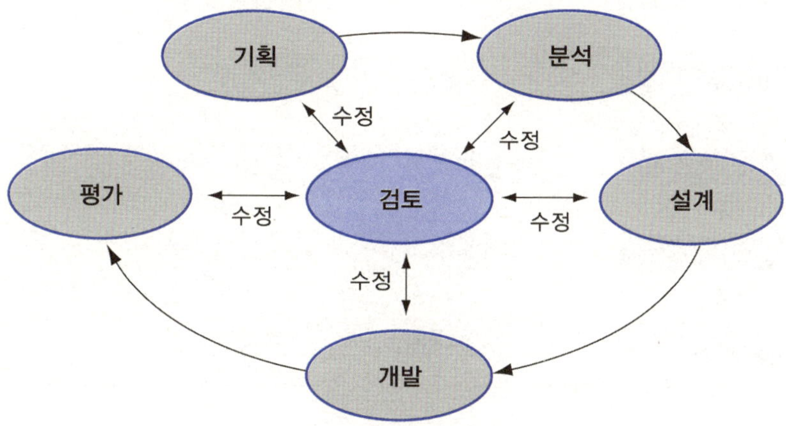

[그림 1-8] 컨텐츠 설계와 개발의 단계

설계와 개발 활동은 시작부터 끝까지 여러 측면까지 상세하게 계획하고 그 계획을 엄격하게 수행하는 것이 필수적이다. 시작 단계에서 철저히 계획을 세우며, 그 계획과 비교하여 설계와 개발의 결과물은 물론 세부 과정까지 철저히 검토하고 관리할 필요가 있는 것이다. 또한 이 과정에 참여하는 구성원들 간에는 의미 있는 대화가 지속적으로 이루어짐으로써 설계와 개발 활동을 상호 관리할 수 있어야 한다.

3.2 기획

e-Learning 컨텐츠 설계와 개발을 위한 '기획'이란 교육 목적을 설정하고 이를 달성하기 위하여 필요한 설계와 개발의 전 과정을 체계적으로 계획하는 활동을 의미한다. 기획의 과정에서는 〈표 1-2〉에 제시된 것과 같이 "기획 아이디어 구안", "개발 과정과 일정 계획", "개발 조직 구성", "개발 예산 산정", "기획서 작성" 등과 같은 활

동들이 이루어지며, 각 활동들에 대해 검토 및 수정 작업이 이루어진다. 단계별 기획 활동과 세부 활동을 정리하면 〈표 1-2〉와 같이 정리할 수 있다. 활동들에 대한 상세한 설명과 예는 이 책의 2장에서 소개되고, 실제 기획 활동을 위해 활용할 수 있는 양식, 점검표 등은 4장에서 제시되기에 실습 과정에서 참고할 수 있다.

〈표 1-2〉 기획의 단계별 활동과 세부 활동

단계별 활동	세부 활동
기획 아이디어 구안 ⬇	기획 아이디어 창출 ⇨ 아이디어 정리
개발 과정 · 일정 계획 ⬇	전체 개발 활동 나열 ⇨ 시간 계획
개발 조직 구성 ⬇	담당 인력 구성 ⇨ 활동 내용 설정 ⇨ 참여 시기 결정
개발 예산 산정 ⬇	전체 개발 활동 나열 ⇨ 소요 비용 계산
기획서 작성	기획 자료 통합 ⇨ 검토 및 수정

3.3 분석

'분석'의 단계에서는 컨텐츠 설계와 개발의 배경이 되는 여러 조건들, 즉 교육적 요구, 학습 내용과 학습자의 특성, 학습 환경의 속성 등을 분석하여 설계와 개발 과정에서 참고해야 할 사항들을 밝혀내고, 학습 목표를 설정하는 활동들이 이루어진다. 단계별 활동과 세부 활동들은 〈표 1-3〉에 정리된 바와 같으며, 단계별로 검토와 수정 작업이 이루어지게 된다. 분석의 세부 활동들에 대한 상세 설명과 예들은 3장에서 다루어지며, 분석의 실습 과정에서 참고할 수 있는 자료들은 4장에서 제공된다.

〈표 1-3〉 분석의 단계별 활동과 세부 활동

단계별 활동	세부 활동
요구 분석	계획 수립 ⇨ 자료 수집 ⇨ 자료 분석 및 정리 ⇨ 검토 및 수정
↓	
학습 내용 분석	학습 주제·영역 분류 ⇨ 하위 내용 분석 ⇨ 학습 내용 조직·배열 ⇨ 검토 및 수정
↓	
학습자 분석	계획 수립 ⇨ 자료 수집 ⇨ 자료 분석 및 정리 ⇨ 검토 및 수정
↓	
학습 환경 분석	계획 수립 ⇨ 자료 수집 ⇨ 자료 분석 및 정리 ⇨ 검토 및 수정
↓	
학습 목표 진술	행동 목표 진술 ⇨ 검토 및 수정

3.4 설계

e-Learning 컨텐츠의 '설계'란 기획 및 분석 활동의 결과와 그 결과에 기초하여 설정된 학습 목표를 고려하여, 그 목표를 달성하기 위한 최적의 내용 구성 및 교수-학습 방법을 계획하고 구체화하는 작업을 의미한다. 설계의 단계에서는 '설계개요서 작성', '학습 흐름도 작성', '내용 구성 원고 작성', '스토리보드 작성' 등과 같은 활동들이 이루어지며, 그 세부 활동들은 〈표 1-4〉에 정리된 바와 같다. 이 활동들에 대한 설명과 예시 자료는 이 책의 5장에서 상세하게 다루어지며, 설계 활동의 실습 과정에서 활용할 수 있는 각종 양식과 점검표는 10장에서 소개되고 있다.

〈표 1-4〉 설계의 단계별 활동과 세부 활동

단계별 활동	세부 활동
설계개요서 작성	컨텐츠 제목 결정 ⇨ 내용 구조 결정 ⇨ 내용 전개 방법 선정 ⇨ 검토 및 수정
↓	
학습 흐름도 작성	전체 흐름도 작성 ⇨ 세부 흐름도 작성 ⇨ 진행 방법 결정 ⇨ 검토 및 수정
↓	
내용 구성 원고 작성	일차 원고 작성 ⇨ 이차 원고 작성 ⇨ 검토 및 수정
↓	
스토리보드 작성	전체적 스토리보드 작성 ⇨ 화면 단위 스토리보드 작성 ⇨ 검토 및 수정

설계의 단계에서는 먼저 교수설계 활동과 관련한 이론들을 살펴보고, 설계 중인 컨텐츠의 특성에 알맞은 이론을 선택하여 설계 과정에 적용할 필요가 있다. 또한 학습 목표에 알맞은 지식 유형과 교수-학습 활동 유형을 선택하며, 선택한 유형의 특성을 살린 세부 교수-학습 전략을 결정하고 아이디어를 구체화해야 한다. 설계의 과정에서 참고할 수 있는 이론들은 이 책의 6장에서, 컨텐츠의 교수-학습 유형별 설계 방법은 8장에서, 그리고 컨텐츠가 목표로 하는 지식의 유형에 따른 설계 방법은 9장에서 각각 상세하게 다룬다. 이와 더불어서 학습 흐름도와 스토리보드를 작성하는 과정에서 참고할 수 있는 상호작용 설계의 구성 요소, 사용자 인터페이스 설계 방안, 화면 설계 방안 등은 7장에서 소개된다.

3.5 개발

'개발'의 단계에서는 앞서 설계한 학습 흐름도와 스토리보드를 기반으로 실제 컨텐츠를 구현하며, 형성평가를 실시하여 개발의 타당성을 검토하고 수정하는 작업이 이루어진다. 개발의 단계는 〈표 1-5〉에 제시된 바와 같이 '설계 자료 검토', '개발 일정 계획', '자료 제작 및 통합', '형성 평가', '활용 안내 자료 제작' 등과 같은 활동들이 이루어지며, 각 활동들에 대한 검토와 수정 작업이 지속적으로 이루어진다.

〈표 1-5〉 개발의 단계별 활동과 세부 활동

단계별 활동	세부 활동
설계 자료 검토	설계 자료 검토 ⇨ 검토 사항 정리 ⇨ 검토 및 수정
⬇	
개발 일정 계획	개발 환경 점검 ⇨ 자료 유형별로 계획 ⇨ 검토 및 수정
⬇	
자료 제작 및 통합	멀티미디어 자료 제작 ⇨ 전체 시스템 점검 ⇨ 기술적 오류 검토 ⇨ 검토 및 수정
⬇	
형성 평가	일대일평가 ⇨ 소집단평가 ⇨ 전문가 검토 ⇨ 현장시범적용 ⇨ 검토 및 수정
⬇	
활용 안내 자료 제작	활용 안내 자료 제작 ⇨ 검토 및 수정

이와 같은 개발의 단계에서 고려해야 할 사항들은 11장에서 상세하게 소개되며, 실습 과정에서 참조할 수 있는 양식과 점검표는 14장에서 제시된다. 또한 개발 과정에서 참고해야 할 e-Learning 컨텐츠의 운영 환경과 관련된 내용은 12장에서 다루어진다.

3.6 평가

개발 활동이 완료되면 컨텐츠 설계와 개발 과정에서 제작된 산출물이 질적으로 얼마나 만족스러운지를 평가해 보아야 한다. 개발 과정에서 이루어졌던 형성 평가가 개발 중인 컨텐츠를 수정하고 보완하기 위해서 실시되는 것과 비교할 때, 이 단계에서 실시되는 평가는 그 컨텐츠가 교육적 요구를 충족시키는지를 평가하고, 컨텐츠의 채택이나 활용 여부를 결정하기 위하여 실행된다.

평가의 단계에서는 〈표 1-6〉에 정리된 바와 같이 '컨텐츠 평가의 계획', '평가 도구의 제작 및 타당화', '평가 실시 및 결과 처리', '평가의 분석 및 활용' 등과 같은 활동들이 이루어진다. 평가와 관련하여, 이 책의 13장에서는 평가의 목적 및 절차, 평가도구의 신뢰성과 타당성, 평가의 주요 영역, 평가의 항목 및 준거 등과 같이 평가의 다양한 측면에 대해서 알아두어야 할 사항들이 제시되며, 그 실습 과정에서 참고할 수 있는 양식과 점검표는 14장에서 제시된다.

〈표 1-6〉 평가의 단계별 활동과 세부 활동

단계별 활동	세부 활동
컨텐츠 평가 계획	전과정 기록 검토 ⇨ 평가 목적 설정 · 근거 확인 ⇨ 평가 대상 내용 선정 ⇨ 평가 일정 계획
⬇ 평가도구제작 · 타당화	평가기준 결정 ⇨ 평가 도구 선정 · 제작 ⇨ 평가 도구 타당화 ⇨ 최종도구 확정
⬇ 평가실시 · 결과처리	평가양식 선정 ⇨ 컨텐츠 평가 실시 ⇨ 컨텐츠 평가 결과 처리
⬇ 평가 분석 · 활용	평가 결과 분석 ⇨ 평가 결과 정리 · 보고서 작성 ⇨ 평가 결과의 활용

탐구 과제

1. 체제적 접근 방법(systems approach)의 특징을 정리하여 보자.
2. 이 장에서 소개되지 않은 체제적 교수설계 · 개발 모형을 한 가지 찾아보고, 이 장에서 소개된 모형들과 비교하며 그 모형의 특징을 분석하여 보자.

참고문헌

김동식, 박인우 공역(2003). 멀티미디어와 학습: 설계 및 개발. 서울: 피어슨에듀케이션코리아.

김동식, 정옥년, 장상필(2002). 교수설계이론의 탐구. 서울: 원미사.

박성익(1997). 교수-학습 방법의 이론과 실제. 서울: 교육과학사.

최욱, 박인우, 변호승, 양영선, 왕경수, 이상수, 이인숙, 임철일, 정현미 공역(2010). 교수설계 이론과 모형. 서울: 아카데미프레스.

Alessi, S. M., & Trollip, S. R. (2005). *Multimedia for learning: Methods and development.* Boston, MA: Allyn and Bacon.

Daugherty, J., Teng, Y., & Cornachione, E. (2007). *Rapid prototyping instructional design: Revisiting the ISD model.* Paper presented at the International Research Conference in The Americas of the Academy of Human Resource Development. Indianapolis, IN. (ERIC Number: ED504673)

Dick, W., Carey, L., & Carey, J. O. (2013). *The systematic design of instruction.* Upper Saddle River, NJ: Pearson Education, Inc.

Gustafson, K., & Branch, R. M. (2002). *Survey of instructional development models.* Syracus, NY: ERIC Clearing House on Information Resources.

Lee, W. W., & Owens, D. L. (2004). *Multimedia-based instructional design.* San Francisco, CA: Pfeiffer.

Morrison, G. R., Ross, S. J., Morrison, J. R., & Kalman, H. K. (2019). *Designing effective instruction 8th Edition.* Hoboken, NJ: John Wiley & Sons, Inc.

Tripp, S. D., & Bichelmeyer, B. (1990). Rapid prototyping: An alternative instructional design strategy. *Educational Technology Research & Development, 38*(1), 31-44.

CHAPTER 02

기획

기획은 교육용 컨텐츠 개발의 청사진을 만드는 일이다. 실제 설계와 개발에 들어가기 전에 전체 공정과 각 단계별 실행 업무를 구체적으로 계획하는 단계를 기획이라 한다. 기획은 한 프로젝트를 성공적으로 수행하기 위한 가장 중요한 요소로서, 그 성공과 실패를 좌우하는 주된 요인이다. 이 장에서는 e-Learning 컨텐츠 개발을 위한 기획의 의의와 진행 과정에 대하여 살펴본다.

1 기획의 의의

1.1 기획의 개념

국어사전에 의하면, 기획(企劃)이란 '일을 꾀하여 계획함'이라고 정의되어 있어 아직까지 없거나 어떤 새로운 일을 이루기 위해 미리 짠다는 뜻이다.[1] 이와 비슷한 용어로 계획(計劃)이란 '미래의 일에 대한 좀 더 조직적이고 세부적이며 실천성을 고려한 얽이'를 뜻한다. 그러므로 계획이란 기획의 목적을 달성하기 위한 세부적 방침을 의미하기도 한다. 기획은 달성할 목표를 정하고, 그 목표 달성을 위하여 필요한 구상·제안·실천의 모든 활동을 계획하고 결정하는 과학적이고 체계적인 일련의 과정이다.

따라서 e-Learning 컨텐츠 개발 기획이란 교육적 목적을 설정하고 이를 달성하기 위하여 필요한 컨텐츠 개발의 전체 과정을, 즉 학습자의 특성을 파악하고 학습 내용을 분석하고 학습 환경을 조사하여 그에 적절한 교수-학습 과정을 조직하고 개발하기 위하여 체계적으로 계획하는 것을 말한다. 이 과정에서 의미 있는 교육적 목적을 설정하고 목적 달성을 위하여 효과적인 컨텐츠를 개발하기 위하여 선행되어야 하는 것이 요구 분석이다. 일반적으로, 학교 교육을 대상으로 e-Learning 컨텐츠를 개발하는 경우에는 교육 목적과 학습 내용이 미리 설정되어 있어, 요구 분석의 단계가 상당 부분 생략될 수 있지만, 사회교육이나 성인교육을 위해서는 반드시 실행되어야 하는 중요한 과정이다. 컨텐츠 개발은 주로 여러 전문가들이 그룹을 이루어 진행하게 되는데, 교육용 컨텐츠 기획은 이들 전문가들이 함께 개발을 하기 위해 각 단계별로 해야 할 작업과 각 단계별로 나와야 할 결과물, 전체 일정과 소요 인원과 예산 등의 자원을 미리 산정하는 작업이다.

기획 단계를 거치게 되면 전체 일의 일정과 개발자들의 역할이 정리된 기획서가 나오게 된다. 개발하는 동안 관련되는 여러 명의 개발자들은 이 기획서를 기준으로 서로 협력하고 일을 일정에 맞게 추진하게 된다. 따라서 기획을 잘 하는 것은 일을 체계적으로 잘 이끌기 위한 기초 작업을 하는 것이다.

---

1) 네이버 국어사전에서 인용
http://krdic.naver.com/search.nhn?query_euckr=&query_utf=&q=&dic_where=krdic&kind=&query=%EA%B8%B0%ED%9A%8D

1.2 기획의 절차

e-Learning 컨텐츠는 개발하여 운영될 때까지, 분석, 설계, 개발, 평가, 수정 및 보완, 운영 및 유지보수의 단계를 거치게 되고, 각 단계별로 산출물이 만들어진다. 이 전체 과정을 개괄적으로 계획하는 기획 과정은 [그림 2-1]과 같은 단계로 진행될 수 있다.

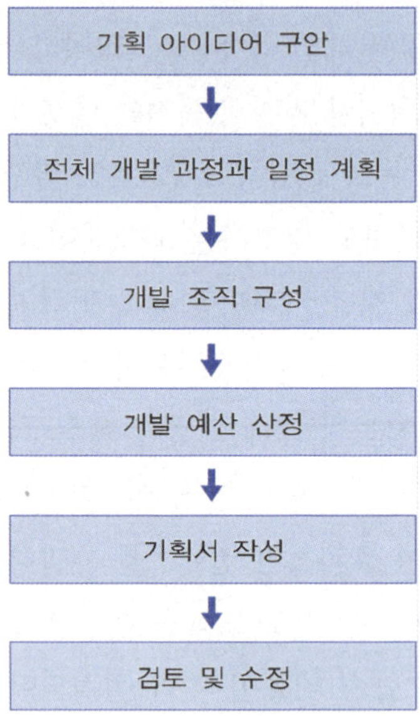

[그림 2-1] 기획의 절차

2 기획의 과정

2.1 기획 아이디어 구안

기획의 첫 번째 단계로, e-Learning 컨텐츠 개발을 위한 대강의 아이디어를 매우 거칠게나마 브레인스토밍을 시작한다. 개발에 참여하는 인원이 모두 함께 모여, 개발한 컨텐츠의 목적, 활용 대상, 개발 내용과 유형, 운영 환경, 활용 방안 등을 논의하고 설정한다. 이때, 회의의 참가자들은 브레인스토밍(brainstorming) 방식으로 다음과 같은 사항을 토론한다. 아직은 매우 초기의 단계이므로, 많은 아이디어를 이야기하는 것이 중요하고, 다른 사람의 의견을 자유롭게 허용하는 분위기를 유지해야 한다.

◉ 어떤 내용을 다루는가?

어떤 내용의 컨텐츠를 개발하고 싶은지, 이러한 종류의 내용의 컨텐츠가 이미 시장에 나와 있는지 시장분석을 해 보아야 한다. 비슷한 종류의 컨텐츠가 시장에 이미 출시되어 있다고 해도 원하는 컨텐츠를 완벽히 갈음할 수 있는 수준인지, 혹은 기존의 컨텐츠에서 일부 아이디어를 도입하여 나의 컨텐츠를 개발해야 할지 판단해야 한다.

◉ 누구를 위한 컨텐츠인가?

개발할 컨텐츠는 사용 대상자를 누구로 해야 하는지 결정해야 한다. 사용자 대상에 따라 컨텐츠 내용의 성격이 바뀌어야 하기 때문에 정확한 사용자 정의는 중요하다. 사용자 정의는 연령(교사, 초등학교 학생과 중·고등학교 학생, 성인 학습자, 노인 등), 대상자의 전문성 수준을 정의 내려야 한다. 특정 전문 영역의 정보를 다루는 경우에는 대상자의 수준에 따라 초보자용과 고급 사용자용으로 차별화된 정보를 제공하는 것이 좋다.

◉ 어떤 유형의 컨텐츠를 개발할 것인가?

e-Learning 컨텐츠의 유형은 텍스트 기반인지, 동영상 기반인지 구분해야 한다. 요즘은 동영상 기반의 컨텐츠가 주류를 이루지만 아직도 깊이 있는 추상적 개념의 내용은 긴 글로 표현되는 경우가 많다. 물론 컨텐츠를 전달하는 미디어는 여러 가지 형태를 가질 수 있으나 주로 어떤 미디어를 사용할 것인지를 판단해야 한다.

정보통신기술의 발달로 컨텐츠는 여러 미디어의 형태로 제공되고 인공지능의 발달로 동영상, 텍스트, 오디오의 형태를 혼합하여 제공될 수 있게 되었다. 동영상 컨텐츠는 텍스트로 내용이 같이 제공되고, 더 나아가 외국어를 번역해 주는 서비스도 제공되는 경우가 많다. 또 동영상이 대체로 스트리밍 방식으로 제공되어 인터넷 연결 속도가 중요한 학습 환경이 되고 있다. 그러나 e-Learning 컨텐츠 개발자는 인터넷 속도가 원활하지 못한 환경에서 동영상을 사용하는 경우도 고려해야 하기 때문에 e-Learning 컨텐츠 운영에 여러 옵션이 가능하게 개발하는 것이 필요하다.

e-Learning 컨텐츠 유형을 상호작용의 수준에 따라 나누면 다음 〈표 2-1〉과 같다

(이혜정 외, 2010). 즉 상호작용의 수준에 따라 자율학습(self free): 학습자가 로그인만 하고 자율적으로 수강하는 학습, 안내된 자율학습(admin): 등록 · 수강 · 수료관리 등 기본적인 학사관리가 포함된 학습, 관리형 상호작용(managerial tutoring) 학습: 학사관리와 질의응답 수준의 최소한의 튜터링이 포함된 학습, 학습촉진형 상호작용(highly interactive academic tutoring) 학습: 학사관리와 토론 등 높은 수준의 상호작용이 포함된 학습으로 구분해 볼 수 있다.

〈표 2-1〉 e-Learning 강좌 운영 유형(이혜정 외, 2010, p. 313에서 수정 인용)

유형	설명	비용 발생 주요인
자율학습 (self directed instruction)	학습자가 로그인만 하고 자율적으로 수강함 수강료는 무료 또는 유료	수강관리 비용
안내된 자율학습 (guided instruction)	학사관리(등록, 수강, 수료관리)	학사관리 비용
관리형 상호작용 학습 (managerial tutoring)	학사관리 + 최소한의 튜터링(질의응답 수준)	학사관리 비용 최소한의 튜터링 비용
학습촉진형 상호작용 학습 (highly interactive academic tutoring)	학사관리 + 높은 수준의 상호작용(토론 등)	학사관리 비용 높은 수준의 튜터링 비용

최근 들어 MOOC(Massive Open Online Courseware), 혹은 K-MOOC(Korea Massive Open Online Courseware)와 같은 공개교육용자료(OER)에의 접근이 용이해짐에 따라, 교육용 컨텐츠의 유형이 동영상 위주로 개발되고 있다. 동영상으로 제시되는 e-Learning 형태는 강의형, 인터뷰형, 애니메이션형, 대담형, 강연형, 크로마키형으로 나누어 볼 수 있다.[2] 강의형이란 학습하고자 하는 분야의 내용을 강사의 설명으로 가르치는 형태이다. 강사의 설명에 PPT로 제공되는 보조자료나 자료화면 등이 같이 제공된다. 인터뷰형이란 특정 주제를 학습 대상으로 할 때 그 분야의 전문가와 인터뷰를 진행하는 형태로 TV 대담 형태와 유사하다. 애니메이션형이란 수업내용을 애니메이션의 캐릭터가 진행하는 것으로 만들고, 목소리는 성우가 녹음하는 형태이다. 대담형은 사회자가 여러 참가자들과 이야기를 주고받으며 학습내용에 대한 이야기를 전개해 나가는 형태이다. 강연형이란 많은 청중을 대상으로 수업을 진행하는

2) CICSOFT 회사의 분류형태(2018)를 조정하여 수정 보완하였다.

형태로 대단위 수업에서 흔히 사용하는 방법이다. ted.com에서 하는 강연이 이의 예가 된다. 크로마키형은 강의하는 사람의 배경에 관련 자료 화면을 합성하는 방식이다. 보통 파란색 배경으로 강사를 찍고 이 파란색에 다른 영상을 보낸다. 스튜디오에서 동영상을 찍을 때 사용한다.

◉ 활용 대상자의 학습 환경은 어떤 수준인가?

e-Learning 컨텐츠는 여러 형태의 단말기에서 운영될 것을 전제로 해야 한다. 즉 인터넷이 연결된 PC의 웹환경, 스마트폰 단말기, 태블릿 패드 등을 이용하게 될 것이므로 이러한 단말기의 사용을 고려하여 컨텐츠의 길이는 작은 단위로 모듈화하여 개발하여야 한다. 모듈화 단위를 사용자에 따라 다르게 하는 것이 좋은데 어른 사용자의 경우 집중 시간 8분 정도, 중고등학교 학생은 그보다 짧게, 초등학교 학생은 집중 가능 시간 5분 이내로 하는 것이 좋다.

◉ 기획 중인 컨텐츠는 이미 시장에 나와 있는가?

기획 중인 컨텐츠가 이미 시장에 나와 있는지 확인해야 한다. 특히 개발하고자 하는 컨텐츠가 OER(공개 교육용 자료) 형태로 제공되는 경우 같은 주제로 컨텐츠를 개발하여야 할지 고려해야 한다. 국내뿐만이 아니라 외국에서도 많은 컨텐츠들이 무료로 제공되고 있어 시장 조사를 꼼꼼하게 하는 것이 필요하다. OER 형태는 아니라도 상용 컨텐츠로 개발되어 시장에 나와 있는 경우 이러한 컨텐츠 내용과 개발하고자 하는 내용이 어떻게 차별화되는지 판단해야 한다. 너무 비싸다거나 혹은 질이 낮아서 사용하기 어려운 경우 새로 개발하는 것이 더 좋은 해결책일 수 있다. 개발하고자 하는 컨텐츠와 시장에 나와 있는 제품들과의 차별성을 확실하게 정의할 수 있을 때 컨텐츠 개발을 시작할 수 있다.

◉ 컨텐츠를 지속적으로 업데이트할 수 있는가?

컨텐츠는 늘 수정 · 보완되어야 올바른 활용을 할 수 있다. 컨텐츠의 기획 단계에서부터 운영 및 관리를 염두에 두고 개발되어야 한다. 만약 컨텐츠를 관리하는 것이 제한적인 경우 개발할 컨텐츠는 새로운 내용으로 업데이트되어야 생명력이 있는 것은 개발하지 않는 것이 좋을 것이다. 컨텐츠의 내용을 지속적으로 보완하거나 개발해야 하는 경우 이를 위한 개발자를 채용하거나, 그런 일을 자체적으로 할 수 있는 학습 커뮤니티를 조직하여 운영하는 것도 하나의 방법이 될 것이다.

위에 제시한 사항들을 고려하면서, 기획을 위한 아이디어를 정리해야 한다. 〈표 2-2〉는 기획 아이디어를 정리하는 데 사용할 수 있는 양식의 예이다. 개발 목적에는 컨텐츠를 개발하고자 하는 교육적 목적이나 의도를 기술하고 활용 대상에는 잠정적인 대상 학습자를 정리하고, 개발하고자 하는 컨텐츠 내용 관련 수준 혹은 배경 정보를 기술한다. 컨텐츠 개발 내용에는 개발 주제, 관련 교과목, 개발 차시 등을 제시하고, 개발 유형에는 학습 내용 전개 방식에 의한 분류나 컨텐츠 활용 방식에 의한 분류를 중심으로 결정한다. 운영 환경에는 컨텐츠가 운영될 환경의 이상적인 조건을 나열하고, 기대 효과와 활용 방안에는 개발할 컨텐츠를 사용함으로써 얻을 수 있는 긍정적인 효과를 진술하고, 그 효과를 증진하기 위한 다양한 활용 방안을 기술한다.

〈표 2-2〉 기획 아이디어 구안의 예

기획 아이디어 구안
작성일: 작성자:
• 개발 주제 • 제목
• 활용 대상
• 시장조사
• 개발 내용 • 유형(강의형, 인터뷰형, 애니메이션형, 대담형, 강연형, 크로마키형, 지식채널형, 다큐형)
• 운영환경
• 기대 효과 및 활용 방안
[기타 고려 사항]

2.2 전체 개발 과정과 일정 계획

브레인스토밍을 거쳐 설정한 아이디어를 토대로, e-Learning 컨텐츠를 설계, 개발 및 평가하는 전체 과정을 대상으로 일정을 계획한다. 개발 일정 계획은 개발한 컨텐츠의 특성, 개발 환경, 개발 인력 및 예산에 따라 달라질 수 있는데, 수행하여야 할 활동의 단위를 나누고 순서를 잘 배열하는 것이 중요하다. 개발 완료일을 기준으로 거꾸로 일정을 만들고, 이에 따라 필요한 인원과 예산을 분배하기도 한다. 기획 회의에서 결정된 사항이 설계, 개발 및 평가의 단계에서 계속 더 좋은 아이디어로 수정 보완되는 경우가 종종 있다. 이러한 단계는 계속 순환적으로 이루어져서 기획 단계에서 세워진 초기 계획이 자주 수정되고 보완될 것이다.

개발 일정은 구성 가능한 개발 조직과 예산에 따라 변경될 수 있으므로, 개발 일정 계획, 개발 조직 구성, 예산 산정의 세 가지 활동이 같이 이루어지거나, 순환적으로 이루어질 수 있다. 일정 계획을 위하여 활용되는 기법으로 Gantt 차트를 많이 사용하는데, Gantt 차트는 진행 내용과 시간을 함께 고려한 것이다. Gantt 차트는 Henry L. Gantt에 의해서 제안된 것으로 프로젝트의 진행 계획을 시간과 활동의 2가지 차원으로 관리하는 표이다. Gantt차트는 일정 계획, 진행 관리, 실적 차트 등에 많이 사용되는 기법이다.

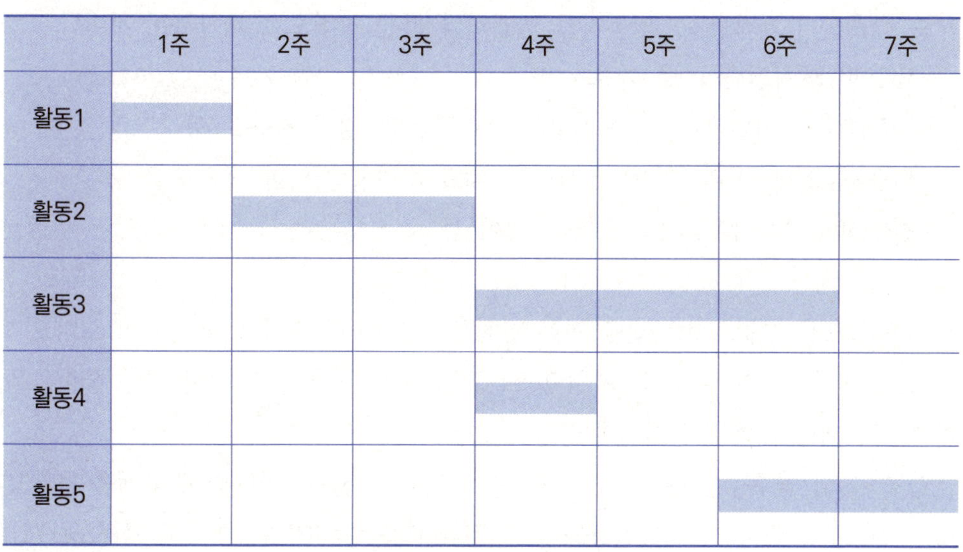

[그림 2-2] Gantt 차트의 예

2.3 개발 조직 구성

e-Learning 컨텐츠 개발을 위한 개발 인력 조직의 구성은 개발 프로젝트의 크기와 복잡도에 따라 달라진다. 효율적인 컨텐츠 개발을 위해서는 교수설계·개발자[3], 내용전문가(대개의 경우, 교수자 혹은 교사), 프로그래머, 조정자(coordinator) 또는 과제 책임자, 최종 활용 대상자(학습자) 등이 하나의 팀을 이루어 작업을 하는 것이 좋다. 때때로, 교수설계자가 개발 조직의 조정자의 역할을 병행하기도 한다. 프로젝트의 규모에 따라 수요 인원이 다르기는 하지만, 보통 3명에서 8명까지가 적절한 규모라고 본다. 8명 이상이 참여하면, 중간 관리자를 두고 여러 개의 하부 계층으로 조직 관리하는 것이 좋다.

2.4 개발 예산 산정

개발 비용의 산출 방법은 두 가지가 있다. 개발될 최종 산출물을 기준으로 예산을 짜는 방법과 개발 단계별로 소요되는 인원과 자원을 기준으로 산출하는 방법이 있다. 최종 산출물을 정확하게 예측하기 어려운 경우 제작 과정에 드는 자원(시간과 인원, 장비 등의 자원)을 기준으로 예산을 짠다. 즉 초급 기술자, 중급 기술자, 고급 기술자 등 어떤 종류의 사람이 몇 명이나 어느 정도의 시간을 들여서 어떤 환경에서 일해야 최종 산출물이 제작될 수 있는지를 인건비와 자원 중심으로 계산하는 것이다.

- **인건비**: MM(인원/월)을 기초
- **직접경비**: 조사연구비, 연구기기비, 문헌구입비, 장비 사용료 등
- **연구활동 경비**: 여비, 인쇄비, 재료비, 자료수집비, 회의비, 공공요금 등
- **간접경비**: 오버헤드, 사무실 유지 경비 등

최종 산출물 기준으로 예산을 짜는 방식은 1시간짜리 비디오, 45분짜리 오디오 5차시분, 해상도 10M 이상의 3차원 16bit 그림 50장 개발 등과 같이 최종 산출물을 기준으로 계산을 하는 방식이다.

연구·개발 발주를 하는 많은 기관들은 이미 예산 사용에 관한 회계 규정을 가지고 있다. 이 규정에 따라 예산 편성을 하면 된다(교육인적자원부, 한국교육학술정보원,

3) 교수설계 활동의 참여자에 대한 좀 더 상세한 설명은 이 책의 5장 '컨텐츠 설계의 기초'의 1.2를 참조하기 바람.

2003). 인건비 계산하는 기준, 연구 활동에 필요한 직접 경비 및 간접 경비를 기관의 규정에 따라 다르게 적용해야 하고, 기관의 간접비(overhead) 비용의 계상도 기관에 따라 다르게 적용한다. 간접비의 경우 국가 기관에서 특별한 요청이 없으면 보통 대학의 경우 5~25% 등 매우 다양한 비율로 책정한다. 국가의 정책 사업의 경우는 5% 내로 하도록 하는 규정이 있기는 하나 사안마다 별도의 지침으로, 개인 사업체의 경우에는 기관 간 합의하에 자유롭게 책정한다. 〈표 2-3〉에는 국가 정책연구 용역비 산정 기준이 제시되어 있다. 2015년도 한국기술교육대학에서 제시한 제안요청서에 포함된 내용으로 대부분의 국가정책기관들은 이 기준을 사용하는 사례가 많다.[4)]

〈표 2-3〉 정책연구 용역비 산정 기준

항 목	산정기준 및 단가	비 고
① 인건비	• 책임연구원: 월 3,058,029원 이내 • 연구원 : 월 2,344,854원 이내 • 연구보조원: 월 1,567,457원 이내 • 보조원 : 월 1,175,633원 이내	• 본 인건비 기준단가는 2015년 기준 단가이며, 1개월을 22일로 하여 용역 참여율을 50%로 산정한 것임. 용역 참여율을 달리하는 경우에는 기준단가를 증감시킬 수 있음.
② 연구 활동 경비	• 여비 – 국내여비규정에 의한 국내여비와 국외여비규정에 의한 국외여비로 구분하여 월 15일 이하 계상 – 여비를 인정하지 아니하고는 연구(조사)목적을 달성하기 곤란한 경우에 한하며 관계공무원의 여비는 계상할 수 없음	• 책임연구원은 여비정액표 제1호 등급, 연구원 및 연구보조원은 동표 제2호등급을 기준(공무원여비규정 참조) • 시내여비는 교통통신비에 계상
	• 유인물 및 보고서 인쇄비 – 연구목적 수행을 위하여 직접 소요되는 프린트, 인쇄, 문헌복사비(지대포함) – 보고서 인쇄비	• 조달청 인쇄기준단가 적용
	• 조사 및 전산처리비 – 당해 연구내용과 관련된 조사비 – 자료 처리를 위한 컴퓨터 사용료 및 그 부대비용	• 실소요액 계상
	• 회의비 – 당해 연구내용과 관련하여 자문회, 토론회, 공청회 등을 위해 소요되는 경비 – 참석자 수당은 당해 연도 예산편성 기준상 2급	[회의참석수당] • 기본료: 70,000원 • 초 과: 30,000원 – 초과는 3시간 이상 시 1일 1회

4) 한국기술교육대학(2015). 한국기술교육대학교 온라인평생교육원 「평생직업능력개발 이러닝 컨텐츠 설계 · 개발 및 운영전략 연구 제안요청서」.

항 목	산정기준 및 단가	비 고
	공무원 이상 수준의 위원회 수당 기준	[회의참석자 간담회 경비[• 단가: 1인당 30,000원 이내
	• 임차료 –공청회 회의장 사용 임차료 등	• 실소요액 계상 – 위(수)탁기관 전용회의장이 있는 경우 계상 불가
	• 교통통신비 –연구내용과 직접 관련된 시내 교통비, 전신전화 사용료, 우편료	• 실소요액 계상
③일반 관리비 (간접비)	• 일반관리비 –(인건비+연구활동경비)×5%	• 대학, 학술연구기관과 계약 시 ① 인건비와 ② 연구활동경비 합계의 5% 내

2.5 기획서 작성

기획서는 기획 과정에서 얻은 결과를 정리한 것으로, 개발할 컨텐츠에 대한 전체적이고 개괄적인 정보, 개발 일정, 개발 조직, 예산 등의 내용이 포함되어야 한다. 이 기획서에 대하여서는 최소한 제작사 내부의 의사결정권자와 제작에 주요한 영향을 미치는 성원들 사이에 공감대가 형성되어 있어야 하며 그래야 단계별 진행 시 문제가 일어날 경우 기획서를 기준으로 문제를 해결할 수 있다. 그렇지 않으면, 길고 어려운 과정에서 목표를 잃고 마지막 산출물이 원래의 목표대로 개발되지 않을 수도 있다.

기획서는 내부 자체적인 사업 계획에 의해 만들어지기도 하지만, 많은 경우 외부의 사업에 참여하기 위해 개발된다. 교육용 컨텐츠 개발이 필요한 기관에서 외부의 전문적인 개발업체를 선정하기 위해 사업의 기초 정보를 제공하는데 이 자료를 RFP(Request for Proposal)라고 부른다. 기획서는 RFP에서 요구되는 내용을 충족하는 범위에서 쓰여야 한다. 대형 프로젝트의 경우 미리 일부 내용을 시안으로 시범개발하거나 개발된 모습을 보여 주기를 원할 때도 있다. 이때 소요되는 비용을 발주기관이 부담하기도 한다. 기획서의 내용을 표현할 때 표현 방식에 따라 다음을 고려해야 한다.

- **문장으로 표현하기**: 제작기획서의 표현 방법 중 가장 기본이 되며 중요하다. 보통은 기획서를 텍스트로 개발하고, 발표 자료를 파워포인트로 별도로 개발한다. 이때는 문장을 개조식으로 쓴다.

- **차트로 표현하기**: 논리의 흐름을 그림으로 만들어 간결하게 설명한다. 설득력이 중요한 기획서에서는 특히 이용가치가 크다. 이때 데이터를 잘 녹여 넣어 전문적인 인상을 주어야 한다.
- **이미지로 표현하기**: 제품의 완성도, 전시회 연출과 같이 글이나 말로 충분히 설명할 수 없는 내용을 그림, 사진, 동영상 등을 이용해 시각적으로 전하는 것을 말한다.
- **인포그래픽으로 표현하기**: 정보를 효과적으로 전달하기 위하여 데이터와 이를 이미지화한 것을 함께 사용하는 기법으로 짧은 시간 내 정보를 효과적으로 전달하는 힘이 있다. 비주얼로 데이터를 표현하는 인포그래픽스는 데이터 수치가 갖는 의미를 그림으로 명확하게 전달한다.

2.6 기획서 검토 및 수정

기획서가 완성되면, 같은 개발 팀의 다른 참여자를 통하여 혹은 외부의 관련 전문가의 도움을 받아 내용을 검토하고 수정·보완하여야 한다. 기획 과정에서 얻은 산출물을 검토하기 위하여 〈표 2-4〉와 같은 점검표를 활용한다.

〈표 2-4〉 기획서 검토를 위한 점검표

기획서 검토 사항	매우 그렇다	그렇다	보통이다	그렇지 않다	전혀 그렇지 않다
• 개발 목적과 의도가 명확하게 제시되었는가?					
• 잠정적인 활용 대상자가 구체적으로 제시되었는가?					
• 개발 내용의 범위가 개발 목적에 부합하는가?					
• 개발 유형이 적절한가?					
• 운영 환경이 구체적으로 기술되었는가?					
• 개발 과정에 적합한 일정이 계획되었는가?					
• 개발 조직의 구성원이 적절하게 구성되었는가?					
• 개발 예산이 적정한 수준에서 책정되었는가?					

[기타 고려 사항]

한편, 교육용 프로그램을 개발·보급하는 전문 회사들이나, 연구개발비를 지원하는 기관들은 개발 계획서, 즉 기획서를 중심으로 개발을 진행한다. 기획서에 제시된 정보의 정확성과 참신성이 개발 여부를 좌우하는 중요한 요소가 되므로, 이에 대한 철저한 평가와 검증이 필요하다. 〈표 2-5〉는 전문 연구 기관에서 기획서 평가 시에 이용하는 평가 기준이다.

〈표 2-5〉 제안서 평가 항목 및 배점 예시[5]

<table>
<tr><th colspan="2">분 야</th><th colspan="2">평가항목</th><th>배점</th></tr>
<tr><td rowspan="2">정량
평가
(10점)</td><td rowspan="2">Ⅰ. 제안업체
역량</td><td>경영상태</td><td>• 신용평가등급 또는 기업신용평가 등급</td><td>5</td></tr>
<tr><td>사업수행
실적</td><td>• 공고일 기준 최근 5년간 온라인 교육 컨텐츠 개발 실적</td><td>5</td></tr>
<tr><td rowspan="5">정성
평가
(80점)</td><td rowspan="3">Ⅱ. 기술부문</td><td>교수설계 및
컨텐츠
개발전략</td><td>• 컨텐츠 개발에 적용할 교수설계 모델 및 구체적 적용 방안 우수성
• 개발전략 및 단계별 개발 방안의 구체성
• 제작방법 및 적용기술의 적정성
• 개발환경의 적정 여부, 멀티미디어 제작방안
• 제안 컨텐츠의 호환성, 확장성
• 제안업체 특화 전략 등
• UI의 표준성, 디자인의 심미성, 사용자 편의성
• 시나리오 작가 보유 현황 및 경력
• 샘플 영상(2분 내외)</td><td rowspan="3">30</td></tr>
<tr><td>개발방법론</td><td>• 컨텐츠 개발 단계별 검토 및 보완 등에 대한 전반적인 방안 제시
• 개발절차의 타당성
• 개발산출물의 적정성(문서화대책 및 자료관리 방안 포함)
• 도구와 기법의 적정성</td></tr>
<tr><td>개발환경</td><td>• 개발장비/도구 보유 및 확보방안</td></tr>
<tr><td rowspan="2">Ⅲ. 관리부문</td><td>품질보증</td><td>• 품질보증계획의 적정성
• 품질보증인력의 적정성
• 사업자 품질보증 능력</td><td rowspan="2">30</td></tr>
<tr><td>관리방법론</td><td>• 위험관리/자원관리/진도관리/보안관리/형상관리/문서관리방안 적정성</td></tr>
</table>

5) 2017년 교육과정평가원에서 공고한 "학습부진학생 지원 역량 강화를 위한 학습 부진 이행 및 교과지도 방법 온라인 컨텐츠 개발 제안요청서"의 22-23쪽

<table>
<tr><th colspan="2">분 야</th><th colspan="2">평가항목</th><th>배점</th></tr>
<tr><td rowspan="3"></td><td rowspan="3"></td><td></td><td>• 컨텐츠 제작부터 완료까지 업무처리의 효율적인 관리 방안</td><td rowspan="3"></td></tr>
<tr><td>일정계획</td><td>• 세부활동 도출 및 기간의 타당성
• 자원배분의 합리성</td></tr>
<tr><td>사업수행조직</td><td>• 개발팀 조직체계의 적정성
• 참여인력의 적정성</td></tr>
<tr><td rowspan="4"></td><td rowspan="4">Ⅳ. 지원부문</td><td>컨텐츠 시험운영</td><td>• 컨텐츠 시험운영 방법/내용/일정/조직의 적정성</td><td rowspan="4">20</td></tr>
<tr><td>하자유지보수방안</td><td>• 하자유지보수 계획/조직/절차/범위/기간의 적정성</td></tr>
<tr><td>기밀보안</td><td>• 기밀보안 체계/대책의 적정성
• 저작권 존중 여부</td></tr>
<tr><td>비상대책</td><td>• 백업/복구/장애대응 대책</td></tr>
<tr><td>가격평가(10점)</td><td>가격평가</td><td colspan="2">제안 가격의 적정성</td><td>10</td></tr>
</table>

탐구 과제

1. 교사 일인이 한 차시분의 수업내용을 e-Learning 컨텐츠로 개발하려고 할 때 〈표 2-2〉를 참고하여 기획 아이디어를 만들어 보자.
2. 〈표 2-5〉의 점검표에 기초하여 개발된 기획서를 평가해 보자.

참고문헌

교육인적자원부, 한국교육학술정보원(2003). 교육용 컨텐츠 제작지침(V 3.7, 2003.4.2).

이혜정, 최경애, 김세리, 홍성연, 홍영일(2010). 대학 이러닝 운영을 위한 개념체제. 서울대학교.

한국교육과정평가원(2017). 학습부진학생 지원 역량 강화를 위한 학습 부진 이해 및 교과지도 방법 온라인 컨텐츠 개발 제안요청서.

한국기술교육대학교(2015). 평생직업능력개발 이러닝 컨텐츠 설계·개발 및 운영전략 연구 제안요청서, 온라인평생교육원.

CHAPTER

03

분석

분석은 e-Learning 컨텐츠 설계와 개발을 위하여 필요한 제반 여건, 즉 학습자의 특성, 학습 내용의 속성, 학습 환경의 특성 등을 조사하고 해석하는 것이다. 이 분석 결과는 컨텐츠 개발을 위한 실제 설계 과정에서 교수-학습 방법과 전략을 선정하는 데에 기초 자료가 된다. 이 장에서는 요구 분석, 학습내용 분석, 학습자 분석, 학습 환경 분석에 대하여 살펴보고, 이를 토대로 학습 목표 기술 방법에 대하여 알아본다.

1 분석의 개요

효과적인 e-Learning 컨텐츠 개발을 위하여 실행되어야 하는 중요한 과정 중의 하나가 컨텐츠 개발의 제반 조건을 파악하고 분석하는 것이다. 즉 컨텐츠를 설계하고 개발하는 데에 영향을 미치는 활용 대상 학습자, 개발 내용, 컨텐츠를 활용할 학습 환경 등의 특성을 파악하고, 이를 고려하여 실제적인 설계 과정에 임해야 한다. 이 조건들은 단시간에 쉽게 조정되거나 변화되기 어렵기 때문에 일종의 제약 조건으로 작용한다. 이러한 제약 조건을 정확하게 파악하고, 이에 적합한 설계 전략과 개발 방법을 결정해야 한다.

일반적으로, 교수설계를 위한 첫 번째 단계인 분석 단계에서는 학습 내용 분석, 학습자 분석, 학습 환경 분석이 이루어진다. 상황에 따라 이들 분석 전에 요구 분석이 수행되기도 한다. [그림 3-1]은 분석 단계에서 수행될 수 있는 활동을 제시한 것인데, 각 분석 활동이 반드시 순차적으로 이루어질 필요는 없다. 때때로 동시에 수행될 수도 있고 순환적으로 진행될 수도 있다.

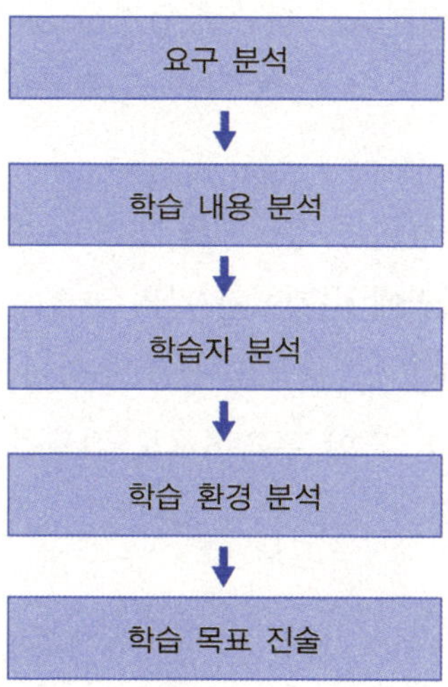

[그림 3-1] 분석과 목표 진술의 과정

요구 분석은 기업에서 고용인들의 수행 수준이 저하되었을 때 이루어지거나, 학교 혹은 정부 기관이나 사회단체에서 교육을 위하여 현재 상황에 대한 정보를 수집하는 목적으로 이루어진다. 특히, 기업에서 요구 분석이 수행되는 경우에는 달성하고자 하는 이상적인 수행 수준을 정하고, 현재 수행 수준과 이를 비교하여 그 차이를 찾아낸 후, 차이가 있다면 그 차이를 해결하기 위한 다양한 해결 방안을 모색한다. 학교교육에서 요구 분석은 학업 성취도가 저하되거나, 교수-학습 과정에 다양한 문제점이 발생했을 때 수행할 수 있다. e-Learning 컨텐츠 개발을 위한 요구 분석은 개발할 e-Learning 컨텐츠의 특성을 중심으로, 현재 개발되어 있는 컨텐츠를 포함한 상황을 조사하고 파악하는 목적으로 진행될 수 있다. 때때로 요구 분석의 어떤 활동이나 그 활동의 결과로 얻은 정보가 다른 분석 과정, 즉 학습자 분석, 학습 내용 분석, 학습 환경 분석 과정에서 얻은 정보와 중복될 수 있으므로, 이를 적절히 조절한다.

학습 내용 분석은 가르치고자 하는 모든 내용의 기술과 지식을 분석하고, 체계화하는 것이다. 즉 개발할 컨텐츠에 포함된 학습 내용의 주제, 하위 요소, 선수 학습 요소 등을 분류하고 조직하는 과정이다. 기획 과정에서 결정한 교육 목적을 달성하기 위한 학습 내용을 파악하고 이를 세분화한다.

학습자 분석은 개발할 컨텐츠의 잠정적인 활용 대상 학습자의 특성을 조사하고 파악하는 것으로, 나이, 연령과 같은 일반적인 특성, 선수 학습 내용의 이해 수준, 학습 방법 및 성향 등에 대한 정보를 수집하고 분석한다.

학습 환경 분석은 개발할 컨텐츠가 활용될 환경을 조사하는 것으로, 컨텐츠를 운영할 하드웨어 및 소프트웨어의 속성, 주변 학습 환경 등에 대한 정보를 수집하고 분석한다.

분석 단계를 통하여 얻은 정보는 컨텐츠의 설계와 개발을 위하여 중요한 기초 자료가 된다. 어떤 경우에는 이전에 수행했던 기획 과정에 영향을 미치기도 한다. 기획 과정에서 고려하지 못했던 요인이 분석 과정을 통하여 발견되면, 이를 토대로 다시 기획 내용을 수정하기도 한다. 또한 후속적으로 진행될 학습 목표 진술, 교수-학습 방법과 전략의 선정에 중요한 기초 자료가 되므로, 정확한 정보를 수집하는 것이 중요하다.

2 요구 분석

2.1 요구 분석의 의의

학교, 기업, 정부 기관 혹은 사회단체 어디에서나 교육이나 개발을 위하여 전체 상황에 대한 정보를 수집하는 첫 단계가 바로 요구 분석이다. 요구 분석을 수행하기 위해서는 왜 이러한 일을 해야 하며, 어떤 목적을 가지고, 어떤 방법으로, 어떻게 만족한 결과를 얻을 수 있는지를 명세화하고 이에 대한 정보를 수집하여야 한다(Burton & Merrill, 1991).

요구 분석을 통하여 이상적인 수행 수준(혹은 교육 목적), 실제적인 수행 수준(혹은 교육 수준), 이 둘 간의 차이, 원인, 해결 방안 등을 규명할 수 있다. 〈표 3-1〉은 일반적으로 기업에서 요구 분석을 통하여 찾아낸 원인과 이를 해결하기 위하여 제안될 수 있는 방안을 제시한 것이다(Rossett, 1995).

〈표 3-1〉 원인과 해결 방안

원인	해결 방안
기술 및 지식의 부족	교육, 작업 명세서 작성
열악한 환경	작업 도구 개선, 작업 환경 개축
부적절한 보상체계	정책 개선, 보상체계 개선
동기 저하	교육, 정보 제공, 코칭

요구 분석의 결과가 반드시 교육 과정의 운영이나 교육용 컨텐츠의 개발로 귀결되지는 않기 때문에, 교육용 컨텐츠를 개발하는 과정에서 간과되기도 한다. 하지만 개발할 교육용 컨텐츠가 활용 대상자의 요구와 활용 환경의 특성에 좀 더 부합되기 위해서는 일반적인 교수설계 과정에서도 고려되어야 할 중요한 활동이다. 따라서 가능하다면, 기획이 끝난 후 기획 내용을 요구 분석을 통하여 확인하는 것이 필요하다.

2.2 요구 분석 과정

요구 분석의 과정은 관련 학자들에 따라 약간의 차이가 있다. Kemp, Morrison과 Ross(1998)는 계획, 자료 수집, 자료 분석, 정리의 네 단계로 구분하였고, Rossett (1995)는 목적 결정, 자료 파악, 분석 도구 결정, 요구 분석 수행, 결과 정리의 5단계로 구별하였다. 이를 종합하여 이 장에서는 [그림 3-2]와 같은 단계를 거쳐 실행한다.

계획 수립 → 자료 수집 → 자료 분석 및 정리 → 검토 및 수정

[그림 3-2] 요구 분석 과정

2.2.1 계획 수립

요구 분석을 위한 계획을 수립하기 위하여, 요구 분석 목적 설정, 분석 대상과 내용 결정, 분석 방법 및 도구 선정, 요구 분석 일정 계획의 활동을 수행한다.

◉ 요구 분석 목적 설정

왜 요구 분석을 수행하는지, 어떤 목적으로 수행하는지, 요구 분석의 결과를 어떻게 활용하는지에 대하여 결정한다.

◉ 분석 대상 및 내용 결정

요구 분석의 대상을 결정한다. 요구 분석의 대상은 개발한 e-Learning 컨텐츠의 잠정적인 활용 대상 학습자, 기존에 개발된 컨텐츠, 개발 환경, 운영 환경 등이 될 수 있다. 각 대상에 따라 분석할 내용을 결정한다. 대상과 내용이 결정되면, 그 규모를 정한다. 1,000명가량의 학습자를 대상으로 할 것인지, 혹은 10명의 전문가 집단에게 물을 것인지, 혹은 최근 2년간 개발된 프로그램을 조사할지 등의 규모를 정한다. 이 규모는 분석 방법에 따라 조정될 수 있다.

◉ 분석 방법 및 도구 선정

요구 분석을 하기 위하여 어떤 방법을 이용하고 어떤 도구를 사용할 것인지를 결정한다. 요구 분석의 방법으로는 면접, 설문지(온라인과 오프라인 모두 포함), 초점 집단(focus groups) 면접, 심층 면담, 전문가 면담, 현장 방문 및 관찰, 프로그램 분석

등이 있다. 분석 도구는 이미 제작되어 있는 공인된 도구를 활용할 수 있고, 요구 분석의 목적에 따라 직접 제작할 수 있다. 직접 제작하는 경우에는 도구의 신뢰성과 타당성을 위하여 검증 활동을 거쳐야 한다.[1] 이러한 요구 분석 자료 수집 및 분석은 개발자 스스로가 하거나 제삼자가 대행해 줄 수도 있다.

◉ 일정 계획

컨텐츠 기획 과정에서 계획한 전체 개발 일정을 고려하여 요구 분석 일정을 상세화한다.

[그림 3-3]은 요구 분석 계획의 예이다.

요구 분석 계획	
분석 목적 설정	개발한 e-Learning 컨텐츠 개발 기획의 타당성 검증
분석 대상 및 내용	중학생 50명 - 학습자의 특성 최근 2년간 개발된 교육용 프로그램 50편 - 개발 유형 및 교수-학습 전략
분석 방법	설문조사: 전자 우편을 통한 설문 조사 면접: 전화 이용 문헌 분석(관련 자료 포함)
분석 도구	직접 개발
분석 일정	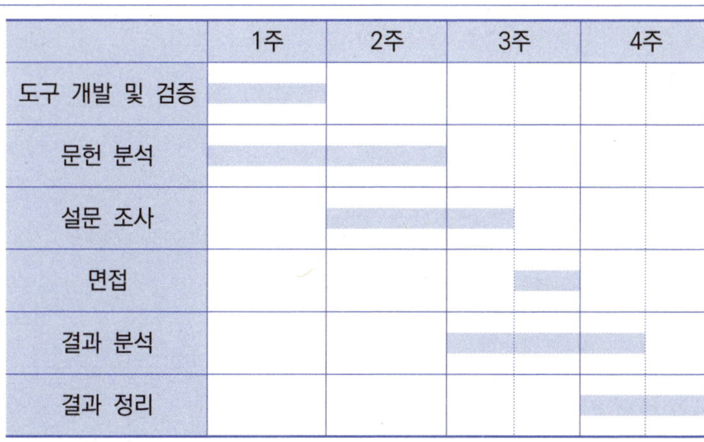
분석 수행자	내부 인력 3명

[그림 3-3] 요구 분석 계획서의 예

1) 분석 및 평가 도구의 타당도에 대한 자세한 설명은 이 책의 제12장 '컨텐츠 평가'를 참조하기 바람.

교육용 컨텐츠 개발을 위하여 요구 분석 계획을 세울 때, 다음과 같은 사항을 고려한다.

- 개발하고자 하는 컨텐츠 내용과 관련되는 교수-학습 자료가 존재하는가?
- 기개발된 관련 자료들의 질은 어떤가?
- 기개발된 관련 자료들의 활용도는 어떤가? 활용도가 낮다면 그 이유는 무엇인가?
- 기개발된 관련 자료들을 쉽게 사용할 수 있는가?
- 개발에 소요되는 비용, 노력, 자원 등을 고려할 때 새로 개발할 비용 대비 효과가 있는가?
- 누구를 위한 프로그램인가? 학생, 교사 혹은 성인학습자인가?
- 학습자들이 원하는 내용 제시방법이나 교수-학습 방법은 무엇인가?
- 컨텐츠의 운영 환경은 어떠한가?

2.2.2 자료 수집

요구 분석의 계획에 따라 자료를 수집한다. 자료 수집은 개발자 스스로 하거나 제삼자가 대행해 줄 수도 있다.

2.2.3 자료 분석 및 정리

수집한 자료를 적절한 통계 방법을 통하여 분석하고, 그 결과를 중요도에 따라 우선순위를 매긴다. 요구 분석 결과를 정리하기 위하여 사용되는 특별한 양식은 없으므로, 요구 분석 팀에서 자유롭게 기술할 수 있다. [그림 3-4]는 요구 분석의 결과를 정리한 예이다.

요구 분석 결과
※ 분석 목적: 개발한 e-Learning 컨텐츠 개발 기획의 타당성 검증
※ 분석 결과
• 활용 대상자의 특성 −인터넷을 통한 자료 검색에 능숙함 −가정에 보유하고 있는 컴퓨터와 통신 전용선의 50% 이상이 최신형임 −친구와 온라인 게임을 즐김 −50% 이상의 학생들이 방과 후 2~3개의 사설 학원에 다님 • 기개발된 프로그램의 특성 −정보 제시 및 습득을 위한 유형이 대부분임 −온라인 학습 공동체 형성을 위한 지원이 부족함 −문제해결 능력 증진을 위한 컨텐츠는 거의 없음
[기타 고려 사항] −학교에 구비된 컴퓨터 및 통신 기기의 성능 분석 필요 −분석 인력 및 일정을 확대할 필요가 있음

[그림 3-4] 요구 분석 결과의 예

2.2.4 검토 및 수정

요구 분석 결과에 대한 검토는 분석에 참여한 구성원들이 내부적으로 수행하거나, 관련 내용 전문가에게 의뢰할 수 있다. 〈표 3-2〉는 요구 분석 결과를 검토하기 위하여 사용할 수 있는 점검표이다.

〈표 3-2〉 요구 분석 결과 점검표

요구 분석 검토 사항	매우 그렇다	그렇다	보통이다	그렇지 않다	전혀 그렇지 않다
1. 분석 목적이 적절하게 제시되었는가?					
2. 분석 목적에 따라 분석 대상과 내용, 분석 방법이 적절하게 선정되었는가?					
3. 분석 일정이 융통성 있게 계획되었는가?					
4. 자료 수집 및 분석이 계획대로 진행되었는가?					
5. 분석 결과가 분석 목적 달성에 기여하는가?					
6. 요구 분석이 다시 실시될 필요가 있는가?					
[기타 고려 사항]					

3 학습 내용 분석

3.1 학습 내용 분석의 의의

컨텐츠 개발에 필요한 학습 내용의 분석은 컨텐츠에 담을 지식이나 기술을 미리 설정한 교육 목적에 따라 분석하는 것인데, 학습 주제 및 학습 목표에 따라 가르칠 하위 학습 내용을 분석하는 것을 의미한다. 학습 내용의 분석은 학습이 일어날 수업 체제 속에서 이루어져야 한다. 수업 체제는 교육과정 수준, 교과 수준, 수업(차시, lesson) 수준, 체제 수준으로 나누어 볼 수 있다. 각 수준별 구체적인 설계 내용은 〈표 3-3〉과 같다.

〈표 3-3〉 Gagné의 수업체제 설계 수준

설계 수준		설계 내용
거시적 수준	교육과정 수준	1. 필요성, 목적, 우선순위 분석
		2. 자원, 한계, 대체적 전달체제의 분석
		3. 교육과정과 교과의 범위 및 순서의 결정: 전달체제 설계
	교과(course) 수준	4. 교과의 구조와 순서의 결정
		5. 교과목표의 분석
미시적 수준	수업(lesson) 수준	6. 행동학습목표의 정의
		7. 수업계획의 준비
		8. 개발, 자료선정, 매체
		9. 행동평가
거시적 수준	체제(system) 수준	10. 교사의 현직 연수
		11. 형성 평가
		12. 현장검증, 개정
		13. 총괄평가
		14. 설치 및 확산

전통적으로 학습 내용 분석은 학습될 내용을 조직하고 종합하기 위하여 수행하거나, 선수 학습 내용을 조사하기 위하여 수행한다. 이는 기본적으로 학습 내용의 본질

이나 구조 혹은 학습 목표에 의하여 내용이 미리 분석되고 조직된다. 한편 구성주의적 학습 관점에 따라 학습자가 스스로 내용을 구성하고 이해한다는 측면을 고려하면, 미리 실행된 내용 분석과 조직의 중요성이 감소되기도 한다. 학습 과정에서 주어진 상황에 따라 다양한 정보가 재구성되고 삭제되기도 하고 생성되기도 하며, 실제 학습 상황과 분리되어 미리 구성된 학습 내용의 조직이 바람직하지 않다고 보기 때문이다. 이와 같은 상반된 입장에도 불구하고, 학습 내용을 분석하고 조직하는 활동은 효과적인 컨텐츠 개발을 위하여 고려되어야 할 중요한 활동이다.

3.2 학습 내용 분석 과정

학습 내용 분석은 다양한 방법에 의하여 진행될 수 있는데, Dick, Carey와 Carey(2005)는 목표 분석, 학습 영역 분류, 하위 내용 분석, 학습 내용 조직의 단계를 제시하였다. Merrill(1983)은 학습 내용을 그 유형에 따라 사실, 개념, 절차, 원리와 수행 수준인 기억, 활용, 발견으로 구별하여 분류하도록 제안하였다. Reigeluth & Stein(1983)은 대단위 교육 목적을 분석하고 조직하는 방법으로, 단순-복잡 접근법을 이용하여 개념, 절차, 원리를 상세화하고 정교화하는 방법을 제안하였다.

이 책에서는 여러 가지 분석 방법을 종합하여, [그림 3-5]와 같은 내용 분석 과정에 따라 진행된다. 학습 주제 및 영역 분류는 컨텐츠 개발 목적에 부합하는 학습 주제를 선정하고 관련된 학습 영역으로 분류하는 것이다. 학습 주제에 따라 해당되는 하위 내용을 분석하되, 학습 내용의 특성에 따라서 위계적 분석, 절차적 분석, 군집 분석, 사례분석 혹은 이들을 통합하여 사용할 수 있다. 분석된 전체 내용을 개발 의도에 맞게 조직하고 배열한다.

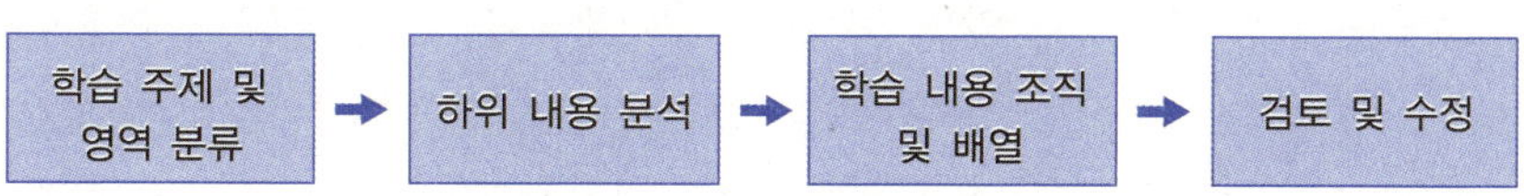

[그림 3-5] 학습 내용 분석 과정

3.2.1 학습 주제 및 영역 분류

컨텐츠의 개발 목적에 따라 학습 주제를 선정하고 각 학습 주제별로 관련되는 학습 영역을 분류한다. 학습 영역은 교과별 특성과 관계없이 구별될 수 있는 학습 내용의 속성을 의미하는데, 보편적으로 인지적 영역, 심체적 영역, 정의적 영역의 세 가지 학습 영역으로 구별할 수 있고, 각 영역의 특성에 따라 학습 방법 및 교수 전략이 다르게 사용될 수 있다.

학습 영역 분류에 관한 연구는 Bloom, Gagné, Merrill 등의 여러 학자에 의해 이루어졌다. 대표적으로, Bloom과 그의 동료들은 학습 영역(taxonomy)을 인지적 영역(지식, 이해, 적용, 분석, 종합, 평가), 정의적 영역(감수, 수용, 반응, 가치화, 조직화, 성격화), 그리고 심체적 영역으로 나누었다. 한편 Gagné와 Briggs(1985)에 따르면, 모든 학습 내용은 학습의 결과에 따라 언어적 정보, 지적 기능, 운동기능, 인지전략, 태도의 5가지 영역으로 구분될 수 있다. 각각의 영역은 상이한 과정을 통해서 학습이 되기 때문에 이를 지원하는 교수방법도 다양하게 고려되어야 한다. Bloom과 Gagné가 구분하는 학습 영역을 비교해 보면 〈표 3-4〉와 같다.

〈표 3-4〉 Bloom과 Gagné의 학습 영역 분류 비교

<table>
<tr><th colspan="2">Bloom의 분류</th><th colspan="2">Gagné의 분류</th></tr>
<tr><td rowspan="3">인지적 영역</td><td>지식[2], 이해</td><td colspan="2">언어적 정보</td></tr>
<tr><td>적용
분석
종합
평가</td><td>지적 기능</td><td>변별
구체적 개념
정의된 개념
원리
고차적 원리</td></tr>
<tr><td>분석, 종합, 평가</td><td colspan="2">인지전략</td></tr>
<tr><td colspan="2">정의적 영역</td><td colspan="2">태도</td></tr>
<tr><td colspan="2">심체적 영역</td><td colspan="2">운동기능</td></tr>
</table>

학습 영역을 선정하는 것은 앞의 〈표 3-4〉의 영역 중 어떤 영역을 중점적으로 다룰 것인가를 결정하는 것이다. 이들 학습 영역은 서로 독립적이기보다는 상호보완적으로 작용한다. 따라서 한두 영역으로부터 주제를 선정하여 집중적으로 다루어도 다른 영역의 지원 없이는 효과적인 학습이 이루어지기 어렵다. 학습 주제를 선정하는 것은 교육과정과의 관련성, 컨텐츠 개발 구현 가능성, 개발한 컨텐츠 활용의 효율성, 활용 시기 및 방법, 개발 환경, 사용환경, 교육과정 운영상의 문제, 개발할 미디어의 특성에 얼마나 잘 맞는지 등에 근거한다. 학습 내용이 학습자에게 어떤 능력과 태도

2) '지식' 영역은 Anderson과 Krathwohl(2001)에 의하여 '기억(remember)'으로 재조정되어 제시되었음.

를 갖게 하는지를 분석하여 학습자 수준에서 실생활과 관련된 주제를 선정하고, 교과별 상호 유사성 있는 주제의 경우는 통합교과의 형태의 학습 내용과 학습 주제를 선정한다. 예로, 초등 과학 교과의 「강낭콩」 단원은 관찰과 실험 중심으로 이루어지기 때문에 체험적, 실천적 노작교육을 통해 함께 문제를 추구하고 일을 경험함으로써 협동적 학습기회를 제공하는 실과교육과 상호 연계하여 이루어질 수 있다.

e-Learning 컨텐츠를 학교 교육을 대상으로 개발하는 경우에, 학습 영역과 학습 주제는 교과목 단원별 교수-학습계획에 따라 교과/학년/학기/단원/학습주제/차시별/주제로 구분할 수 있다. 단원명의 경우 대단원〉중단원〉소단원을 차례로 표기할 수 있고, 차시의 경우, 전체 차시 중 해당 차시를 고려한다.

3.2.2 하위 학습 내용 분석

학습 주제별로 하위 학습 내용을 분석하기 위한 방법으로 위계적, 절차적, 군집적 방법을 사용할 수 있다. 이 세 가지 방법은 서로 배타적인 관계에 있는 것이 아니라 상호보완적, 복합적으로 사용된다. 학습 영역별로 내용 분석방법을 한정할 수는 없으나 보통 언어적 정보는 군집적 분석 방법을, 지적 기능은 위계적 분석 방법을, 심체적 영역은 군집적 분석 등을 사용할 수 있다(Zook, 2001). 〈표 3-5〉는 학습 영역별로 활용될 수 있는 분석 방법을 표시한 것이다. 교과목별로는 수학이나 물리, 화학의 경우 위계적인 내용 분석법을 많이 사용할 수 있고, 국어, 생물이나 사회과학의 경우 군집적 분석 방법을, 기술, 가정이나 체육, 음악, 미술의 경우 절차적인 내용 분석 방법을 많이 사용하기도 한다.

〈표 3-5〉 학습 영역에 따른 내용 분석 방법

<table>
<tr><th colspan="2">Bloom의 분류</th><th colspan="2">Gagné의 분류</th><th>분석 방법</th></tr>
<tr><td rowspan="3">인지적 영역</td><td>지식, 이해</td><td colspan="2">언어적 정보</td><td>군집적 분석</td></tr>
<tr><td>적용
분석
종합
평가</td><td>지적 기술</td><td>변별
구체적 개념
정의된 개념
원리
고차적 원리</td><td>위계적, 절차적,
군집적 분석</td></tr>
<tr><td>분석, 종합, 평가</td><td colspan="2">인지전략</td><td>위계적, 군집적, 절차적 분석</td></tr>
<tr><td colspan="2">정의적 영역</td><td colspan="2">태도</td><td>통합 분석</td></tr>
<tr><td colspan="2">심체적 영역</td><td colspan="2">운동기능</td><td>절차적 분석</td></tr>
</table>

하위 학습 내용을 분석하기 위하여, 교수자나 교사의 입장이 아닌 학습자 혹은 그 행동의 수행자의 입장에서 학습 목표를 수행하기(≠가르치기) 위하여 필요한 관찰 가능한 결과를 추출하고 전체 흐름을 분석한다. 이 과정에서 학습자가 미리 알고 있어야 하는 선행 지식이나 기술, 즉 선수학습 내용을 파악하게 된다.

◉ 위계적 분석

이 방법은 원리 및 법칙 적용 등과 같이, 학습 내용이 위계적인 구조로 형성되어 있는 경우에 사용되는데, 각 단계의 기능을 습득하기 위해 학습자가 먼저 학습해야 하는 하위 기능을 분석하고, 분석된 하위 기능에 대하여 또다시 몇 가지 하위 기능으로 분석하는 과정을 계속 진행한다. 각 단계별 내용은 서로 위계적인 관계를 갖게 되는데, 이들 내용 요소들 간의 위계로 선수학습의 요소가 확연히 드러난다. 최종 학습 목표 내용과 이를 성취하기 위해 요구되는 하위 목표 및 내용 분석을 확인하는 방법으로 학습을 위해 필요한 선수학습 내용을 분석해야 한다.

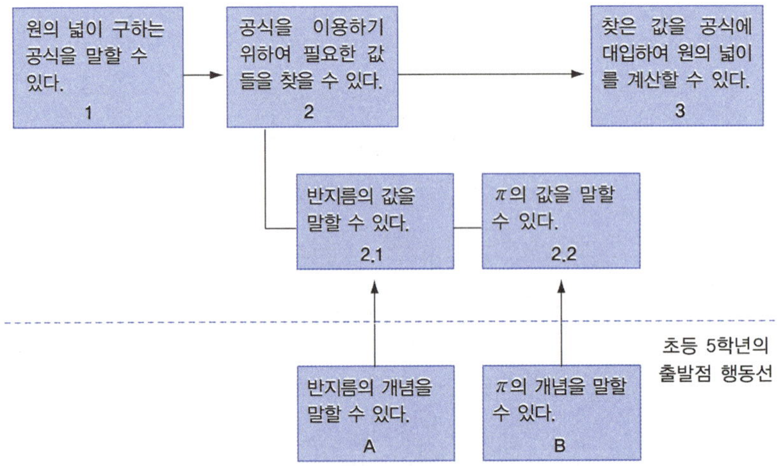

[그림 3-6] 위계적 분석의 예(수학, 원의 넓이 구하기)

◉ 절차적 분석

이 방법은 요리, 테니스 등과 같이 심체적 영역의 학습 내용을 분석하기 위하여 사용되는데, 각 단계의 기능을 학습하기 전에 먼저 습득해야 하는 기능을 확인하고 후속적으로 습득해야 하는 기능을 찾아내어 기능들 간의 시간상, 절차상의 순서를 파악하는 것이다.

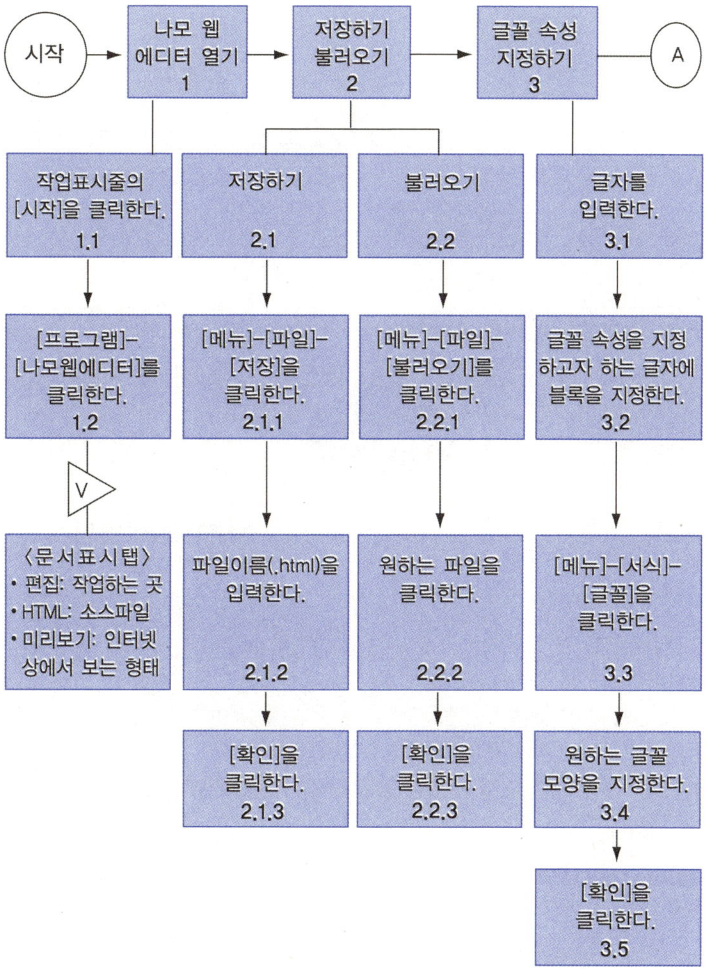

[그림 3-7] 절차적 분석의 예(나모웹에디터 배우기)

◉ 군집적 분석

사실, 개념과 같은 언어적 정보는 군집 분석 방법을 이용할 수 있다. 언어 정보에 해당하는 학습 내용은 논리적 구조가 없기 때문에, 언어적 정보를 일정한 의미에 따라 유목화할 수 있는 방법을 찾아야 한다. 예를 들어서, 도청 소재지명을 학습하는 경우는 지역으로 분류하고, 인간의 신체구조를 학습하는 경우는 신체적 부위별로 연관되는 언어적 정보를 구분할 수 있다. 여기서는 각 학습 요소의 전후 관계나 상하 관계를 표시하는 것이라기보다는 한 범주 내에 포함될 수 있음을 나타낼 뿐이다.

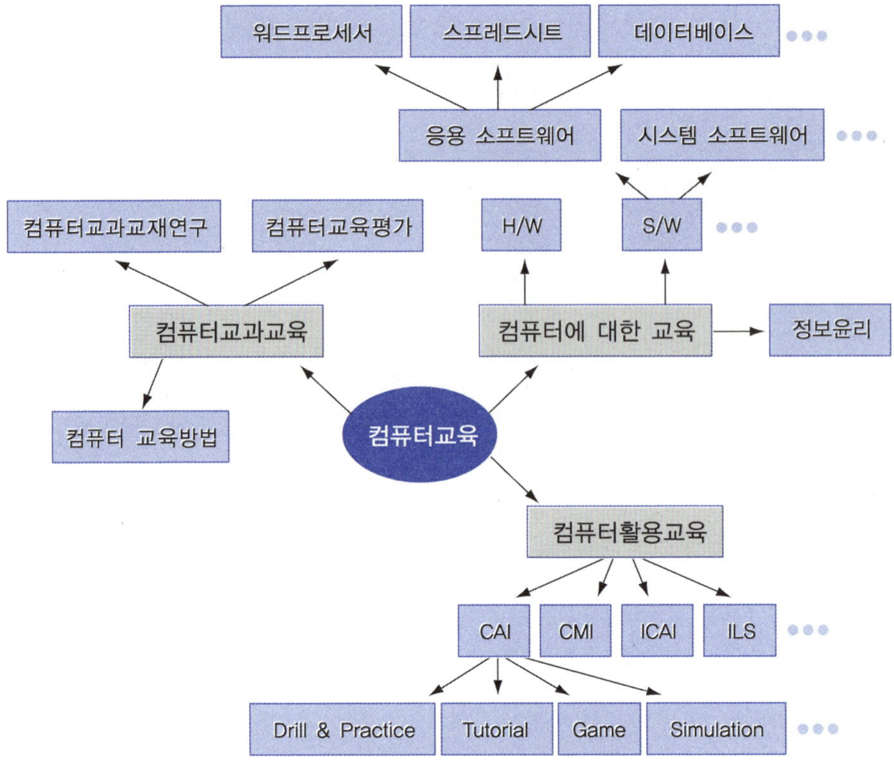

[그림 3-8] 군집적 분석의 예(컴퓨터교육 분야)

◉ 통합 분석

실제로 내용 분석을 할 때에는 학습 분야에 따라, 위계적, 절차적, 군집적 분석방법 중 더 많이 사용되는 방법이 있기는 하나, 이들 방법을 혼합하여 사용하는 통합 내용 분석 기법을 많이 활용하기도 한다. 특히, 정의적 측면의 학습 내용을 분석할 때 위계적 분석, 절차적 분석, 군집적 분석이 통합되어 사용될 수 있다.

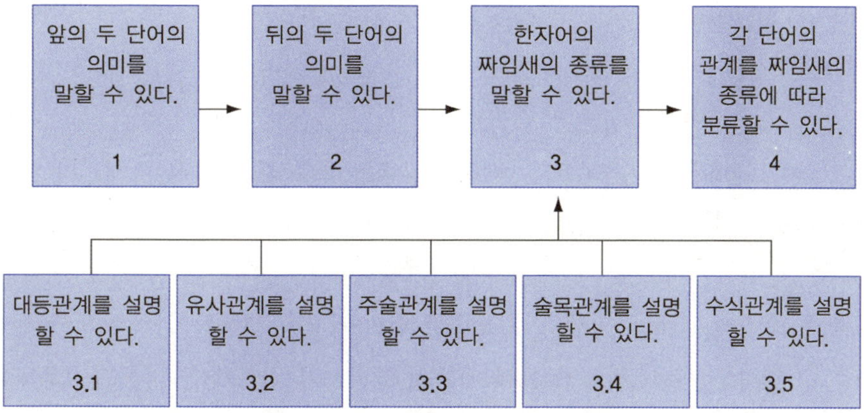

[그림 3-9] 통합적 분석의 예(한자의 이해)

◉ 사례 분석

학습내용의 위계적, 절차적 특성을 기반으로 분석하는 방법과 달리, 구체적인 사례를 찾아내고 그 사례를 중심으로 내용을 분석하고 구성해가는 방법이 있다. 대표적으로, CBR(Case-Based Reasoning) 분석과 CI/CDM(Critical Incident / Critical Decision Methods) 분석 기법이 있다.

CBR 분석은 복잡한 문제해결 과제를 위하여 활용한다. 구체적인 과정은 다음과 같다(Jonassen, Tessmer, & Hannum, 1998).

① 핵심 문제에 부합하는 실제 사례들을 수집한다. 각 사례별로 관련 학습 목표, 상황, 해결 방안 및 결과를 기술한다.

② 각 사례의 주요 핵심 사항을 정리하고 학습 내용과의 연계성을 규명한다.

③ 상황을 구성한다. 잠재적 학습자의 특성을 고려하여 유사한 다른 맥락을 개발하고 학습 목적을 규명한다.

④ 각 사례에 대한 분류 체계를 개발한다. 기본적으로 문제 인덱스, 해결 인덱스, 결과 인덱스가 마련되어야 한다.

한편, CI/CDM 분석은 전문가의 실제 경험 속에서 중요한 기술이나 역량을 찾아내는 방법으로, 어떤 과제를 수행하는 과정에서 경험했던 구체적이고 결정적인 사건, 개인의 기억과 스토리를 중심으로 내용을 수집하고 분석하는 것이다(Jonassen, Tessmer, & Hannum, 1998). 자료 수집은 주로 전문가와의 면담 수행이나 설문지 조사로 가능하며, 어떤 사건이 일어난 상황, 그 상황에서 그 사람이 한 일, 그 사건의 중요성, 사건 해결에 있어서 그 사람이 발휘한 기술, 그 일에 대한 그 사람의 경험

수준 등을 평가한다. 분석은 다음과 같은 순서로 진행한다.

① 주요 사건들을 수집한다.
② 행동 혹은 역량 중심으로 요약한다.
③ 요약한 내용을 학습 목표의 중요성과 효율성에 따라 평점을 매긴다.
④ 사건들을 재조직하고 통합하여 명칭을 붙이고 활용한다.

예를 들면, e-Learning 컨텐츠 설계자의 주요 역량을 분석하기 위하여 CI/CDM을 이용할 수 있다.[3] 우선, 컨텐츠 설계 업무에 종사하고 있는 전문가를 대상으로 설문조사를 실시하는데, 교수 설계 과정에서 가장 효과적인 경우와 가장 비효과적인 경우의 경험을 기록하도록 요청한다. 이 조사의 결과로 전문가로부터 다음과 같은 내용을 수집할 수 있다.

- **효과적이었던 경우**: 컨텐츠 설계 및 개발 일정과 연계하여, 초기에 자신의 시간 계획을 철저하게 세웠다.
- **비효과적이었던 경우**: 현재 프로그램 개발자들도 잘 모르는 최첨단 개발 기술을 이용해야 하는 교수 설계 전략을 구상하였다.

3.2.3 학습 내용 조직 및 배열

학습 내용의 조직 및 배열이란 상세화된 학습 요소의 학습 분량 및 학습 순서를 결정하는 것을 의미한다.

① 한 학기 혹은 한 단원의 학습 내용을 분석한 경우에는 전체 내용을 차시별 학습 분량으로 분류한다.
② 한 차시 분량의 학습 내용의 특성을 고려하여 학습 순서를 결정하기 위하여 다음과 같은 사항을 고려한다.
  - 쉬운 내용에서 시작하여 어려운 내용으로 바꾸어 나갈 것인가?
  - 같은 내용끼리 묶어서 먼저 제시할 것인가?
③ 선수 학습 내용과 본 학습 내용 간의 순서를 정한다.

---

3) "Jonassen, D. H., Tessmer, M., & Hannum, W. H. (1998). Task analysis methods for instructional design. Hillsdale, NJ: Lawrence Erlbaum Associates, Inc."의 pp. 185-186에 제시된 사례를 수정 보완하였음.

④ 각 내용별로 난이도 수준을 상중하로 구별하여 학습 요소를 추출한다. 난이도별 학습 내용은 학습자의 특성에 따라 수준별로 제시할 수 있다.

3.2.4 검토 및 수정

내용 분석을 통하여 얻은 결과는 특별한 양식 없이 정리하되, 이때 학습 주제 및 해당 영역을 제시하고 하위 학습 내용은 도표로 제시하거나, 내용별로 서술하여 제시할 수 있다. [그림 3-10]은 내용 분석 결과를 도표로 제시한 것이고, 〈표 3-6〉은 내용 분석의 결과를 표로 나타낸 것이다.

내용 분석 결과

학습 주제: 원의 넓이 구하기

학습 영역: 인지적 영역

하위 학습 요소

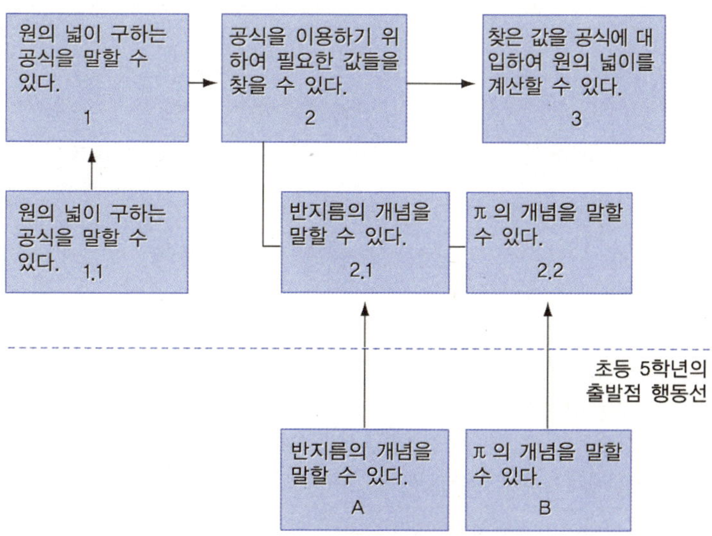

[그림 3-10] 내용 분석 결과의 예 I

〈표 3-6〉 내용 분석 결과의 예 II*

내용 분석 결과

학습 주제: 자료의 유형과 디지털 표현
학습 영역: 인지적 영역

하위 학습 내용

구분	내용 요소	
자료의 유형과 디지털 표현	정보의 유형	문자, 그림, 소리, 동영상
		아날로그 정보와 디지털 정보
	디지털 정보의 의미	
	아날로그 정보의 디지털화	
자료의 수집	자료의 수집	
	자료의 분류	
	자료의 관리	응용소프트웨어의 활용
	자료의 공유	
정보의 구조화	정보 구조화의 의미	
	정보 구조화 방법	글, 그림, 표, 다이어그램

출처: 김미량, 허희옥, 김민경, 이옥화, 조미헌(2018). 정보교육을 위한 교재의 이해와 활용(3판). 파주: 교육과학사. p. 404 인용

내용 분석 결과는 분석에 참여한 구성원들이 내부적으로 수행하거나, 관련 내용 전문가에게 의뢰하여 검토하고, 그 결과에 따라 수정・보완한다. 〈표 3-7〉은 내용 분석 결과를 검토하기 위하여 사용할 수 있는 점검표이다.

〈표 3-7〉 내용 분석 결과 평가를 위한 점검표

내용 분석 검토 사항	매우 그렇다	그렇다	보통이다	그렇지 않다	전혀 그렇지 않다
1. 개발 목적에 적합한 주제가 선정되었는가?					
2. 학습 주제별로 학습 영역이 적절하게 분류되었는가?					
3. 학습 주제별로 하위 학습 내용이 세분화되었는가?					
4. 하위 학습 내용이 정확하게 제시되었는가?					
5. 각 학습 주제별로 선수학습 내용이 분류되었는가?					
6. 학습 내용이 일련의 기준에 따라 조직되고 배열되었는가?					

[기타 고려 사항]

4 학습자 분석

4.1 학습자 분석의 의의

학습자 분석은 개발할 컨텐츠의 활용 대상자인 학습자의 학습 성향, 학습 내용과 연계된 특성 및 학습 집단의 특성 등을 조사하고 파악하는 것을 말한다. e-Learning 컨텐츠를 효과적으로 활용하기 위해서는 그 컨텐츠를 활용할 대상자의 특성에 적합해야 한다. 이를 위하여, 학습자 분석을 통하여 얻은 결과는 학습자의 특성에 적합한 학습 내용을 조직하고 학습 활동을 구성하기 위해서 반드시 필요한 정보이다.

학습자의 특성을 고려하여, 개인차에 맞는 개별화된 수업을 제공하는 것은 교육학자들의 오랜 숙원이다. 학습자 개개인이 가지고 있는 자신의 특성에 맞게 학습이 제공되는 것이 이상적인 학습 환경일 것이다. 교육용 컨텐츠 개발에 정보통신기술을 활용하는 중요한 목적도 학습자 개개인의 요구와 필요에 따라 학습 환경이 적응적으로 제시될 수 있기 때문이다.

학습자 특성을 분석하는 관점은 크게 두 가지로 구별할 수 있는데, 전통적인 객관주의적 관점에서는 학습자들의 정보 처리 과정, 지식 습득 과정 등에 관심을 갖고 대표성이나 일반성을 조사하고자 하는 반면에, 구성주의적 관점에서는 정보를 구성하는 과정, 성찰 능력 등에 초점을 두며, 대표성이나 일반적인 특성보다는 학습 과정에서 변화되는 속성에 관심을 기울인다. 어떤 관점을 중심으로 학습자 분석에 임하는가에 상관없이, 교수-학습 과정에 영향을 미치는 학습자 변인을 조사하는 일은 컨텐츠 개발에 있어 대상 학습자의 속성을 이해하기 위한 중요한 활동이다.

교수-학습 과정에 영향을 미칠 수 있는 개인차에 관련된 변인은 매우 다양하며 지속적으로 연구되고 있는데, 특히 e-Learning 컨텐츠를 개발하기 위하여 의미 있게 고려될 수 있는 개인차 변인은 다음과 같다.

◉ 학습자의 연령

학습자의 연령은 보통 학습자의 인지적 발달 정도를 파악하는 기본적인 자료로 사용될 수 있다. 아울러 학습자들은 연령에 따라 학교급과 학년이 지정되고, 이에 따라 배우는 내용도 비슷하게 예측된다. 따라서 같은 학년의 학습자들은 비슷한 어휘력이나, 수학적 개념, 논리적인 훈련을 갖게 된다. 이에 따라 학습자의 교급, 학년에 따라 사용할 수 있는 단어나 논리적 흐름을 다르게 해야 한다.

◉ 학습 능력

학습자의 인지적 차이의 대표적인 변인으로 학습 능력을 꼽을 수 있다. 학습 능력을 알아내는 방법으로 가장 쉽게는 학교에서의 학습 성취도를 볼 수 있다. 그러므로 학습자의 학습 성취도를 쉽게 알아낼 수 있는 교사와 함께 컨텐츠를 사용하게 되는 경우는 이 변인이 쉽게 고려될 수 있으나, 학습자가 컨텐츠를 스스로 사용하는 경우 이 변인을 접목하여 학습 컨텐츠의 난이도를 다양하게 운영할 수 있도록 한다.

◉ 선수학습 정도

선수학습 정도는 학습의 성공을 예측하는 데 매우 중요한 변인이다. 인지 발달 수준과 함께 선수학습 정도는 학습의 준비도(readiness)를 판단하는 중요한 준거이다. 따라서 새로운 내용을 제시하기 전에 필요한 선수학습 정도가 얼마나 되는지를 확인해 볼 필요가 있다. 선수학습 능력을 판단하고 이를 고려한 학습 진행을 할 수 있도록 여러 가지 전략을 컨텐츠에 포함시켜야 한다.

◉ 개인의 학습 경로 변인

개인의 선수학습 정도, 학습 진행 속도, 학습에 할애할 수 있는 시간과 장소 등 여러 가지 요인에 의해 개인별 학습 경로가 다르게 되는데 이러한 정보를 저장하고 있다가 다음 학습에 적용하여 학습 내용을 제시하는 것이 필요하다. 이를 위해 컨텐츠 개발 시, 개인의 학습 경로 사항에 관한 정보를 수집·보관·처리하도록 설계할 수도 있다.

◉ 학습 방식의 선호도

인지 양식, 학습 양식, 정의적 특성 등을 포함하는 학습자의 학습 방식과 관련된 개인적 성향은 다음을 고려하여 파악한다.

- 학습자들이 선호하는 정보 제시의 형태는 무엇인가?(시각 정보, 청각 정보 등)
- 학습자들이 선호하는 학습 방법은 무엇인가?(강의법, 토론법, 소집단 협력 방법, 개별학습법 등)

- 학습자들이 선호하는 학습 평가 방법은 무엇인가?(지필 시험, 과제 등)

◉ 학습자의 사회적 · 정의적 성향

학습자의 교우 관계, 집단 구성원 내에서의 위치 등과 같은 사회적 성향과 학습 효능감, 자신감 등과 같은 정의적 성향은 다음을 고려하여 파악한다.

- 친한 친구는 누구이며, 적대시하는 동료는 누구인가?
- 집단 내에서 중심에 있는 학습자는 누구이며, 따돌림을 당하는 학습자는 누구인가?
- 주어진 과제에 대한 학습자들의 자신감, 도전감, 효능감은 어떤 수준인가?

◉ 학습자의 테크놀로지 리터러시

컴퓨터, 인터넷, 모바일 장치 등을 활용한 정보의 수집, 활용, 통합, 재구성 등에 관련된 학습자의 테크놀로지 리터러시는 다음을 고려하여 파악한다.

- 컴퓨터를 비롯한 첨단 테크놀로지를 작동시킬 수 있는가?
- 테크놀로지를 통하여 전달할 수 있는 메시지의 특성과 유형을 아는가?
- 첨단 테크놀로지를 이용하여 가장 많이 하는 활동(예: 자료 검색, 게임, 친구와 대화 등)은 무엇인가?
- 수업에서 사용하고자 하는 테크놀로지에 대하여 학습자들의 인식과 활용 수준은 어느 정도인가?

4.2 학습자 분석 과정

일반적으로, 학습자 분석을 통하여 학습자의 일반적인 특성(성별, 연령 등), 선수학습 정도(출발점 행동 수준), 학습 성향 등을 파악하고, 학습자의 사회적 성향(학습 집단의 특성)을 조사하기도 한다. 학습자 분석은 다음과 같은 과정을 거쳐서 진행된다.

계획 수립 → 자료 수집 → 자료 분석 및 정리 → 검토 및 수정

[그림 3-11] 학습자 분석 과정

4.2.1 계획 수립

분석 계획은 분석 대상자 선정, 분석 내용 결정, 분석 방법 및 도구 선정, 분석 수행자 등을 기본으로 수립한다. 기획서를 토대로, 개발할 컨텐츠의 잠정적인 활용 대상자를 파악하고, 대상자의 인원수와 분석 내용을 결정한다. 분석 내용에 따라 분석 방법이 달라질 수 있으며, 분석 방법에 따라 대상자의 인원수도 변화될 수 있다.

대체로, 학습자 분석을 통하여 조사되는 내용은 학습자의 일반적인 특성, 선수학습 정도, 학습 성향, 학습자의 사회적 성향 등이다. 학습자의 일반적인 특성은 연령, 학년, 사회 문화적 속성 등이 포함된다. 선수학습 정도는 개발할 컨텐츠의 학습 내용을 잘 이해하기 위하여 미리 알아야 할 내용에 대한 인지 정도를 말하며, 학습 성향은 인지 양식, 상호작용 특성, 정서 상태, 학습 방법 등을 말한다.

분석 내용이 결정되면, 분석 방법을 선정한다. 일반적인 특성이나 학습 성향은 질문지를 이용한 설문조사 방법, 직접 만나거나 전화 혹은 전자 우편을 이용한 면접법, 관찰 등을 통하여 조사될 수 있고, 선수학습 정도는 표준화 검사와 같은 평가 방법을 이용할 수 있다. 선택한 방법에 따라 분석 도구를 결정한다. 미리 만들어진 공인된 도구를 사용할 수도 있고, 경우에 따라서 새로 개발하여 사용할 수 있다. 기존의 도구를 수정・보완하여 사용하는 경우와 새로 개발하는 경우에는 도구의 신뢰도와 타당도[4)]를 철저히 검증하여야 한다.

분석 대상자, 분석 내용, 분석 방법과 도구가 선정되면, 전체 개발 일정을 기본으로 분석을 위한 상세한 일정을 계획하고, 참여할 전문가를 결정한다.

[그림 3-12]는 학습자 분석을 위하여 수립한 계획의 예이다.

---

4) 평가 도구의 타당도에 대한 자세한 설명은 이 책의 제12장 '컨텐츠 평가'를 참조하기 바람.

학습자 분석 계획	
분석 대상자	중학생 50명
분석 내용	일반적인 특성, 선수학습 정도, 학습 성향, 흥미와 관심거리
분석 방법	전자 우편을 통한 설문 조사, 전화를 이용한 면접
분석 도구	직접 개발
분석 일정	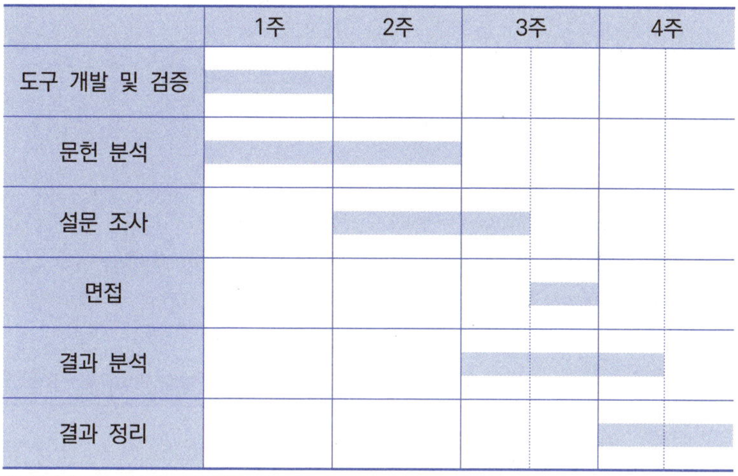
분석 수행자	홍길동 외 2인

[그림 3-12] 학습자 분석 계획의 예

4.2.2 자료 수집

분석 계획이 완성되면 계획한 대로 자료를 수집한다.

4.2.3 자료 분석 및 정리

자료 수집이 완료되면, 수집 방법에 적합한 분석 방법을 선택하여 분석 내용에 따라 정리한다. [그림 3-13]은 학습자 분석 과정을 토대로 얻을 수 있는 결과를 정리하여 나타낸 것이다.

학습자 분석 결과
• 일반적인 특성(테크놀로지 활용 포함) 지방 중심 도시의 한 고등학교 학생들로, 여학생 35명이 한 개 반을 구성하고 있다. 대부분의 학생들이 중·하류 정도의 생활 수준을 가지고 있으며, 대학교 입시를 위한 부담을 안고 있다. 개별적으로 가정에 컴퓨터와 통신망을 소유하고 있으며, 하루에 2시간 이상 컴퓨터를 활용하는데, 대부분은 게임이나, 사이버 친구와의 채팅을 즐기고 있다. 또한 스마트폰과 같은 모바일 장치를 이용한 정보 검색 및 게임도 많이 하는 편이다. 중학교 과정에서 컴퓨터 교과를 배운 학생들, 사교육을 통한 컴퓨터 관련 자격증 소지자 등의 학생들이 혼재되어 있어, 컴퓨터에 대한 경험의 차이가 있다. • 출발점 행동 컴퓨터를 사용하고 활용한 경험은 있지만, 많은 학생들이 컴퓨터에 관한 기본 원리를 정확하게 이해하고 있지 않다. 여기에서 선택한 학습 내용인 '진법 변환'의 선수 학습 요소는 진법 체계이며, 진법 체계는 초등학교 수학 교과에서부터 다루어지므로, 이에 대한 이해가 충분한 것으로 고려된다. • 학습 방식 학생들의 성격은 대체로 활발하고 서로 간의 관계가 우호적이며, 직접 경험하고 실행해보는 활동을 선호한다. 학생들은 시각 정보로 학습 내용을 공부하기 원한다. 또 컴퓨터 내용이므로 과제로 평가받기를 선호한다. 학습자의 동기 수준은 비교적 높고, 학습 내용에 대한 태도도 실제로 컴퓨터에서 무엇인가 하게 되므로 긍정적으로 받아들이고 있었다.

[그림 3-13] 학습자 분석 결과의 예

4.2.4 검토 및 수정

학습자 분석 결과는 분석에 참여한 구성원들이 내부적으로 수행하거나, 관련 내용 전문가에게 의뢰하여 검토하고, 그 결과에 따라 수정·보완한다. 〈표 3-8〉은 학습자 분석 결과를 검토하기 위하여 사용할 수 있는 점검표이다.

〈표 3-8〉 학습자 분석 결과 평가를 위한 점검표

학습자 분석 결과 검토 사항	매우 그렇다	그렇다	보통 이다	그렇지 않다	전혀 그렇지 않다
1. 분석 내용에 따라 분석 결과가 명확하게 제시되었는가?					
2. 활용 대상자인 학습자의 일반적인 특성이 적절하게 제시되었는가?					
3. 대상 학습자가 내용 분석에서 얻어진 선수 학습 내용의 습득 정도가 명확하게 제시되었는가?					
4. 활용 대상자인 학습자의 학습 성향이 적절하게 제시되었는가?					
5. 학습자 집단의 성향이 상세하게 제시되었는가?					

[기타 고려 사항]

4.3 학습자 분석을 위한 학습분석학

이상에서 제시한 학습자 분석은 특정한 학습 과정이 시작되기 전에 학습 설계 과정에서 수행된다. 최근에는 인공지능(artificial intelligence), 빅데이터 분석과 같은 첨단 기술의 발달로 학습자의 특성과 학습 과정을 분석하고 예측하는 다양한 시도가 이루어지고 있는데 이것이 학습분석학(learning analytics)이다.

학습분석학은 온라인 학습 과정에서 일어나는 학습 활동에 대한 정보를 수집하고 분석하여 미래 성과를 예측하거나 잠재적인 이슈를 발견하기 위한 이론과 실제 분야이다(조일현, 박연정, 김정현, 2019; Johnson, Becker, Cummins, Estrada, Freeman, & Hall, 2016). 학습분석학을 통하여 학습자의 학습 이력을 면밀하게 파악할 수 있고, 학습 과정에서 주기적으로 학습 과정을 분석하여 그에 적합한 교수 지원을 제공할 수 있다.

특히, 학습분석학에서는 과정과 결과를 쉽게 파악할 수 있는 대시보드를 이용하여 학습 활동 과정과 분석 결과를 제시한다. [그림 3-14]는 학습 과정을 시각화한 대시보드 사례들이다.

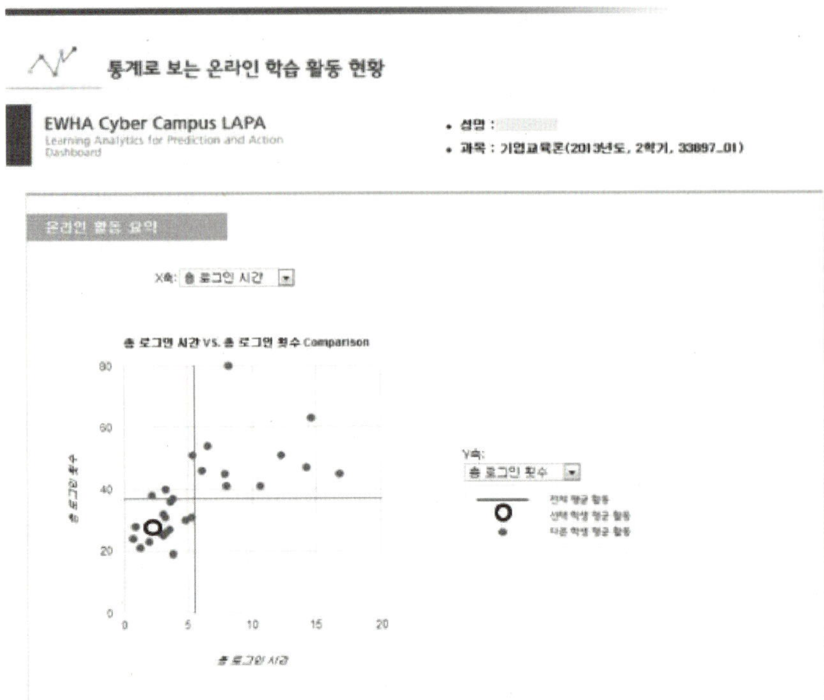

(1) 온라인 활동 제시

출처: 박연정, 조일현(2014). 학습 분석학 기반 대시보드의 설계와 적용. 교육정보미디어연구, 20(2), 191-216.

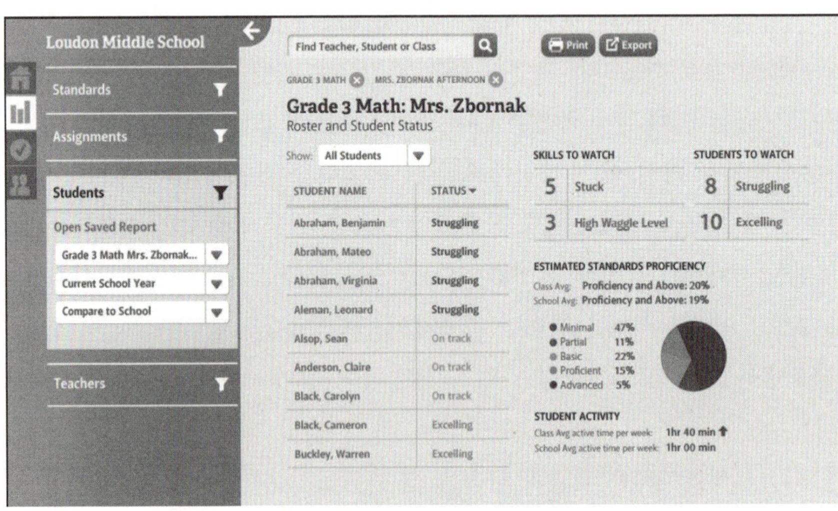

(2) Get Waggle의 대시보드 예시

출처: https://www.knewton.com/enterprise/

[그림 3-14] 대시보드 사례

5 학습 환경 분석

5.1 학습 환경 분석의 의의

학습 환경 분석은 개발할 e-Learning 컨텐츠를 활용할 대상자의 학습 환경의 물리적인 특성을 조사하고 파악하는 것을 의미한다. 최신 컴퓨터 사양의 성능과 최신 기술을 이용하여 최첨단으로 컨텐츠를 개발하여도, 그 컨텐츠를 활용할 대상자의 활용 환경이 이에 부합하지 못한다면, 그 성능과 교육적 효과가 제대로 발휘되기 어렵다. 따라서 잠정적인 활용 대상자가 쉽게 접할 수 있는 학습 환경의 특성을 분석하는 것이 효과적인 컨텐츠를 개발하기 위하여 중요한 활동 중의 하나이다.

개발할 컨텐츠가 어떤 유형이고 어떤 활용 방안을 기대하는가에 따라, 분석될 학습 환경의 특성과 내용이 달라질 수 있다. 예를 들어, 학교 교육에서의 활용을 목적으로 한다면, 활용 대상자의 학교에 구비되어 있는 컴퓨터 및 통신 시설을 포함한 물리적인 환경을 조사하고 분석하여야 하며, 학교 교육이 아닌 가정에서의 개별 학습을 위한 활용 목적이 있다면, 일반적으로 가정에 구비하고 있는 컴퓨터의 성능을 조사하여, 비교적 낮은 조건에 맞추어 개발하여야 한다.

5.2 학습 환경 분석 과정

일반적으로, 학습 환경 분석은 다음과 같은 과정을 거쳐서 진행된다.

계획 수립 → 자료 수집 → 자료 분석 및 정리 → 검토 및 수정

[그림 3-15] 학습 환경 분석 과정

5.2.1 계획 수립

학습 환경 분석 계획은 분석 대상 선정, 분석 내용 결정, 분석 방법 및 도구 선정, 분석 수행자 등을 기본으로 수립한다. 기획서를 토대로, 개발할 컨텐츠가 활용될 학습 환경을 파악하고, 분석의 내용 및 규모를 결정한다.

대체로, e-Learning 컨텐츠 활용을 위하여 실시되는 학습 환경 분석의 내용은 학습

환경에 구비되어 있는 하드웨어의 수준, 소프트웨어의 종류, 주변 환경 등이다. 하드웨어의 수준은 활용 가능한 컴퓨터의 대수, 컴퓨터의 성능, 통신 기기의 속도 수준 등을 포함한다. 소프트웨어의 종류는 컨텐츠를 운영하기 위하여 필요한 보조적인 운영 프로그램을 포함한다. 최근에 모바일 장치의 활용이 강조되면서, 학교에서 제공되거나 혹은 학생들이 개인적으로 소유하고 있는 모바일 장치에 대한 특성도 조사되어야 한다. 또한, 주변 환경은 컴퓨터를 사용할 수 있는 실내외 공간의 물리적 특성을 포함한다.

분석 내용이 결정되면 분석 방법을 선정한다. 일반적으로 학습 환경 분석은 현장을 방문하여 직접 관찰하거나, 정리된 문서를 이용하여 내용 분석을 할 수 있다. 선택한 방법에 따라 분석 도구를 결정한다. 미리 만들어진 공인된 도구를 사용할 수도 있고, 경우에 따라서 새로 개발하여 사용할 수 있다. 기존의 도구를 수정·보완하여 사용하는 경우와 새로 개발하는 경우에는 도구의 신뢰도와 타당도[5]를 철저히 검증하여야 한다.

분석 대상, 분석 내용, 분석 방법과 도구가 선정되면, 전체 개발 일정을 기본으로 분석을 위한 상세한 일정을 계획하고, 참여할 전문가를 결정한다.

[그림 3-16]은 학습 환경 분석을 위하여 수립한 계획의 예이다.

<table>
<tr><th colspan="2">학습 환경 분석 계획</th></tr>
<tr><td>분석 대상</td><td>중학교의 컴퓨터 시설</td></tr>
<tr><td>분석 내용</td><td>컴퓨터 하드웨어의 종류 및 대수
소프트웨어의 종류
유무선 네트워크 장치
모바일 장치의 종류 및 대수
모바일 어플리케이션의 종류
주변 환경의 특성</td></tr>
<tr><td>분석 방법</td><td>직접 방문과 관찰, 문서 분석</td></tr>
<tr><td>분석 도구</td><td>직접 개발</td></tr>
<tr><td>분석 일정</td><td>
<table>
<tr><th>활동 \ 날짜(일)</th><th>1</th><th>2</th><th>3</th><th>4</th><th>5</th><th>6</th><th>7</th><th>8</th><th>9</th><th>10</th></tr>
<tr><td>도구 개발 및 검증</td><td>■</td><td>■</td><td>■</td><td></td><td></td><td></td><td></td><td></td><td></td><td></td></tr>
<tr><td>방문 및 관찰</td><td></td><td></td><td></td><td>■</td><td>■</td><td>■</td><td>■</td><td>■</td><td></td><td></td></tr>
<tr><td>자료 분석</td><td></td><td></td><td></td><td></td><td>■</td><td>■</td><td>■</td><td>■</td><td>■</td><td></td></tr>
<tr><td>결과 정리</td><td></td><td></td><td></td><td></td><td></td><td></td><td></td><td></td><td>■</td><td>■</td></tr>
</table>
</td></tr>
<tr><td>분석 수행자</td><td>홍길동 외 2인</td></tr>
</table>

[그림 3-16] 학습 환경 분석 계획의 예

5) 평가 도구의 타당도에 대한 자세한 설명은 이 책의 제13장 '컨텐츠 평가'를 참조하기 바람.

5.2.2 자료 수집

분석 계획이 완성되면 분석 자료를 수집한다.

5.2.3 자료 분석 및 정리

자료 수집이 완료되면 수집 방법에 적합한 분석 방법을 선택하여 분석 내용에 따라 정리한다. [그림 3-17]은 학습 환경 분석 과정을 토대로 얻을 수 있는 결과를 정리하여 나타낸 것이다.

학습 환경 분석 결과

• 하드웨어의 종류 및 대수

구분	종류	대수	비고
일반 교실	Dual core CPU	1	
	전자칠판	1	
공용 컴퓨터실	Dual core CPU	30~50	
	프린터	1	
	전자칠판	1	
모바일 장치	갤럭시 탭	20	

• 소프트웨어/어플리케이션의 종류 및 개수

장소	종류	개수	비고
일반 교실	워드프로세서	1	
	파워포인트	1	
	엑셀	1	
공용 컴퓨터실	워드프로세서	30~50	개별 컴퓨터에 설치되어 있음
	파워포인트	30~50	
	엑셀	30~50	
	그래픽 저작도구	1~2	
	웹에디터	1~2	
	비디오 저작도구	0~1	

• 주변 환경
- 일반 교실과 컴퓨터실에 냉난방 시설 설치 완료
- 컴퓨터실은 학교 건물 안에 설치되어 있음

[그림 3-17] 학습 환경 분석 결과의 예

5.2.4 검토 및 수정

학습 환경 분석 결과는 분석에 참여한 구성원들이 내부적으로 수행하거나, 관련 내용 전문가에게 의뢰하여 검토하고, 그 결과에 따라 수정·보완한다. <표 3-9>는 학습 환경 분석 결과를 검토하기 위하여 사용할 수 있는 점검표이다.

<표 3-9> 학습 환경 분석 결과 평가를 위한 점검표

학습자 분석 결과 검토 사항	매우 그렇다	그렇다	보통 이다	그렇지 않다	전혀 그렇지 않다
1. 분석 내용에 따라 분석 결과가 정확하게 제시되었는가?					
2. 분석 대상이 대표성이 있는가?					
3. 학습 환경에 포함된 하드웨어가 정확하게 분석되었는가?					
4. 학습 환경에 포함된 소프트웨어의 특성이 정확하게 분석되었는가?					
5. 주변 환경의 특성이 철저하게 조사되었는가?					

[기타 고려 사항]

6 학습 목표 진술

6.1 학습 목표 진술의 의의

학습 목표란 학습 내용을 분석하여 학습자가 보여 주어야 할 학습 결과를 관찰 가능한 형태로 서술한 것으로, 학습자가 달성해야 할 학습 성취 수준을 나타내는 것이다. 잘 진술된 학습 목표는 수업 계획, 평가 계획, 교육 경영 계획 등 다방면으로 활용될 수 있는데, 특히 학교교육에서 다음과 같은 이점이 있다.

- 학습자들이 학습을 마친 후 무엇을 할 수 있어야 하는가를 명확하게 알려줄 수 있다.
- 학습 목표 달성을 위한 학습 내용을 조직하고 학습 방법을 선정하기 위한 기준이 된다.
- 교사가 평가 문항을 선정·작성하는 데에 왜 평가를 실시하고 무엇을 측정해야 하는지에 대한 지침을 제공한다.
- 학습자가 무엇을 배우는지에 관해 학부모나 학교 외부에 알리기에 유용하다.

학습자의 수행 수준을 명확하게 표현하는 학습 목표, 즉 수행목표에 대한 연구는 1954년대 Tyler(1949)에 의해 시작하였고, 1950년대 Mager(1961)에 의하여 본격적으로 활용되었다(Smaldino, Lowther, & Russell, 2007). 학습 목표에 대한 연구는 Bloom과 Gagné와 같은 다른 교육학자들로 하여금 학습 영역 혹은 학습 목적 분류에 관심을 갖게 하였다. 〈표 3-10〉, 〈표 3-11〉, 〈표 3-12〉에 제시된 내용은 Bloom에 의하여 개발된 목표 분류표이며, 현재까지도 많은 학교 교육에서 이를 기본으로 학습 목표를 분류하거나 학습 평가 개발에 활용하기도 한다.

〈표 3-10〉 인지적 기능 관련 목표 분류

수준	설명
지식(knowledge)	특정 정보, 자료, 현상 등을 기억
이해(comprehension)	정보나 자료에 포함된 의미를 그대로 해석하는 능력
적용(application)	규칙이나 원리의 적용
분석(analysis)	정보를 세부 요소로 분류하여 그 관계를 기술
종합(synthesis)	새로운 지식을 구성하거나 문제를 해결하기 위하여 분류했던 정보의 세부 요소들을 통합
평가(evaluation)	자료와 방법에 대해 평가

〈표 3-11〉 정의적 기능 관련 목표 분류

수준	설명
수용(receiving)	특정한 사건이나 활동에 주의 기울이기
대응(responding)	다양한 형태의 참여를 통하여 특정 사건에 반응하기
가치 인정(valuing)	긍정 또는 부정적인 태도를 표현함으로써 사건에 대해 받아들이거나 거부하기
조직(organizing)	한 가지 이상의 가치가 적용되는 상황에서 개개인의 학습자가 가지는 중요성에 따라서 그 가치들을 조직하거나 그 가치들 간의 관계를 규명하고, 특정 가치들을 다른 가치들에 비하여 중요한 것으로 인정하기
복합적 가치에 따른 특성(characterizing by a value complex)	인정된 가치에 따라 일관되게 행동하며, 그 행동을 자신의 인격의 일부분으로 만들기

〈표 3-12〉 심체적 기능 관련 목표 분류

수준	설명
모방(imitation)	관찰한 행동을 보이기
조작(manipulation)	행동의 수행
정밀성(precision)	행동의 정확한 수행
명확한 표현(articulation)	두 가지 이상의 근육을 활용하여 효율적인 방법으로 행동 수행

6.2 학습 목표 진술 방법

학습 목표를 기술할 때는 학습자가 이해 가능하고 활용 가능한 목표를 기술하는 것이 중요하다.

◉ 초점

- 학습자가 배우기 원하는 것을 찾아낸다.
- 학습자가 알고 적용할 수 있는 것을 찾아낸다.

◉ 기술방법

- 학습자가 다양한 시각을 가지고 브레인스토밍 기법을 적절히 활용할 수 있는 내용을 선택한다.

- 학습자의 성과를 객관적으로 확인할 수 있는 준거를 명시한다.
- 학습자의 성과 달성을 위해 해야 하는 것을 기술한다.

◉ 상황

- 이 수업을 통해서 어떠한 조건하에 무엇을 가지고 무엇을 할 수 있는지를 기술한다.

목표의 진술 방법은 Heinich와 그 동료 학자들(1999), Mager(1961) 등이 제안한 방법들이 많이 사용된다. 이 장에서는 Heinich와 그 동료 학자들이 제안한 방법에 대해 소개하고자 한다. 이 방법은 행동적 용어를 사용하여 진술하는 수행목표에 대한 것인데, 잘 진술된 목표는 대상(Audience)은 누구인가, 보여주어야 할 행동(Behavior)이 무엇인가, 그 행동이 관찰될 조건(Condition)은 어떠한가, 그리고 새로운 지식이나 기능이 숙달되어야 할 정도(Degree)는 어떠한가 등을 명시해야 함을 강조한다는 측면에서 'ABCD' 방법으로 일컬어지기도 한다. ABCD 목표는 다음 사항을 고려하여 진술한다.

- Audience: 대상을 명시함에 있어서는 목표가 초점을 두는 학습자를 명시하고, 교사가 아닌 학습자가 무엇을 할 수 있게 되는가에 초점을 맞추어야 한다.
- Behavior: 학습을 마친 후에 무엇을 달성할 것인지는 관찰이 가능한 행동 용어로 진술해야 한다. 이해하다, 안다 등과 같은 모호한 용어보다는 설명하다, 제시하다, 나열하다, 분류하다, 기술하다 등과 같은 구체적 행동 용어를 사용하는 것이 적절하다. 학습 영역별(변별, 구체적 개념, 정의된 개념, 법칙, 문제해결, 인지적 전략, 언어적 정보, 운동 기능, 태도) 학습 능력을 고려한 목표 진술 동사가 부록에 제시되어 있다(백영균, 김보경 역, 2003).
- Condition: 조건과 관련해서는 목표를 달성함에 있어서 학습자가 사용하거나 사용하지 않을 도구, 보조도구, 기자재, 참고자료 등이 무엇인가와 학습자가 수행할 특별한 환경 조건 등을 명시해야 한다.
- Degree: 정도란 행동의 만족도를 판단할 준거를 의미한다. 이는 시간 제한, 정확한 반응의 범위와 비율, 질적 표준 등으로 명시될 수 있다.

행동 목표 진술 방법에 따라 진술된 학습 목표의 예는 다음과 같다.

- 여러 가지 평면도형이 주어지면, 초등학교 2학년 학생은 같은 모양끼리 정확하게

분류할 수 있다.

- 여러 가지 사회의 종류와 그에 대한 설명이 주어지면, 중학교 학생들은 관련 있는 것끼리 정확하게 연결할 수 있다.
- 흡연으로 인해 생기는 질병이 주어지면, 그 질병의 원인을 흡연과 관련하여 설명할 수 있다.
- 구멍 난 자동차 타이어를 교환하는 데 필요한 도구들과 여분의 타이어가 주어졌을 때, 정해진 타이어 교환 순서에 따라 교환할 수 있다.
- 교내 컴퓨터실에서 다른 친구들에게 피해를 주지 않도록 조용히 그리고 안전하게 컴퓨터를 사용할 수 있다.

학습 목표 진술이 완료되면 다음과 같은 기준을 중심으로 검토·수정하여 완성한다.

〈표 3-13〉 학습 목표 진술의 평가를 위한 점검표

학습 목표 진술 평가 검토 사항	매우 그렇다	그렇다	보통이다	그렇지 않다	전혀 그렇지 않다
1. 학습 대상이 명확하게 제시되었는가?					
2. 학습 대상이 컨텐츠 활용 대상과 일치하는가?					
3. 학습 후에 나타낼 수 있는 행위가 행동 동사를 이용하여 제시되었는가?					
4. 행동이 일어날 조건이 적절하게 명시되었는가?					
5. 목표에 제시된 행동의 조건이 학습자가 사용할 수 있는 도구나 보조물을 포함하고 있는가?					
6. 목표 달성을 측정하기 위하여 양적, 질적 규준을 명확하게 제시하였는가?					
7. 학습 목표가 개발할 컨텐츠의 내용 범위를 포괄하는가?					

[기타 고려 사항]

탐구 과제

1. 학자별로 주장된 학습 내용 영역의 분야를 각자 자기 전공과목 분야의 교육과정 내용에 비추어 어떻게 구분될 수 있는지 정리하여 보자.
2. 현재 초등학생을 대상으로 e-Learning 컨텐츠를 개발한다면, 어떤 요인들이 학습자 분석을 위하여 파악되어야 하는지를 논의하여 보자.
3. e-Learning 컨텐츠 개발을 위한 분석 과정에서 수행되어야 하는 활동은 학습 내용 분석, 학습자 분석, 학습 환경 분석으로 구별될 수 있는데, 이외에 어떤 분석이 더 필요한지 논의하여 보자.
4. 다음에 제시된 학습 주제를 수행목표 진술 방법에 따라 나타내어 보자.
   - 2진법의 의미 이해
   - e-Learning 컨텐츠 개발 과정의 이해
   - 비주얼베이직을 이용한 문서 관리 프로그램 개발
   - 인터넷 윤리의 이해와 적용

참고문헌

교육인적자원부, 한국교육학술정보원(2003). 교육용 컨텐츠 제작지침 (V. 3.7).

김미량, 허희옥, 김민경, 이옥화, 조미헌(2018). 정보교육을 위한 교재의 이해와 활용(3판). 파주: 교육과학사.

박연정, 조일현(2014). 학습 분석학 기반 대시보드의 설계와 적용. 교육정보미디어연구, 20(2), 191-216.

백영균, 김보경 공역(2003). 기업 및 학교교육을 위한 멀티미디어 활용 교수의 설계. 서울: 학지사.

이만재, 이상선(2002). 멀티미디어 교과서. 서울: 안그래픽스.

이옥화, 허희옥, 조미헌, 김미경, 김미량, 강신천 외(2007). 정보교육의 ABC. 서울: 교육과학사.

조일현, 박연정, 김정현(2019). 빅데이터 시대 학습분석학의 이해. 서울: 박영사.

Anderson, L. W., & Krathwohl, D. R. (2001). *A taxonomy for learning, teaching, and assessing: A revision of Bloom's taxonomy of educational objectives*. New York, NY: Addison Wesley Longman, Inc.

Bloom, B. S. (1974). Learning for mastery. In M. Mohan & R. R. Hull (Eds.), *Individualized instruction and learning*. Chicago, IL: Nelson-Hall Co.

Bloom, B. S. (1956). *Taxonomy of educational objectives: Handbook I. Cognitive domain*. New York, NY: David Mckay.

Burton, J. K., & Merrill, P. F. (1991). Needs assessment: Goals, needs and priorities. In L. J. Briggs (Ed.), *Instructional design: Principles and applications*. Englewood Cliffs, NJ: Educational Technology Publications.

Carroll, J. B. (1963). A model of school learning. *Teachers College Record, 64*, 723-733.

Dick, W., Carey, L., & Carey, J. O. (2005). *The systematic design of instruction* (6th ed.). Boston, MA: Allyn and Bacon.

Heinich, R., Molenda, M., Russell, J. D., & Smaldino, S. E. (1999). *Instructional media and technologies for learning* (6th ed.). Columbus, Oh: Prentice-Hall, Inc.

Johnson, L., Becker, S. A., Cummins, M., Estrada, V., Freeman, A., & Hall, C. (2016). *NMC horizon report: 2016 higher education edition*. Austin, Texas: The New Media Consortium.

Jonassen, D. H., Tessmer, M., & Hannum, W. H. (1998). *Task analysis methods for instructional design*. Hillsdale, NJ: Lawrence Erlbaum Associates, Inc.

Kaufman, R., Rojas, A. M., & Mayer, H. (1993). *Needs assessment: A user's guide*. Englewood Cliffs, NJ: Educational Technology Publications.

Kemp, J. E., Morrison, G. R., & Ross, S. M. (1998). *Designing effective instruction*. Columbus, Ohio: Prentice Hall.

Krathwohl, D. R., Bloom, B. S., & Masia, B. B. (1964). *A taxonomy of educational objectives: Handbook II. The affective domain*. New York: McKay.

Mager, R. F. (1961). Preparing objectives for programmed instruction. *San Francisco Teaching, 30*(9), 1087-1101.

Merrill, M. D. (1983). Component display theory. In C. M. Reigeluth (Ed.), *Instructional-design theories and models: An overview of their current status*. Hillsdale, NJ: Lawrence Erlbaum Associates, Inc.

Reigeluth, C. M., & Stein, F. S. (1983). Elaboration theory. In C. M. Reigeluth (Ed.), *Instructional-design theories and models: An overview of their current status*. Hillsdale, NJ: Lawrence Erlbaum Associates, Inc.

Rossett, A. (1995). Needs assessment. In G. J. Anglin (Ed.), *Instructional technology: Past, present, and future* (2nd ed.) (pp. 183-196). Englewood, CO: Libraries Unlimited, Inc.

Smaldino, S. E., Lowther, D. L., & Russell, J. D. (2007). *Instructional media and technologies for learning* (9th ed.). Upper Saddle River, NJ: Prentice-Hall, Inc.

Tyler, R. W. (1949). *Basic principles of curriculum and instruction*. Chicago, IL: The University of Chicago Press.

Zook, K. (2001). *Instructional design for classroom teaching and learning*. Boston, MA: Houghton Mifflin.

CHAPTER 04

기획 및 분석의 실제

이 책의 제1부 2장과 3장에 포함된 내용 중에서 실제 기획과 분석 과정에서 이루어지는 활동들을 정리하고, 활용할 수 있는 양식들을 제공한다.

1 기획의 실제

- 단계 1. 기획 아이디어 구안
- 단계 2. 전체 개발 과정과 일정 계획
- 단계 3. 개발 조직 구성
- 단계 4. 개발 예산 산정
- 단계 5. 기획서 작성 및 검토 · 수정

2 분석의 실제

- 단계 1. 요구 분석
- 단계 2. 학습 내용 분석
- 단계 3. 학습자 분석
- 단계 4. 학습 환경 분석
- 단계 5. 학습 목표 진술

1 기획의 실제

e-Learning 컨텐츠의 기획 과정은 아래의 그림에 제시된 것과 같이 "기획 아이디어 구안", "개발 과정과 일정 계획", "개발 조직 구성", "개발 예산 산정", "기획서 작성", "검토 및 수정"의 단계를 따라서 진행된다.

다음과 같은 기획 과정을 염두에 두고, 몇 가지 절차에 따라 e-Learning 컨텐츠 개발을 위한 기획서를 작성한다.

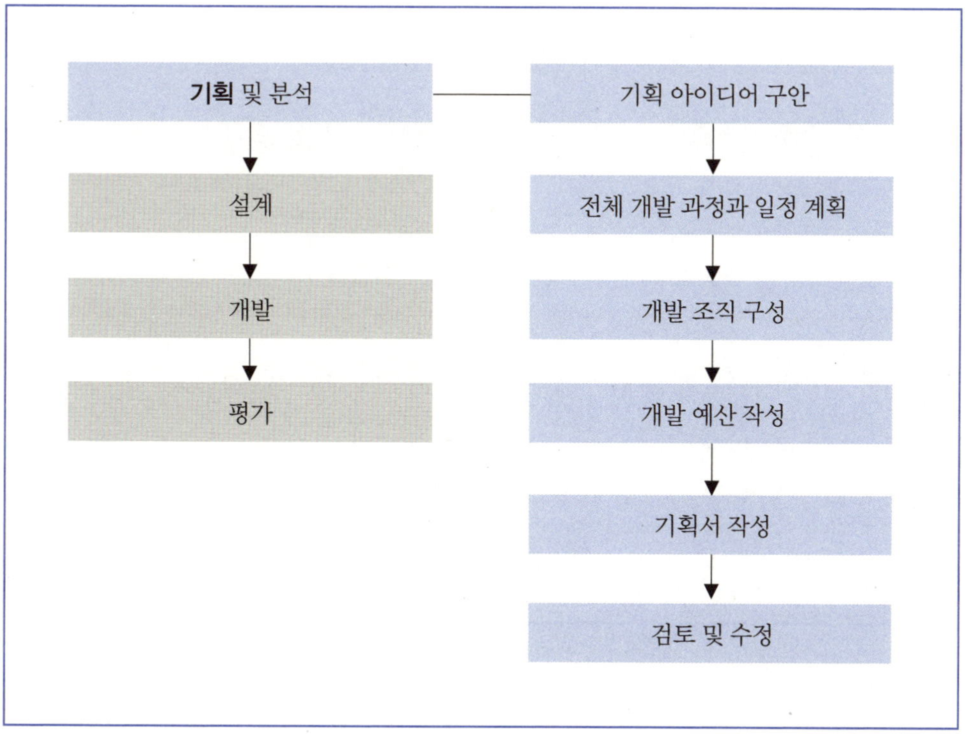

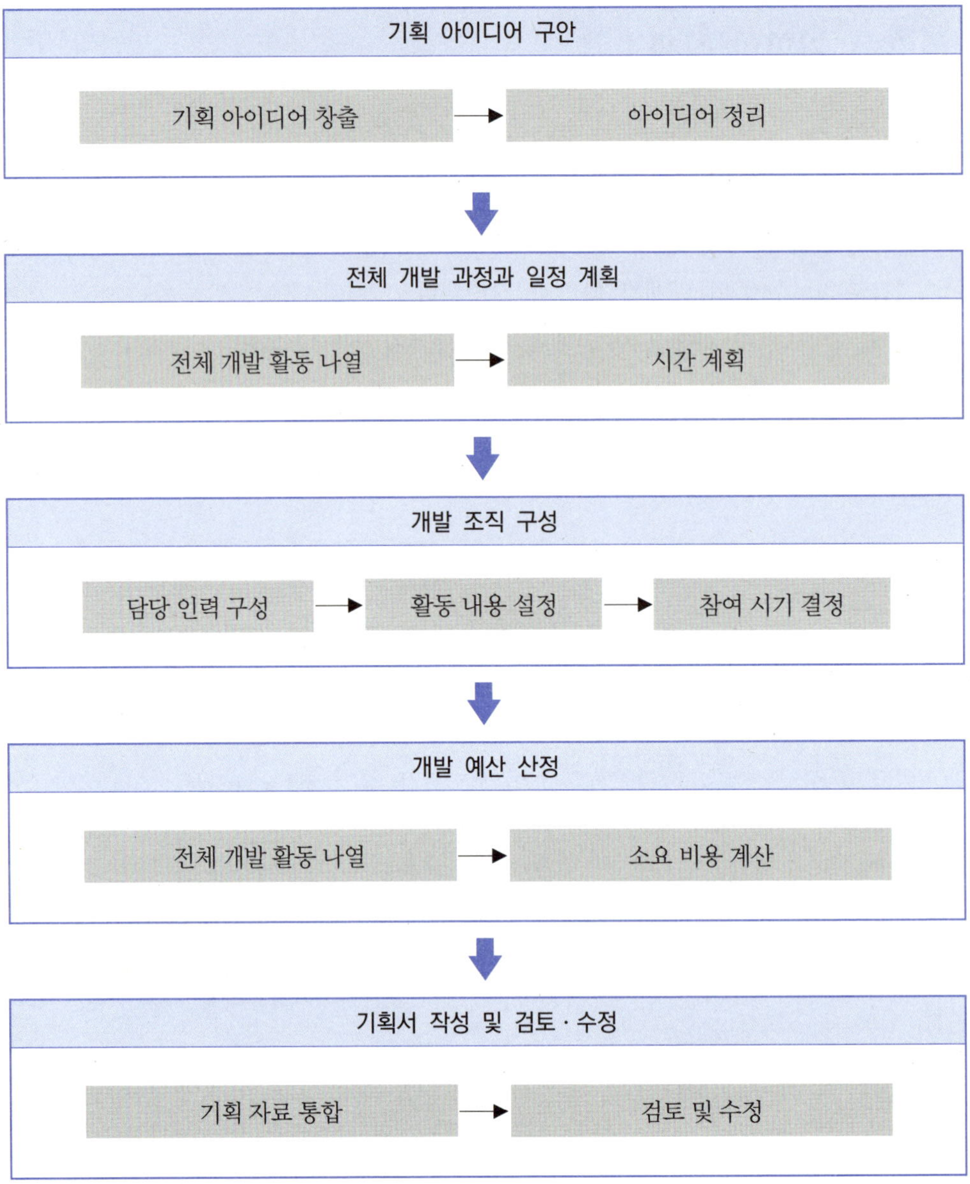
기획 아이디어 구안
기획 아이디어 창출
아이디어 정리
전체 개발 과정과 일정 계획
전체 개발 활동 나열
시간 계획
개발 조직 구성
담당 인력 구성
활동 내용 설정
참여 시기 결정
개발 예산 산정
전체 개발 활동 나열
소요 비용 계산
기획서 작성 및 검토 · 수정
기획 자료 통합
검토 및 수정

단계 1 기획 아이디어 구안

- e-Learning 컨텐츠 개발을 위한 첫 번째 활동으로, 전체 과정에 대한 거친 상태이지만 큰 아이디어를 구안함.

- 아이디어를 구안하기 위하여, 개발 주제 및 제목, 개발 목적, 활용 대상, 개발 내용과 유형, 운영 환경, 기대 효과 및 활용 방안 등을 결정함.

[세부 활동]

기획 아이디어 창출 → 아이디어 정리

[관련 단원]

- 2장 2.1

[관련 양식]

- 기획 아이디어 구안서

◉ 기획 아이디어 구안

※ 다음에 제시된 각각의 항목에 대하여 생각해보면서 작성하시오.

기획 아이디어 구안
작성일: 작성자:
• 개발 주제 • 제목
• 활용 대상
• 시장조사
• 개발 내용 • 유형(강의형, 인터뷰형, 애니메이션형, 대담형, 강연형, 크로마키형, 지식채널형, 다큐형)
• 운영환경
• 기대 효과 및 활용 방안
[기타 고려 사항]

단계 2 전체 개발 과정과 일정 계획

- 대강의 기획 아이디어가 결정되면, 전체 개발 과정과 일정을 계획함.

- 잘 계획된 일정표는 개발을 진행하는 과정에서 효과적인 활동 관리를 위하여 활용될 수 있음.

- 일정을 계획할 때에는 일반적으로 적용되는 컨텐츠 개발 과정인 분석, 설계, 개발, 평가 단계를 고려하여 각 단계에서 소요될 시간 계획을 융통성 있게 수립함.

[세부 활동]

전체 개발 활동 나열 → 시간 계획

[관련 단원]

- 2장 2.2

[관련 양식]

- 전체 개발 과정과 일정 계획표

◉ 개발 과정과 일정 계획표 작성

※ 컨텐츠 개발 과정의 세부 단계들을 고려하여 전체 일정을 계획하여 보시오.

개발 활동 \ 일정								

단계 3 개발 조직 구성

- 개발 과정의 전체 단계를 통하여 참여할 개발 인원을 조직하고 구성함.

- 개발한 컨텐츠의 구체적인 설계 전략이 수립되면 개발에 참여하는 인원의 변화가 있을 수 있으므로, 융통성 있게 구성함.

[세부 활동]

[관련 단원]

- 2장 2.3

[관련 양식]

- 개발 조직 구성표

◉ 개발 조직 구성표 작성

※ 컨텐츠 개발 과정의 세부 단계들을 고려하여, 단계별로 참여하고 담당할 인력을 선정하고 활동 내용과 활동 시기를 결정하여 개발 조직 구성표를 완성하여 보시오.

개발 조직 구성표				
개발 단계	담당 조직	활동 내용	시기	비고
분석				
설계				
개발				
평가				

단계 4 개발 예산 산정

- 전체 개발 과정에서 필요한 비용을 산정함.

- 실제로 설계와 개발이 진행되면서, 예상외의 추가 비용이 필요할 수 있으므로, 융통성 있게 계획함.

[세부 활동]

전체 개발 활동 나열 → 소요 비용 계산

[관련 단원]

- 2장 2.4

[관련 양식]

- 개발 예산표

◉ 개발 예산표 작성

※ 컨텐츠 개발 과정의 세부 단계들을 고려하여, 단계별로 개발 예산 표를 완성하여 보시오. 단계별로 예산을 구분하기 어려울 경우도 있으나 가급적 구분해 보도록 한다.

개발 예산표			
개발 단계	활동 내용	소요 비용	비고
분석			
설계			
개발			
평가			

단계 5 기획서 작성 및 검토 · 수정

- 전체 기획 과정에서 얻은 자료를 통합하여 기획서를 작성함.

- 기획서가 작성되면, 일련의 검토와 수정 단계를 거쳐 완성함. 기획서 작성과 검토 및 수정은 별개의 활동이지만, 여기서는 통합하여 수행함.

[세부 활동]

기획 자료 통합 → 검토 및 수정

[관련 단원]

- 2장 2.5, 2.6

[관련 양식]

- 기획서 검토를 위한 점검표

◉ 기획서 검토를 위한 점검표

※ 다음에 제시된 사항을 중심으로, 통합된 기획서의 내용을 검토하여 보시오.

기획서 검토 사항	매우 그렇다	그렇다	보통 이다	그렇지 않다	전혀 그렇지 않다
1. 개발 목적과 의도가 명확하게 제시되었는가?					
2. 잠정적인 활용 대상자가 구체적으로 제시되었는가?					
3. 개발 내용의 범위가 개발 목적에 부합하는가?					
4. 개발 유형이 적절한가?					
5. 운영 환경이 구체적으로 기술되었는가?					
6. 개발 과정에 적합한 일정이 계획되었는가?					
7. 개발 조직의 구성원이 적절하게 구성되었는가?					
8. 개발 예산이 적정한 수준에서 책정되었는가?					
[기타 고려 사항]					

2 분석의 실제

e-Learning 컨텐츠의 분석 과정은 아래의 그림에 제시된 것과 같이 "요구 분석", "학습 내용 분석", "학습자 분석", "학습 환경 분석"의 4가지 단계를 따라서 진행되며, 그 결과에 따라 학습 목표 진술 활동이 수행된다.

다음과 같은 분석 과정을 염두에 두고, 몇 가지 절차에 따라 e-Learning 컨텐츠 설계와 개발을 위한 기초 자료를 마련한다.

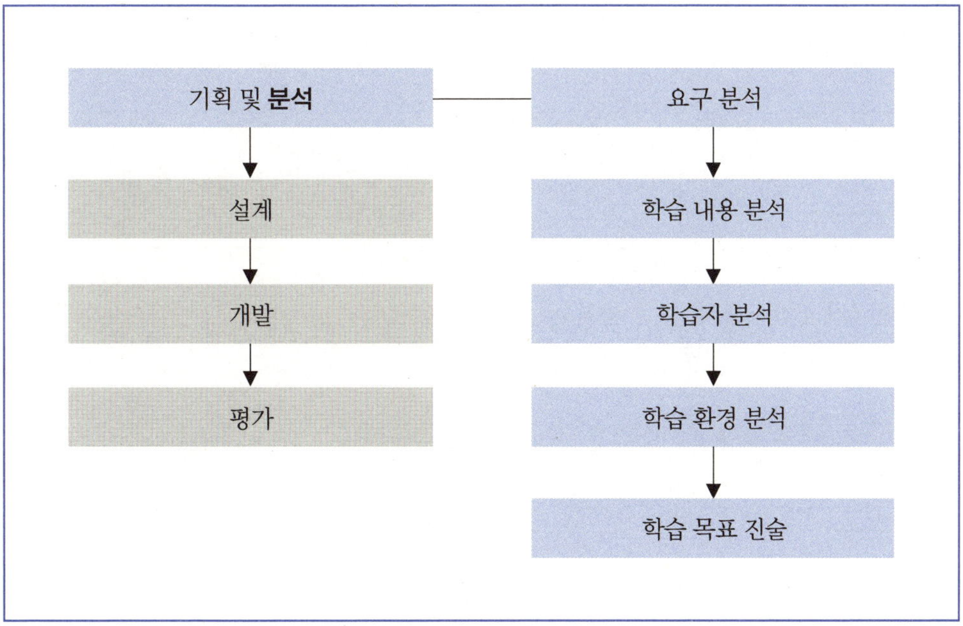

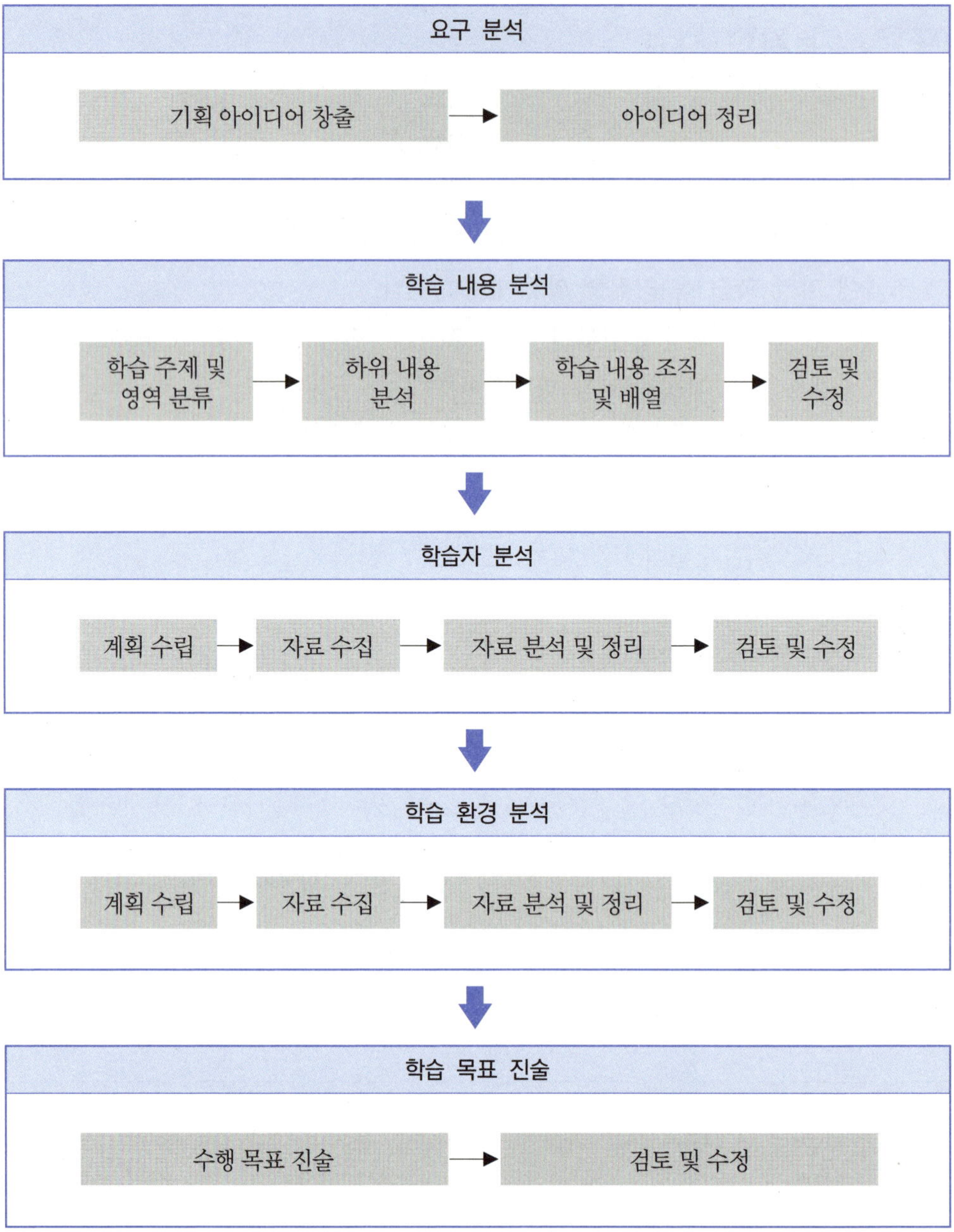
요구 분석
기획 아이디어 창출
아이디어 정리
학습 내용 분석
학습 주제 및 영역 분류
하위 내용 분석
학습 내용 조직 및 배열
검토 및 수정
학습자 분석
계획 수립
자료 수집
자료 분석 및 정리
검토 및 수정
학습 환경 분석
계획 수립
자료 수집
자료 분석 및 정리
검토 및 수정
학습 목표 진술
수행 목표 진술
검토 및 수정

단계 1 요구 분석

- 개발할 컨텐츠와 연계되는 기초 정보를 파악함.

- 개발할 컨텐츠의 기획서를 중심으로, 현재 기개발된 컨텐츠의 특성, 활용 대상자의 특성을 조사하고 파악함.

- 요구 분석의 내용은 개발 상황에 따라 달라질 수 있고, 다른 분석 과정과 연계될 수 있으므로, 이를 고려하여 설정함.

[세부 활동]

계획 수립 → 자료 수집 → 자료 분석 및 정리 → 검토 및 수정

[관련 단원]
- 3장 2.1, 2.2

[관련 양식]
- 요구 분석 계획서
- 요구 분석 결과 정리표
- 요구 분석 결과 검토를 위한 점검표

◉ 요구 분석 계획

※ 다음에 제시된 사항을 중심으로 요구 분석 활동을 계획하여 보시오. 필요 없는 사항은 생략하고, 기타 고려 사항은 하단의 빈칸에 정리하여 보시오.

<table>
<tr><th colspan="2">요구 분석 계획</th></tr>
<tr><td>분석 목적 설정</td><td></td></tr>
<tr><td>분석 대상 및 내용</td><td></td></tr>
<tr><td>분석 방법</td><td></td></tr>
<tr><td>분석 도구</td><td></td></tr>
<tr><td>분석 일정</td><td>
<table>
<tr><th>날짜
활동</th><th></th><th></th><th></th><th></th><th></th><th></th><th></th><th></th></tr>
<tr><td></td><td></td><td></td><td></td><td></td><td></td><td></td><td></td><td></td></tr>
<tr><td></td><td></td><td></td><td></td><td></td><td></td><td></td><td></td><td></td></tr>
<tr><td></td><td></td><td></td><td></td><td></td><td></td><td></td><td></td><td></td></tr>
<tr><td></td><td></td><td></td><td></td><td></td><td></td><td></td><td></td><td></td></tr>
<tr><td></td><td></td><td></td><td></td><td></td><td></td><td></td><td></td><td></td></tr>
</table>
</td></tr>
<tr><td>분석 수행자</td><td></td></tr>
<tr><td colspan="2"></td></tr>
</table>

◉ 요구 분석 결과 정리

※ 다음과 같은 사항을 중심으로 요구 분석 내용을 정리하되, 분석 결과는 요소별로 제시하거나 통합하여 제시하여도 됩니다.

요구 분석 결과
※ 분석 목적
※ 분석 결과
• •
[기타 고려 사항]

◉ 요구 분석 결과 검토를 위한 점검표

※ 다음에 제시된 각각의 검토 사항에 대하여, 그 점검 결과를 5가지 수준으로 나누어 표시하여 보시오.

요구 분석 결과 검토 사항	매우 그렇다	그렇다	보통 이다	그렇지 않다	전혀 그렇지 않다
1. 분석 목적이 적절하게 제시되었는가?					
2. 분석 목적에 따라 분석 대상과 내용, 분석 방법이 적절하게 선정되었는가?					
3. 분석 일정이 융통성 있게 계획되었는가?					
4. 자료 수집 및 분석이 계획대로 진행되었는가?					
5. 분석 결과가 분석 목적 달성에 기여하는가?					
6. 요구 분석이 다시 실시될 필요가 있는가?					
[기타 고려 사항]					

단계 2 학습 내용 분석

• 개발 목적에 따라 세부 학습 주제를 선정하고 각 주제에 관련된 학습 영역을 분류함.

• 각 주제별로 하위 학습 내용을 분석할 때에는 교수자의 교수 전략이 아닌 학습자의 학습 활동을 중심으로 세분화하여야 하며, 본 내용을 학습하기 위하여 이전에 학습했거나 미리 알고 있어야 할 선수 학습 내용을 파악하여야 함.

[세부 활동]

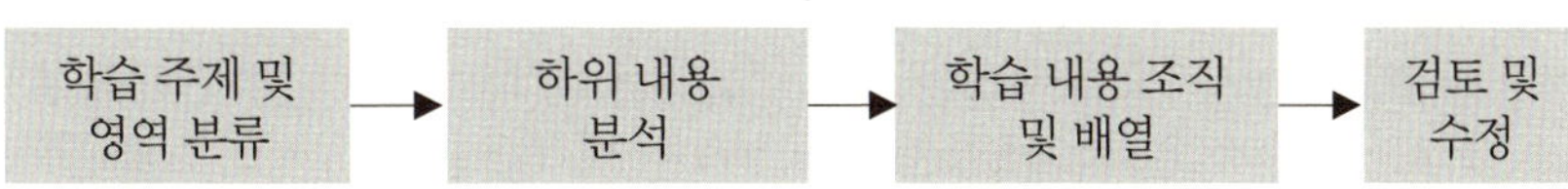

[관련 단원]

• 3장 3.1, 3.2

[관련 양식]

• 학습 내용 분석 결과 정리표
• 학습 내용 조직표
• 학습 내용 분석 결과 검토를 위한 점검표

◉ 학습 내용 분석 결과

※ 분석한 학습 내용을 다음과 같이 정리하여 보세요. 하위 학습 요소는 다이어그램, 표로 작성할 수 있고, 번호를 붙여서 나열할 수 있습니다. 필요하다면, 학습 주제별로 다른 분석 결과표를 작성하여 보시오.

학습 내용 분석 결과
• 학습 주제: • 학습 영역:
• 하위 학습 요소

◉ 학습 내용 조직 및 배열

※ 위에서 분석한 학습 내용을 일련의 기준에 따라 재조직할 경우에는 다음의 사항을 중심으로 정리하여 보시오.

학습 내용 조직표
• 학습 주제: • 학습 영역:
• 학습 내용 조직 및 배열

◉ 학습 내용 분석 결과 검토를 위한 점검표

※ 다음에 제시된 각각의 검토 사항에 대하여, 그 점검 결과를 5가지 수준으로 나누어 표시하여 보시오.

학습 내용 분석 결과 검토 사항	매우 그렇다	그렇다	보통이다	그렇지 않다	전혀 그렇지 않다
1. 개발 목적에 적합한 주제가 선정되었는가?					
2. 학습 주제별로 학습 영역이 적절하게 분류되었는가?					
3. 학습 주제별로 하위 학습 내용이 세분화되었는가?					
4. 하위 학습 내용이 정확하게 제시되었는가?					
5. 각 학습 주제별로 선수학습 내용이 분류되었는가?					
6. 학습 내용이 일련의 기준에 따라 조직되고 배열되었는가?					
[기타 고려 사항]					

단계 3 학습자 분석

• 개발할 컨텐츠의 잠정적인 활용 대상 학습자의 특성을 상세하게 조사하고 파악함.

• 학습자의 일반적인 특성, 선수학습 내용 이해 수준, 학습 성향, 집단 성향, 테크놀로지 리터러시를 중심으로 조사함.

[세부 활동]

계획 수립 → 자료 수집 → 자료 분석 및 정리 → 검토 및 수정

[관련 단원]

• 3장 4.1, 4.2

[관련 양식]

• 학습자 분석 계획표
• 학습자 분석 결과 정리표
• 학습자 분석 결과 검토를 위한 점검표

◉ 학습자 분석 계획

※ 다음에 제시된 사항을 중심으로, 학습자 분석 활동을 계획하여 보시오. 필요 없는 사항은 생략하고, 기타 고려 사항은 하단의 빈칸에 정리하여 보시오.

학습자 분석 계획	
분석 대상자	
분석 내용	
분석 방법	
분석 도구	
분석 일정	
분석 수행자	

날짜 / 활동								

◉ 학습자 분석 결과 정리

※ 다음과 같은 사항을 중심으로 학습자 분석 내용을 정리하되, 분석 결과는 요소별로 제시하거나 통합하여 제시하여도 됩니다.

학습자 분석 결과
• 일반적인 특성   • 선수학습내용 이해 수준   • 학습 성향   • 집단 성향   • 테크놀로지 리터러시
[기타 고려 사항]

◉ 학습자 분석 결과 검토를 위한 점검표

※ 다음에 제시된 각각의 검토 사항에 대하여, 그 점검 결과를 5가지 수준으로 나누어 표시하여 보시오.

학습자 분석 결과 검토 사항	매우 그렇다	그렇다	보통이다	그렇지 않다	전혀 그렇지 않다
1. 분석 내용에 따라 분석 결과가 명확하게 제시되었는가?					
2. 활용 대상자인 학습자의 일반적인 특성이 적절하게 제시되었는가?					
3. 대상 학습자가 내용 분석에서 얻어진 선수 학습 내용의 습득 정도가 명확하게 제시되었는가?					
4. 활용 대상자인 학습자의 학습 성향이 적절하게 제시되었는가?					
5. 학습자 집단의 성향이 상세하게 제시되었는가?					
[기타 고려 사항]					

단계 4 학습 환경 분석

- 개발할 컨텐츠가 활용될 학습 환경을 조사하고 파악함.

- 학습 환경을 분석할 때에는 활용 가능한 컴퓨터 하드웨어, 소프트웨어, 주변 시설에 대하여 조사함.

[세부 활동]

계획 수립 → 자료 수집 → 자료 분석 및 정리 → 검토 및 수정

[관련 단원]

- 3장 5.1, 5.2

[관련 양식]

- 학습 환경 분석 계획표
- 학습 환경 분석 결과 정리표
- 학습 환경 분석 결과 검토를 위한 점검표

◉ 학습 환경 분석 계획

※ 다음에 제시된 사항을 중심으로 학습 환경 분석 활동을 계획하여 보시오. 필요 없는 사항은 생략하고, 기타 고려 사항은 하단의 빈칸에 정리하여 보시오.

<table>
<tr><th colspan="2">학습 환경 분석 계획</th></tr>
<tr><td>분석 대상</td><td></td></tr>
<tr><td>분석 내용</td><td></td></tr>
<tr><td>분석 방법</td><td></td></tr>
<tr><td>분석 도구</td><td></td></tr>
<tr><td>분석 일정</td><td>
<table>
<tr><th>날짜
활동</th><th></th><th></th><th></th><th></th><th></th><th></th><th></th><th></th></tr>
<tr><td></td><td></td><td></td><td></td><td></td><td></td><td></td><td></td><td></td></tr>
<tr><td></td><td></td><td></td><td></td><td></td><td></td><td></td><td></td><td></td></tr>
<tr><td></td><td></td><td></td><td></td><td></td><td></td><td></td><td></td><td></td></tr>
<tr><td></td><td></td><td></td><td></td><td></td><td></td><td></td><td></td><td></td></tr>
<tr><td></td><td></td><td></td><td></td><td></td><td></td><td></td><td></td><td></td></tr>
</table>
</td></tr>
<tr><td>분석 수행자</td><td></td></tr>
<tr><td colspan="2"></td></tr>
</table>

◉ 학습 환경 분석 결과 정리

※ 다음과 같은 사항을 중심으로 학습 환경 분석 내용을 정리하되, 분석 결과는 요소별로 제시하거나 통합하여 제시하여도 됩니다.

학습 환경 분석 결과
• 하드웨어의 종류 및 대수   • 소프트웨어/어플리케이션의 종류 및 개수   • 주변 시설
[기타 고려 사항]

◉ 학습 환경 분석 결과 검토를 위한 점검표

※ 다음에 제시된 각각의 검토 사항에 대하여, 그 점검 결과를 5가지 수준으로 나누어 표시하여 보시오.

학습 환경 분석 결과 검토 사항	매우 그렇다	그렇다	보통이다	그렇지 않다	전혀 그렇지 않다
1. 분석 내용에 따라 분석 결과가 정확하게 제시되었는가?					
2. 분석 대상의 대표성이 있는가?					
3. 학습 환경에 포함된 하드웨어가 정확하게 분석되었는가?					
4. 학습 환경에 포함된 소프트웨어의 특성이 정확하게 분석되었는가?					
5. 주변 환경의 특성이 명확하게 조사되었는가?					
[기타 고려 사항]					

단계 5 학습 목표 진술

• 분석 과정의 결과를 기초로, 개발할 컨텐츠의 구체적인 학습 목표를 진술함.

• 학습 목표는 한 개 이상이 될 수 있으며, 수행 목표를 진술하기 위해서는 대상, 행동, 조건, 기준의 요소들이 고려되어야 함.

[세부 활동]

수행 목표 진술 → 검토 및 수정

[관련 단원]

• 3장 6.1, 6.2

[관련 양식]

• 학습 목표 진술표
• 학습 목표 검토를 위한 점검표

◉ 학습 목표 진술표

※ 개발할 컨텐츠에 포함된 학습 목표를 학습 주제에 따라 수행 목표 형식으로 진술하여 보시오.

학습 목표 진술	
학습 주제	학습 목표
[기타 고려 사항]	

◉ 학습 목표 검토를 위한 점검표

※ 다음에 제시된 각각의 검토 사항에 대하여, 그 점검 결과를 5가지 수준으로 나누어 표시하여 보시오.

학습 목표 검토 사항	매우 그렇다	그렇다	보통이다	그렇지 않다	전혀 그렇지 않다
1. 학습 대상이 명확하게 제시되었는가?					
2. 학습 대상이 개발 활용 대상과 일치하는가?					
3. 학습 후에 나타낼 수 있는 행위가 행동 동사를 이용하여 제시되었는가?					
4. 행동이 일어날 조건이 적절하게 명시되었는가?					
5. 목표에 제시된 행동의 조건이 학습자가 사용할 수 있는 도구나 보조물을 포함하고 있는가?					
6. 목표 달성을 측정하기 위한 기준이 양적, 질적 규준을 명확하게 제시하였는가?					
7. 학습 목표가 개발할 컨텐츠의 내용 범위를 포괄하는가?					
[기타 고려 사항]					

PART

2 컨텐츠 설계

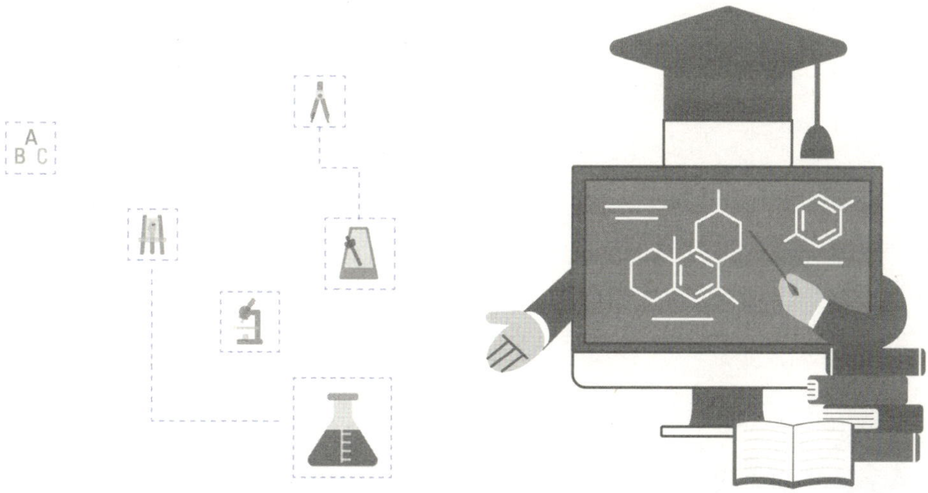

CHAPTER 05

컨텐츠 설계의 기초

교수설계의 의미와 특성을 살펴보고, 설계의 과정을 설계개요서 작성, 학습 흐름도 작성, 내용 구성 원고 작성, 스토리보드 작성 등과 같은 네 가지 단계들로 구분하여 각 단계별로 수행해야 할 활동들을 살펴본다. 각 단계별 활동에 대해서는 활동의 의미, 작성 방법 그리고 검토 및 수정 방안에 대해 알아본다.

1 교수설계의 의미와 특성

1.1 교수설계의 의미

교수설계(Instructional Design)란 앞서 분석 단계에서 이루어진 요구 분석, 학습 내용 분석, 학습자 특성 분석, 학습 환경 분석 등의 결과와 그 결과에 기초하여 설정된 학습 목표를 고려하여, 그 목표를 달성하기 위한 최적의 내용 구성 및 교수-학습 방법을 계획하고 구체화하는 작업을 의미한다(백영균, 김보경, 2003; Reiser & Dempsey, 2017). 설계 작업은 컨텐츠의 개발은 물론 유지, 보수 등의 관리를 원활하게 하기 위해서 절대적으로 필요하다.

교수설계의 의미를 이해하기 위해서는 교수-학습과 관련한 '조건(conditions)', '방법(methods)' 그리고 '결과(outcomes)'와 같은 세 가지 변인들 그리고 각 변인들과 관련한 세부 요소들 간의 상호 관계를 살펴볼 필요가 있다. 그 관계는 [그림 5-1]에 정리된 바와 같다(김신자, 2001; Reigeluth & Carr-chellman, 2009).

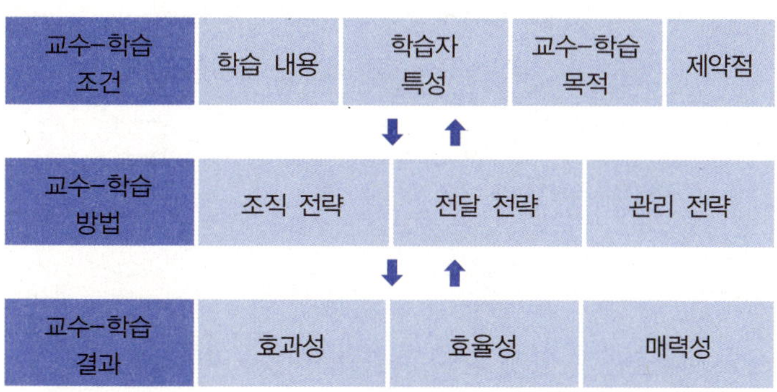

[그림 5-1] 교수설계의 변인들과 변인별 관련 요소들의 상호 관계

- **조건**: 조건은 학습 내용의 특성(지식 유형, 구조 등) 및 학습자의 특성(선수지식, 동기, 적성 등)과 더불어서 교수 목적의 수준이나 특성, 활용 가능한 인적·물적 자원, 시간, 재원 등과 같이 설계자가 통제할 수 없이 주어진 것을 의미한다.
- **방법**: 방법은 내용을 단일 개념이나 원리 차원에서 또는 여러 개념이나 원리들의 계열화 차원에서 어떻게 조직하느냐와 관련된 조직 전략, 어떻게 학습 내용을 전

달하고 평가하는가와 관련된 전달 전략, 그리고 조직 및 전달 전략들을 언제 어떻게 사용할 것인지를 결정하는 관리 전략 등 각각 다른 조건에서 다양한 결과를 성취하기 위한 전략을 의미한다.

- **결과**: 결과란 각각 다른 조건에서 사용된 방법들이 얼마나 효과가 있는지를 의미하는 것으로서, 효과성, 효율성과 매력성의 측면에서 살펴볼 수 있다.

이 세 가지 변인들의 관계는 [그림 5-2]에 제시된 바와 같이 서술적 관계와 처방적 관계로 정리할 수 있다. 이 중에서 교수설계는 특정 학습 내용, 학습자, 학습 환경 등 주어진 조건에서 의도된 학습 목표를 학습의 결과로 달성하기 위한 최적의 교수방법을 모색하는 작업으로서 목적 지향적이며 처방적인 특성을 갖는 것으로 이해될 수 있다(Reigeluth, 1999).

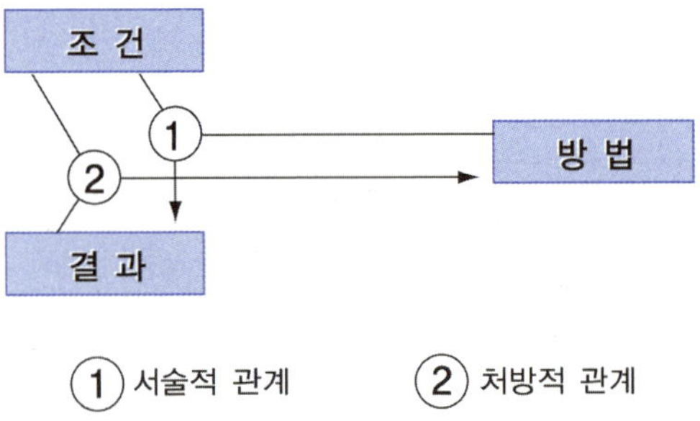

[그림 5-2] 교수설계 관련 변인들 간의 관계

1.2 교수설계 활동의 참여자

교수설계 활동은 일반적으로 팀 활동을 통해서 이루어진다. 설계의 규모와 범주, 기술적 복잡성 등 다양한 특성에 따라서 다르기는 하지만 일반적으로 다음과 같은 전문가들이 교수설계 과정에 참여하게 된다(Morrison, Ross, Morrison, & Kalman, 2019; Reiser & Dempsey, 2017). 설계의 규모가 작은 경우에는 개인이 이 중 여러 역할들을 담당하기도 하며, 심지어는 한 개인이 교수설계의 전 과정을 혼자 담당하는 경우도 있다. 각 전문가의 역할에 대해 살펴보면 다음과 같다.

- **교수설계자(instructional designer)**: 교수설계의 계획을 세우고, 단계별 설계 활동을 주도하며, 설계 과정의 모든 활동을 관리하는 역할을 담당한다.
- **교수자(instructor)**: 교수 절차와 방법, 교수-학습 과정에서의 요구 사항 등을 잘

파악하는 전문가로서 설계 과정에서 그와 관련된 사항들을 결정하는 데 도움을 제공하며, 개발된 컨텐츠의 검토 활동에 참여하고, 현장 적용 평가를 주도하는 역할을 담당한다.

- **내용전문가(subject matter expert)**: 대상 내용에 대해 잘 알고 있기에 필요한 정보와 관련 자료들을 제공하는 역할을 담당한다. 교수-학습 내용, 참고 자료, 평가 문항 등의 정확성과 타당성을 검토하고 수정하는 활동을 주도한다.
- **개발자(production personnel)**: 그래픽 디자이너, 음향 전문가, 동영상 전문가 등과 같은 개발자들 중 한 명 또는 여러 명이 설계 과정에 참여할 수 있다. 개발자는 설계안이 결정되면 바로 그 안에 따라서 컨텐츠를 개발해야 하기에 설계안의 구현 가능성, 타당성 등을 검토하고 수정에 필요한 의견을 제공하는 역할을 담당하게 된다.

1.3 교수설계의 과정

교수설계의 과정은 거시적 차원에서 교수-학습 전략을 선정하는 '기본 설계'와 미시적 차원에서 학습 위계와 흐름, 단계별 내용 구성, 메인 학습 화면, 인터페이스 등을 구체화하는 '상세 설계'로 나눌 수 있다. 구체적으로 '기본 설계' 단계에서는 설계 개요서를 작성하며, '상세 설계' 단계에서는 학습 흐름도, 내용 구성 원고, 스토리보드 등을 차례대로 작성하게 된다. 이와 같은 과정을 정리하면 [그림 5-3]과 같다.

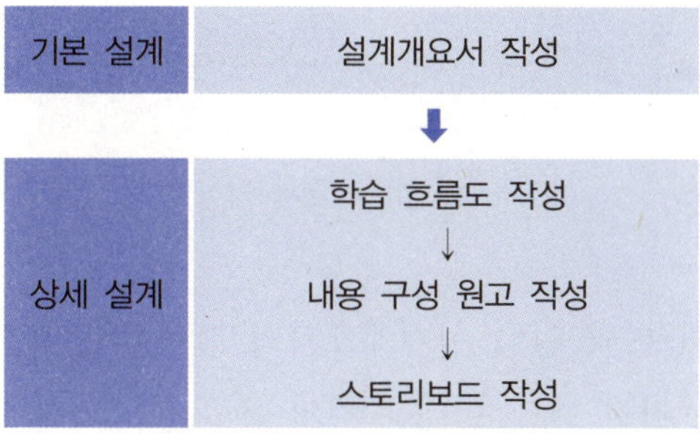

[그림 5-3] 교수설계의 과정

2 설계개요서

2.1 설계개요서의 의미

설계개요서란 분석 단계에서 이루어진 요구 분석, 학습 내용 분석, 학습자 특성 분석, 학습 환경 분석 등 여러 가지 분석 결과와 그 결과로 설정된 학습 목표에 기초하여 컨텐츠 설계를 위한 기본 설계안을 작성하는 것을 의미한다. 기본 설계안을 작성하는 활동은 컨텐츠 제목, 내용 구조, 내용 전개 방법 등을 결정하여 설계에 필요한 기본 사항들을 계획하는 것을 일컫는다. 설계개요서가 상세하게 작성되면 이후에 수행될 학습 흐름도 작성, 내용 구성 원고 작성, 스토리보드 작성 등의 작업에 도움이 될 수 있다.

2.2 설계개요서의 작성

설계개요서 작성 단계에서는 [그림 5-4]에 정리된 바와 같이 컨텐츠의 제목을 결정하고, 학습 내용 분석 결과를 참고하여 내용 구조를 결정하며, 교수-학습 방법과 관련한 내용의 전개 방법에 대한 아이디어를 정리하고, 그 전체적인 내용을 검토하고 수정하는 작업이 진행된다.

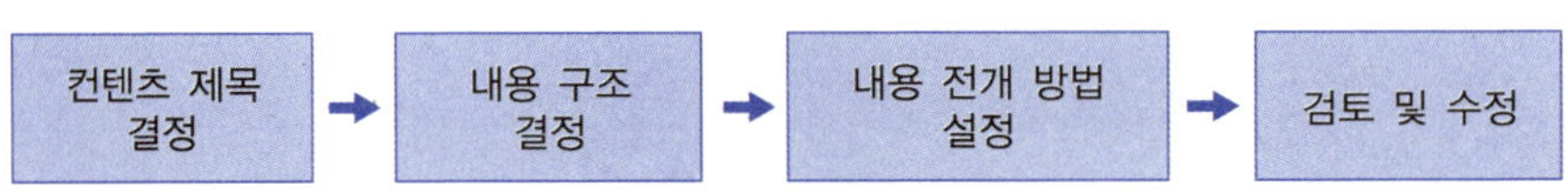

[그림 5-4] 설계개요서 작성 과정

위의 그림에 정리된 바와 같이 설계개요서의 작성 과정에서 이루어지는 '컨텐츠 제목 결정', '내용 구조 결정' 그리고 '내용 전개 방법 설정'과 같은 각 활동별로 고려해야 할 사항들을 살펴보면 다음과 같다.

2.2.1 컨텐츠 제목 결정

컨텐츠의 제목을 결정할 때에는 다음의 두 가지 사항들을 고려한다.

- 내용을 잘 나타낼 수 있는 제목을 선정한다. 이때 컨텐츠의 내용이 교육과정의 특정 단원과 관련이 되더라도 그 단원명을 명시할 필요는 없다.
- 학습 초기에 갖는 학습자의 학습동기가 중요하기에 가능한 한 학습자들의 동기를 유발할 수 있도록 재미있고 창의적인 제목을 선정한다.

2.2.2 내용 구조 결정

학습 내용에 대한 분석 결과와 선정된 학습 목표를 고려하여 컨텐츠의 구체적인 내용 구조, 즉 '어떤 내용을 포함'하며, '같이 제시할 내용의 분량은 어느 정도'이고, '어떤 순서로 내용을 제시'할 것인지 등을 결정해야 한다. 여러 아이디어들 중에서 대상 내용과 학습자의 특성, 개발하고자 하는 컨텐츠의 특성, 분석된 세부 내용의 양 등을 고려해서 가장 적당한 구조를 선택해야 한다(백영균, 김보경, 2003; Lee & Owens, 2004; Morrison, Ross, Morrison, & Kalman, 2019).

내용 구조는 이후 설계와 개발 과정에서 메뉴 형태로 구성될 것이기에 신중히 결정해야 한다. 내용 구조를 명시할 때 고려해야 할 사항들은 다음과 같다.

- 내용의 분할은 메뉴의 구성을 전제로 하며, 컨텐츠의 전개 방법을 고려하여 결정한다.
- 유사한 컴퓨터 기능을 사용하는 내용들이 함께 제시되도록 구성한다.
- 나누어진 내용의 분량이 너무 적으면 다른 내용과 합하고, 그 분량이 너무 많은 경우에는 내용을 세분화하여 나누도록 한다.

학습 내용 분석 결과에 기초하여 내용 구조도를 결정한 예는 [그림 5-5]와 [그림 5-6]과 같다.[1)]

---

1) 출처: 한국교육개발원(1995). 교사를 위한 코스웨어 설계 입문서.

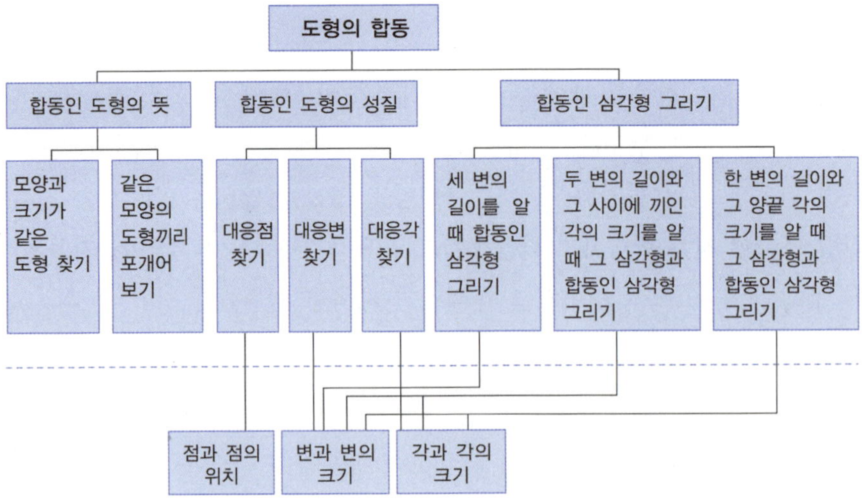

[그림 5-5] '도형의 합동'에 대한 학습 내용 분석 결과

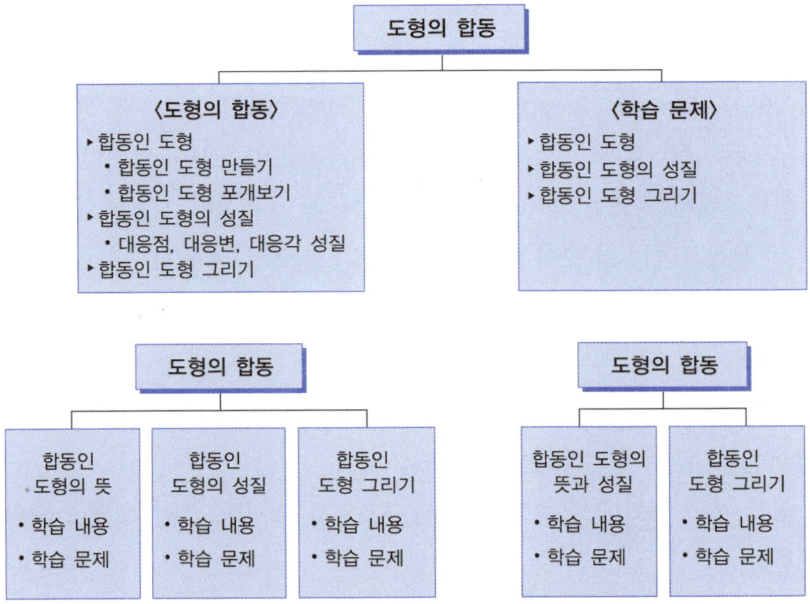

[그림 5-6] 학습 내용 분석 결과에 기초한 내용 구조도의 예 3가지

2.2.3 내용 전개 방법 선정

내용 구조를 결정하고 난 후에는, 이제까지 행하여진 모든 작업 결과들을 종합하여 학습 목표를 달성하기 위한 최적의 내용 전개 방법을 선정해야 한다. 학습 내용을 구체적으로 표현하고 전달하기 위한 최선의 교수-학습 방법을 결정해야 하는 것이

다. 이를 위해서는 매체의 특성을 고려한 설계자의 창의적인 아이디어가 필요하며, 정확한 의사소통을 위하여 설계 아이디어들을 명시함으로써 이후의 상세 설계 작업을 효율적으로 진행할 수 있도록 해야 한다.

내용 전개 방법을 선정함에 있어서는 먼저 관련 교수설계 이론들을 살펴보고, 학습 목표에 알맞은 지식 유형과 교수-학습 유형을 선택해야 한다. 이후 관련된 교수설계 이론을 적용하는 가운데 선택한 유형의 특성을 살린 세부 전개 방법을 선정하고, 학습의 흐름 속에서 어떤 전개 방법을 고려할 것인지에 대한 아이디어를 구체화해야 한다. 교수설계 이론은 이 책의 6장에서 그리고 교수-학습 유형과 목표로 하는 지식의 유형별 설계 방법은 이 책의 8장과 9장에서 각각 상세하게 다루고 있기에 그 내용을 참고하여 내용 전개 방법을 결정할 수 있다.

유형별 설계와 관련하여, 컨텐츠가 목표로 하는 지식의 유형에 따라서 내용 전개 방법을 결정하기 위해서는 목표가 개념, 원리, 절차, 인지 전략, 태도, 운동 기능 등의 유형들 중에서 어떤 유형에 속하는지를 파악하고, 그 유형에 알맞은 설계 방법을 구안해야 한다. 또한 컨텐츠의 교수-학습 활동과 관련해서는 개인교수 유형, 반복학습 유형, 시뮬레이션 유형, 교육용 게임 유형, 자료제시 유형, 문제해결 유형 등의 유형들 중에서 한 가지를 선정하고 각 유형에 알맞은 설계를 해야 한다.

예를 들어서, 피타고라스의 정리라는 주제와 관련하여 개념이나 원리의 이해를 목표로 하는 컨텐츠는 개인교수 유형이 적절하며, 그 원리를 적용한 계산의 정확성과 신속성 신장을 목표로 한다면 반복연습 유형이 적절하다. 또한 피타고라스의 정리와 관련된 여러 가지 정보와 자료들을 찾아보고, 피타고라스 정리의 중요성과 적용 가능 분야들을 살펴보도록 하려면 자료제시 유형이 알맞다. 이와 비교할 때, 피타고라스의 정리를 실제 문제해결 상황에서 적용할 수 있는 능력의 신장을 목표로 한다면 시뮬레이션, 교육용 게임 또는 문제해결 유형을 선택하여 그 유형에 알맞은 설계 방안을 찾는 것이 필요하다.

한편 학습의 흐름 속에서 도입, 전개, 정리의 단계별로 어떤 교수-학습 방법을 도입할 것인지에 대한 아이디어를 정리할 필요가 있다(Dick, Carey, & Carey, 2013; Morrison, Ross, Morrison, & Kalman, 2019). 세부 전개 방법을 선정할 때에는 내용 전문가, 교수설계자, 교수자 등이 참여하여 창의적인 아이디어들을 모아 보는 것이 중요하다. 모인 아이디어들 중에서 학습자의 특성, 학습 내용의 특성, 컨텐츠 개발 목적, 학습 내용을 가르치는 데 필요한 시간, 개발 환경 및 사용 환경 등을 고려하여 좋은 아이디어들을 선택해야 한다. 선택한 아이디어들은 〈표 5-1〉에 제시된 예와 같이 표로 정리할 수 있다. 〈표 5-1〉은 [그림 5-6]에 제시된 내용 구조도에 해당하는 예를 제시한다.

〈표 5-1〉 내용 전개 방법 정리표의 예

<table>
<tr><th colspan="2">지식 유형</th><td colspan="2">개념 학습과 원리 학습의 혼합</td></tr>
<tr><th colspan="2">교수-학습 활동 유형</th><td colspan="2">개인교수 유형과 반복연습 유형의 혼합</td></tr>
<tr><th rowspan="3">도입</th><td colspan="3">사전 활동:</td></tr>
<tr><td colspan="2">■ 동기 유발: 학습자의 주의를 집중시키고 유지하는 방법 결정
■ 목표: 학습 활동을 끝냈을 때 학습자가 할 수 있는 것을 알리는 방법 결정</td><td>• 여러 가지 크기와 모양의 도형들이 겹쳐지고 펼쳐지는 애니메이션을 제공하여 학습자의 동기 유발
• 학습 목표는 학생들의 흥미를 끌 수 있도록 재미있게 그리고 이해하기 쉽게 제시</td></tr>
<tr><td colspan="2">■ 사전평가: 사전평가 실시 여부, 선수 지식이나 기능 습득 여부 점검과 보충 방법 등을 결정</td><td>• 위계적 분석의 출발점 행동선 아랫부분의 내용([그림 5-5] 참조)에 해당하는 점, 변, 각의 개념에 대한 이해 정도를 평가
• 각 개념에 대해 3개의 문제를 출제하고, 2개 이상에 정답을 하면 본 학습 내용으로 진행하며, 1개 문제에만 정답을 하거나 전혀 정답을 하지 못하면 각 개념에 대한 복습 기회 제공</td></tr>
<tr><th rowspan="9">전개</th><td colspan="3">세부 내용 (1): 도형의 합동(도형, 도형의 성질, 도형 그리기)</td></tr>
<tr><td rowspan="2">정보 제시</td><td>■ 정보: 필요 내용 선정, 제시 순서 고려</td><td rowspan="4">• 각 세부 학습 요소별로 내용을 정리하여 제시
• 내용은 그림과 애니메이션을 이용하여 요점만 간략히 제시
• 연습 기회는 '학습 문제' 메뉴에서 다양하게 다루어지기에 이 내용에서는 다루지 않음.</td></tr>
<tr><td>■ 예: 대표적인 예를 제시, 좋은 예와 나쁜 예의 비교</td></tr>
<tr><td rowspan="2">학습자 참여</td><td>■ 연습 문제: 목표 관련 연습 기회 제공</td></tr>
<tr><td>■ 피드백: 유형 선택, 다양한 피드백 제시</td></tr>
<tr><td colspan="3">세부 내용 (2): 학습 문제</td></tr>
<tr><td>정보 제시</td><td colspan="2" rowspan="2">• 각 세부 학습 요소별로 20개의 문제를 데이터 세트로 준비
• 문제 풀기에서 처음에는 세부 학습 요소별로 2문제씩 제시. 따라서 세부 학습 요소가 3가지이므로 처음에는 6문제를 제시
• 한 요소에 대해 2문제를 모두 틀렸으면, 같은 요소의 문제를 2개 더 제시. 한 요소에서 1문제만 틀렸으면 1문제를 더 제시. 이러한 문제 제시 방법은 학습이 완료될 때까지 계속 반복, 단, 계속 틀리기만 하는 학습자에게는 '학습 정리'를 학습한 후 다시 문제를 풀도록 유도하는 메시지 제공
• 각 문제별로 정오 확인 피드백을 그래픽과 함께 제시. 문제 풀기를 완료하면 재미있는 그래픽 애니메이션을 제시
• STOP 아이콘을 클릭하여 문제 풀기를 중단하면, 문제 푼 결과를 제시
• 문제 풀기를 완전히 끝내면 문제를 푼 결과를 정리하여 제시
• 결과에는 학습자 이름, 날짜, 학습 내용, 푼 문제 수, 정답률을 제시. 각 학습 요소별로 막대그래프로 학습 완료 여부를 제시</td></tr>
<tr><td>학습자 참여</td></tr>
<tr><td colspan="2">• 학습증진평가: 학습증진평가 실시 여부, 평가 시기, 방법 등을 결정</td><td>• "학습 문제"에서 평가가 이루어지기에 별도로 평가를 실시하지 않음.</td></tr>
<tr><th rowspan="3">정리</th><td colspan="3">사후 활동:</td></tr>
<tr><td colspan="2">• 사후평가: 사후평가 실시 여부, 평가 시기, 방법 등을 결정</td><td>• "학습 문제"에서 평가가 이루어지기에 별도로 평가를 실시하지 않음.</td></tr>
<tr><td colspan="2">• 보충학습: 목표를 달성하지 못한 학습자를 위하여 어떤 학습 기회를 어떻게 제공할 것인지를 결정
• 심화학습: 목표를 이미 달성한 학습자를 위하여 어떤 학습 기회를 어떻게 제공할 것인지를 결정</td><td>• "학습 문제" 메뉴에서 문제를 푼 결과, 80점 이상이면 심화학습으로 그리고 80점 미만이면 보충학습으로 진행
• 심화학습에서는 삼각형 이외의 합동인 도형 그리기 활동을 전개
• 보충학습에서는 도형의 뜻, 도형의 성질, 도형 그리기 중에서 80점 미만의 점수를 받은 세부 내용에 대해 복습 기회 제공</td></tr>
</table>

2.3 검토 및 수정

설계개요서를 작성한 후에 컨텐츠 제목, 내용 구조, 내용 전개 방법의 측면에서 설계 계획이 잘 세워졌는지를 검토하고, 잘못된 사항이 있으면 수정을 해야 한다. 검토를 할 때에는 〈표 5-2〉에 제시된 점검표를 이용할 수 있다.

〈표 5-2〉 설계개요서 점검표

항목	검토 사항	매우 그렇다	그렇다	보통이다	그렇지 않다	전혀 그렇지 않다
제목	제목이 다루는 내용에 대한 정보를 나타내는가?					
	학습자의 학습동기를 유발할 수 있도록 재미있고 창의적인가?					
내용 구조	학습 내용 메뉴에 알맞게 내용의 구조가 결정되었는가?					
	유사한 컴퓨터의 기능을 사용하는 내용들을 함께 제시하는가?					
	나누어진 세부 내용의 분량이 적절한가?					
전개 방법	의미 있는 교수-학습 설계 이론을 기초로 하고 있는가?					
	학습 목표와 교수-학습 활동에 알맞은 유형이 선정되었는가?					
	선정된 유형의 특성에 알맞은 세부 전개 방법이 선택되었는가?					
	도입, 전개, 정리와 같은 학습의 흐름 단계별로 필요한 방법이 계획되었는가?					

3 학습 흐름도

3.1 학습 흐름도의 의미

컨텐츠의 전체적인 내용 구조와 전개 방법을 결정하고 나면, 개발을 위한 상세 설계 작업을 시작하게 된다. 상세 설계 활동 중에서 제일 먼저 하는 작업은 학습 흐름도를 작성하는 것이다. 학습 흐름도란 컨텐츠를 활용한 학습이 어떻게 진행되는가를 기호로 표시하여 쉽게 파악할 수 있도록 하는 자료이며, 시작부터 끝에 이르는 순서뿐만 아니라 다양한 결정들에 따른 진행을 함께 명시한다. 앞에서 살펴보았듯이 컨텐츠의 개발은 교수설계자, 교수자, 내용전문가, 개발자 등이 참여하여 공동작업으로 진행되기에 그 과정에서 학습 흐름도는 중요한 의사소통의 수단이 된다.

3.2 학습 흐름도의 작성

학습 흐름도의 작성 절차는 [그림 5-7]에 제시된 바와 같다. 전체 흐름도를 작성한 후 세부 흐름도를 작성하게 된다. 이후 학습 흐름에 영향을 주는 아이콘, 버튼, 특수키 등을 결정한다. 이와 같은 작업이 모두 끝나면 실제로 그 컨텐츠를 활용하는 것으로 가정하고 다양한 진행의 과정을 검토하고 필요한 부분에 대해서 수정해야 한다.

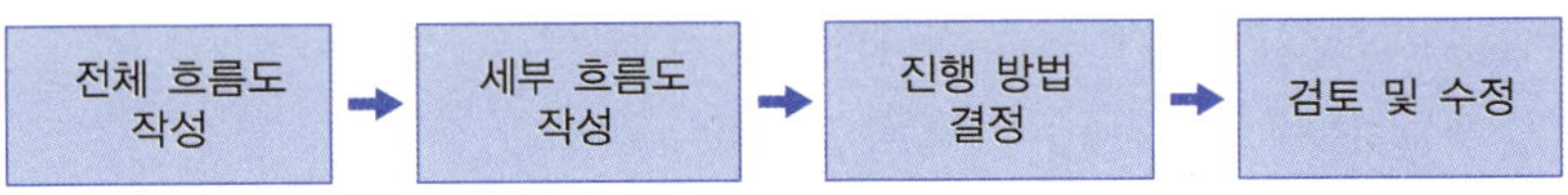

[그림 5-7] 학습 흐름도 작성 과정

위의 그림에 정리된 바와 같이 학습 흐름도 작성 활동에서 이루어지는 '전체 흐름도 작성', '세부 흐름도 작성', '진행 방법 결정' 등과 같은 각 단계별로 고려할 사항들을 살펴보면 다음과 같다(김동식, 박인우, 2003; 한국교육개발원, 1995).

3.2.1 전체 흐름도와 세부 흐름도 작성

학습 흐름도는 전체적인 흐름을 간단하게 나타내는 흐름도와 프로그램이나 학습자의 결정에 따라서 분지되는 세부적인 흐름까지 상세하게 제시하는 흐름도로 나누어 그릴 수 있다. 초보 설계자일수록 개발 단계에서의 오류를 최소화하기 위하여 학습 흐름도를 구체적이고 세밀하게 작성하는 것이 좋다.

흐름도를 세밀하게 작성하는 작업은 어렵다. 따라서 간략한 형태의 흐름도를 작성한 후에 점차적으로 정교화된 형태로 작성하는 것이 바람직하다. 흐름도의 작성은 3단계 이상으로 나누어 진행을 하는 경우도 있지만 대개는 2단계로 나누어서 진행한다. 2단계로 나뉘어 작성되는 학습 흐름도는 '전체 흐름도'와 '세부 흐름도'를 의미한다. '전체 흐름도'는 대개 한 쪽 정도의 분량으로 작성되며, 컨텐츠 활용의 처음부터 끝까지 어떻게 진행되는지를 요약된 형태로 제시하고, 결정에 따른 분지는 포함하지 않는다. 한편, '세부 흐름도'는 학생들의 반응에 따라 프로그램이 분지되는 사항 또는 학생들의 선택에 의해 분지되는 사항 등 가능한 세부적인 흐름을 빠짐없이 제시한다.

학습 흐름도를 작성할 때 일반적으로 사용되는 기호들은 〈표 5-3〉에 정리되어 있다. 또한 이 기호들을 사용한 전체 흐름도와 세부 흐름도의 예는 [그림 5-8]~[그림 5-10]에 제시된 바와 같다.[2)]

〈표 5-3〉 흐름도 작성 기호

	시작, 끝		진술문 제시	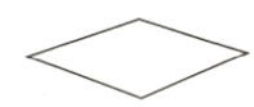	분지
	연결		흐름의 방향		

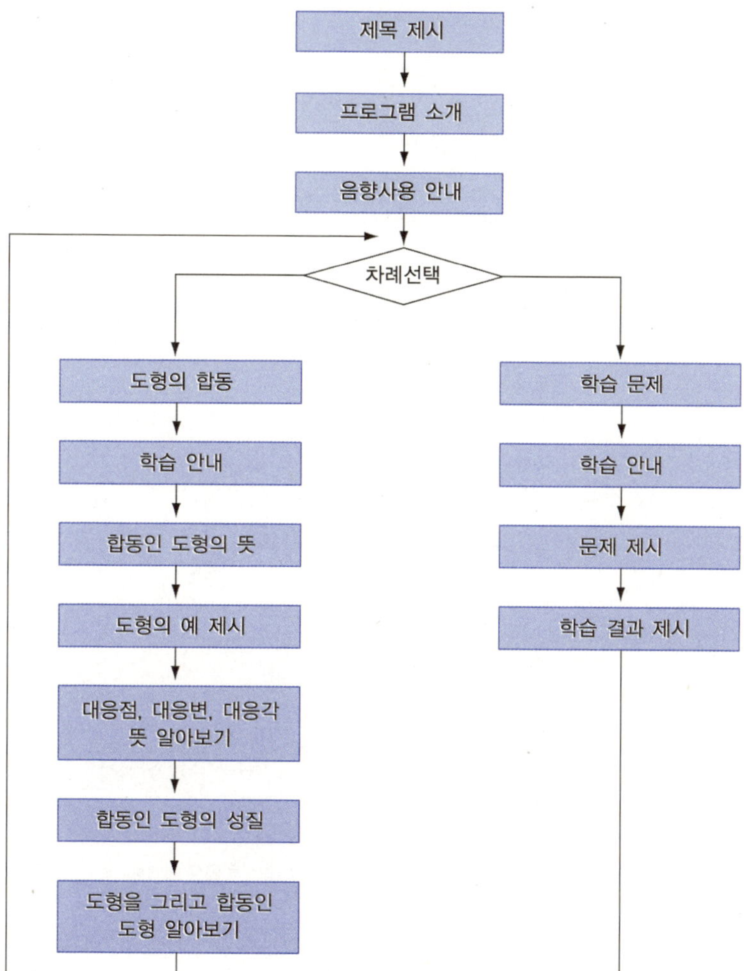

[그림 5-8] 전체 흐름도의 예

2) 출처: 한국교육개발원(1995). 교사를 위한 코스웨어 설계 입문서.

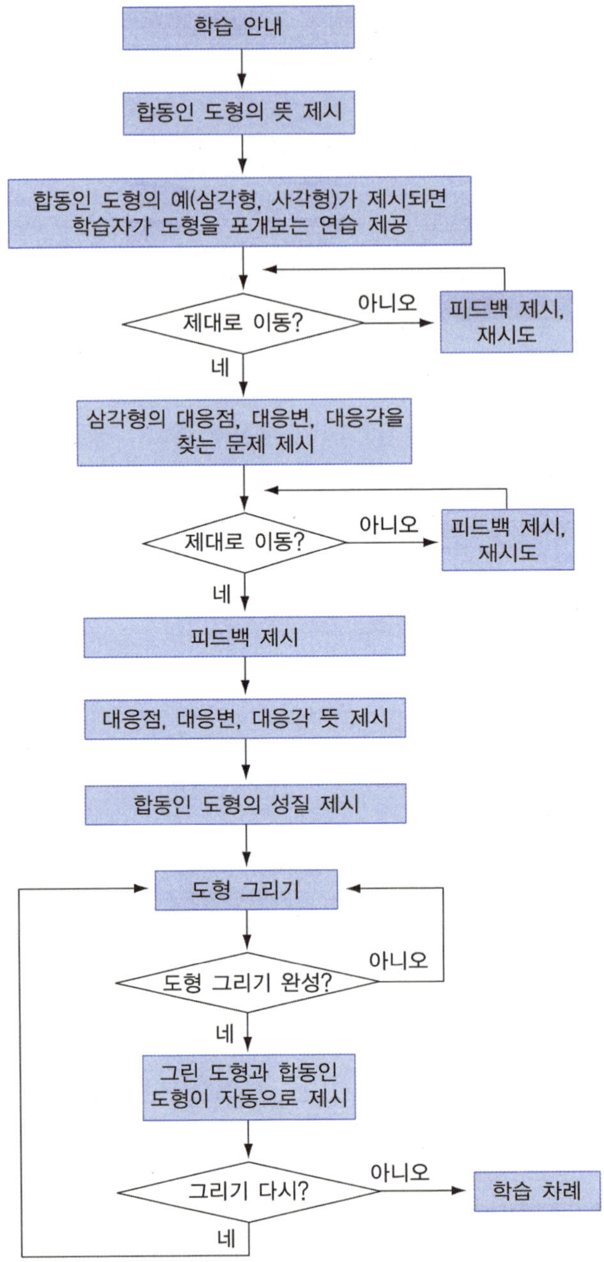

[그림 5-9] '도형의 합동'에 대한 세부 흐름도의 예

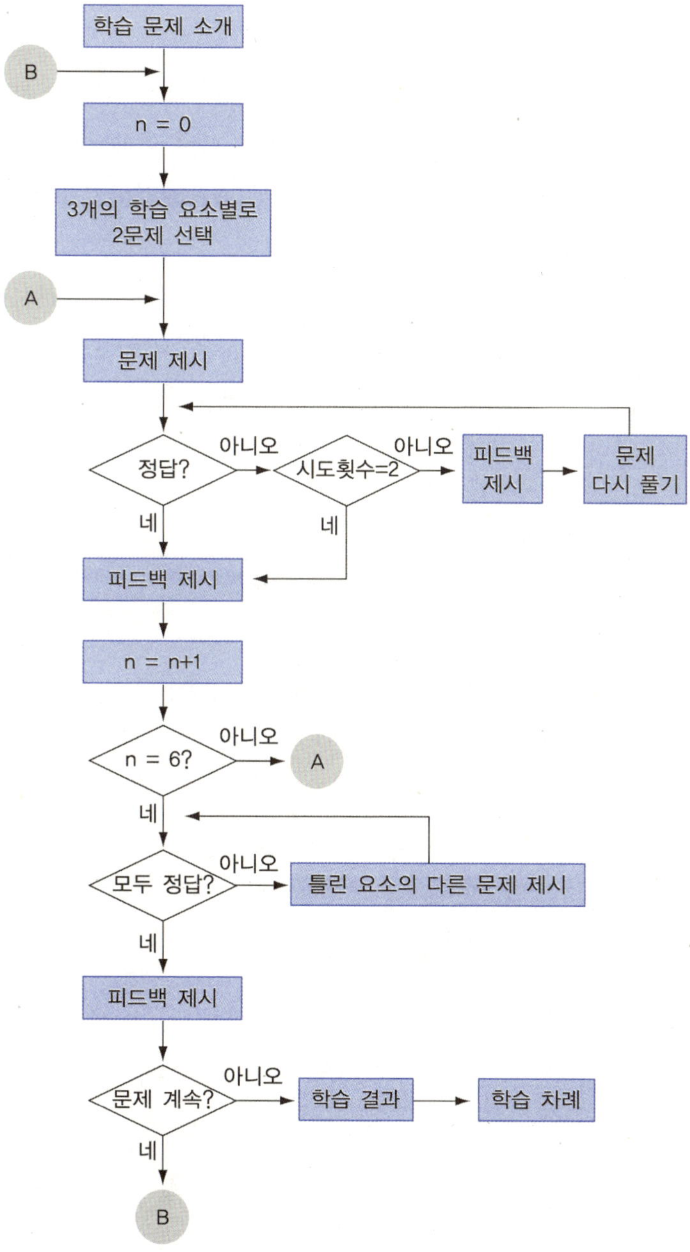

[그림 5-10] '학습 문제'에 대한 세부 흐름도의 예

3.2.2 진행 방법 결정

학습 흐름도를 작성한 후에는 학습의 흐름상에서 순서적인 진행, 분지 등에 필요한 특수키, 아이콘 등과 같은 인터페이스를 설계해야 한다.3) 이때, 필요한 기능들을 흐름도를 분석하며 선택하고, 필요한 기능들이 모두 선택되었는지를 점검한 후에 각 기능에 알맞은 진행 방법을 구상해야 한다.

인터페이스 중에서 최근 가장 많이 사용되는 아이콘의 설계와 관련하여, 아이콘의 유형과 설계 원리를 살펴볼 필요가 있다. 먼저 아이콘은 '시각 표현 방법', '의미 표현 방법' 그리고 '공간 표현 방법'에 따른 유형들로 구분된다. 그 예들은 〈표 5-4〉에 정리된 바와 같다(조미헌, 한정혜, 2002).

〈표 5-4〉 아이콘의 유형: 설명과 예

분류 기준	구분	설명 / 예
시각 표현 방법	문자 아이콘	문자를 사용한 아이콘 
	이미지 아이콘	정보를 사실적이거나 추상적인 이미지로 표현한 아이콘 
	문자와 이미지 혼합 아이콘	시각요소를 활용하여 즉각적인 의미전달이 가능한 이미지 아이콘과 이러한 이미지의 이해를 언어적 설명으로 뒷받침하는 문자 아이콘을 결합한 아이콘 
의미 표현 방법	리젬블런스 아이콘	의미하는 대상과 실제의 모습이 유사해서 외형만으로도 의미 전달이 가능한 아이콘 
	이그잼플러 아이콘	사람들이 일반적으로 알고 있는 전형적인 예시물로 표현한 아이콘 
	심볼릭 아이콘	이미지 자체보다는 고도의 추상적인 숨은 의미를 내포하고 있는 아이콘 
	아비트래리 아이콘	내포하고 있는 의미 또는 정보가 이미 어떤 이미지로 약속된 상징적인 아이콘 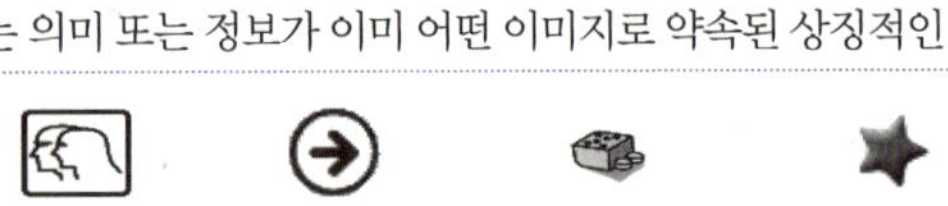

3) 인터페이스 설계는 이 책의 7장을 참고.

분류 기준	구분	설명 / 예
공간 표현 방법	디오라마 이미지 맵	360° 파노라마의 일부를 옮겨 놓은 것과 같은 표현 방식을 따르는 아이콘    
	피프쇼 이미지 맵	특정 지점에서 구멍 안을 들여다보는 듯한 이미지 표현 방식을 따르는 아이콘   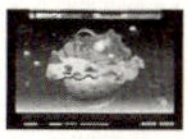 

아이콘을 비롯한 인터페이스를 설계할 때에는 일반적으로 통일성, 일관성, 명확성, 친숙성, 간결성, 심미성 등의 특성을 고려해야 하며, 그 특성을 구현하기 위한 방안들을 마련해야 한다. 각 특성을 간략히 정리하면 〈표 5-5〉와 같다.

〈표 5-5〉 아이콘 설계의 특성

특성	설명
통일성	아이콘들은 크기, 모양 등에서 통일성을 갖도록 설계되어야 하며, 동일한 종류의 구성 요소를 갖추어야 한다.
일관성	아이콘은 동일한 기능을 수행해야 하며, 일관된 방식으로 제시되고 사용되어야 한다.
명확성	의도된 메시지와 기능을 명확하게 전달할 수 있어야 한다.
친숙성	사용자 집단이 친숙하게 느끼는 개념들을 표현할 수 있어야 한다.
간결성	간결할수록 인식이 빠르고 쉽기에 주요 기능이나 내용을 표현하는 데 필요한 최소한의 픽셀 수를 사용해야 한다.
심미성	학습자의 흥미를 유도할 수 있도록 심미적인 측면을 고려해야 한다.

이 외에 인터페이스 설계와 관련한 지침은 이 책의 7장에서 상세하게 소개된다. 따라서 학습 흐름도를 작성하면서 컨텐츠의 진행 방법을 결정할 때에는 7장의 내용을 참고할 수 있다.

3.3 검토 및 수정

학습 흐름도의 작성은 다음 단계인 스토리보드 작성이나 개발의 효율성에 영향을 주는 중요한 단계이다. 이런 측면에서 설계자는 학습 흐름도를 철저히 검토하고 수정하면서 완벽한 학습 흐름도를 작성해야 한다.

흐름도와 관련된 일반적인 오류는 인쇄 오류 그리고 논리 오류와 같은 두 가지로 분류된다(김동식, 박인우, 2003). 인쇄 오류는 대개 5번으로 연결이 되어야 하는데 7번으로 명시된 예와 같이 연결 번호를 잘못 명시하였을 때 발생한다. 한편 논리적인 오류는 논리적인 흐름의 일부분을 잘못 작성하였을 때 발생한다.

학습 흐름도의 오류를 발견하기 위해서는 흐름도에 나타난 여러 가지 상이한 경로들을 하나씩 검토해야 한다. 이때 이미 검토한 경로는 별도의 색으로 칠하여 이미 검토한 부분과 그렇지 않은 부분을 구별하며 진행하는 것이 바람직하다. 또한 학습자들이 일반적으로 따를 흐름 이외에 기대하지 않은 반응을 보일 때의 흐름까지 세심하게 검토해야 한다. 검토 과정에서는 〈표 5-6〉과 같은 점검표를 이용하여 흐름도의 정확성과 타당성을 검토하는 것이 바람직하다.

〈표 5-6〉 학습 흐름도 점검표

항목	검토 사항	매우 그렇다	그렇다	보통이다	그렇지 않다	전혀 그렇지 않다
전체 흐름도	내용 분석에 따른 전체적인 흐름이 모두 제시되었는가?					
	전체적인 학습 흐름이 모두 연결되어 있는가?					
세부 흐름도	전체 흐름도 중에서 세부적인 흐름이 필요한 곳에 흐름도가 작성되어 있는가?					
	전체 흐름과의 연결이 자연스러운가?					
	진행 중 분지되는 곳에서 끊김이 없고, 진행이 반복되는 오류가 없이 잘 진행되는가?					
진행 방법	진행에 필요한 특수키 또는 아이콘이 모두 제시되어 있는가?					
	진행 방법이 통일성을 갖도록 설계되었는가?					
	일관된 진행 방법이 사용되었는가?					
	진행 방법을 위한 특수키 또는 아이콘의 기능이 명확히 전달되는가?					
	인간 인지 능력의 한계를 고려하여 진행 방법이 설계되었는가?					
	사용자 집단이 친숙하게 느끼도록 진행 방법이 선정되었는가?					
	쉽게 인식할 수 있도록 진행방법이 간결하게 설계되었는가?					
	학습자의 흥미를 유도할 수 있도록 심미적인 측면이 고려되었는가?					

4 내용 구성 원고

4.1 내용 구성 원고의 의미

설계개요서에서 컨텐츠의 유형을 선정하고 전개 방법을 구안한 후에 학습 흐름도 작성을 통해 컨텐츠의 흐름에 대한 계획을 세우고 나면, 내용 구성 원고를 작성해야 한다. 내용 구성 원고는 컨텐츠에서 사용할 텍스트들과 음성 또는 동영상이 들어있는 멀티미디어 산출물에 대한 스크립트의 작성 원고를 의미한다. 일반 텍스트 원고는 학습 내용, 질문, 피드백, 학습 내용 소개, 도움말, 화면 전환 메시지 등 다양한 형태의 문자 정보를 컨텐츠에서 사용할 형태로 작성하는 것을 의미한다. 이와 비교할 때, 오디오와 비디오 자료 개발을 위한 스크립트는 말로 전달될 텍스트 정보와 더불어서 연극의 대본처럼 성우 또는 배우가 수행할 행동, 촬영 대상과 촬영 기법에 대한 설명 등을 포함하기도 한다.

4.2 내용 구성 원고의 작성

4.2.1 텍스트 원고의 작성

텍스트 원고의 작성 단계는 [그림 5-11]에 정리된 바와 같다. 원고의 작성 단계는 1차와 2차로 나눌 수 있다. 1차 원고 작성 단계에서는 학습 내용, 질문, 피드백 등과 관련한 텍스트를 작성하며, 2차 원고 작성 단계에서는 학습 내용 소개, 도움말, 학습 전환 안내문 등과 같은 다양한 텍스트들을 작성한다.

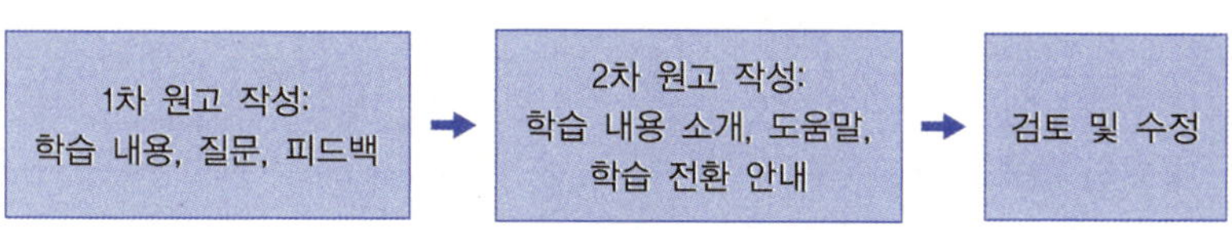

[그림 5-11] 텍스트 원고 작성 과정

기본적인 텍스트 정보를 작성할 때에는 다음과 같은 사항들을 참고할 필요가 있다 (김동식, 박인우, 2003; 백영균, 김보경, 2003; Lee & Owens, 2004).

- 맞춤법과 철자를 정확하게 사용한다.
- 문장의 진술 방법을 통일한다.
- 학습자의 수준에 알맞은 어휘를 선택한다.
- 컴퓨터와 학습자 간의 상호작용을 고려하여 문장은 대화체로 작성한다.
- 장황하게 기술하지 말고 간결하게 요점만 제시한다.
- 글씨체, 밑줄, 색 등을 활용하여 중요한 내용을 강조한다. 단, 지나치게 많은 내용을 강조하는 것은 피한다.

각 내용별로 원고를 작성할 때 고려할 사항들을 1차 원고 작성 활동을 중심으로 정리하면 다음에 제시된 바와 같다(김동식, 박인우, 2003; 백영균, 김보경, 2003).

◉ 학습내용

- 설명하기 어려운 개념은 요약하기보다는 자세히 설명한다.
- 한 문장에 중요한 개념을 하나 정도만 포함한다.
- 직접적인 설명보다는 질의와 응답 활동을 통해 학습자의 참여를 유도한다.
- 전 시간에 배운 자료를 복습하는 내용을 포함한다.
- 소개문과 구체화된 목표를 제시한다.
- 분명하고 정확한 언어로 표현한다.
- 교수 전략을 충분히 사용한다. 예를 들어서, 유사한 정보를 함께 묶어서 제시하고, 원리를 진술할 때에는 유추와 은유를 사용한다.
- 유머를 너무 빈번히 사용하면 학습자들에게 당혹감을 줄 우려가 있기에 필요한 경우에만 사용한다.

◉ 질문

- 세부 목표에 제시된 주요 학습 내용 요소들에 대한 질문들을 제시한다.
- 학습 내용의 중요도에 따라 문항 수를 결정한다.
- 단답형, 사지선다형, 짝짓기 등 다양한 형태의 질문들을 제시한다.[4)]
- 응답 방법을 고려하여 질문한다.

---

4) 알맞은 질문의 형태는 '허희옥 외(2017). 정보교육방법탐구. 파주: 교육과학사'의 '학습 평가' 부분을 참조.

- 질문 사항은 중요한 내용만을 선택하여, 분명하고 간결하게 묻는다.
- 반응 방법을 명시하여 학습자들이 분명하게 응답할 수 있도록 한다.
- 질문에 대한 평가 기준을 명백하게 제시한다.

◉ 피드백

- 분명하고 간결한 문장을 사용한다.
- 피드백은 반응의 형태와 내용에 관하여 제공한다.
- 알맞은 피드백 유형을 선택하여 제시한다.[5)]
- 정·오 피드백의 경우에 다양한 형태의 피드백을 준비하고, 무작위로 선택하여 제공한다.
- 정답과 오답 모두에 대해서 분명하고, 긍정적인 피드백을 제공한다.
- 오답에 대한 피드백은 정답보다 더 많은 정보를 제공한다.
- 오답에 대한 피드백은 정답에 대한 피드백보다 덜 흥미롭게 구성한다.
- 학습자의 수준에 적합한 피드백을 사용한다.
- 상투적이거나 부정적인 용어의 사용을 피하고, 긍정적인 용어를 사용한다.

한편 2차 원고는 학습 내용 소개, 지시, 도움말, 학습 전환 안내, 학습 응답 안내, 동기 유발을 위한 메시지, 수업 종료 메시지 등을 포함한다. 1차 원고는 물론 2차 원고의 텍스트를 작성할 때에는 화면에 제시될 텍스트의 분량을 고려할 필요가 없다(김동식, 박인우, 2003). 화면에서 제시될 형태로 텍스트를 작성하면, 편집 과정에서 수정을 반복하게 되거나, 새로운 화면에 맞추기 위하여 텍스트를 다시 구성하는 경우도 발생할 수 있기 때문에 텍스트를 한 화면에 제시될 형태로 나누지 않고, 연속적으로 작성해야 하는 것이다.

4.2.2 오디오와 비디오 스크립트의 작성

오디오와 비디오 내용 구성 원고인 스크립트는 구술되는 형태이기에 읽히는 텍스트와는 다르게 작성되어야 한다(김동식, 박인우, 2003; 백영균, 김보경, 2003; 임철일,

---

5) • 정·오 확인 피드백: 단순히 학습자의 답이 맞는지 틀린지를 확인
• 정답 반응 피드백: 학습자의 답이 맞든 틀리든 문항의 정답을 제시
• 설명적 피드백: 틀린 문제에 대해 그 해결 과정을 마지막 단계만 제외하고 제시
• 오류 관련 피드백: 학습 과정에 대한 학습자의 잘못을 바로잡기 위해 제시

2005). 책에 진술된 텍스트 정보는 대개 소리 내어 읽으면 듣기가 좋지 않다. 따라서 오디오 스크립트는 구술될 상태 그대로 기술하면서 그 과정에서 작성한 내용을 소리 내어 읽어보고 확인하는 것이 필요하다. 또한 이야기 형식, 어조(예: 남자 해설자, 영국식 영어, 화가 난 목소리) 등을 구체적으로 명시하며, 성우나 화자에게 즉흥적으로 대사를 허용하는 것은 좋지 않기에 구술될 내용을 가능한 한 상세히 작성하는 것이 필요하다. 이와 더불어서 사운드 효과와 음악을 어떻게 사용할 것인지를 결정해야 한다.

한편 비디오 스크립트의 작성은 다른 유형의 멀티미디어와 비교할 때 다른 면이 많다. 특히 동영상 제작에는 비용이 많이 들기 때문에 정확한 스크립트와 세부 사항을 작성해야 하고, 실제로 동영상을 제작해본 사람의 도움을 받는 것이 바람직하다. 비디오의 내용이 목표를 명확하게 지원해야 한다는 사실을 고려하여 비디오 스크립트는 그 촬영과 관련한 자세한 사항들을 구체적으로 명시해야 한다. 변화하는 장면을 구분하여 스크립트를 집필하되, 가능한 한 상세하게 집필할 필요가 있는 것이다. 이때, 모션 세그먼트의 길이는 컨텐츠의 해당 내용으로부터 학습자의 주의를 다른 곳으로 돌리지 않도록 짧게 구성하는 것이 좋다.

오디오와 비디오 스크립트를 작성할 때에는 공통적으로 다음과 같은 사항들을 고려해야 한다.

- 내용과 언어 사용이 정확한가?
- 학습자의 동기를 유발하고, 유지시킬 수 있도록 구성되어 있는가?
- 학습자의 참여를 유도하도록 구성되어 있는가?
- 저작권을 침해하는 경우는 없는가?

4.3 검토 및 수정

내용 구성 원고에 따라서 컨텐츠의 구체적인 내용이 제시된다. 따라서 원고를 작성한 후에 세심히 검토하고, 필요한 사항에 대해서는 수정을 해야 한다. 내용 구성 원고를 검토할 때에는 〈표 5-7〉과 〈표 5-8〉에 제시된 바와 같은 점검표를 사용할 수 있다.

〈표 5-7〉 내용 구성 원고 점검표: 텍스트 원고 작성

검토 사항	매우 그렇다	그렇다	보통 이다	그렇지 않다	전혀 그렇지 않다
중요한 내용이 정확히 설명되고 있는가?					
중요한 내용이 강조되는가?					
내용 설명이 학습자의 참여를 유도하는가?					
컴퓨터와 학습자 간의 상호작용을 고려하여 문장이 작성되어 있는가?					
문장이 간결하게 기술되어 있는가?					
맞춤법, 철자 등이 정확한가?					
문장의 진술 방법이 통일되어 있는가?					
학습자 수준에 맞는 어휘가 사용되고 있는가?					
학습 목표와 관련된 질문이 제시되고 있는가?					
다양한 형태의 질문이 제시되고 있는가?					
질문에 대한 학습자의 응답 방법이 명확한가?					
유형에 따라 적절한 피드백이 제공되는가?					
학습자의 흥미를 유발하는 피드백이 제공되는가?					
학습 내용 소개가 장황하거나 부적절하지 않게 잘 구성되어 있는가?					
컨텐츠의 진행에 필요한 도움말이 제공되는가?					
학습 내용의 전환에 대한 안내문이 제시되는가?					

〈표 5-8〉 내용 구성 원고 점검표: 오디오 · 비디오 스크립트 작성

검토 사항	매우 그렇다	그렇다	보통 이다	그렇지 않다	전혀 그렇지 않다
내용과 언어 사용이 정확한가?					
학습자의 동기를 유발하고 유지시킬 수 있도록 구성되어 있는가?					
학습자 참여를 유도하도록 구성되어 있는가?					
저작권을 침해하는 경우가 없이 저작권 보호를 고려하였는가?					
오디오 스크립트가 말로 표현하기에 자연스러운가?					

검토 사항	매우 그렇다	그렇다	보통이다	그렇지 않다	전혀 그렇지 않다
오디오 스크립트가 이야기 형식, 어조 등을 구체적으로 명시하는가?					
비디오 스크립트의 내용과 지시 사항이 정확하고 상세하게 기술되어 있는가?					
비디오 스크립트에 명시된 모션 세그먼트의 길이가 학습자의 주의를 끌 수 있도록 구성되어 있는가?					

5 스토리보드

5.1 스토리보드의 의미

앞서 작성한 학습 흐름도는 학습 계열이나 구조를 제시할 뿐 학습자들에게 보여줄 화면 내용을 제시하지는 않는다. 이와 비교할 때, 스토리보드(storyboard)는 컨텐츠의 개발이 완료된 후의 모습, 즉 화면의 구성, 화면 단위의 내용 제시 분량과 위치, 메뉴의 내용과 제시 위치, 진행 방법, 상호작용 방법 등과 같은 구체적인 설계안을 화면 단위로 스토리보드 용지 위에 표현한 것을 의미한다. 스토리보드의 작성을 통해 학습 내용과 전개 방법이 화면상에서 효과적으로 구현될 수 있는지, 화면 간의 흐름이 자연스러운지 등 학습의 효과와 관련한 구체적인 사항들을 명시하고 검토하게 된다.

스토리보드가 작성되면 개발자는 스토리보드에 명시된 대로 화면설계부터 시작하여 컨텐츠를 실제로 구현하게 된다. 따라서 스토리보드를 세부적으로 구체화하고 오류가 없도록 세심하게 작성하여 개발 시간을 단축시키고, 디버깅 작업을 수월하게 할 수 있도록 해야 한다.

5.2 스토리보드의 작성*

스토리보드 작성의 절차는 [그림 5-12]와 같이 정리될 수 있다. 각 단계별로 고려해야 할 사항들을 살펴보면 다음과 같다(김동식, 박인우, 2003; 한국교육개발원, 1995).

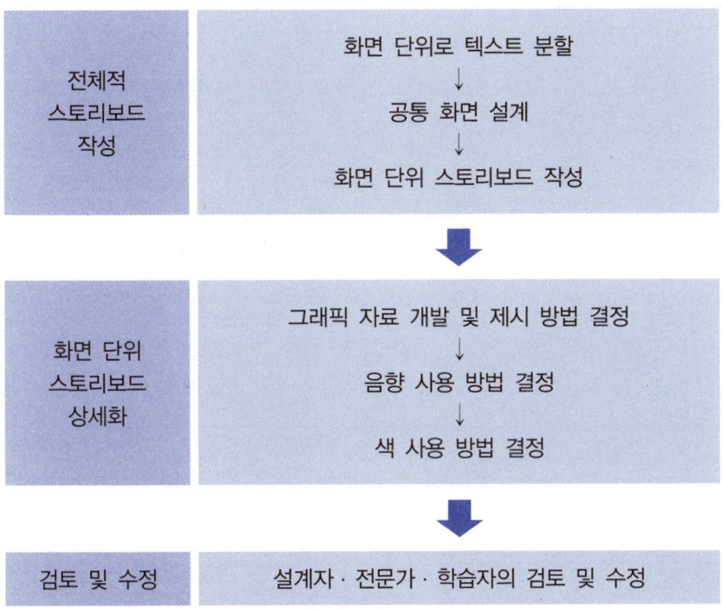

[그림 5-12] 스토리보드 작성 절차

스토리보드 작성 양식은 [그림 5-13]에 제시된 예들과 같이 다양하기에 설계하는 컨텐츠의 특성에 맞는 양식을 선정하여 그대로 사용하거나, 필요에 따라서는 일부분을 수정한 후 사용할 수 있다.

---

* 스토리보드의 작성 과정에서 고려해야 할 사항들은 본 장의 내용뿐 아니라 이 책의 7장 '상호작용 설계 방법'에서 기술된 내용을 참고.

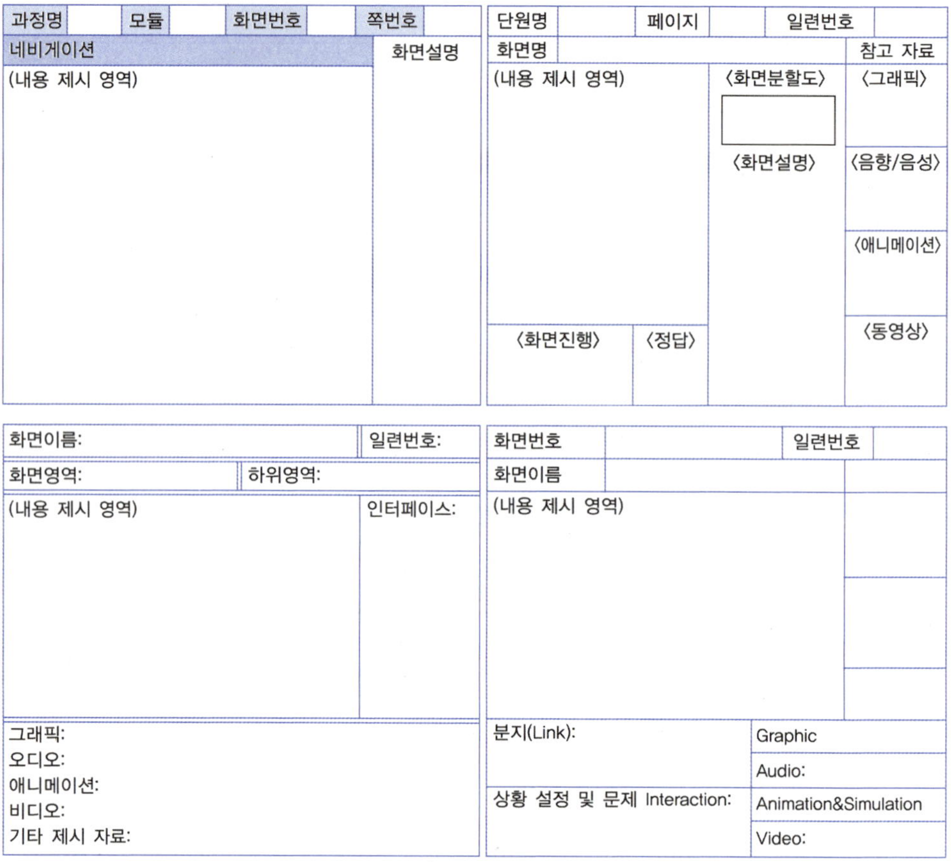

[그림 5-13] 스토리보드 작성 양식의 예

스토리보드 양식별로 약간의 차이는 있으나 스토리보드는 공통된 요소를 갖는다. 그 요소들이 무엇이며, 각 요소들의 기능이 무엇인지를 간단히 살펴보면 다음과 같다.

- **화면명**: 각 화면이 무엇에 대한 내용을 다루는지 또는 어떤 활동에 대한 것인지를 명시
- **화면 번호**: 화면 간의 이동 설명을 위해서 각 화면별로 번호를 표시
- **일련번호(또는 쪽번호)**: 스토리보드 용지를 관련 내용의 순서대로 나열한 후 용지의 분량을 확인하기 위하여 명시
- **내용 제시 영역**: 각 화면에서 학습자에게 실제로 보여줄 텍스트, 그래픽, 애니메이션, 동영상 등의 자료들을 어떤 크기로 어떤 위치에 제시할지를 명시
- **화면 설명**: 화면 구성에 대한 설명과 화면에 제시되는 각각의 멀티미디어 자료들을 어떤 순서로 그리고 어떤 방법으로 제시할지를 명시

- **화면 진행 방법(내비게이션 또는 분지)**: 다른 화면으로의 연결이 어떻게 이루어지는지에 대해서 아이콘, 특수키 등의 사용을 명시하고, 연결이 되는 화면 번호를 명시
- **멀티미디어 자료**: 해당 화면에 제시되는 그래픽, 오디오, 비디오, 애니메이션 등의 자료를 해당 내용과 연계하여 명시

5.2.1 전체적 스토리보드 작성

이 단계에서는 학습 흐름도를 따라서 '화면 단위 텍스트 분할', '공통 화면 설계' 그리고 '화면 단위 스토리보드 작성' 등과 같은 3가지 활동들이 이루어지며, 이로써 전체적인 스토리보드의 모습을 갖추게 된다. 각 활동별로 고려해야 할 사항들을 정리하면 다음과 같다(김동식, 박인우, 2003; 임철일, 2005; 한국교육개발원, 1995).

◉ 화면 단위 텍스트 분할

텍스트를 화면 단위로 분할하는 작업은 작성해두었던 텍스트 중심의 내용 구성 원고를 보면서 분할될 부분에 표시하는 방법으로 처리될 수 있다. 컨텐츠의 전체 분량을 결정하고, 각 화면 간에 제시되는 내용이 얼마나 잘 연결되는지를 결정하는 것이기에 매우 중요한 작업이다. 화면 단위로 텍스트를 분할할 때에는 다음의 사항들을 고려할 필요가 있다.

- 한 화면에 한 가지 중요 내용이 제시되도록 구성한다.
- 한 줄의 길이가 너무 길지 않도록 조정한다.
- 앞뒤 화면의 내용이 자연스럽게 연결되도록 구성한다.

한편, 웹기반 환경에서 컨텐츠를 설계할 경우에는 하이퍼텍스트 형태로 텍스트들이 연결되어 학습자가 선택하는 대로 전개될 수 있다는 사실을 고려하여 텍스트를 분할해야 한다. 분할한 텍스트는 기본적인 노드로 구성되며, 각 노드를 어떻게 링크시킬 것인지를 구상해야 하는 것이다. 링크 방법은 '순차적 연결'과 '관계 연결'로 나뉘며, '관계 연결'은 다시 연합 연결, 정교화 연결, 그리고 위계적 연결로 나누어질 수 있다(임철일, 2005). 이와 같은 연결 방법들 중에서 특정 연결 방식만을 활용하는 것은 바람직하지 않으며, 학습자의 사전 지식 수준, 연령 등을 고려하여 적절한 하이퍼텍스트 연결 방식을 설계하는 것이 필요하다.

◉ 공통 화면 설계

반복되는 화면 작성 작업을 간략화하고, 화면들 간의 일관성을 유지하기 위하여 공통 화면을 설계하는 것이 필요하다. 공통 화면 설계 작업의 단계를 구분하고, 각 단계별로 고려해야 할 사항들을 정리하면 <표 5-9>에 제시된 바와 같다(백영균, 김보경, 2003; 한국교육개발원, 1995). 또한 공통 화면 설계의 예는 [그림 5-14]~[그림 5-17]과 같다. [그림 5-14]는 구성 요소 제시 위치를 결정한 예를 제시하며, [그림 5-15]~[그림 5-17]은 스토리보드 용지에 작성한 레이아웃의 예를 보여준다. 화면을 설계할 때 고려해야 할 사항들은 이 책의 7장에 상세하게 제시되기에 7장의 내용을 참고하여 화면을 설계하는 것이 바람직하다.

〈표 5-9〉 공통 화면 설계의 단계와 단계별 고려 사항

설계의 단계	단계별 고려 사항
1단계: 스토리보드의 화면 나열	제목, 내용 소개 및 목표 제시, 학습자 이름 입력, 학습 차례, 학습 내용 제시, 질문 제시, 피드백, 학습 내용 정리, 학습 결과 정리 등 설계에 필요한 화면들을 나열한다.
2단계: 화면의 구성 요소 파악	공통 화면으로 정한 화면의 구성 요소들을 파악한다. 예를 들어서, 내용 제시 화면의 구성 요소들로는 내용 제목, 학습 내용, 진행에 필요한 아이콘 등이 가능하다.
3단계: 구성 요소 제시 위치 결정	화면 구성 요소들을 화면의 종류별로 어떤 위치에 제시할 것인지를 결정한다. 이때, 어떤 요소가 어디에 제시되어야 한다는 원칙은 없다. 단, 일단 구성 요소의 제시 위치를 결정하면 컨텐츠 내에서 일관성을 갖도록 해야 한다.
4단계: 레이아웃 설계	공통 화면의 레이아웃을 설계할 때에는 각 화면의 구성요소가 명확히 구별되도록 하고, 단순성, 일관성, 상징성, 심미성, 공간성 등을 고려해야 한다. 특히, 공간성에 대해서는 내용의 기능에 따라서 영역을 구분하여 제시하며, 지나친 경계선의 사용을 피하고, 학습자의 시선이 좌측에서 우측으로, 그리고 상단에서 하단으로 이동함을 고려하여 영역과 내용을 적절히 배치해야 한다.
5단계: 레이아웃 작성	스토리보드 용지에 화면의 전체적인 레이아웃을 작성하고, 각 구성 요소의 위치에 대한 구체적인 설명을 명시한다.

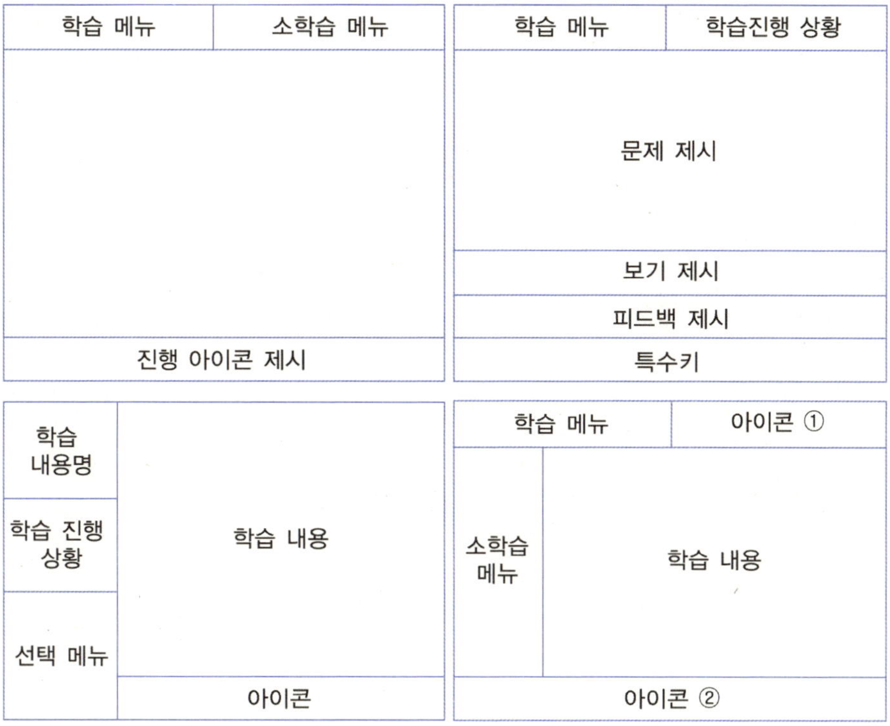

[그림 5-14] 공통 화면 설계의 예 ①

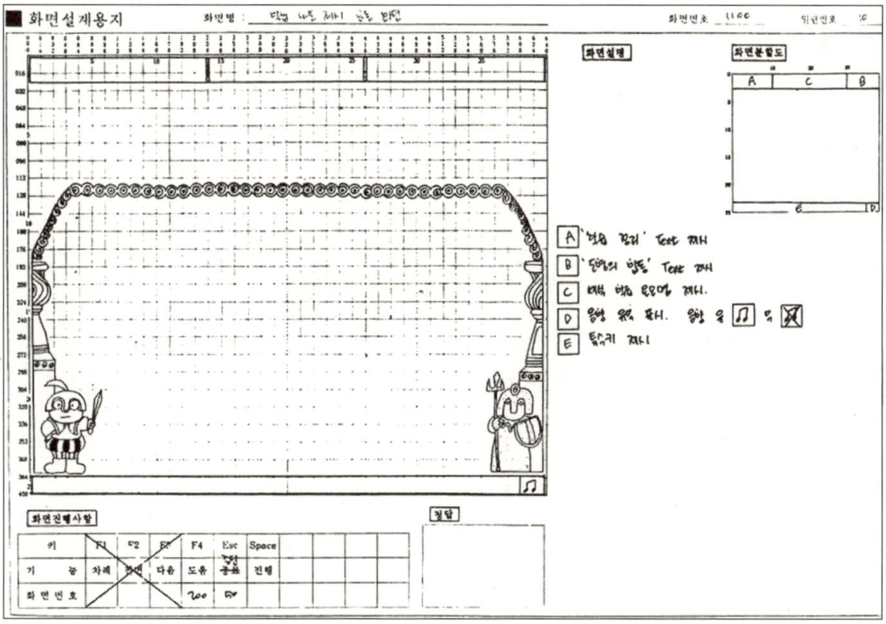

[그림 5-15] 공통 화면 설계의 예 ②: 학습 내용 제시

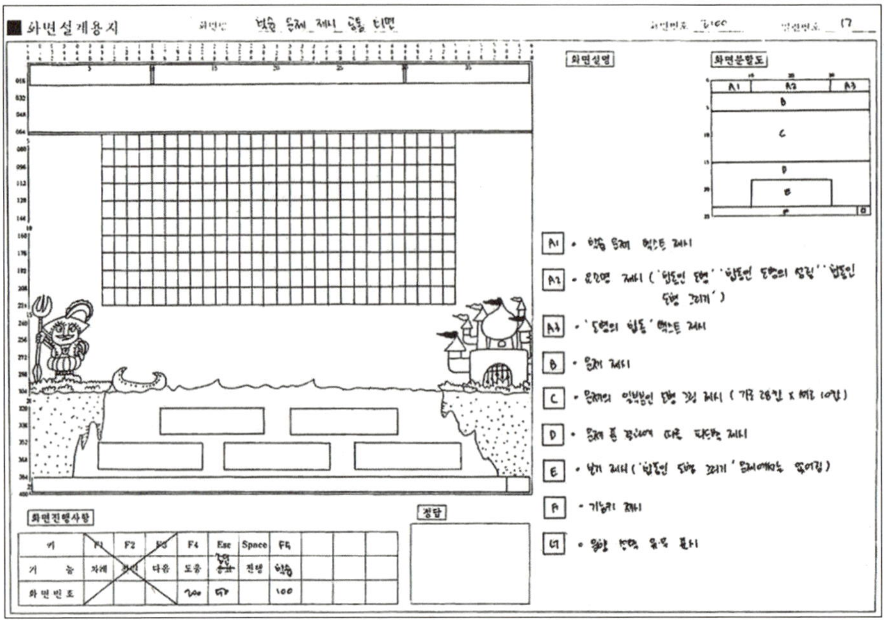

[그림 5-16] 공통 화면 설계의 예 ③: 학습 문제 제시

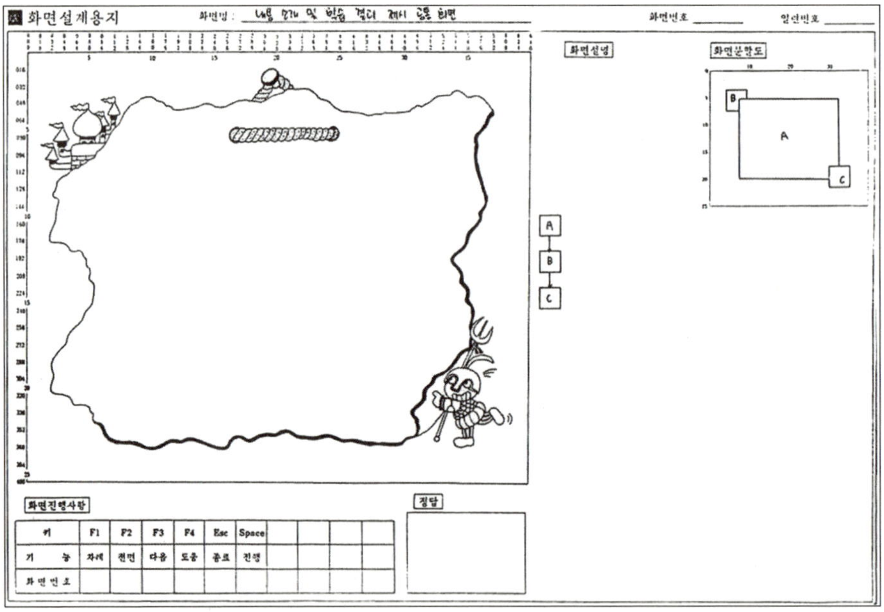

[그림 5-17] 공통 화면 설계의 예 ④: 내용 소개 및 학습 결과 제시

◉ 화면 단위 스토리보드 작성

화면 단위로 스토리보드를 작성할 때에는 학습 흐름도의 순서를 따라서 화면별로 작성한다. 같은 종류의 화면들을 같이 작성하여 반복되는 사항은 한 번에 설명함으로써 여러 번 제시하는 번거로움을 피하는 것이 바람직하다. 또한 한 화면에서 부분적으로 전개 방법이 다르거나, 단계적으로 내용을 제시하는 경우에는 화면의 구역을 나눈 후에 각 구역별로 어떤 내용이 어떻게 제시되는지에 대해 설명해야 한다.

화면설계는 인터페이스 디자인에서 상당히 중요한 기능적인 역할을 한다. 또한 화면 단위로 제시되는 내용들 중에서 특히 텍스트가 차지하는 부분들이 많다. 이에 화면설계와 텍스트 설계의 기본 원리를 살펴볼 필요가 있다. 먼저 화면을 설계할 때에는 전체적인 구도가 조화를 이루도록 여백을 적절히 처리하면서, 간결성, 일관성, 명확성, 심미성 등을 고려해야 한다. 한편 화면상에 텍스트를 효과적으로 제시하는 방법들 중 몇 가지를 살펴보면 다음과 같다.

- 학습자가 학습 내용의 조직과 구조를 쉽게 파악할 수 있도록 화면의 제목을 화면의 상단에 제시한다. 이때, 제목은 간결하고, 구체적이어야 한다.
- 학습자의 가독성을 고려하여 폰트와 글자 크기를 결정한다. 단, 폰트는 복잡하게 혼용하지 않는 것이 바람직하다.
- 줄 간격과 문단 간격은 어느 정도 띄워서 내용을 제시하는 것이 학습자가 그 내용을 읽고 이해하는 데 도움이 된다.
- 화면의 좌우 끝부분에 글자를 채우기보다는 어느 정도 여백을 남긴다.
- 정렬된 문장이 학습 내용을 파악하는 데 도움이 된다. 문장의 정렬은 왼쪽 정렬이 일반적이며, 오른쪽 정렬은 필요한 경우로 제한한다.
- 텍스트의 폰트는 형태, 크기 등을 조합하여 선택해야 한다. 이때, 학습 내용의 양과 학습자 수준 등을 고려할 수 있다.
- 주요 내용의 텍스트에 대해 학습자의 주의를 집중시키기 위하여 깜빡임, 반전, 글자 크기 변화, 색 변화, 밑줄 긋기 등의 방법들을 사용한다. 단, 강조를 하기 위해서는 하나의 변화만을 사용하는 것이 바람직하다.

화면 단위로 작성한 스토리보드의 예는 [그림 5-18]~[그림 5-21]에 제시된 바와 같다.[7)]

7) 유니컨텐츠, 허희옥, 송상호가 작성한 스토리보드를 수정·보완하여 사용함.

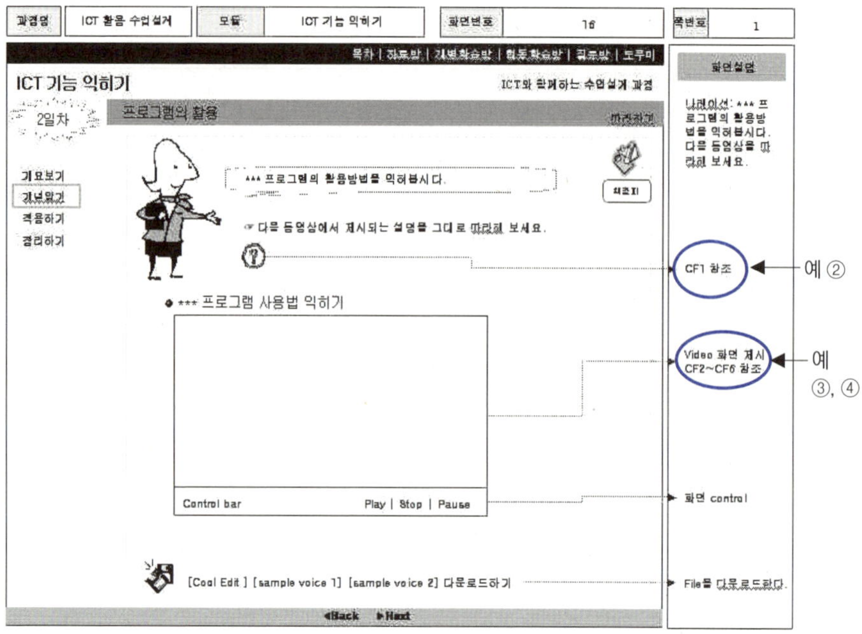

[그림 5-18] 화면 단위 스토리보드 작성의 예 ①

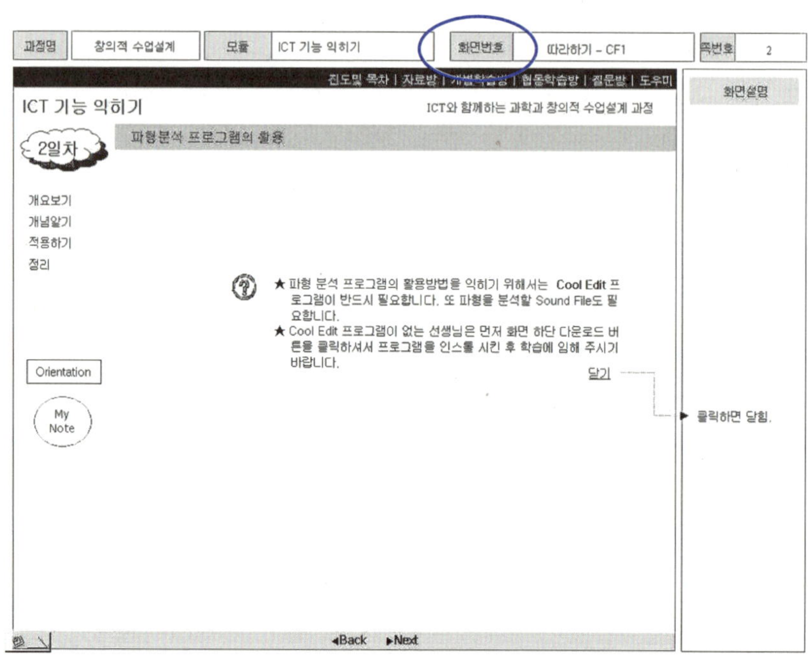

[그림 5-19] 화면 단위 스토리보드 작성의 예 ②

과정명	창의적 수업설계	모듈	ICT 기능 익히기	화면번호	따라하기 – CF3	쪽번호	4

나레이션	화면구성	화면설명
[Tutor] 목소리를 컴퓨터에 입력하기 위해서는 먼저 마이크를 본체의 voice input 단자에 연결합니다.		마이크를 본체에 연결하는 그림.
저희 두 사람의 목소리는 선생님의 학습화면 하단에서 다운로드 하실 수 있습니다. 마이크가 없으신 선생님은 파일을 다운받아 이용하셔도 됩니다. Cool Edit 프로그램이 없으신 선생님은 반드시 먼저 프로그램을 인스톨하신 후 학습을 진행해 주시기 바랍니다.		컴퓨터 화면 [Close UP] Sample Voice 1, 2를 클릭, 다운로드한다. Cool Edit 클릭한다.
그 다음 컴퓨터에서 Cool Edit를 실행합니다.	Cool Edit 2000 Intro 화면	Cool Edit Intro 화면

[그림 5-20] 화면 단위 스토리보드 작성의 예 ③

과정명	ICT 활용 수업설계	모듈	ICT 기능 익히기	화면번호	16 – CF5	쪽번호	4

나레이션	화면구성	화면설명
녹음을 마치면 경지버튼을 클릭하고 파일로 저장합니다	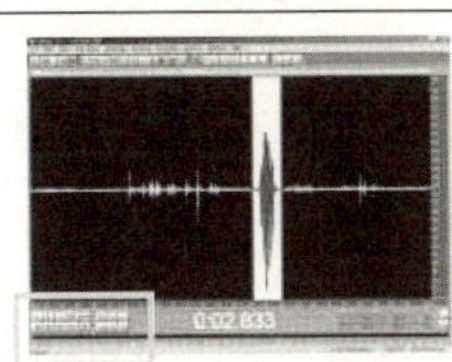	컴퓨터 화면 [Close Up] 경지 버튼 클릭
이번엔 옆에 계신 분의 목소리를 녹음해 보겠습니다. [학습자] 아~~		Tutor 마이크 학습자 교사한테 넘긴다. 학습자 교사 마이크 받아서 동일한 방법으로 녹음, 저장한다
[Tutor] 자, 이제 녹음한 파일을 열어서 우리 두 사람의 목소리를 비교해 보겠습니다. 아~~ [학습자] 아~~	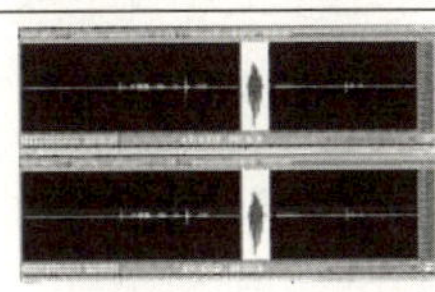	파일 – 오픈을 클릭, 두 파일을 연다. Tutor 파일을 실행한다. 학습자 교사 파일을 실행한다.

[그림 5-21] 화면 단위 스토리보드 작성의 예 ④

5.2.2 화면 단위 스토리보드 상세화

앞 단계까지 텍스트를 중심으로 한 전체적인 스토리보드를 작성한 후, 각 화면에 필요한 그래픽 자료들을 개발하고, 음향 사용과 색 사용 등 필요한 사항들을 결정해야 한다. 각 자료를 개발하거나 사용 방안을 결정할 때 고려해야 할 사항들을 정리하면 다음과 같다(김동식, 박인우, 2003; 백영균, 김보경, 2003; 한국교육개발원, 1995; Lee & Owens, 2004).

◉ 그래픽 자료 제시 방법 결정

그래픽 자료란 그림, 만화, 애니메이션, 선, 지도, 그래프 등의 자료들을 의미한다. 스토리보드에 그래픽 자료를 제시할 때에는 다음과 같은 점들에 유의해야 한다.

- 화면에 제시할 실제 크기와 모양으로 수정하여 스토리보드에 제시한다.
- 관련된 그래픽과 텍스트는 가능한 한 함께 제시한다. 이때, 그래픽을 설명하는 텍스트의 분량이 한 화면에 제시되기에 너무 많다면 그래픽을 고정시키고, 텍스트를 스크롤시키거나, 부분 지움, 별도 윈도 제시 등의 방법을 사용한다.
- 그래픽과 텍스트의 제시 순서가 큰 의미가 없는 경우에는 학습자의 호기심이나 기대감을 자극하기 위하여 그래픽을 텍스트보다 먼저 제시하는 것이 바람직하다.
- 그래픽은 불필요하게 상세하게 표현되어서는 안 되며, 적절한 수준에서 명확하게 묘사되어야 한다.
- 내용 설명이 제시됨에 따라 변하는 그래픽 자료에 대해서는 각 단계마다 필요한 모든 그래픽 자료를 단계별로 구분하여 제시한다.
- 사진으로 쉽게 나타낼 수 없는 움직이는 물체나 현상을 설명해야 할 때에는 애니메이션을 사용하는 것이 바람직하다.
- 애니메이션이 제시되는 화면에서는 그림의 이동 경로와 제시 속도 등에 대한 정보를 화면 설명에 구체적으로 제시해야 한다.
- 애니메이션이 텍스트와 함께 제시되는 화면에서는 움직임에 필요한 공간을 배정하고, 그 제시 방법에 대한 설명을 제공한다.

◉ 음향 사용 방법 결정

음향 자료는 대개 학생들의 주의집중을 유도하거나 피드백을 제공할 때 사용한다. 스토리보드 작성 과정에서 음향 사용과 관련해서는 다음과 같은 두 가지 사항들을 고려해야 한다.

- 음향 자료가 모든 학습자에게 효과가 있는 것이 아니라는 사실과 컨텐츠가 활용되는 상황이 수업 상황일 수 있음을 고려하여 음향의 사용 여부를 사용자가 선택할 수 있도록 구성해야 한다.
- 딩동댕, 땡 등과 같은 단순한 음향 자료는 음계를 제공하지 않지만, 복잡한 음악을 사용할 경우에는 음계를 별도로 제공하는 것이 필요하다.

◉ 색 사용 방법 결정

색의 사용은 학습자의 주의를 끌고, 흥미를 증가시키며, 학습 내용에 대한 이해를 돕기 위한 방법 중의 하나이다. 색의 사용과 관련한 결정을 내릴 때에는 다음과 같은 몇 가지 사항들을 고려할 필요가 있다.

- 색은 특정 자료를 강조하거나 학습자의 주의를 집중시킬 때 사용한다.
- 색의 사용은 일관성이 있어야 한다.
- 색을 선택할 때에는 일반적으로 합의된 사항을 고려할 필요가 있다(예: 적색은 위험을 표현, 황색은 주의해야 함을 표현).
- 색에 따라서 색이 처리된 영역의 크기가 다르게 보이는 현상을 주의한다(예: 따뜻한 색은 차가운 색보다 크게 보임).
- 한 화면에 너무 여러 가지 색을 사용하는 것은 학습 효과는 물론 미적 가치를 떨어뜨릴 수 있기에 몇 가지 색만을 선택하여 사용한다. 일반적으로 한 화면에 4가지 이상의 색을 사용하는 것은 바람직하지 않다.
- 서로 보색인 관계의 색을 한 화면에서 동시에 한 군데 이상 사용하는 것은 피해야 한다. 예를 들어서, 빨강/노랑, 파랑/초록 등의 배색은 피하는 것이 바람직하다.

5.3 검토 및 수정

스토리보드에 대한 검토는 설계자 자신에 의한 검토와 전문가 및 학습자에 의한 검토와 같은 두 가지 단계를 거쳐서 이루어진다. 검토가 이루어진 후에는 각 단계에서 파악된 문제점에 대한 수정과 보완 작업이 이루어지게 된다.

설계자 자신이 검토를 하는 경우에는 학습 흐름도와 스토리보드를 비교하며, 학습자의 입장이 되어 검토하는 것이 바람직하다. 먼저 학습 흐름도와 스토리보드를 비교할 때에는 완성한 스토리보드를 학습 흐름도에서 명시한 순서에 따라서 재정리하여 비교하는 작업이 필요하다. 이때, 스토리보드의 내용을 한눈에 볼 수 있도록 벽이나 게시판에 스토리보드를 붙여 놓고 비교하거나 바닥에 나열해놓고 비교하는 것이 바람직하다. 한편 설계자가 컨텐츠를 사용하는 학습자로 가정하고 직접 학습 내용을 선택하고, 상호작용하며, 오답을 하여 피드백을 받아보는 등과 같은 작업을 여러 차례 반복하면서 스토리보드에 대한 최종 검토 작업을 수행할 필요가 있다. 이러한 검토 과정에서 발견된 문제는 반드시 기록해두었다가 수정해야 한다. 일반적으로 검토 과정에서 다음과 같은 오류들이 자주 발견된다(김동식, 박인우, 2003).

- 지시문 누락 또는 불완전한 지시문 제시
- 학습자와 상호작용 기회 부족
- 주제에 대한 부적합한 설명과 예 제시
- 화면에 제시되는 자료들의 겹침, 과밀, 여백 부족
- 자주 사용되지 않거나 전혀 사용되지 않는 제시물
- 중복되거나 주제와 무관한 제시물
- 학습자가 빠져나오지 못하는 질문 루프
- 자연스럽지 못한 내용 전환이나 화면 전환
- 그래픽이나 다른 형태의 자료로 제시하는 것이 적절한 텍스트 정보의 제시

설계자의 검토 및 수정 작업이 끝나면 다른 교수설계자, 내용전문가, 개발자 등과 같은 전문가들의 검토와 더불어서 대상 학습자들의 검토를 받고 수정하는 작업이 이루어져야 한다. 전문가 또는 학습자에 의한 검토는 〈표 5-10〉과 〈표 5-11〉에 제시된 예와 같은 평가지를 별도로 제공하여 검토를 받는 것이 바람직하다(김동식, 박인우, 2003; 한국교육개발원, 1995).

〈표 5-10〉 스토리보드 점검표 ①: 전체적 스토리보드 작성

검토 사항	매우 그렇다	그렇다	보통이다	그렇지 않다	전혀 그렇지 않다
한 화면에 제시되는 텍스트의 분량이 적절한가?					
앞뒤 화면의 내용이 자연스럽게 연결되는가?					
학습 내용의 주요 부분을 강조하는가?					
화면의 구성 요소가 일관되게 제시되는가?					
화면의 레이아웃이 심미적인가?					
학습 흐름상 빠진 화면이나 완전하지 않은 화면은 없이 적절하게 구성되어 있는가?					
화면 진행에 필요한 설명이 구체적으로 제시되는가?					
지시 사항이 누락되었거나 불완전하게 기술된 것은 없는가?					
학습자의 가능한 응답을 모두 고려하는가?					
학습자와의 상호작용 기회가 충분히 제공되는가?					
필요한 아이콘이나 특수키의 기능이 각 화면에 제시되며, 조화롭게 배치되어 있는가?					
화면의 제목이 정확하고 구체적으로 제시되어 있는가?					
텍스트의 줄간격이 내용을 이해하기에 알맞은가?					
화면의 여백이 충분히 확보되어, 구성 요소들을 조화롭게 제시하는가?					
심미적인 측면을 고려하여 화면이 설계되었는가?					
화면설계가 간결하고 명확하게 되었는가?					
화면에 제시되는 요소들이 일관된 방법으로 제시되는가?					
주의 집중 유도 전략이 한 화면에 알맞게 사용되는가?					
피드백이나 메시지가 필요한 학습 내용을 가리지 않게 구성되었는가?					
화면 전환이나 분지가 오류 없이 잘 설계되었는가?					

〈표 5-11〉 스토리보드 점검표 ②: 화면 단위 스토리보드 상세화 및 그래픽 · 음향 · 색 결정

검토 사항	매우 그렇다	그렇다	보통이다	그렇지 않다	전혀 그렇지 않다
모든 그래픽 자료가 화면에 크기대로 수정되어 제시되는가?					
애니메이션에 대한 설명이 정확한가?					
그래픽이 학습 내용과 관련이 없거나 남용되지는 않았는가?					
내용 설명이 너무 텍스트에만 의존하지 않으며 적절한 텍스트를 이용하고 있는가?					
한 화면에 적절한 그래픽과 텍스트가 제시되는가?					
관련 있는 그래픽과 텍스트가 하나의 화면에 제시되는가?					
텍스트와 그래픽이 학습 순서에 알맞게 제시되는가?					
학습자가 음향 사용 여부를 선택할 수 있는가?					
음향에 대한 음계가 필요한 경우에 제공되어 있는가?					
색이 한 화면에 너무 많이 사용되지 않고 적절하게 사용되고 있는가?					
색이 흥미유발, 효과적 내용 전달 등을 위해 사용되고 있는가?					
색의 사용으로 인해 학습자에게 피로감을 주지 않고 편안함을 주는가?					
전체 색의 콘셉트와 비교할 때, 색 사용의 일관성을 유지하는가?					

탐구 과제

1. 이 장에서 소개된 바와 같이 교수설계 활동을 4가지 단계로 구분하고, 각 단계별로 고려해야 할 사항들을 정리하여 보자.
2. 기개발된 컨텐츠를 한 편 선정하고, 그 컨텐츠를 분석하여 학습 흐름도(전체 흐름도와 세부 흐름도)를 작성하여 보자.

참고문헌

김동식, 박인우 공역(2003). 멀티미디어와 학습: 설계 및 개발. 서울: 피어슨에듀케이션코리아.

김신자(2001). 효과적 교수설계 및 교수방법. 서울: 문음사.

백영균, 김보경(2003). 기업 및 학교교육을 위한 멀티미디어 활용 교수의 설계. 서울: 학지사.

임철일(2005). 원격교육과 사이버교육 활용의 이해. 서울: 교육과학사.

조미헌, 한정혜(2002). 웹기반 초등교육용 컨텐츠의 아이콘 설계를 위한 아동 감성 비교 연구. 교육공학연구, 18(2), 175-195.

한국교육개발원(1995). 교사를 위한 코스웨어 설계입문서.

Dick, W., Carey, L., & Carey, J. O. (2013). *The systematic design of instruction.* Upper Saddle River, NJ: Pearson Education, Inc.

Lee, W. W., & Owens, D. L. (2004). *Multimedia-based instructional design.* San Francisco, CA: Pfeiffer.

Morrison, G. R., Ross, S. J., Morrison, J. R., & Kalman, H. K. (2019). *Designing effective instruction 8th Edition.* Hoboken, NJ: John Wiley & Sons, Inc.

Reigeluth, C. M. (1999). *Instructional design theories and models*(Volume II). Mahwah, NJ: Lawrence Erlbaum Associates, Publishers.

Reigeluth, C. M., & Carr-chellman, A. A. (2009). *Instructional design theories and models*(Volume III). Florence, Kentucky: Routledge.

Reiser, R. V., & Dempsey, J. V. (2017). *Trends and issues in instructional design and technology.* Boston, MA.: Pearson Education Inc.

CHAPTER 06

교수설계 이론

이 장은 e-Learning 컨텐츠 설계 및 개발 과정에서 설계 단계를 위한 이론적인 기초를 다루고 있다. e-Learning 컨텐츠 개발과 밀접하게 연결되는 교수설계 이론을 객관주의, 구성주의, 사회학습의 관점으로 구별하여 소개한다. 객관주의적 관점으로는 Gagné & Briggs의 처방적 교수설계 이론과 Keller의 ARCS 이론을 소개하고, 구성주의적 관점으로는 문제중심학습(Problem-Based Learning), Goal-Based Scenario, Open Ended Learning Environments, 4C/ID 이론을 소개한다. 또한, 사회학습 관점으로는 상황학습, 분산인지, 활동이론, Connectivism을 간략하게 소개한다. 그리고 e-Learning 컨텐츠 설계를 위한 각 이론들의 시사점을 논의한다.

1 교수설계 이론의 인식론적 관점과 학습 이론

교수설계 이론은 학습 이론(learning theory), 통신 이론(communication theory), 체제 이론(systems theory) 등과 같이 다른 영역의 이론들의 영향을 받아 계속적으로 진보하고 있다. 체제 이론은 Banathy, Silvern 등에 의하여 교육공학 분야와 교수설계 이론에 적극적으로 수용되었는데, 교수-학습 과정을 하나의 체제(혹은 시스템)로 이해하고 그 체제 안의 구성 요소, 즉 학습자, 교수자, 학습 내용, 학습 환경이 최종 목적 달성을 위하여 서로 유기적으로 연계되고 작용한다는 것이다. 이러한 관점에서 교수설계 과정은 체제적 접근을 수용하고, 교수설계 이론은 교육의 최종 목적을 달성하기 위하여 학습자의 속성, 학습 내용의 특성, 학습 환경의 특성을 기반으로 최적의 효과를 내기 위한 교수-학습 전략을 설계하고 개발하는 것에 관련된다. 통신 이론은 Schramm의 SMCR(Sender-Message-Channel-Receiver) 모형을 중심으로 교수설계 이론에 적용되었는데, 학습자와 교수자의 상호작용을 기반으로 교수-학습 원리를 추출하고 교수 메시지를 설계하는 분야에 많은 영향을 미쳤다.

한편, 학습 이론은 교수설계 이론의 성립에 가장 밀접한 영향을 미치고 있다. 교수설계 이론은 학습과 교수와 밀접한 관계를 가지고 있어, 학습에 관한 다양한 심리학적 이론을 기저로 하고 있다.

근대적 실증주의를 반영하고 있는 심리학의 제 이론들은 철학으로부터 독립되어, 학습을 가치중립적인 경험과학의 탐구 대상으로 인식하면서(양은주, 2002), 여전히 철학의 한 분야인 인식론과 밀접한 관계를 가지고 있다. 인식론은 지식의 본질, 근거, 가정 및 타당성에 관한 학문적 노력을 기울이는 분야이다. 따라서 인식론은 학습 이론과 교수설계에 의식적, 무의식적으로 지대한 영향을 미치고 있기 때문에, 학습 이론의 가치와 교수설계 이론과의 연계성을 좀 더 심층적으로 이해하기 위한 관심이 필요하다.

근대 사회에 들어오면서, 인식론의 양대 축을 이루고 있는 실증주의(positivism)와 상대주의(relativism)는 지식을 정당화하는 근거, 지식의 성격 혹은 원천에 대한 관점 등에서 차이를 보인다. 근대적인 인식론을 대별하는 실증주의에서 지식은 개인과는 독립적으로 존재하고 절대적으로 확고한 진리가 개인과는 분리되어 그 개인의 외부에 놓여 있다고 생각한다. 이러한 관점에서 교수 방법은 절대적으로 존재하고 있는

지식을 학습자에게 전달하기 위하여 얼마나 효과적인가에 따라 결정되며, 이러한 방법과 전략들은 학생들이 지식과 기술을 익히도록 지원한다. 반면에, 현대적인 인식 철학을 대별하는 상대주의 입장에서 지식은 절대적으로 존재하는 것이 아니라, 오히려 개인이 구성해가고 창조해가는 것이며, 절대적이고 일원적인 실제보다는 다양성을 인정한다. 이러한 관점에서 교수 방법은 개인이 의미 이해, 지식 구성을 효과적으로 진행할 수 있도록 지원하는 것이다.

교수설계 이론과 실제에 많은 영향을 미치고 있는 행동주의와 인지주의적 심리학은 근대적 인식론을 기초로 형성되었다. 행동주의적 학습 이론가들은 인간의 학습을 외부의 자극에 대한 외현적인 반응의 지속적인 변화로 보고, 자극과 반응의 관계, 강화 등을 학업 성공의 중요한 열쇠로 여기고 있다. 행동주의적 학습 이론이 e-Learning 컨텐츠 개발을 포함한 교수설계에 미치는 시사점을 정리하면 다음과 같다.

- 주어진 외부의 자극에 즉각적으로 반응할 수 있도록 환경을 구성한다.
- 학생들로부터 관찰될 수 있고 측정될 수 있는 결과를 이끌어 내도록 설계한다.
- 학습 결과를 확고히 하고 파지를 높이기 위하여 이미 학습한 내용을 반복 연습할 수 있는 기회를 충분하게 제공한다.
- 학습자의 올바른 반응을 유도하기 위하여 초기에 단서를 제공하고, 그 행동이 성공적으로 완성될 수 있도록 초기에 제공한 단서를 제거한다.
- 학습 내용은 작은 묶음으로 순차적으로 제시한다.
- 성공적인 학습을 위하여 피드백과 긍정적인 강화를 제공한다.

한편, 인지주의적 학습 이론가들은 외적인 자극과 내적인 반응에 초점을 두고, 인간의 사고 과정, 내적인 정보 처리 과정, 내적 동기 유발 등에 많은 관심을 가지고 있다. 인지주의적 학습 이론이 e-Learning 컨텐츠 개발을 포함한 교수설계에 미친 시사점은 다음과 같다.

- 학습자의 외현적이고 가시적인 반응만이 아닌 내적인 정신 과정에 대해 관심을 가진다.
- 학습 내용은 선수학습과 연계되고 서로 관련 있는 사건으로 구성함으로써 학습 위계를 고려한다.
- 이미 습득된 학습 전략 혹은 학습 방법은 유사한 다른 학습 경험을 위하여 활용될 수 있도록 한다.

- 학습자의 기대, 사기 등 내발적인 동기를 유발하고 유지해야 한다.
- 학습자의 요구와 적성에 부합되는 교수 과정은 효율적인 학습 과정을 지원한다.
- 학습자가 학습 과정에 참여할 수 있는 시간이 길면 길수록 학습의 효과는 증진된다.
- 학습 성공의 기회가 많아질수록 긍정적인 학습 태도가 증가하고 학습 결과도 확장된다.

행동주의와 인지주의 접근의 공통점은 학습자의 외부에 독립적으로 절대적으로 존재하고 있는 지식을 학습자에게 전달하는 데에 주력하고 있다는 점이며, 지식에 대한 이해는 근대적인 인식론인 실증주의와 맥을 같이하고 있다는 것이다.

이와는 반대의 입장을 취하는 상대주의에서 지식은 이를 접하고 해석하는 사람에 따라 다르게 정의되어 상대적인 의미를 가지게 되며, 독특하게 정의된다. 이에 학습은 개인적인 이해를 위한 학습자의 의미 구성을 포함하며, 설계는 학습자가 의미 이해를 재구성하고 창조할 수 있도록 지원할 수 있는 환경을 구성하는 것이다. 구성주의적 관점이 e-Learning 컨텐츠 개발을 포함한 교수설계에 주는 시사점은 다음과 같이 정리될 수 있다.

- 학습 과정에서 단순하고 추상적인 것이 아닌, 실제적인 상황 혹은 문제를 제공한다.
- 학습자 간의, 혹은 학습자와 교수자 간의 협력학습 방법을 고려한다.
- 그림이나 글 등과 같은 다양한 방법을 이용하여 학습 내용을 제시한다.
- 학습자가 능동적으로 학습하기 위하여 필요한 자원과 도구가 적절하게 갖추어진 다양한 학습 환경을 조성한다.
- 학습자 스스로가 판단하고 결정할 수 있는 자기조절적, 자기반성적 학습 기회를 제공한다.

최근에 테크놀로지의 교육적 활용이 확대되면서, 학습에 대한 사회문화적 관점이 다양하게 논의되고 있다. 이 입장은 구성주의적 인식론과 연계되지만, 학습의 사회성을 강조했다는 점에서 구별될 수 있다. 사회학습이론이 e-Learning 컨텐츠 개발을 포함한 교수설계에 주는 시사점은 다음과 같이 정리될 수 있다.

- 학습자 중심의 학습 활동, 학습자 간 협력활동 등을 온라인 환경에서 진행할 수 있도록 설계한다. 개인의 학습은 그 개인이 처해있는 주변 환경과 그 환경을 구성하는 요인들 간의 상호작용과 밀접하게 관련되어 있으므로, 이를 활용할 수 있는 전략이 설계되어야 한다.

- 실제적인 과제와 맥락을 제공한다. 지식은 그 지식이 실제로 활용되는 맥락과 분리되어 습득되는 데에 한계가 있으므로, 유의미한 학습 경험을 제공하기 위하여 실제적인 과제와 맥락을 설계하고 제시한다.
- 다양한 학습 도구를 이용하여 학습자 스스로가 학습 활동을 진행하거나 지식을 구성할 수 있는 기회를 제공한다. 정보는 한 개인의 소유물이 아닌 공동체가 함께 가지고 있는 실체이다. 서로 다른 개인이 가지고 있는 정보 혹은 지식의 통합을 위하여 첨단 테크놀로지가 효과적으로 활용될 수 있으므로, 이를 이용한 학습 활동을 구체적으로 계획한다.

2 객관주의적 관점을 토대로 한 교수설계 이론

이 장에서는 근대적인 인식론인 객관주의적 관점을 기본으로 전개되는 몇몇 교수설계 이론을 간략하게 소개하고 e-Learning 컨텐츠 설계를 위한 시사점을 제시하고자 한다. 객관주의적 관점을 토대로 하는, 대표적인 교수설계 이론은 Gagné & Briggs의 처방적 교수설계 이론, Keller의 ARCS 이론, Reigeluth의 정교화 이론(Elaboration Theory), Merrill의 내용요소제시이론(Component Display Theory) 등을 들 수 있다 (Reigeluth, 1983).

Gagné & Briggs의 처방적 교수설계 이론은 인간이 학습 가능한 영역을 구별하여 각 학습 영역별로 필요한 내적·외적 학습 조건을 제시하고, 거시적인 수준의 교수설계를 위하여 학습 위계와 미시적인 수준의 교수설계를 위하여 9가지 교수 사태(Instructional Events)를 제안하였다.

Keller의 ARCS 이론은 학습동기의 구성 요소를 네 가지로 구별하고, 학습 과정에서 각 요소를 적절한 수준으로 유지하고 유발하기 위한 학습 전략을 다양하게 제안하고 있다.

Reigeluth의 정교화 이론은 거시적인 입장에서 교수설계 과정을 논의하고 있는데, 가장 기본이 되면서 적용 가능한 학습 요소인 정수(Epitome)를 찾아내고 그 정수로부터 좀 더 심화된 학습 내용으로 정교화하면서 학습 내용을 조직해 가는 이론이다. 이 이론은 한 학기 혹은 한 학년의 대단위 교육과정을 설계할 때 좀 더 효과적으로 활용될 수 있다.

Merrill의 이론은 Reigeluth의 정교화 이론과 달리, 미시적인 접근의 교수설계 이론이다. 인지적인 학습 영역에 효과적으로 적용될 수 있는 내용요소제시 이론은 학습 가능한 영역을 내용의 유형과 수행 수준에 따라 10가지로 구별하고 각각의 학습 내용을 전달하기 위하여 필요한 제시형을 제안하고 있다.

이들 이론 중에서 e-Learning 컨텐츠 개발을 위하여 가장 많이 논의되고 있는 Gagné & Briggs의 처방적 교수설계 이론과 Keller의 ARCS 이론에 대하여 좀 더 자세하게 살펴보고자 한다. 이들 이론은 다양한 방법을 통하여 계속적으로 검증되고 수정되고 있다.

2.1 Gagné와 Briggs의 처방적 교수설계 이론

Gagné와 Briggs는 인간의 학습 과정을 탐구하고 교수-학습 과정에서 필요한 지식의 조직과 교수 전략에 대하여 연구하였다. 이 이론은 새로운 원리, 법칙 등을 익히고 적용해가는 인지적 학습 영역을 비롯하여, 심체적 영역 및 정의적 영역의 학습에서 효과적으로 사용될 수 있다.

2.1.1 학습에 관한 가정

Gagné와 Briggs에게 학습은 "환경으로부터의 자극을 새로운 능력을 획득하는 데 필요한 정보처리의 여러 단계들로 변형시키는 일련의 인지 과정"이며, 인간 발달의 중요한 요인이다. 인간 학습은 이미 습득하고 있는 어떤 원리나 법칙을 여러 상황에서 적용하고 활용하면서 더 높은 인지적 발달을 꾀할 수 있고, 새로운 지식을 습득할 때 이전의 지식이 통합되어 축적되며 이루어지기도 한다. 즉 인간의 지적인 발달은 "학습된 능력들이 점진적으로 복잡하고 의미 있는 구조들로 만들어지는 과정"이다(나일주, 정인성, 1995). Gagné와 Briggs는 기존의 학습 이론을 토대로, 처방적 교수설계 이론을 정립하였는데, 주로 행동주의적 입장과 인지주의적 입장에서 다음과 같은 기본 원리를 추출하였다.

첫째, 행동주의 이론을 근간으로 하는 근접성의 원리, 효과의 법칙, 연습의 원리를 고려하였다. 근접성의 원리는 서로 연관되어 있는 여러 개의 과제를 같이 학습하게 되면, 그중의 한 가지만 생각해도 다른 것들이 함께 생각난다는 것이다. 효과의 법칙은 하나의 자극과 반응이 결합된 후, 그 반응에 대한 결과(혹은 효과, 강화)가 긍정적으로 주어지면, 그 결합은 더욱 강화되어 다음에 다시 같은 자극이 주어져도 같은 반응을 일으키게 된다는 것이다. 연습의 원리는 단순한 반복 이상의 연습 기회를 통해 학습이 증진된다는 것이다. 이 원리들은 서로 상호작용하면서 인간의 학습을 설명하고 있다.

둘째, 인지주의적 입장의 하나인 정보 처리 이론의 기본 원리를 수용하였다. 정보 처리 이론에 따라, 학습은 새로운 정보가 인간의 감각 기관을 통하여, 단기 기억 장치를 거쳐 장기 기억 장치에 저장되면서 조직화되는 과정이다.

이러한 특성을 기반으로, Gagné와 Briggs는 인간이 학습할 수 있는 영역을 5개의 범주; 언어적 정보, 지적 기술, 인지 전략, 운동 기능, 태도로 나누었다. 언어적 정보는 사물의 이름, 사건의 종류와 같이 언어로 설명하는 지식의 종류이다. 지적 기술은 작문하기, 탐구하기, 프로그래밍하기와 같이 학습자의 인지적 능력을 발휘하여 외부와 상호작용하면서 다루어지는 학습 영역으로, 개념의 변별, 규칙 적용, 문제해결 등의 능력이 포함된다. 인지 전략은 학습을 하고 정보를 기억하고 문제를 해결하는 행위를 조절하는 능력이다. 운동 기능은 타이핑하기, 운전하기 등과 같이 신체의 일부분을 움직여서 수행하는 능력이다. 태도는 사람, 사물, 환경에 대한 인간의 관점이나 가치를 포함한다(Gagné, Briggs, & Wager, 1994). 이들 각 범주는 서로 다른 능력과 수행을 나타내는데, 각 범주별로 상이한 선수학습과 인지적 과정을 지칭하는 학습의 내적 조건과 그 인지 과정을 돕는 '환경적 자극'의 형태를 말하는 학습의 외적 조건을 다르게 가지고 있다. 〈표 6-1〉은 학습의 5가지 범주를 요약해 놓은 것이다.

〈표 6-1〉 학습의 5가지 영역에 따른 학습 조건

학습 영역	능력	수행	학습의 조건(내적/외적)
언어적 정보	저장된 정보의 재생	어떤 방식으로 정보를 진술하거나 의사소통한다.	• 의미 있는 정보를 위한 맥락의 재생 • 새로운 지식을 습득하는 학업 수행 • 피드백 제공
지적 기술	학습자에게 환경의 개념화에 반응하도록 하는 정신적 조작	상징을 사용하여 환경과 상호작용한다.	• 하위 기술의 재생 • 언어나 다른 수단에 의한 안내 • 학습자들에 의한 적용 • 정확한 피드백 제공 • 적절한 복습

학습 영역	능력	수행	학습의 조건(내적/외적)
인지 전략	학습자의 사고와 학습을 관리하고 조절하는 과정	효율적인 기억 방법, 학습 관리 방법을 실행한다.	• 관련된 법칙이나 개념의 재생 • 새로운 문제 상황의 연속적 제시 • 학습자에 의한 해결책의 시범
운동 기능	일련의 신체적 운동을 수행하기 위한 능력과 실행 계획	운동의 계열이나 활동을 시범적으로 수행한다.	• 하위 운동기능의 재생 • 실행의 하부순서의 기억 재생 • 전체적 운동기술 연습 및 정확한 피드백 제공
태도	사람, 물건, 사건에 대한 정적, 부적 행동의 성향	사람, 물건, 사건을 향한 혹은 그들에서 멀어지는 개인적 행동의 방향을 선택한다.	• 개인적 행동에 필요한 정보나 지적 기술 재생 • 모범적 인간에 대한 존경의 기억 재생 • 직접 또는 간접 경험을 통해 개인적 행동에 대한 강화 제공

출처: 나일주, 정인성 (1995). 최신교수설계이론. pp. 28-29.

2.1.2 교수에 대한 가정

Gagné와 Briggs 교수는 "교수란 학습자의 학습 결과에 직접적으로 영향을 미치는 모든 종류의 노력"을 의미한다고 하였다. 이는 학습과 교수가 불가분의 관계를 가지고 있음을 나타낸다. 그들이 교수와 교수설계에 대하여 설정한 가정을 살펴보면 다음과 같다.

첫째, 교수는 학습자 개개인의 학습을 증진시키기 위하여 계획되고 설계되어야 한다. 따라서 학습자 개개인의 특성에 적합하게 교수가 설계되어야 하고, 이를 위하여 교수설계 전에 학습자에 대한 분석이 이루어져야 한다.

둘째, 교수설계를 위하여 단기적이고 즉각적인 계획뿐만 아니라 장기적인 계획도 포함되어야 한다.

셋째, 교수설계는 체계적으로 계획되어 학습자 개개인 모두가 교수에 의하여 이익을 받을 수 있도록 하고, 학습자의 자연적인 성숙에 맞추기보다는 발달을 이끌어 갈 수 있도록 계획한다.

넷째, 교수설계는 체제적인 접근 방식, 즉 학습자의 필요 분석, 교수 목적 설정, 학습 목표와 내용의 상세화, 교수 전략 및 자료 개발, 평가 계획 등의 일련의 단계별 설계 과정에 따라 진행되어야 한다.

다섯째, 교수는 개인이 어떻게 학습하는지에 관한 지식, 즉 학습 이론에 바탕을 두고 개발되어야 한다.

이상의 가정들을 중심으로, Gagné와 Briggs는 거시적인 수준의 교수설계를 위하여 학습 위계를 제안하고, 미시적인 수준의 교수설계를 위하여 9가지 교수 사태(instructional events)를 제시하였다. 학습 위계는 “학습 목표들 간의 선수 학습의 관계를 나타낼 수 있는 형태로 배열한 것”을 말한다. 학습 위계에 따라 쉬운 내용에서 어려운 내용으로, 혹은 단순한 내용에서 복잡한 내용의 수준으로 학습 내용을 계열화한다. 9가지 교수 사태는 다음 장에서 좀 더 상세하게 다룬다.

2.1.3 9가지 교수 사태

다양한 학습 상황에서 소정의 목표를 달성하기 위하여 학습의 내적 조건인 학습자의 선수 능력의 회상 및 획득과, 외적 조건으로 학습자의 내부 조건을 활성화하고 도와주는 방법들이 충족되어야 한다. 학습 과정을 활성화하는 방안으로, 학습의 외적 조건을 제공하는 9가지의 교수 사태를 다음과 같이 고안하였다(Gagné, Briggs, & Wager, 1994).

① 학습자의 주의 획득(gaining attention)

음성의 변화, 시각 자료의 다양성을 이용하거나 흥미를 유발하는 질문 등과 같은 주의 집중 방법을 통하여 학습자의 주의를 집중시킨다.

② 학습자에게 수업 목표 제시(informing the learner of the objective)

학습 과정에서 학습자에게 기대되는 것이 무엇인지를 알려준다.

③ 선수 학습 요소의 회상 자극(stimulating recall of prior learning)

본격적인 교수가 시작되기 전에 선행조직자, 요약 등과 같은 전략을 통하여 새로운 교수 목표와 연관된 선수 학습 요소를 기억하도록 요구한다.

④ 학습 자극 자료 제시(presenting information/stimulus)

학습자의 선택적 지각을 돕기 위하여 다양한 강조 기법을 이용하여 학습 자료를 제시한다. 자극 자료는 다른 것들과 분명하게 구별되는 특징을 가지고 있어야 한다.

⑤ 학습 안내 제공(providing learning guidance)

주어진 학습 자극을 좀 더 의미 있게 전달하기 위하여 학습자의 기본 지식과 새로운 자극을 연결시키는 것을 제공한다.

⑥ 학습 수행 요구(eliciting performance)

새롭게 학습한 것을 실제로 나타내도록 요구한다.

⑦ 학습자의 수행에 대한 피드백 제공(providing feedback)

실제로 드러난 학습자의 수행에 대한 피드백을 제공한다.

⑧ 학습자의 수행 평가(assessing performance)

학습 과정을 통하여 학습자가 최종 목표를 얼마나 달성했는지를 평가한다.

⑨ 파지 및 전이(enhancing retention & transfer)

학습 내용을 오랫동안 기억하고 다른 유사한 상황에서도 적용할 수 있는 연습 기회를 제공한다.

2.1.4 e-Learning 컨텐츠 개발을 위한 시사점

Gagné와 Briggs의 처방적 교수 이론은 인지적, 심체적, 정의적 학습 영역을 학습하기 위하여 적절하게 활용될 수 있는 이론이다. 특히, 학습의 내적 조건을 고려하여 개발된 9가지 교수 사태는 e-Learning 컨텐츠 개발을 위하여 구체적인 전략을 제공한다. 〈표 6-2〉는 9가지의 교수 사태에 따라 e-Learning 컨텐츠를 개발할 경우에 구현 가능한 전략을 제시한 것이다.

〈표 6-2〉 9가지 교수 사태와 e-Learning 컨텐츠 설계 전략

9가지 교수 사태	구현 가능한 전략의 예
1. 학습자의 주의 획득	• 구체적인 사례를 동영상 혹은 애니메이션으로 제작하여 제시
2. 학습자에게 수업 목표 제시	• 멀티미디어 효과를 이용하여 학습 목표 제시
3. 선수 학습 요소의 회상 자극	• 선수 학습 내용과 본 학습 내용을 연결할 수 있는 조직도 혹은 개념도 제시 • 선수 학습 내용에 대한 간단한 컴퓨터 평가를 실시하고 결과에 따른 복습 혹은 확인 기회를 자동으로 제공
4. 학습 자극 자료 제시	• 동영상 자료를 이용하여 학습 내용 제시
5. 학습 안내 제공	• 학습 진행을 위한 안내 설명 제시 • 내비게이션을 위한 일관된 아이콘 사용
6. 학습 수행 요구	• 학습자 간 상호작용, 학습 내용과 학습자와의 상호작용을 촉진하는 전략 사용 • 학습자의 학습 과정을 컴퓨터에 직접 표현할 수 있는 학습 활동 구성
7. 학습자의 수행에 대한 피드백 제공	• 학습자의 학습 활동에 대하여 미리 준비된 피드백을 실시간, 비실시간으로 제공
8. 학습자의 수행 평가	• 학습 내용과 관련된 평가 실시
9. 파지 및 전이	• 학습 내용과 유사한 실제 상황을 가상현실로 제시

2.2 Keller의 ARCS 이론

Keller의 ARCS 이론은 교수 결과를 효과성, 효율성, 매력성 측면으로 평가할 수 있다면, 이 중에서 특히 매력성과 관련하여 학습자의 학습동기를 유발하고 유지시키는 각종 전략들을 제공하고 있다. Keller는 기존의 교수설계 이론이 학습동기에 대한 구체적인 설계 원리를 간과한 점에 착안하여 학습자의 학습동기를 유발하고 유지하기 위한 설계 이론을 제시하였다. Keller에게 학습동기는 "주의집중(Attention: A), 관련성(Relevance: R), 자신감(Confidence: C), 그리고 만족감(Satisfaction: S)이라는 측면에서 설명되는 학습 행동의 방향과 세기"이다(Keller, 2010).

이 이론은 새로운 원리, 법칙 등을 익히고 적용해가는 인지적 학습 영역을 비롯하여, 타이핑과 같은 심체적 영역 및 정의적 영역의 학습에서 효과적으로 사용될 수 있다.

2.2.1 학습동기의 개념적 요소

Keller는 개인의 동기를 설명하기 위하여 4가지 개념적 요소로 구성된 ARCS이론을 개발하였다. 여기서 4가지 요소는 호기심과 관심을 유발하고 유지하는 '주의집중', 교수 내용을 학습자의 필요와 가치에 관련시키는 '관련성', 성공에 대한 긍정적인 기대를 갖도록 하는 '자신감', 학습자의 노력의 결과가 그의 기대와 일치하여 그 결과에 만족하는 '만족감'이다(Keller, 2010). 각 요소의 세부 요소는 〈표 6-3〉과 같다.

〈표 6-3〉 학습동기의 요소와 세부 요소

요소	하위 범주	
주의집중	지각적 각성	• 흥미를 끌 수 있는 외적인 자극은 무엇인가?
	탐구적 각성	• 탐구와 질문을 유발하는 것은 무엇인가?
	변화성과 다양성	• 학습 내용을 어떻게 다양한 방식으로 제시하는가?
관련성	친밀성	• 수업 내용과 학습자의 요구를 어떻게 밀접하게 연결시키는가?
	목적지향성	• 학습자의 요구를 어떻게 만족시키는가?
	동기와의 부합성	• 최적의 선택, 책임감을 언제 제공할 것인가?
자신감	학습의 필요조건 제시	• 성공에 대한 긍정적인 기대감을 어떻게 신장시키는가?
	성공의 기회 제시	• 성공적인 학습 경험을 어떻게 제공하는가?
	개인적 통제 증대	• 성공이 자신의 노력과 능력과 연관됨을 어떻게 제공하는가?
만족감	자연적 결과	• 새로운 지식과 기술을 사용할 수 있는 기회를 어떻게 제공하는가?
	긍정적 결과	• 성공을 어떻게 강화하는가?
	공정성 강조	• 학습 성취에 긍정적인 만족감을 어떻게 형성하는가?

2.2.2 학습동기설계[1)]

교수설계 과정에서 학습동기를 유지하고 유발할 수 있는 교수-학습 과정을 설계하고 활용하기 위하여 다음과 같은 과정을 따른다.

◉ 단계 1. 분석

분석 단계에서는 교수설계를 위하여 필요한 제반 사항을 수집하고 검토하는 일을

1) 동기설계에 대한 좀 더 상세한 내용은 '조일현 외 공역(2013). 학습과 수행을 위한 동기 설계: ARCS 모형 접근. 서울: 아카데미프레스.' 책을 참고하기 바람.

수행하는데, 학습 내용에 대한 분석, 대상 학습자에 대한 분석, 학습자의 동기 수준 분석, 기개발된 교재 분석 등이 반드시 수행되어야 한다.

◉ 단계 2. 설계

설계 단계에서는 분석 단계의 결과를 토대로, 동기 목표를 설정하고 동기 목표 달성에 필요한 예비 전략을 나열하고 실제적인 동기 전략을 선택하여, 다른 교수 전략들과 통합하여 주어진 수업에 대한 설계를 마무리한다.

◉ 단계 3. 개발

이전 단계의 산출물인 설계안을 토대로, 기존에 개발된 교재를 선택하거나 새로운 교재를 개발한다.

◉ 단계 4. 시험 평가

선택하고 개발된 교재들을 시험 평가하고 형성평가를 실시하여 그 결과에 따라 수정한다.

2.2.3 e-Learning 컨텐츠 개발을 위한 시사점

Keller의 ARCS 이론은 학습동기를 고려한 e-Learning 컨텐츠 개발을 위하여 다양한 지침을 제공하고 있다. 학습동기를 설명하는 주의집중(Attention; A), 관련성(Relevance; R), 자신감(Confidence; C) 그리고 만족감(Satisfaction; S)의 요소들을 유발하고 유지하기 위하여 e-Learning 컨텐츠는 다음과 같은 전략을 활용할 수 있다.

〈표 6-4〉 학습동기 요소와 e-Learning 컨텐츠 개발

동기 요소	구현 가능한 전략의 예
주의집중	• 외적인 자극을 제시하기 위하여 인터넷 자료 및 동영상 자료를 이용한다. • 한 가지 학습 내용을 멀티미디어의 효과를 이용하여 다양하게 제시한다.
관련성	• 학습자와 학습 내용 간의 연계성을 높이기 위하여 학습자가 이해 가능한 실제 상황을 제공한다.
자신감	• 학습 내용을 세분화하고 학습자의 성취 정도에 따라 자동으로 분지할 수 있도록 한다.
만족감	• 학습 결과를 인터넷으로 다른 학습자와 공유하고, 학습한 지식을 적용할 수 있는 실제 상황을 제공한다.

3 구성주의적 관점을 토대로 한 교수설계 이론

객관주의적 관점을 기반으로 하는 교수설계 이론에 비하여, 구성주의적 관점을 기반으로 하는 이론들은 비교적 덜 체계적이며, 계속적으로 변화되고 있다. 객관주의적 관점의 교수설계 이론이 학습 목표를 구체화하고 그 목표 달성을 위한 구체적인 방안을 설정하고 학습자의 속성과 교수 방법의 특성 간의 연결을 중심으로 연구한다면, 구성주의적 관점의 교수설계 이론들은 확정적이고 획일적인 방안보다는 계속적으로 수정 가능하고 학습자도 함께 설계해가는 학습 환경 구성에 관심을 모으고 있다.

구성주의적 관점에 많은 관심을 가지고 있는 교육자들이 이 관점을 토대로 하는 다양한 학습 이론과 학습 방법을 제시하고 있는데, 상황인지 이론(Situated Learning), 앵커드 수업 이론(Anchored Instruction), 인지적 융통성(Cognitive Flexibility), 문제중심학습(Problem-Based Learning) 등이 그들이다.

이 장에서는 구성주의적 관점을 토대로 하고 있는 교수설계 이론으로, 문제중심학습(Problem-Based Learning), GBS, Open Ended Learning Environments, 4C/ID모델에 대하여 좀 더 구체적으로 소개하고자 한다. 이들 이론은 e-Learning 컨텐츠 개발을 위하여 대표적으로 논의되고 있을 뿐만 아니라, 구성주의적 접근의 학습 환경 구성을 위한 다양한 전략을 제공하고 있다.

3.1 문제중심학습(Problem-Based Learning)

문제중심학습은 Barrows와 그의 동료들이 의학 수업에 적용하면서, 구체적으로 발전되기 시작하였다. 이 이론은 하나의 설계 이론이면서 구체적인 학습 방법으로 간주되기도 한다.

3.1.1 문제중심학습의 특징

문제중심학습(Problem-Based Learning; 이하 PBL)은 문자 그대로 '문제(problem)', '사례(case)', '과제(task)'를 중심으로 학습이 전개되는 교수-학습 모형이다. PBL에서는 학습자들의 실생활, 관심과 직접적인 관련이 있으며, 구체적 상황에 기반하는 '문제'를 중심으로 학습이 진행된다(강인애, 1997).

이런 PBL의 특성을 Barrows(1996)는 먼저, 학습은 교사의 지도 아래 학생 중심으로 책임을 가지게 되며, 둘째, 학습은 소집단 중심으로 일어나며, 셋째, 교사는 조언자 내지는 안내자이며, 넷째, 학습을 위한 자극과 핵심으로서 문제를 조직하며, 다섯째, 문제는 문제해결능력을 개발시키는 수단이며, 여섯째, 새로운 정보는 자기주도학습을 통해 획득되도록 하는 것으로 보았다.

PBL의 특성에 관한 다양한 견해를 종합하여 학습 목표, 과제의 특성, 교사의 역할로 정리하여 보면 다음과 같다.

① 학습목표

PBL은 '문제'에서 학습이 시작되고, 이 문제는 그 과목이나 과정의 '학습목표'와 밀접히 연관된다. 기존의 학습 환경은 그 과목이나 과정이 가르칠 학습목표를 가지고 있고, 이 학습목표에 의해 학습내용이 결정된다. 이를 교사가 강의를 통해 직접 전달하고 학습자는 수동적으로 받아들이는 형태였으나, PBL에서는 문제를 해결해 나가면서 자신이 좀 더 알아야 할 내용이 무엇이며 어떤 맥락에서 필요한 것인지를 학습자 스스로 분명히 인식하면서 학습을 이루어 나가게 한다.

더불어 PBL에서는 단지 주어진 몇 가지 문제만을 풀어가는 것이 아니라 개인의 견해를 전개, 제시, 설명, 옹호하기 위해서 관련된 분야에 대한 전문적인 지식이 요구되며, 나아가 자신의 견해를 창출하고 일련의 문제를 해결하기 위한 과정적 노력이 필요하다(강인애, 1997).

② 과제(문제)

일반적으로 PBL에서 활용되는 문제는 비구조화된 문제이다. 문제의 정의와 해결방안이 명료한 구조화된 문제와는 달리, 비구조화된 문제는 문제의 정의가 쉽지 않아 재정의할 필요가 있고, 문제해결에 필요한 부가적인 정보가 필요하다. 비구조화된 문제는 해결안이나 결과(정답)가 어떤 한 가지 혹은 몇 가지로 제한될 수 있는 것이 아니고 접근하는 방향에 따라 여러 가지 다른 결론에 도달할 수 있다.

또한 PBL환경에서 제시되는 문제는 복잡하고 실제적 맥락을 가지고 있다. 일반적으로 학교 상황에서만 통하는 인위적이고 비실용적인 문제가 아니라, 실제 상황에서 현실성을 바탕으로 하는 문제이다(강인애, 1997).

PBL 환경에서 제시된 문제는 학생들에게 탐구하고, 정보를 수집하고, 반성적 사고를 하도록 요구하고, 학생들이 자신의 논리에 기초하여 결론을 도출할 수 있도록 지원하는 도전과 동기적 요소를 포함하여야 한다.

③ 교사의 역할

PBL에서 교사의 역할은 교사가 학습 목표를 결정하고 직접 수업을 하는 전통적인 수업에서의 역할과 매우 다르다. 교사는 학생들이 알아야 할 내용을 가르치는 것이 아니라 학생들의 사고력과 자기주도적인 학습능력, 문제와 관련된 내용의 지식을 개발할 수 있도록 도와주어야 한다. 교사는 학생들이 알고 있는 지식을 겉으로 드러낼 수 있도록 하는 발문을 통하여 학생들의 사고력과 추론능력을 개발시켜 주어야 하며, 끊임없는 질문으로 학습자의 사고에 새로운 도전을 제공해야 한다(Barrows, 1996).

3.1.2 문제중심학습의 전개 과정

문제중심학습의 전개 과정은 적용하는 학자들에 따라 약간의 차이가 있는데, Fogarty(1997)는 문제중심학습의 시나리오에서 학생들이 문제를 탐구할 때 고려해야 할 단계를 다음과 같이 제시하고 있다.

첫째, 문제 직면(Meeting the Problem) 단계로, 학생들은 책, 만들어진 비디오, 역할 놀이, 작문 등의 다양한 방법을 통해 문제에 직면할 수 있다. 이때 교사는 학생들이 현재 또는 미래에 직면하게 될 복잡하고 비구조화된 문제들을 제시한다.

둘째, 문제 정의(Defining the Problem) 단계로, 학생들은 문제를 이해하고, 자신들의 단어로 문제를 진술한다. 이 단계에서 학생들은 단지 자신이 알고 있는 한도 내에서 문제를 정의하게 된다. 그렇기 때문에 학생들의 초기 시도는 사전 지식과 경험을 통해 이해하고 있는 것을 기반으로 한다. 그다음 그들에게 추가적으로 필요한 정보가 무엇인지를 모색한다.

셋째, 사실 수집(Gathering the Facts) 단계로, 학생들은 그들의 사전 지식과 그 이전의 경험을 바탕으로 사실을 수집하고, 문제와 관련된 정보를 추구하기 위해 메타인지를 사용한다. 이 단계에서 학생들은 자신이 알고 있는 것(what they know)과 알아야 할 것(what they need to know)을 서술하여 필요한 정보를 조직한다.

넷째, 가설 설정(Hypothesizing) 단계로, 학생들은 사실의 발견과정에서 필요한 지식과 정보를 인식한 후에 이를 바탕으로 문제에 대한 가설을 세운다.

다섯째, 조사(Researching) 단계로, 사실과 적절한 질문을 모은 후, 학생들은 정보를 더 모으고 자료를 조사하기 시작한다. 이 조사의 형태는 문제의 성격에 따라 이루어진다. 즉 자료를 읽거나, 개인적 인터뷰를 하거나, 인터넷을 검색하거나, 도서관을 가거나, 사적지를 방문하는 등 문제해결과 관련된 조사 과정을 실시한다.

여섯째, 문제 재설정(Rephrasing the Problem) 단계로, 이전의 조사 단계에서 학생들은 초기 문제의 정의 진술이 잘못된 경우에 다시 문제를 설정할 수 있다. 초기의 문제 정의에 비해 문제를 재정의할 때는 조사 단계에서 얻은 자료와 정보를 분석하고, 획득된 지식을 사용하여 설정한다.

일곱째, 대안 산출(Generating Alternatives) 단계로, 학생들은 문제와 관련된 자료와 정보를 논의하기 위해 집단별 토론을 실시한다. 모든 학생은 문제해결 팀의 구성원으로서 각자 자신의 관점을 표명하고, 이에 대한 토론을 통해 문제해결을 위한 대안을 결정한다.

여덟째, 해결의 정당화(Advocating Solutions) 단계로, 학생들은 여러 가지 대안 중에서 가장 그럴듯하고(probable), 가능하고(possible), 보다 나은(preferable) 것을 선택하고, 그 대안을 포괄적으로 평가하기 위해 토론을 한 다음, 다른 팀에게 선택한 해결책에 대해 발표하고 평가를 받는다.

PBL에서는 자기주도적 학습(Self-Directed Learning; SDL)과 사회적 상호작용과 토론을 강조하는 협력적 학습과정(Collaborative Learning)이 반복적으로 이루어진다. 이때 SDL은 단지 개별적 학습 자료를 활용하면서 자신의 학습을 수행하는 단순한 개별학습 시간이 아니고, 주어진 특정 문제를 풀어가는 데 있어서 현재 자신이 어떤 것을 알고 있고 어떤 것을 모르는지 등을 깊게 생각하고 그와 같은 질문에 답변하기 위해서 관련 분야의 전문적 지식을 쌓아가는 과정이다(강인애, 1997).

3.1.3 e-Learning 컨텐츠 개발을 위한 시사점

문제중심학습에 대한 이론과 실제는 구성주의 관점을 기반으로 한 e-Learning 컨텐츠 개발과 직접적으로 연결되며, 특히 인터넷과 연결하여 문제중심학습을 적용할 수 있는 다양한 논의가 전개되고 있다.

첫째, e-Learning 컨텐츠에서 학습의 시작이 학습자가 해결해야 할 문제로부터 시작하고자 할 때, 문제중심학습은 그 문제의 속성에 대한 이론적 근거를 제시한다. 즉 학습자에게 밀접한 실생활의 문제를 중심으로 필요한 지식과 기술을 습득할 수 있는 학습 환경을 설계한다.

둘째, 학습 과정에서 협동학습 환경을 구성함과 동시에 학습자가 자기주도적으로 학습해나갈 수 있도록 지원하는 전략을 제공한다.

셋째, 학습 과정에서 필요한 교사의 역할은 e-Learning 컨텐츠를 개발할 때, 학습자와 교수자와의 관계를 설정하거나 학습 지원을 위한 사이버도우미의 역할을 규정하기 위한 좋은 아이디어를 제공한다.

3.2 GBS(Goal-Based Scenario)[2]

GBS는 Schank를 중심으로 미국 노스웨스턴 대학교의 연구자들에 의하여 1980년대 초에 구체화된 것으로, 학습자들이 목적 성취를 위하여 필요한 실제 기술과 관련 지식을 익히고 활용하는 Learning by Doing 시뮬레이션이다(조일현, 2002; Schank, Berman, & Macpherson, 1999).

3.2.1 GBS 모형의 기본 가정

GBS 모형을 성립하는 데에 있어 기본이 된 여러 가지 가정과 이론 중에서, 전통 교육의 한계와 CBR(Case-Based Reasoning)에 대하여 살펴보면 다음과 같다.

◉ 전통 교육의 한계

첫째, 전통적인 교수 방법은 지식과 기술을 사용하고 활용하는 방법보다는 지식을 전달하는 데에 더 많은 초점을 둔다. 일반적으로 학습된 지식과 기술이 어떻게 활용될 수 있는지 잘 모르고, 실제 활용해보지 않는다면 곧바로 무용지물이 될 것이다.

둘째, 전통적인 교육에서 다루어지는 학습 내용은 학습자의 내재적인 동기와 목표를 달성하기 위해서라기보다는 때로는 과제를 완성하거나 시험에 통과하기 위하여 학습되는 경향이 있다. 즉 학습자들에게 의미 있고 적절한 목표를 달성하기 위하여 필요한 지식에 대한 것은 희박하다.

셋째, 학습자들은 탈맥락화된 상황에서 학습 내용을 전달받고 익히게 된다. 즉 학습된 내용이 실제 현실에서 어떻게 적용되고 연결되는지를 배우지 못하고, 시험에 통과하기 위하여 주어진 과제를 완성하기 위하여 암기하고 사용한다.

2) 이 절의 내용은 Reigeluth, C. M. (1999). Instructional-design theories and models (vol. II): A new paradigm of instructional theory의 책에서 소개된 8장의 내용을 토대로 구성하였음.

◉ CBR

GBS의 기초 이론이 되는 CBR은 인간이 어떻게 기억하고 새로운 문제를 해결하기 위하여 그 기억을 어떻게 활용하는지에 대한 이론이다. Case는 이미 발생한 어떤 경우의 기억을 말하는데, 과거에 어떤 Case로부터 배운 내용이 이후에 다른 새로운 Case에도 적용될 수 있다. 새로운 문제를 해결하기 위하여 이전에 경험했던 어떤 상황을 기억하고 응용한다면 이것이 바로 CBR을 사용한 것이다. CBR 안에는 다음과 같은 과정들이 포함된다.

첫째, 목적, 계획, 기대

모든 노력은 목적에서 시작하고 그 목적을 달성했을 때 학습이 일어난다. 일단 목적이 수립되면 그 목적에 대한 기대가 생긴다.

둘째, 기대의 실패

기대한 것과는 다른 결과를 얻었을 때가 생기게 되는데, 이때 이러한 실패로부터 배울 수 있어야 한다.

셋째, 설명

기대한 것과는 다른 결과로 인해 실패를 맛보았을 때, 왜 그렇게 되었는지를 이해하고 설명하는 것이 중요하다.

3.2.2 GBS 모형의 구성 요소

◉ 학습 목적

학습자가 달성해야 할 학습 목적을 명확하게 설정하고 제시하여야 한다. 학습 목적은 교사가 직접 제시하거나 학습자 스스로 설정할 수 있으며, 교사와 학습자가 공동으로 논의하여 설정할 수도 있다.

◉ 임무(mission)

임무란 달성하고자 하는 목적을 의미하는 것으로, 학습자의 흥미와 연결되어, 학습 목적을 성공적으로 성취하기 위하여 필요한 지식과 기술을 요구하는 어떤 것이다.

◉ 커버스토리(cover story)

커버스토리는 임무 수행을 위하여 창작된 스토리이다. 커버스토리는 학생들의 흥미를 자극하고 동기를 유발함과 동시에, 학생들이 알아야 할 지식이나 기술을 익히고 적절하게 연습할 수 있도록 다양한 기회를 제공해야 한다.

◉ 역할(role)

학생들이 커버스토리 안에서 맡게 될 역할이 있어야 한다. 역할을 결정할 때에는 그 역할이 정해진 시나리오 안에서 필요한 기술과 지식을 가장 잘 활용할 수 있는 것인지를 고려해야 한다. 역할 역시 학습자의 흥미를 유발할 수 있어야 한다.

◉ 시나리오 조작(scenario operations)

시나리오에는 학생들이 미션과 목적을 달성하기 위하여 수행해야 할 모든 활동이 포함된다. 예를 들면, 보고서를 완성하기 위하여 관련된 주제에 대한 의견을 전문가에게 묻기, 정보 모으기, 학습 과정에 대한 새로운 대안을 제공하기 등이 포함된다. 시나리오 조작은 학습 목적과 연결될 뿐만 아니라, 학습자들의 학습 과정을 통하여 접할 수 있는 다양한 결과를 포함하여야 한다.

◉ 자원(resource)

자원은 학습자들이 목적과 임무를 성공적으로 완성하기 위하여 필요한 정보를 제공한다. 일반적으로 자원은 학생들에게 이야기 형식으로 제시되는데, 학습 내용을 이야기 형식으로 제시함으로써, 학생들은 자신들이 알고 있는 이야기를 재구조화하기도 한다.

◉ 피드백(feedback)

피드백은 세 가지 형식으로 제시되는데, 우선 행동의 결과로 주어질 수 있다. 학생들이 실패를 경험하게 되면 바로 그 즉시 부정적인 피드백을 제시한다. 때때로, 피드백은 학생들의 행동에 따라 온라인을 통해 조언 형식으로 제시되기도 한다. 한편, 전문가로 하여금 비슷한 사례에 대한 설명을 제시할 수 있도록 한다.

3.2.3 e-Learning 컨텐츠 개발을 위한 시사점

GBS에 대한 이론과 실제는 e-Learning 컨텐츠 개발과 직접적으로 연결되며, 특히 인터넷과 연결하여 GBS를 적용할 수 있는 다양한 논의가 전개되고 있다.

첫째, 학습자의 실생활에서 찾을 수 있는 문제나 상황을 중심으로 학습 환경을 구성할 수 있다. 컴퓨터가 가지는 멀티미디어적 속성은 학습 문제의 현실성을 극대화할 수 있으므로, GBS의 특성을 효과적으로 드러낼 수 있다.

둘째, 실생활의 소재를 중심으로 학습하면서, 다양한 지식과 기술을 습득하기 위하여 어떤 학습 방법과 학습 활동을 구성할 수 있는지에 대한 가이드라인을 제공한다. GBS 이론에서 제시하고 있는 커버스토리나 시나리오 오퍼레이션과 같은 요소들은 목표 달성을 위하여 필요한 지식과 기술을 습득하고 학습 과정에서 접하게 되는 다양한 학습 활동을 구성하는 하나의 틀을 제공한다.

셋째, GBS의 한 요소인 피드백은 e-Learning 컨텐츠를 개발할 때, 학습자의 학습 활동에 대하여 어떤 수준의 피드백을 주어야 하는가에 대한 지침을 제공한다. 특히, 학습 실패를 통해서도 뭔가를 배울 수 있는 기회를 제공하기 위하여 다양한 피드백 방법을 제안하고 있다.

실제로 GBS를 이용하여 인터넷을 기반으로 하는 학습 환경을 구성하고 이를 적용하여 학습 효과를 연구하는 몇몇 연구들이 진행되고 있다. 이러한 연구들이 e-Learning 환경에서 GBS가 효과적으로 활용될 수 있다는 가능성을 열어주고 있다.

3.3 Open Ended Learning Environments[3)]

Hannafin과 그의 동료들을 중심으로, 구성주의적 관점을 토대로 주창되고 있는 이 이론은 학습자가 중심이 되어 구성되는 학습 과정, 즉 학습자의 관심과 목적이 개별적으로 독특하게 설정되고 추구되는 학습 환경을 구성하는 데에 그 목적이 있다. 이들은 이 이론을 실제 상황에 적용하여 학습 환경을 구성하고, 적용한 결과를 토대로 이론을 계속적으로 정교화하고 있다.

이 이론은 문제해결 능력의 신장을 목적으로 하는 교수-학습 환경을 설계하기 위한 지침이 된다.

3.3.1 이론 성립을 위한 기초

이 이론은 구성주의적 관점을 기초로 하여, 상황인지이론, 스캐폴딩, 문제해결을

3) 이 절의 내용은 Reigeluth, C. M. (1999). Instructional-design theories and models (vol. II): A new paradigm of instructional theory의 책에서 소개된 6장의 내용을 토대로 구성하였음.

위한 간접교수, 자원과 도구 제공 등의 다양한 이론을 기반으로 성립되었다. 이를 토대로 다음과 같이 이론적 토대를 설정하고 있다.

첫째, 경험은 학습자의 개별적인 해석적 관점, 즉 문제를 지각하는 것, 기존의 지식을 사용하는 것, 경험과 연결시키는 것 등에서 나타나는 관점과 연결된다.

둘째, 학습자는 경험을 기반으로 하는 문제해결 활동을 통해 의미를 이해하고 지식을 구성해간다. 학습자가 문제의 조건을 이해하고 자신의 생각을 검증할 수 있도록 다양한 도구를 지원한다.

셋째, 학습자의 학습 활동을 촉진하는 메타인지적 지원을 제공한다. 학습자들은 계속적으로 상황을 해석하고 관찰하고 검증하면서 새로운 이해를 만들어 간다. 이 과정에서 일어나는 학습자의 즉각적인 메타인지 활동을 촉진하거나 메타인지적 사고를 지원하는 탐구 활동을 제공한다.

3.3.2 구성 요소와 방법

이 이론은 4가지 기본 요소인 학습 맥락(enabling contexts), 자원(resources), 도구(tools), 스캐폴드(scaffolds)로 구성되어 있다.

◉ 학습 맥락(enabling contexts)

학습 맥락은 학습자가 학습 요구를 형성하도록 문제를 인식하거나 구성하도록 안내하는 역할을 한다. 맥락은 학습자의 외적 조건으로부터 주어지는 경우와 내적으로 생성하는 경우가 있는데, 후자는 학습자가 스스로 자신의 흥미와 관심을 바탕으로 학습 문제를 설정하고 전략을 구성하는 것이다. 전자는 특정한 문제 상황이 외적으로 직접적으로 주어지는 경우와, 외적으로 주어지기는 하지만, 시나리오, 사례 등을 통하여 제시된 상황 속에서 학습자가 이끌어내는 경우도 있다.

◉ 자원(resources)

자원은 학습을 지원하기 위한 자료들이다. 인쇄 자료, CD-ROM, 멀티미디어와 같이 한번 만들어진 정보를 수정하기 어려운 정적인 자료와, 인간 혹은 웹자료 등과 같이 가변적인 자료들이 이에 포함된다.

◉ 도구(tools)

도구는 학습자가 학습 자원과 자신의 아이디어를 탐색하고 비교하고 검증할 수 있도록 지원하는 수단이다. 즉 도구는 복잡하고 추상적인 아이디어를 구체적이고 실질적인 방법으로 조작하고 재현할 수 있도록 하는 매개체이다. 이 도구들은 인지 과정과 연계된 기능을 수행하는 처리 도구(processing tools), 가설 검증을 지원하는 조작 도구(manipulation tools), 다른 참여자와 지식과 아이디어를 공유하도록 지원하는 통신 도구(communication tools)가 포함된다.

◉ 스캐폴드(scaffolds)

학습자의 학습 노력을 지원하는 과정으로서, 목적 달성을 위한 기능과는 다르다. 스캐폴딩은 상황에 따라 다양한 방법으로 제공되며, 일련의 지식과 능력이 습득되면 사라진다. 학습자에게 제공되는 스캐폴드는 개념적 스캐폴딩(conceptual scaffolding), 메타인지적 스캐폴딩(metacognitive scaffolding), 절차적 스캐폴딩(procedural scaffolding), 전략적 스캐폴딩(strategic scaffolding)으로 구성된다. 개념적 스캐폴딩은 문제 상황이 외적으로 주어졌을 때, 이를 학습자가 인지하도록 도와주는 것이다. 메타인지적 스캐폴딩은 학습하는 동안에 생각하고 처리하는 방법을 안내한다. 절차적 스캐폴딩은 학습자원과 도구들을 어떻게 활용하는지를 알려준다. 전략적 스캐폴딩은 정보를 수집하고 분석하고, 자원을 평가하고 새로운 지식과 선수 지식을 연결하기 위한 접근 방법을 안내한다.

3.3.3 e-Learning 컨텐츠 개발을 위한 시사점

Hannafin et al.(1999)의 Open Ended Learning Environments 이론은 기본적으로 ICT 환경에서 이루어지는 학습 환경이다. 이 이론을 활용하면 협동학습을 통한 고차적인 학습 능력 신장을 목적으로 하는 e-Learning 컨텐츠를 개발할 수 있다. 특히, 이 이론은 사이버공간에서 학습 환경을 구성할 때 고려해야 하는 이론적 근거를 제공한다.

3.4 4C/ID 모델[4)]

3.4.1 기본 가정

이 모델은 복잡한 학습(complex learning) 과정을 설계하기 위하여 필요한 원리와 전략을 제공하고 있다. 구성주의적 관점으로 해석되는 학습 과정에는 복잡한 과제 혹은 문제를 해결하고 효과적으로 전이할 수 있는 학습 내용이 포함된다. 기존의 많은 모형들이 단순한 과제 학습을 설계하는 것에 초점을 두고 있는 것과 달리, 4C/ID 모델은 복잡한 학습을 설계하기 위한 전략들을 제시하고 있다.

복잡한 학습은 항상 다양한 수행 목표들의 통합으로 구성된다. 단순한 기술들이 별개의 것으로 학습되는 것이 아니라, 실제적인 과제 수행을 위하여 필요한 지식과 기술의 통합이 요구된다. 복잡한 학습을 위하여 잘 구성된 학습 과정에서는 개별 기술의 습득이 아닌, 실제 과제를 해결하기 위하여 개별 기술들을 통합적으로 활용하는 능력을 습득하는 것이 목적이다. [그림 6-1]은 복잡한 과제의 한 사례를 제시한 것이다.

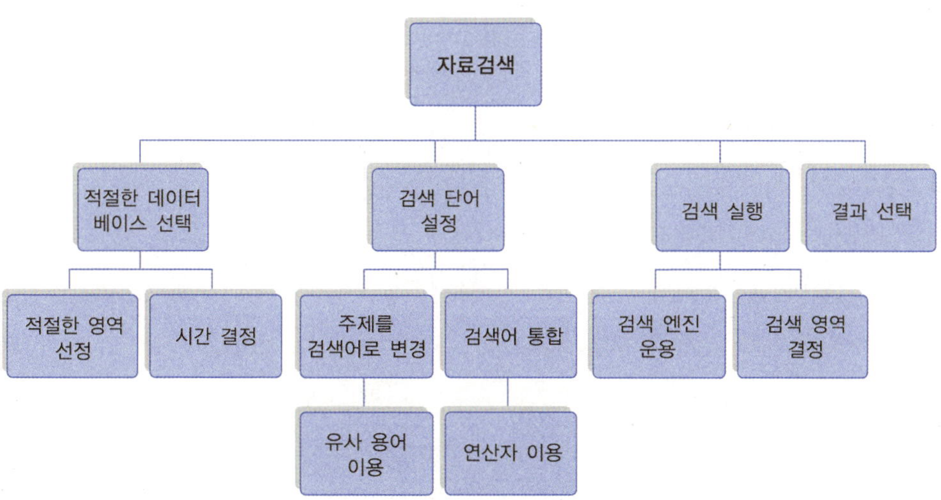

[그림 6-1] 복잡한 과제의 사례

3.4.2 모델의 구성 요소

이 모델은 복잡한 학습환경을 구성하기 위하여 필요한 4가지 요소, 즉 학습 과제

4) 이 절의 내용은 Merrienboer et al. (2002). Blueprints for complex learning: The 4C/ID-Model의 내용을 토대로 구성하였음.

(learning tasks), 지원 정보(supportive information), 적시 정보(just-in-time information), 부분 과제 실습(part-task practice)을 포함하고 있다. [그림 6-2]는 4가지 요소의 관계를 표현한 것이다.

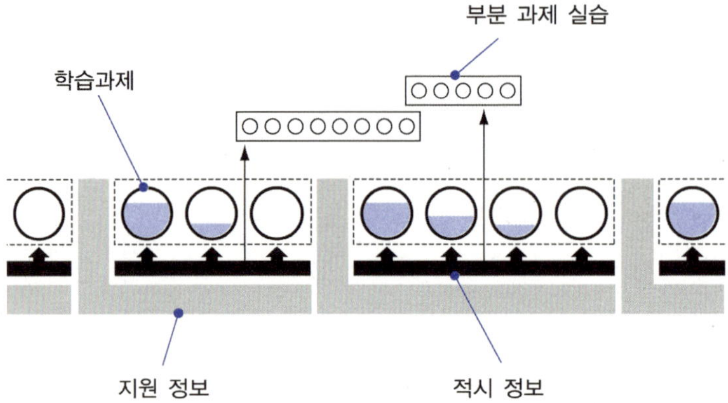

[그림 6-2] 네 요소의 관계

◉ 학습 과제(learning tasks)

학습 과제는 구체적, 실제적, 통합적 성격을 가지며, 법칙 혹은 원리 적용과 같은 반복적인 학습 능력과 새로운 전략 개발과 같은 역동적인 학습 활동을 포함한다. 수업 방법은 기본적으로 실제 경험에서 추상화된 원리를 이끌어내는 방식으로 진행될 수 있다.

◉ 지원 정보(supportive information)

지원 정보는 새로운 전략을 개발하고 지식을 재구성하는 등의 역동적, 비순환적인 학습 과제(non-recurrent learning tasks)의 수행을 도와주는 요소로서, 인지 전략, 피드백 등이 포함된다.

◉ 적시 정보(just-in-time information)

적시 정보는 법칙 혹은 원리를 반복적으로 적용하는 순환적 과제(recurrent learning tasks)의 수행을 지원하는 요소이다. 정보 제시, 사례 제공, 교정적 피드백 제공 등이 포함된다.

◉ 부분 과제 실습(part-task practice)

부분 과제 실습은 순환적 과제 중에서 자동화 수준으로 도달할 수 있는 필수 학습 요소에 대한 부가적인 학습 과정이다. 이 과제 실습은 학습자의 수준에 따라 다르게 제공될 수 있다.

3.4.3 e-Learning 컨텐츠 개발을 위한 시사점

4C/ID모델은 e-Learning 컨텐츠 안에서 학습자의 다양한 학습 수준에 따라 적절한 스캐폴딩과 연습 과제를 제공하기 위하여 효과적으로 적용될 수 있다. 교실에서 이루어지는 학습과 달리, e-Learning에서는 학습자의 학습 진도 및 학습 수준에 따라 다양한 연습 과제 및 부분 과제를 적응적으로 제시할 수 있을 뿐만 아니라, 학습자의 반응에 대한 피드백을 제공하기에도 용이하다. 이에 4C/ID 모델은 연습 문제의 양, 지원 정보의 수준, 피드백 제공 시기 등을 판단할 수 있는 지침이 될 것이다.

4 사회문화적 관점의 학습 이론

이 장에서는 최근에 많이 논의되고 있는 사회문화적 관점의 학습이론에 대하여 살펴보고자 한다. 학자들에 따라, 사회문화적 관점의 학습이론은 사회학습이론, 사회적 인지이론 등으로 명명되기도 하는데, 기본적으로 학습에 영향을 미치는 사회적인 환경 혹은 관계에 관심을 가지고 있다. 또한, 이 이론은 구성주의적 관점과 연계되어 사회적 구성주의로 분류되기도 한다.

이 이론에 터하면, 개인의 인지발달에 대한 이해는 개인 자체에 대한 연구만으로는 미흡하고 그 사람이 성장해 온 외부 환경, 사회 문화, 역사적 상황을 함께 살펴보아야 하며, 인지 발달은 외부환경에 놓여있는 사회구성원들과 개인이 함께 만들어 가는 협동 과정이다. 이러한 사회문화적 구성주의의 관점은 협력학습활동에서 개인의 인지적 사고에 초점을 둔 기존의 인지주의 관점과는 구별되는 차이가 있다(Stahl, Koschman, & Suthers, 2006).

사회문화적 관점과 관련된 대표적인 이론으로, 상황학습, 분산인지, 활동이론 등에 대하여 알아보고, 최근에 꾸준히 관심을 받고 있는 connectivism에 대하여 간략하게 살펴본다.

4.1 상황학습(Situated Learning)

상황학습 이론은 Vygotsky의 사회문화적 이론, Gibson의 생태학, Dewey의 프래그머티즘에 기초하여 성립되었다(Kim & Hannafin, 2008a). 상황학습에서 학습은 상황 혹은 맥락의 특성에 영향을 받는다는 것을 전제로 한다(Brown, Collins, & Duguid, 1989; Lave & Wenger, 1991). 즉 사회문화적 과정이 학습과 지식 구성의 기초가 되고, 지식은 기억할 때 가치가 있는 것이 아니라, 도구 혹은 수단으로 사용될 때 의미가 있다는 것이다(Kim & Hannafin, 2008a). 상황학습은 사람의 지식이 상황적 인지를 하기 때문에 그 지식을 사용할 상황(물리적, 사회적 상황 모두 포함)에 근거할 때 유의미하다고 본다(조규락, 2003). 상황학습의 원리를 간략하게 소개하면 다음과 같다.

첫째, 지식은 실제적인 생활 맥락과 연계되어 제시되어야 한다. 즉 정보와 지식이 실제 활용되는 상황과 함께 제시되어야 한다. 둘째, 실제적인 맥락 제시를 넘어서 사회적 관계 안에서 실제적인 과제(authentic activity)를 수행하는 것은 상황적 지식을 형성하고, 문화 적응적 과정을 경험하기 위해 필수적이다. 셋째, 학습은 사회적인 교류와 협동을 동반한다. 즉 상황 학습에서는 사회적인 교류가 학습의 중요한 요소를 이룬다. 학습자들은 특정한 신념과 행동이 습득될 수 있도록 하는 "실천 공동체(community of practice)"에 참여하게 된다(조규락, 2003). 겉으로 맴돌던 초심자나 낯선 학습자가 이러한 사회에 옮겨옴으로써, 이들은 새로운 문화에 점점 활동적으로 참여하게 된다. 그리하여 전문가가 된다(Lave & Wenger, 1991). 상황인지 또는 상황학습에서 직접적으로 또는 간접적으로 파생된 교수학습 모형이 다양하게 소개되고 있는데, 예를 들면, 인지적 도제(Collins, Brown, & Newman, 1989), 앵커드 수업(CTGV, 1990), 사례기반 활동(Kim & Hannafin, 2008b)들이 연구되고 있다.

4.2 분산인지(Distributed Cognition)

분산인지란 인간의 활동을 가능하게 하고 구체화하는 자원들이 사람, 인공물, 생활 전반에 배치되어 있다는 것이다(Bell & Winn, 2000; Pea, 1993). 사람과 사람, 사람과 도구를 분산의 주체로 보며 인지를 물리적·상징적·사회적 분산으로 파악하여, 인지의 과정(인식, 학습, 추론, 기억 등)을 한 개인이 아닌 여러 두뇌 간의 상호작용으로 본다. 즉 사람들이 공동의 목적을 달성하기 위하여 협력·조정이 필요할 때 발생하는 분산인지는 상호의존성을 지닌다(조규락, 2003). 이러한 분산인지이론의 기본 전제는 다음과 같다(Pea, 1993; 한정선, 이경순, 2001에서 재인용). 첫째, 인지란 사람들 또는 문화 유물 사이에 분배, 분산되어 있는 것이다. 둘째, 지식이란 사회와 문화의 맥락 속에서 공동의 목적을 성취하기 위하여 협력적으로 구성되는 것이다. 셋째, 정보는 개인과 문화가 제공하는 도구 간의 상호작용을 통하여 처리된다.

분산인지 이론의 시각은 두뇌 혹은 주변에 분산된 지식의 위치가 중요한 것이 아니라, 분산된 지식이 어떻게 나타나며, 지식에 얼마나 용이하고 빠르게 회상 또는 접근할 수 있는가이다(조규락, 2003). 이처럼 분산인지는 학습자의 능동적 지식구성을 지원하고, 사회문화적 맥락을 중시한다는 점에서 상황인지와 맥을 같이한다. 분산의 주체는 학습자(사람-인공물, 사람-사람)이지만, 개인 학습자를 전체 시스템의 한 부분으로 보고 시스템 자체의 목적에 더 큰 비중을 둔다.

4.3 활동이론(Activity Theory)

활동이론은 20세기 초 러시아에서 많이 발전하였으며, 대체로 러시아의 Vygotsky, Leontiev 등의 철학적, 심리학적 기반을 토대로 한다. 활동이론은 인간 활동의 형태 차이를 연구하기 위한 철학적·간학문적 프레임워크로서, 인간의 활동은 개인적 수준과 사회적 수준 모두에 연결되어 있다(Kutti, 1996). 인간은 환경을 변화시켜나가는 존재이며, 활동 시스템은 그러한 활동의 변화 과정을 연구하는 이론이다. 특히 사회문화 심리학자들은 활동이론을 인간의 활동이 도구와 문화적인 맥락에 의하여 어떻게 중재되는지를 이해하기 위한 이론적인 틀로서 제안하였다. 이 활동이론의 기본 관점을 정리하면, 다음과 같다.

첫째, 활동이론은 인간의 '활동(activity)'과 '의식(consciousness)'을 유의미한 단위로 연관 짓는 심리학적 이론으로, 학습을 학습자의 의식적 활동으로 파악한다(조규락, 2003). 활동이론에서 인간은 사고하지 않으면 행동하지 않고, 행동하지 않으면 사고하지 않는다. 둘째, 활동은 인간이 처한 상황 또는 맥락에서 이뤄지므로 학습을 이해하기 위해서는 학습활동의 맥락을 고려해야 한다. 학습을 현상으로 이해하기 위해서는 학습이 발생하는 활동시스템을 파악하는 것이 필요하다. 셋째, 학습이 발생하는 '활동시스템'은 학습자 개인, 학습 목적, 목적을 성취하려는 의식적 행위·조작(규칙, 공동체, 역할분담, 도구) 등으로 구성된다. 넷째, 중재는 활동이론에서 중요한 핵심요소이며, 도구는 문화 지식과 사회 경험을 매개한다(Jonassen, 2000a; Kaptelinin, 1996; Nardi, 1996a, 1996b). 다섯째, 활동이론에서 교사의 역할은 대체로 조력자나 안내자로 기존 구성주의 학습이론과 유사하다(조규락, 2003). 그러나 활동이론은 지식전달 일색에서 벗어나 사회문화적 맥락에서 도구 중재에 초점을 둔 학습과정을 제시하여, 학습자를 의식적으로 활동하는 능동적인 학습주체로 본다는 점에서 주목할 만하다.

4.4 Connectivism

2004년을 즈음하여 대두되기 시작한 connectivism은 학습을 복잡하고 사회적으로 연결된 환경에서 해석하고자 한다. 이 이론의 핵심 키워드는 자율성, 연결성, 다양성과 개방이다(Tschofen & Mackness, 2012). Siemens는 행동주의, 인지주의, 구성주의의 한계를 피력하면서 지식 기반 환경에서 고려해야 할 관점을 connectivism으로 설명하였다. 그가 제안하는 connectivism은 다음과 같은 원리를 가지고 있다(Siemens, 2004).

첫째, 학습과 지식은 다양한 의견에 의존한다. 둘째, 학습은 특정한 정보 단위(예: 개인, 팀, 시스템, 아이디어, 공동체 등) 혹은 자원을 연결하는 과정이다. 셋째, 학습은 비인간적인 도구에 의존할 수도 있다. 넷째, 지금 알고 있는 것보다 더 많이 알 수 있는 능력이 더 중요하다. 다섯째, 관계를 확대하고 유지하는 것이 지속적인 학습을 위하여 중요하다. 여섯째, 분야 간, 아이디어 간, 개념 간의 관계를 이해할 수 있는 능력이 핵심 능력이다. 일곱째, 최신성을 유지하는 것이 모든 학습 활동의 주요 목적이다. 여덟째, 의사결정 자체가 학습이다.

이 원리들은 학습이 사람, 사물, 학습자의 능력에 분배되어 있다는 점을 강조한다. connectivism은 이론적 실제적 연구의 부족에 대한 비판을 받고 있지만, 테크놀로지 중심의 교육환경에서 다양한 의미로 해석되고 적용될 가능성이 점점 증가되고 있다(Bell, 2011; Ravenscroft, 2011).

탐구 과제

1. 교수설계 이론은 다양한 인접 학문의 영향을 받아 지속적으로 변화되고 있다. 현재 가장 두드러지게 논의되는 관점이 객관적인 인식론을 중심으로 하는 이론들과 구성주의적 인식론을 중심으로 하는 설계 이론과 사회학습 이론들이다. 이들 교수설계 이론의 차이점과 공통점을 각각 비교하여 논의하여 보자.
2. 구성주의적 학습 이론이 지속적으로 발달됨에 따라, e-Learning 컨텐츠 개발에도 이를 적용하기 위한 다양한 시도들이 이루어지고 있다. 실제로 개발되어 있는 e-Learning 컨텐츠를 5가지 이상 골라, 어떤 학습 이론이나 인식론적 관점이 적용되었는지 분석하고 논의하여 보자.
3. 학습에 대한 해석이 개인적인 지식 구성에서 사회적 구성 혹은 사회적 관계로 확대되면서, 사회학습이론이 지속적으로 논의되고 있다. 사회학습이론이 잘 반영된 온라인학습 환경 혹은 모바일 컨텐츠를 찾아보고 분석하여 보자.

참고문헌

강인애(1997). 왜 구성주의인가?. 서울: 문음사.

김동식, 정옥년, 장상필(2002). 교수설계이론의 탐구. 서울: 원미사.

김신자, 이인숙, 양영선(2000). 교육공학의 이론과 실제. 서울: 문음사.

나일주, 정인성(1995). 최신교수설계이론. 서울: 교육과학사.

양은주(2002). 변화하는 학습 개념과 그 교육적 의미. 교육철학, 28, 147-164.

임철일(2000). 교수설계이론: 학습과제 유형별 교수 전략. 서울: 교육과학사.

조규락(2003). 구성주의 기반의 학습이론 탐구. 교육공학연구, 19(3), 3-40.

조일현, 김찬민, 허희옥, 서순식 공역(2013). 학습과 수행을 위한 동기 설계: ARCS 모형 접근. 서울: 아카데미프레스.

한정선, 이경순(2005). 협력적 지식 창출 과정의 규명: 활동이론을 통한 e-learning 설계안 작성 활동의 분석. 교육공학연구, 21(1), 29-62.

Barrows, H. (1996). Problem-based learning in medicine and beyond: A brief overview. *New Directions for Teaching and Learning, 68*, 3-12.

Barrows, H. (1999). *Generic problem-based learning essentials*. Retrieved from http://www.pbli.org/core.htm.

Bell, F. (2011). Connectivism: Its place in theory-informed research and innovation in technology-enabled learning. *International Review of Research in Open and Distance Learning, 12*(3), 103-123.

Bell, P., & Winn, W. (2000). Distributed cognitions, by nature and by design. In D. H. Jonassen & S. M. Land (Eds.), *Theoretical foundations of learning environments* (pp. 23-46). Mahwah, NJ:

Lawrence Erlbaum Associates.

Brown, J. S., Collins, A. M., & Duguid, P. (1989). Situated cognition and the culture of learning. *Educational Researcher, 18*(1), 32-42.

Gagné, R. M., Briggs, L. J., & Wager, W. W. (1994). *Principles of instructional design*. New York, NY: Holt, Rinehart and Winston, Inc.

Hannafin, M., & Hill, J. R. (2007). Epistemology and the design of learning environments. In R. A. Reiser & J. V. Dempsey (Eds.). *Trends and issues in instructional design and technology* (2nd ed.) (pp. 70-82). Upper Saddle River, NJ: Pearson Education.

Hannafin, M., & Land, S. (1997). The foundations and assumptions of technology-enhanced student-centered learning environment. *Instructional Science, 25*, 167-202.

Kaptelinin, V. (1996). Activity theory: Implications for human-computer interaction. In B. A. Nardi (Ed.), *Context and consciousness: Activity theory and human-computer interaction* (pp. 103-116). Cambridge, MA: MIT Press.

Keller, J. M. (2010). *Motivational design for learning and performance: The ARCS model approach*. New York, NY: Springer.

Kim, H., & Hannafin, M. J. (2008a). Situated case-based knowledge: An emerging framework for prospective teacher learning. *Teaching and Teacher Education, 24*(7), 1837-1845.

Kim, H., & Hannafin, M. J. (2008b). Grounded design and web-enhanced case-based reasoning: Theory, assumptions, and practice. *Educational Technology Research and Development, 56*(2), 161-179.

Kutti, K. (1996). Activity theory as a potential framework for human-computer interaction research. In B. A. Nardi (Ed.), *Context and consciousness: Activity theory and human-computer interaction* (pp. 17-44). Cambridge, MA: MIT Press.

Nardi, B. A. (1996a). Activity theory and human-computer interaction. In B. A. Nardi (Ed.), *Context and consciousness: Activity theory and human-computer interaction* (pp. 7-16). Cambridge, MA: MIT Press.

Nardi, B. A. (1996b). Studying context: A comparison of activity theory, situated action models, and distributed cognition. In B. A. Nardi (Ed.), *Context and consciousness: Activity theory and human-computer interaction* (pp. 69-102). Cambridge, MA: MIT Press.

Pea, R. D. (1993). Practices of distributed intelligence and designs for education. In G. Salomon (Ed.), *Distributed cognitions: Psychological and educational considerations* (pp. 47-87). Cambridge, UK: Cambridge University Press.

Ravenscroft, A. (2011). Dialogue and connectivism: A new approach to understanding and promoting dialogue-rich networked learning. *International Review of Research in Open and Distance Learning, 12*(3), 144-160.

Reigeluth, C. M. (1983). *Instructional-design theories and models: An overview of their current status*. Hillsdale, NJ: Lawrence Erlbaum Associates, Inc.

Reigeluth, C. M. (1999). *Instructional-design theories and models (Vol. II): A new paradigm of instructional theory*. Mahwah, NJ: Lawrence Erlbaum Associates, Inc.

Salomon, G. (1996). *Distributed cognitions: Psychological and educational considerations*. Cambridge,

UK: Cambridge University Press.

Siemens, G. (2004). *Connectivism: A learning theory for the digital age*. Retrieved from http://www.elearnspace.org/Articles/connectivism.htm.

Tschofen, C., & Nackness, J. (2012). Connectivism and dimensions of individual experience. *International Review of Research in Open and Distance Learning, 12*(3), 124-143.

van Merriënboer, J. J. G., Clark, R. E., & de Croock, M. B. M. (2002). Blueprints for complex learning: The 4C/ID-Model. *Educational Technology Research and Development, 50*(2), 39-64.

Wilson, B. G. (1995). Metaphors for instruction: Why we talk about learning environments. *Educational Technology, 35*(5), 25-30.

CHAPTER 07

상호작용 설계 방법

e-Learning 컨텐츠를 통한 교육적 경험이 실제로 면대면 교육의 장점을 최대한 제공하기 위해서는 컨텐츠 설계의 상호작용성 확보가 매우 중요하다. 최적의 상호작용성을 제공하기 위해서는 상호작용 설계과정의 다양한 측면이 고려되어야 하나 설계과정에서 구체적인 전략들이 반영되었는지를 확인하기 어렵고, 또 이러한 결과를 학습자가 어떻게 체험적으로 인식하게 되는지 판단하기 어렵다. 따라서 본 장에서는 상호작용 설계가 보다 구체화되어 컨텐츠의 구성요소로 구현될 수 있도록 각 요소별 접근을 하고자 한다.

1 상호작용 설계의 원칙 및 전략

양질의 e-Learning 컨텐츠 제작을 위한 상호작용 설계에서 가장 중심이 되는 과제는 학습자에게 체계적으로 방향을 제시해 주는 안내체제를 구성하고 이를 기초로 학습을 위한 항해 또는 필요한 정보에의 접근 경로를 설계하는 일이다. 이 작업이 완료되면 구체적으로 학습자가 경험하게 되는 매 화면상에서 어떤 일이 일어나는지를 정의하고, 학습자가 통제할 수 있는 상호작용의 정도를 설계한 다음 이 전 과정을 스토리보드로 제시하면 된다.

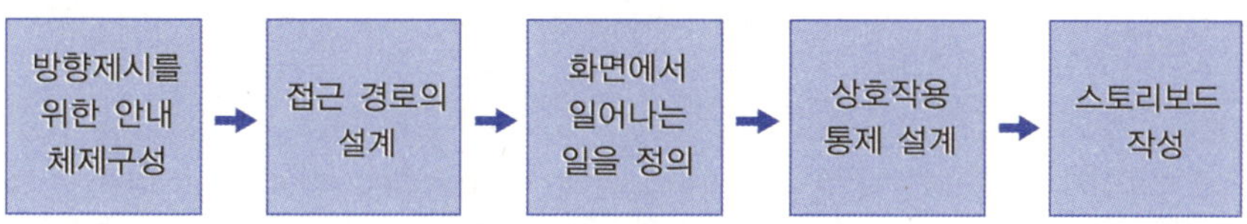

[그림 7-1] 상호작용 설계의 과정

1.1 e-Learning에서의 상호작용

상호작용 설계는 학습자가 양질의 상호작용을 경험함으로써 자율적인 독립학습 상황에서도 만족할 만한 학습을 경험할 수 있도록 돕는, 양질의 e-Learning 컨텐츠 설계 및 개발의 핵심이다.

상호작용 설계를 위해 [그림 7-2]에서 볼 수 있는 바와 같이 고려해야 할 요소 및 영역이 매우 다양하며 서로 일정 부분 상관관계를 형성한다. 시각 디자인(visual design)과 소리 디자인(sound design), 산업 디자인(industrial design), 인간과 컴퓨터 간의 상호작용 등을 고려해야 하며 정보 아키텍처, 멀티미디어로 제시되는 컨텐츠, 사람 중심 요인, 사용자 경험 설계(UX design) 등이 포괄적으로 고려될 필요가 있다(Saffer, 2010).

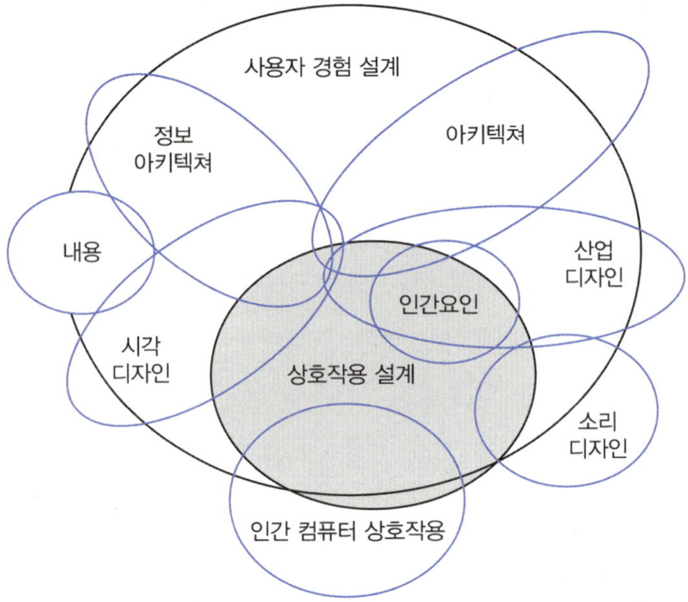

[그림 7-2] 상호작용 설계 관련 영역: The disciplines surrounding interaction design (Saffer, 2010) from https://uxdesign.cc/10-steps-to-interaction-design-ixd-6abe778cb8b8

학습자가 학습의 순서와 속도를 통제하고 학습과정에 대한 결정권을 가질 수 있도록 학습자에게 책임을 부여하되, 정확하게 무엇을 책임질 것인지에 대해 고민하는 것으로부터 상호작용 설계가 시작된다. 이 때 설계자는 컨텐츠와 관련하여 학습자 특성에 따라 어떤 유형의, 얼마나 높은 정도와 수준의 상호작용이 필요할 것인지를 검토해야 하며 맥락에 기초하여 최적의 상호작용적 경험을 제공할 수 있도록 해야 한다. e-Learning에서 이루어지는 상호작용의 유형은 다음과 같다(Moore & Kearsley, 2012).

① 학습자-내용 상호작용

e-Learning 환경에서 학습자는 대개의 경우 자기주도적인 독립학습을 진행하게 되므로 내용과의 원활한 상호작용이 일어날 수 있도록 설계되어야 한다. 내용과의 상호작용은 단순히 내용에 원활하게 접근하도록 인터페이스를 잘 설계하는 기본적인 항목에서부터 인지적인 측면에서 내용의 이해를 돕는 방식으로 구조화되어야 한다.

② 학습자 -교수자 상호작용

학습자와 교수자의 상호작용은 내용에 대한 이해를 기초로 이루어지는데 잘 활용하기만 하면 전통적인 교실환경에서 발생할 수 있는 교수자와의 상호작용보다 더 원활하고 적극적인 방식의 상호작용을 경험할 수 있다. 예컨대, 전자우편, 메신저, 수업용 게시판, 자료실, 토론방, FAQ, Q&A 등을 통해 교수자와의 교육적 대화를 시도할 수 있을 것이다.

③ 학습자 -학습자 상호작용

e-Learning 학습 환경에서 가장 강력한 장점으로 인정되는 측면이 바로 학습자와 학습자 간의 상호작용이다. 학습자와 학습자 간의 상호작용은 유사한 학습경험을 하고 있는 동료 간의 인지적 의사소통을 활성화함으로써 학습을 촉진하는 데 유용하다. 교수자와의 의사소통 채널이 되었던 전자우편, 메신저, 수업용 게시판, 자료실, 토론방 등이 학습자와의 상호작용에도 활용되며 이는 교육적 상호작용을 넘어 사회적 상호작용의 수단이 되기도 한다. 특히 동시적/비동시적으로 진행될 수 있는 토론방 환경은 학습자와 교수자, 학습자와 학습자 간의 상호작용을 활성화함으로써 보다 고차적인 학습활동을 수행하는 데 중요한 역할을 할 수 있다. 이러한 수단을 통한 협동학습 및 동료교수(peer tutoring)의 방법은 e-Learning 환경에서 보다 적극적으로 활용되어야 한다.

1.2 상호작용 설계 전략

일반적으로 e-Learning 환경에서 상호작용의 질이 높다고 인정되는 수준의 상호작용적 경험을 학습자에게 제공할 수 있다면 학습자 내부의 인지과정을 활성화함으로써 정확하고도 유용한 학습을 초래할 수 있다. 따라서 외현적 반응을 포함하는 상호작용은 물론 학습자 내부에서 일어나는 정신적 과정으로서의 상호작용을 촉진할 수 있는 방안을 강구하는 노력이 필요하다(Gavora & Hannafin, 1993). 이를 위해 여섯 범주의 상호작용 증진을 위한 설계전략을 제안해 보면 다음과 같다(김미량, 2000; Lin et al., 2019).

① 학습자의 다양한 필요 충족을 위한 전략

- 학습자의 개인차와 변화하는 학습필요에 따라 학습할 내용과 방법을 달리 제공한다.
- 학습자가 자신의 필요에 따라 정보에 비순차적으로 접근할 수 있도록 계획적으로 내용을 배치한다.
- 학습자의 선택에 따른 분지를 다양하게 제공하여 학습의 폭을 넓힌다.
- 학습자가 원하면 언제든지 접속할 수 있도록 가능한 한 풍부하고 다양한 선택지를 제공한다.
- 학습자가 어떤 자료에 한 번 접속함으로써 얻을 수 있는 정보의 내용이나 분량이 적절하도록 조직한다.
- 학습자의 자유로운 탐색을 돕기 위해 관련 자료까지도 포함하는 풍부한 학습자원을 제공한다.
- 학습자가 원하면 언제, 어느 지점에서나 즉각적으로 접속 가능한 온라인 도움말 기능을 제공한다.

② 효과적인 학습자 통제를 위한 전략

- 학습자에게 학습의 보조나 내용, 양, 자료제시의 순서 등에 대한 결정의 권한을 부여하되, 사전 진단을 토대로 개별 학습자에게 적절한 정도의 학습자 통제를 허용한다.
- 학습자 주도의 학습이 학습목표에 비추어 부적합한 방향으로 진행될 때 적절한 안내와 점검의 기회를 제공한다.
- 학습의 주도권을 소유한 학습자가 최선의 결정을 할 수 있도록 필요한 코칭기제를 제공한다.

③ 역동성 증진을 위한 전략

- 역동적인 상호작용을 위하여 시스템과 학습자 간의 교수적 대화가 즉각적으로 진행될 수 있도록 유도한다.
- 학습자가 원하는 정보지점에 신속히 접속할 수 있도록 단축키를 제공한다.
- 학습자에게 어느 지점에서나 교수의 진행을 중도에 중단시킬 수 있는 기제를 제공함으로써 상황에 적절한 도움을 받게 한다.

• 학습내용을 학습자 수준에 따라 다양하게 접근할 수 있도록 융통적, 유동적 방식으로 설계함으로써 학습자가 스스로의 판단에 따라 구조적으로 불필요한 정보에의 접속을 차단할 수 있는 기회를 허용한다.

④ 원활한 의사소통을 위한 전략

• e-Learning 시스템과 학습자 간의 교육적 대화가 가능하도록 양방향 의사소통을 위한 통로를 제공한다.
• 학습자의 반응과 참여를 유도하는 질문의 방법을 활용한다.
• 학습자에게도 학습진행을 위한 질문의 기회를 부여한다.
• 학습이 학습자 주도로 진행되는 상황이라고 하더라도 학습자가 다양한 예와 충분한 연습의 기회를 경험할 수 있도록 유도한다.
• 학습자의 투입행동에 대하여 적절하고 즉각적이며 교정적, 개별적인 피드백을 제공한다.

⑤ 유용성 증진을 위한 전략

• 컴퓨터에 대한 사전 경험의 수준이 각기 다른 학습자가 적은 노력으로 쉽게 시스템의 활용법을 익힐 수 있도록 사용이 용이한 환경을 제공한다.
• 학습자가 시스템을 이용하는 과정에서 할 수 있는 여러 가지 실수나 결정을 교정하고 번복할 수 있는 포용적인 환경을 제공한다.
• 학습자가 느낄 수 있는 좌절과 불안의 정도를 최소화하면서 동시에 지속적인 동기의 유발과 유지를 돕는, 사용자에게 친근한 환경을 부여한다.

⑥ 내용의 효과적 전달을 위한 전략

• 학습자와 시스템 간의 의사소통 경로가 되는 사용자 인터페이스를 일관성 있게 설계함으로써 사용자 인터페이스를 통한 정보의 탐색이 효율적으로 이루어질 수 있도록 한다.
• 사용자 인터페이스를 기능적으로 단순하게 설계하고 학습자에게 그 종류와 기능을 사전에 이해하고 숙달할 수 있는 기회를 부여한다.
• 적절한 화면설계 원리를 이용하여 효과적인 의사소통이 가능하도록 내용을 제시한다.

• 화면을 통해 제시되는 내용이 잘 전달될 수 있도록 맞춤법이나 문법, 구두점이 정확함은 물론, 글자의 크기, 색상, 그래픽 등이 조화롭게 제시되도록 한다.

1.3 상호작용 설계 시 고려해야 할 주요 요소

상호작용 설계 시 고려해야 할 요소들이 매우 다양하겠으나 최근 '사용자 경험(UX: User Experience)'이 강조되면서 그 경험의 질이 중시되고 있다. 사용자 경험 설계에 대한 강조 경향은 최종 사용자가 컨텐츠를 선택 또는 활용할 때 이들의 요구가 반영될 수 있게 한다.

사용자가 경험하는 질에 영향을 미치는 대표적인 요소들은 [그림 7-3]과 같이, 사용자에 대한 이해, 학습 가능하면서도 사용 가능한 경험, 역동적인 상호작용적 경험, 관리 가능한 적절한 경험, 효과적 또는 체계적 설계과정에서의 경험, 심미적, 만족할 만한 경험 등으로 설명될 수 있다.

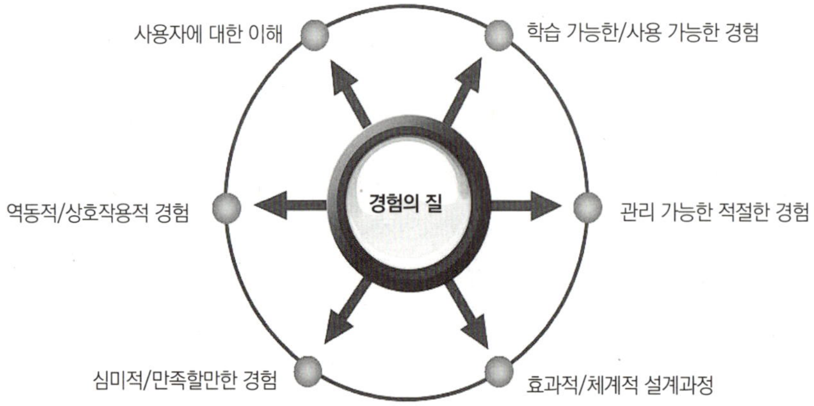

[그림 7-3] 상호작용 설계 시 주요 고려 요소: 경험의 질

2 상호작용을 위한 인터페이스 설계

2.1 인터페이스의 정의

인터페이스란 사용자가 어떤 작업을 하기 위해 대상과 의사소통하는 지점을 의미한다. 예컨대 학습자가 컴퓨터를 가지고 공부를 한다고 할 때 여러 가지 화면상의 요소들을 클릭하거나 드래그앤드롭 등으로 작업하게 되는데 이때 화면상의 모든 것을 총칭해서 인터페이스라고 한다. 인터페이스 혹은 인간-컴퓨터 인터페이스의 예로는 일반적으로 통용되는 메뉴나 윈도, 아이콘, 마우스 등을 들 수 있다. 사용자는 인터페이스를 통해 의사소통하고 컴퓨터나 다른 사람과 상호작용을 하게 되므로 인터페이스에서 제공하는 대로 컴퓨터 시스템을 받아들이고 사용하게 된다. 마치 자동차를 운전하는 사람이 자동차의 내부구조에는 신경을 쓰지 않고 계기판과 스틱, 액셀러레이터나 브레이크 등만 사용하면 되듯이 컴퓨터 시스템의 내부 구조나 구현방법에는 신경 쓰지 않고 화면상의 요소에 집중해서 작업을 하게 되는 것이다.

사용자가 경험하는 인터페이스는 개발되는 컨텐츠를 차별화하는 요인이 되기도 하며 그 질을 가늠하는 중요한 요소가 된다. 따라서 설계자에 따라 각자 지각(perception)하고 이해하며 작업하는 스타일이 다르기 때문에 인터페이스 설계자는 설계한 인터페이스가 시스템에 어떻게 표현되는지 그리고 사용자는 시스템 이미지로부터 어떤 심성모형(mental model)을 갖게 될 것인지를 유념할 필요가 있다.

인터페이스 설계에서 다루어지는 요소들로는 윈도와 패널, 버튼과 컨트롤, 배경 등의 조작을 위한 요소와 텍스트, 이미지, 비디오, 사운드, 애니메이션 등의 표현요소가 있다. 이러한 요소들은 다음과 같은 핵심요소들을 통해 구현될 수 있으며 설계 영역에 따라 성능 대비 기능, 보안 대비 사용의 용이성 등과 같은 상충관계를 고려하여 이들을 조화시킬 수 있는 설계를 선택해야 한다.

- **메타포**: 인식되고 학습 가능한 용어, 이미지, 개념 등의 은유, 상징, 비유
- **심성 모델(mental model)**: 데이터, 기능, 과제, 역할의 구성과 표현
- **항해규칙**: 데이터, 기능, 활동, 역할 사이를 이동하는 방법
- **룩(look)**: 사용자에게 정보를 전달하는 시스템의 외관상 특징
- **필(feel)**: 사용자의 흥미를 끄는 경험을 제공하는 상호작용 기법

2.2 상호작용을 위한 인터페이스 설계 요소 및 전략

많은 연구자들이 인간과 컴퓨터 간의 원활한 상호작용을 돕는 사용자 인터페이스 설계의 다양한 원칙과 전략을 제안하고 있다. 이러한 원칙은 상호작용 설계라는 큰 틀 안에서 조화롭게 적용되어야 하는데, 방향 제시, 메타포, 내비게이션, 학습자 통제 및 피드백 등 인터페이스를 이루는 중요 요소들과 일관성, 사용성, 기능성 등 인터페이스 설계의 기본 원칙들을 중심으로 고려해야 할 전략을 제시하면 다음과 같다(유철중, 2001; 이만재, 이상선, 2002; Lynch & Horton, 2016; Shneiderman et al., 2017).

2.2.1 방향 제시(Orientation)

학습자가 e-Learning 컨텐츠를 처음 접할 때 첫 화면에서 학습자가 해야 할 일이 무엇이고 이 컨텐츠를 통해 무엇을 학습할 수 있는지를 통찰적으로 파악할 수 있도록 제시해 주는 것이 필요하다. 학습자가 가지고 있는 사전지식이나 경험의 정도를 고려하여 사전지식을 활성화하고 경험했던 바를 회상할 수 있도록 설계할 필요가 있다.

- 학습자가 찾기를 기대하는 사항들이 한 눈에 들어오도록 제시되는가?
- 내용획득이 용이하도록 유용한 안내체제가 제시되어 있는가?
- 노출된 화면에서의 지시를 학습자가 이해하기 용이한가?
- 학습자가 가진 사전지식을 활성화하거나 회상하는 데 기여하는가?

2.2.2 메타포

학습자의 각인을 돕기 위해 필요한 메타포를 활용하는 것은 유용한 컨텐츠 설계전략이 될 수 있다. 메타포란 실생활에서 사람들이 생각하고 행동하고 있는 것을 컴퓨터 시스템의 사용자 인터페이스를 통해 은유하는 것을 의미한다. 즉 사용자가 시스템이 어떻게 작용하는지에 대한 심성 모형을 재빨리 채택하도록 하여 시스템을 통해 사용자가 해야 하는 특정 학습의 양을 최소화시키는 데 사용되는 유추적 모형이다. 학습컨텐츠 설계에서 메타포를 활용하는 것은 학습자들이 학습내용에 접근하기 위해 컴퓨터시스템을 이용할 때 효율적이고 직관적으로 사용할 수 있도록 하기 위함이다. 적절한 메타포의 선택을 위해서는 다음의 사항들을 고려해 볼 수 있다.

- 학습자가 학습내용을 이해하는 데 도움이 되는가?

- 이 메타포가 내용에 적절하며 이해 가능한가?
- 이 메타포가 학습자의 기대를 충족시킬 수 있는가?

2.2.3 내비게이션(navigation)

내비게이션이란 상호작용 설계의 중심이 되는 요소로서, 학습자가 이해할 수 있고 또 그들의 이해를 도울 수 있는 인터페이스를 통해 구현된다. 현재의 위치는 어디이며 가고자 하는 곳은 어디인지를 명확하게 파악하고 학습자의 의지대로 접근할 수 있도록 설계되어야 한다.

- 학습자가 자신의 현재 위치를 쉽게 파악할 수 있는가?
- 어디로 갈 수 있는지, 그 방법도 잘 알 수 있고 실제로 갈 수 있는가?
- 어디에서, 어떻게 이 지점에 왔는지 확인할 수 있는가?
- 학습자가 원하면 언제든지 원래의 자리로 돌아갈 수 있는가?

2.2.4 학습자 통제와 피드백

e-Learning에서 학습자가 컴퓨터 시스템에 이끌려가기보다는 자기 학습과정 및 속도, 방법에 대한 통제권을 행사할 수 있도록 설계하는 것은 상호작용 설계의 핵심이다. 설계자는 학습자가 자신의 학습에 대한 의사결정과 행동을 취하게 하고 조절할 수 있도록 해야 한다. 학습자 통제는 직접조작을 허용함으로써 구현된다. 예를 들면, 오디오나 비디오 강의에서 정지버튼을 제공하는 것과 같이 학습자가 학습과정에서 컴퓨터에 의해 표현된 정보나 객체들을 직접 조작하고 있다는 느낌을 가지도록 해야 한다. 정보나 사용자의 선택 등을 가시적으로 표시함으로써 통제권을 행사하고 있다는 느낌을 주고 학습자의 인지부담을 감소시킬 수 있다.

한편, 학습자 통제의 효과는 학습자가 자신의 학습 통제 결과에 대해 피드백을 받을 때 더욱 커진다. 피드백은 시스템에 무슨 일이 일어나고 있는지 또는 학습자의 액션에 대해서 시스템이 반응하는 것으로, 학습자의 모든 행동이 즉각적이고 정확한 결과로 인지될 수 있도록 한다. 학습자가 수행한 활동이나 투입행동에 대해 시스템이 피드백을 주어야 서로 상호작용이 이루어지고 학습자의 심성 모형이 형성될 수 있다. 예를 들면, 버튼이나 아이콘 등이 활성화되면 음영과 색채가 변화되거나 소리나 특수효과가 일어나는 등 간단한 피드백도 적절히 사용되면 사용자가 자신의 의도가 시스템에 제대로 전달되었는지를 확인하는 데 유용하다.

- 학습자가 자신의 학습순서나 진도를 제어할 수 있도록 허용하였는가?
- 학습내용의 난이도나 학습전략을 선택하여 자신의 능력이나 적성에 맞게 학습할 수 있도록 하는가?
- 학습내용의 특성에 따라 학습자 통제를 보다 많이 혹은 적게 허용하는가? 즉 단순한 학습을 위해 프로그램 통제를 강화하고, 고차적 지식습득을 위해 학습자 통제를 강화하고 있는가?
- 학습자의 학습행위에 대해 적절한 피드백(반응적, 교수적, 동기적 피드백)을 제공하는가?

2.2.5 일관성

일관성은 명령어 이름이나 정보의 시각적 표현 및 동작 등, 모든 사용자 인터페이스 설계에서 가장 우선적으로 고려되어야 할 특성이다. 메뉴, 도움말, 색상, 레이아웃, 폰트, 실행 순서(인지적, 기능적) 등에 일관성의 원칙을 적용할 수 있다. 인간의 정보처리 기능을 저하시키고 인지적 부담을 증가시키는 가장 중요한 요인인 인터페이스의 복잡도는 일관성을 부여함으로써 낮출 수 있다. 제시되는 정보나 학습의 양이 많아 내비게이션의 폭이 넓은 컨텐츠의 경우 전 화면의 일관성 있는 구성이 선행되어야 한다.

- 화면상의 주요 요소들은 학습과정에서 항상 그 위치를 유지하고 있는가?
- 주요 메뉴나 버튼들은 일관된 형태나 크기 등을 유지하고 있는가?
- 어느 화면에서나 동일한 Look-and-Feel이 유지되고 있는가?

2.2.6 사용성(Usability)

인터페이스 설계의 핵심은 쉽게 컴퓨터와 상호작용할 수 있도록 하는 것이다. 사용의 편리성은 설계과정의 계속적인 전제이며, 항해의 방해요소를 제거해 나가는 과정에서 학습자의 사용성이 극대화될 수 있다. 사용성은 직관성, 단순함 등을 기초로 하고 있으며 학습과정에서 학습자가 자신이 무엇을 하고 있는지 화면상에서 보고, 자신이 보고 있는 것을 지정할 수 있어야 사용성이 높아진다. 또한 사용성은 관대함(Forgiveness)을 통하여 구현된다. 관대함이란 사용자의 투입행동을 취소하거나 복구할 수 있는 것으로, 시스템에 손상을 주지 않는 범위 내에서 사용자의 액션에 대한 안전망을 만드는 것을 의미한다. 예컨대 윈도 환경에서 흔히 활용하는, Ctrl+Z키를 누르면 복구되는 기능이 이에 해당한다. 이는 사용자가 시스템에 대해 심각한 문제를 발생시키지 않는 한 다양한 일들을 시도해 제품을 배우고 사용할 수 있도록 해 준다.

- 학습자의 접근노력을 최소화해 주는가?
- 사용자 입력에 대한 즉각적 피드백이 있는가?
- 사용자 선택의 융통성을 제공하는가?
- 제시되는 내용이 명확한가?
- 학습자의 실수를 허용해 주며 실수를 교정할 방법이 제공되는가?

2.2.7 기능성

기능성이란 컴퓨터가 하고자 하는 일을 제대로 수행하는지에 대한 것이다. 설계자는 지금까지 설계한 모든 내용들이 거시적, 미시적 수준에서 차질 없이 제 기능을 발휘하는지를 구체적으로 확인해 보는 과정을 거쳐야 한다. 거시적 수준에서는 컨텐츠의 전체 구조가 에러 없이 연결되도록 구조화되어 있는지, 미시적 수준에서는 필요한 컨텐츠의 요소들이 제 기능을 할 수 있도록 세부사항들이 적절히 표현되어 있는지를 점검할 필요가 있다.

- 상호작용을 위한 통제수단이 명확하게 제시되어 있는가?
- 학습자에게 혼돈을 주지 않도록 일관성이 유지되어 있는가?
- 적용된 멀티미디어가 적절하게 제 기능을 발휘하며 동작되는가?

2.3 상호작용 설계의 구성요소 통합: 스토리보드

이러한 상호작용 설계의 모든 구성요소들이 스토리보드로 통합되어 최종 산출물로 표현된다. 스토리보드상에서는 모든 화면에서 학습자가 보고할 수 있는 것이 무엇인지를 나타내야 하며 이 스토리보드를 통해서 컨텐츠 설계 및 개발 팀이 의사소통을 하게 된다. 스토리보드는 모든 설계활동의 Blueprint이며 이 스토리보드는 화면설계를 통해 보다 구체화될 수 있다. 다음의 질문들을 통해 상호작용 설계의 구성요소들이 스토리보드를 통해 통합되고 있는지 확인해 볼 필요가 있겠다.[1)]

1) 컨텐츠 설계의 보다 거시적이고 구체적인 스토리보드와 관련된 내용은 본서의 5장을 참고하기 바란다.

- 설계과정에서 고려한 전 과정이 스토리보드를 통해 표현되고 있는가?
- 학습자와의 대화에 초점을 둔 스토리텔링 기능을 보완하였는가?
- 내용과 기능이 통합되어 설계자의 의도가 명확히 반영되어 나타나는가?

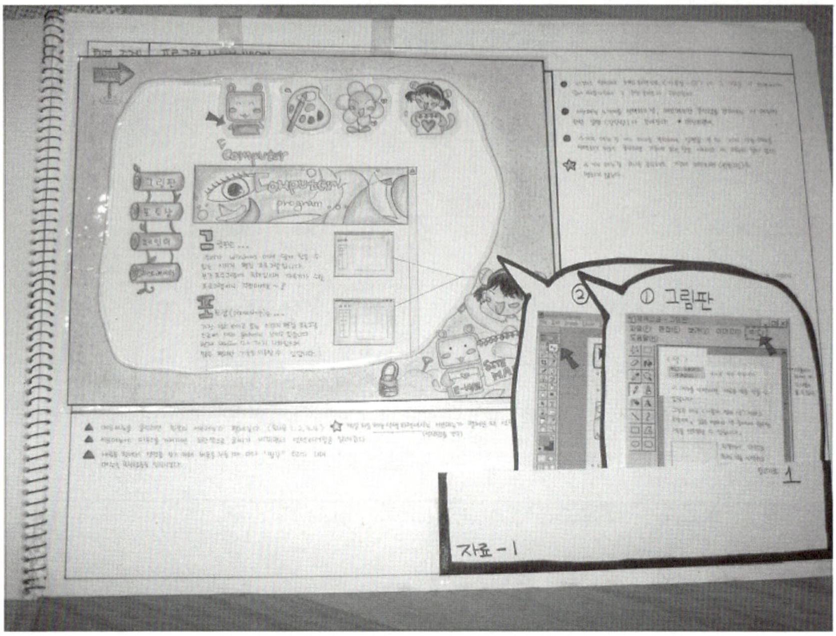

[그림 7-4] '컴퓨터수업 설계 및 연습' 스토리보드 제작 프로젝트 결과물
(송은미, 성균관대 컴퓨터교육과 졸업)

3 상호작용성 향상을 위한 화면설계2)

3.1 특성

컨텐츠 설계에서 고려되어야 하는 모든 내용들이 화면을 통해 사용자에게 전달되므로 화면설계 시 양질의 컨텐츠를 체계적이되 심미적으로 포장하여 전달하는 과정이 강조될 수 있다. 화면설계란 다양하게 정의될 수 있으나 대체로 학습자가 정보를

2) 화면설계 시 중요하게 고려되어야 하는 타이포그래피 디자인의 원리와 시각디자인 원리, 소리 디자인 원리에 대해서는 김미량 외(2018). 정보교육을 위한 교재의 이해와 활용(교육과학사)의 4장 '멀티미디어 자료의 개발 원리'를 참고하기 바란다.

보다 효과적으로 처리할 수 있도록 제시되는 자극, 예컨대 텍스트나 그래픽 등의 요소들을 의도적으로 조직하는 것을 의미한다(김미량, 2000; Hannafin & Hooper, 1989; Pasztor, 2017).

그런데 독립된 하나의 웹 체제를 개발하는 데 왜 세심한 화면설계가 중요하고 필요할까? 물론 양질의 교수-학습체제를 개발하기 위해 고려해야 할 많은 중요한 요소들이 존재한다. 그중에서도 우리가 생각하는 가장 아름다운 모습과 형태를 화면상에 담아 학습자의 이목을 집중시킴으로써 학습의 지속력을 높일 수 있는 강력한 유인을 제공할 필요가 있다. 이를 돕는, 시각적으로 잘 설계된 화면은 학습자의 주의를 집중하게 하고 관심과 흥미를 유도, 유지하게 하여 정보의 최적정 활용을 돕고, 학습을 촉진하게 하는 역할을 하므로 매우 중요하다(Faiola & Debloois, 1988; Hanafin & Hooper, 1989; Reilly & Roach, 1986). 특히 웹과 같이 학습자가 학습에 주도적 통제권을 갖는 환경에서는 더욱 학습자의 학습동기를 유발할 수 있는 심미적 화면이 설계되어야 하고 화면의 구성이나 제시되는 다양한 요소들이 학습자의 자기주도적 학습과 파지를 돕는 방향으로 제시되어야 하며 학습자의 역동적 참여를 촉진하기 위해 화면상에 고도의 기술이 통합, 구현되는 것이 좋다.

화면설계는 선물의 포장에 비유될 수도 있겠으나 이는 단순 장식 이상의 목적을 갖는, 정보의 효과적 의사소통을 돕는 시각적 언어를 개발하는 과정이라고 할 수 있다(Marcus, 1982, 1995). 예컨대 화면설계는 화면상에 나타나는 다양한 정보와 구성요소들을 통하여 여러 참여자들 간에 일어나는 의사소통의 효과적인 도구로 기능할 수 있다.

즉 시각적으로 잘 설계된 화면은(Smaldino et al., 2019)

- 화면에 제시되는 내용의 읽기와 이해를 용이하게 돕고,
- 메시지 해석에 요구되는 노력을 최소화하고
- 내용에 대한 학습자의 능동적 몰입을 유도하며,
- 가장 중요한 메시지에 학습자의 주의를 집중하도록 함으로써
- 체제와 학습자 간의 의사소통을 개선하는 목적을 갖는다.

이와 같이 정보를 단순히 아름답게 포장, 제시하는 것을 넘어 효과적 의사소통을 촉진하는 화면설계는 기본적으로 웹 교수설계의 일반적 원리, 즉 일관성, 역동성, 조화, 균형, 통일, 심미성 등을 준수해야 함은 물론 이에 덧붙여 화면상에 등장하는 구

체적 요소들의 다양한 측면을 고려해야 할 필요가 있다는 것이다.

Grabinger(1993, 1998)는 잘 설계된 화면이 갖는 특성을 묘사하는 형용사들을 추출하여 제시하고 있는데 예컨대 학습자 중심으로 잘 설계된 화면은 깔끔하고 조직적, 구조적, 계획적이면서도 충분히 학습자의 주의를 끌 수 있는 정도로 흥미롭고 역동적이되 여백의 여유를 살리고 학습자에게 통제권을 주어 쉽게 학습할 수 있도록 도와야 한다고 제안한다.

이에 덧붙여 Galitz(2007)는 학습자가 가장 원하는 형태의 화면이 갖는 대표적 특징으로, i) 화면 내에 제시되는 모든 요소들이 질서 있고 산뜻하고 깔끔하게 드러나는 형태여야 하며, ii) 제시하고자 하는 것이 무엇이며 보이는 것과 더불어 행해져야 하는 것이 무엇인지가 명확하게 드러나야 함을 지적하고 있다. 좋은 화면을 설계하기 위한 일련의 제안들은 일반적 화면설계의 유용한 원리로 제시될 수는 있겠으나 구체적으로 화면에 무엇을 어떻게 배치하고 구성해야 산뜻하고 깔끔한 형태로 표현될 수 있는지에 대한 구체적 처방을 제시하지는 않음으로써 이러한 특성들을 갖는 기능적, 매력적인 화면을 설계하는 과정과 방법은 결국 설계자의 몫으로 남을 수밖에 없다. 따라서 동일한 특성이 화면상에 구현되었다고 하더라도 설계자의 안목과 미적 감각, 직관적 통찰과 의사결정 능력에 따라 최종 산출되는 화면의 질이 좌우된다.

3.2 화면설계의 일반적 전략

화면은 학습자가 표현되는 내용을 가장 구체적이고도 직접적으로 경험하게 되므로 그 설계에 세심한 배려가 필요하다. 이에 화면설계에 기본이 되는 중요한 전략들을 제시하면 다음과 같다(김미량, 2000; Reeves, 1994; Pasztor, 2017).

① 사용자 친근성을 고려하여 사용자를 배려하고 있음을 표현한다.

컨텐츠 제작 시 가장 중요하게 고려해야 할 요소는 '사용자 친근성'이다. 컨텐츠가 멀티미디어를 기반으로 하고 있다고 하더라도 텍스트가 컨텐츠 구성에 주 역할을 하므로 텍스트가 효과적이고도 효율적으로 전달될 수 있도록 고려해야 한다.

② 균형과 조화, 통합성과 단순성을 고려한다.

메뉴의 균형을 고려하고 텍스트와 그래픽이 함께 제시될 때 사용자의 주의를 끌되 일관성 있게 구조화해야 한다. 화면에 제시되는 내용의 밀도가 너무 높아 읽기가 불편하고 한 화면에 제시되는 내용이 너무 많아 인지적으로 과부하 상태가 되는 것은 바람직하지 않다.

③ 예측 가능하고 규칙적인 화면을 제시하도록 해야 하며 아이콘이나 버튼 등의 지시자, 안내자 등을 일관성 있게 배치한다.

일단 제시구조가 결정되면 이를 일관성 있게 사용해야 한다. 때로는 다양한 제시구조가 적절하더라도 교수상황의 요구에 기초하여 필요한 수정이 이루어져야 한다.

④ 적합한 제시비율을 활용한다.

학습자가 혼돈이나 긴장 없이 중요한 사항에 집중하도록 그래픽과 텍스트를 시각적으로 보기 좋게 배치하도록 고려해야 한다. 텍스트의 길이는 한 가지 중심 아이디어를 전달하는 정도로 제한하는 것이 좋으며 한 화면에 동시에 모든 텍스트가 제시되는 것이 권장된다. 이는 학습자가 습득해야 할 내용이 한눈에 들어오도록 함으로써 원활한 학습활동을 도울 수 있다.

⑤ 자동적인 page turner에서 벗어나도록 한다.

하나의 긴 문장의 흐름으로 내용을 제시하기보다는 주제 중심으로 메뉴를 배치함으로써 학습자가 자신의 학습을 주도적으로 전개할 수 있도록 돕는 것이 좋다. 학습자가 이미 완료한 활동과 학습해야 할 내용을 구분하여 안내하는 것이 권장되며 컨텐츠 내에 이러한 진행사항을 확인할 수 있는 메뉴나 옵션이 제공되는 것이 좋다.

⑥ 감각 있는 범주화를 고려한다.

내용이 제시되는 형식도 일관성 있게 구분하여 제시할 필요가 있다. 가장 기본적인 사항이나 제목의 폰트, 크기로부터 소제목 및 하위 설명의 일련번호, 정렬방식, 구두점 사용 등에 원칙을 정하고 그에 따라 체계적으로 내용을 제시함으로써 학습자가 내용의 위계를 파악할 수 있도록 돕는다.

⑦ 화면의 상단 왼쪽에 가장 중요한 내용을 제시한다.

가장 식별하기 쉽고 눈에 잘 뜨이는 곳에 중요한 내용을 제시하는 것이 좋다. 보편적으로 가장 먼저 사람들의 시선이 가는 위치인 왼쪽 상단에 핵심 사항을 배치하는 경향이 있으나 마우스의 이동이나 클릭의 편리함을 고려하여 로그인 등의 사용자 접속화면은 오른쪽 상단에 배치하기도 한다.

⑧ 한 줄에 제시되는 글자의 수를 일정한 정도로 제한한다.

제시되는 방식으로나 인지적으로도 지나치게 많은 정보가 한꺼번에 제시되는 것은 권장되지 않는다. 따라서 한 줄에 제시되는 활자가 20~30개 정도(국문 기준)를 넘지 않는 것이 좋으며 줄 간, 활자 간, 단어 간의 거리를 좁혀주는 것도 가독성을 배려하는 방법이 된다.

⑨ 여백을 충분히 잘 활용한다.

한 화면에 지나치게 많은 정보가 복잡하게 제시되는 것보다는 학습자가 자신의 생각을 정리할 수 있는 여지를 남겨두는 것도 의미가 있다.

⑩ 왼쪽 정렬을 주로 활용하며 가능한 한 오른쪽 정렬은 사용하지 않는다.

책이나 아날로그방식의 교재에는 주로 양쪽 정렬을 사용하나 특히 내용이 영문으로 구성된 화면상에서는 왼쪽 정렬방식을 택하는 것도 신속한 의미전달에 도움이 된다.

⑪ 특정 내용을 강조하기 위해 다양한 폰트와 활자의 크기를 활용한다.

지나치게 여러 가지 형태의 폰트를 사용하는 것은 권장되지 않으나 중요한 내용을 강조할 필요가 있을 때 적절히 활용하는 것은 권장되며 복잡한 정보를 제시할 때에는 표나 차트로 구조화하여 제시하는 것도 도움이 된다.

3.3 기능적 · 심미적 화면설계의 지침

앞 절에서 제시한 화면설계의 전략이 매우 거시적이고 일반적인 수준에서 제안되었다면 이러한 전략을 보다 구체적으로 실행하는 데 도움이 될 만한 세부 시행지침들은 다음과 같다. 이들 지침은 화면설계 시 가장 중요하게 고려되어야 하는 양대 특성, 즉 기능성과 심미성을 중심으로 미적으로 아름답되, 수행해야 하는 기능들을 충실히 구현하는 데 초점을 둔다.

① 한 화면에 제시되는 정보의 양

일반적으로 인간이 단기기억에 저장할 수 있는 정보의 양이 한정되어 있으므로 어떤 단위로 저장되어 제시될 것인지를 결정해야 한다. 인간이 제시된 정보를 보유하는 기법으로 청킹(chunking)이나 여백을 사용하는 것을 제안할 수 있다.

- 화면설계의 관점에서는 한 화면에 너무 많은 정보가 난잡하게 제시되는 것보다는 복잡함의 정도를 최소화하는 것이 오히려 더 좋은 설계라고 할 수 있다.
- 연구 결과 인터페이스를 위한 공간을 제외하고 한 화면에 제시되는 정보가 25% 정도가 되면 시각적으로 혼란의 상태, 즉 주의를 산만하게 하여 학습을 방해하는 것으로 나타난다(Reid, 1985).
- 현재 진행 중인 학습에 불필요한 정보나 통제수단, 인터페이스, 아이콘, 메뉴 그래픽 등은 화면에서 사라지게 하거나 적어도 그 크기를 최소화하는 것이 좋다.
- 풀다운 메뉴나 팝업창을 사용하는 것은 한 화면에 제시되는 시각적 정보의 양을 최소화하는 좋은 방법이라고 할 수 있다.

② 제시되는 텍스트의 형태

화면에 제시되는 텍스트가 메시지 전달에 가장 결정적인 역할을 한다(Reid, 1985). 화면상에서 활자를 읽는 것이 지면에서 읽는 것보다 속도가 더 떨어지는 것이 일반적인 경향이므로 화면에 제시되는 텍스트의 형태에 세심한 주의를 기울여야 한다. 즉

- 제목이나 부제는 본문과는 서로 다른 크기나 스타일의 폰트를 사용한다.
- 볼드나 확대된 글씨체를 사용하는 것이 시선집중에 도움이 된다.
- 너무 많이 다른 유형의 글씨체를 사용하게 되면 주의를 산만하게 하고 가독성을 떨어뜨리기도 한다.
- 한 화면당 4개 정도로 폰트, 크기, 스타일을 결합하는 것이 좋고 이러한 결합은 화면마다 일관된 것이 좋다.

③ 텍스트의 타이포그래피적 특성 반영

제시되는 텍스트는 인쇄술의 기본이 되는 타이포그래피적 특성과 여백 및 공간을 고려하여 배치되어야 한다. 예컨대,

- 단순하고, 친근하며 변경 가능한 글자체를 활용한다.
- 학습자에게 적절한 정도의 읽을 양과 폰트의 크기를 일관되게 활용한다.

- 제목과 부제, 본문에 활용할 글자체와 크기, 속성을 구분하되 규칙적으로 제시한다.
- 제목은 볼드체를 사용하고 화면의 외곽 부분은 여백을 잘 활용하는 것이 좋다.
- 줄 간격을 제시될 내용의 양과 비례하여 조정하되 가독성을 고려한다.
- 문단정렬도 경우에 따라 적용하되 비례적 폰트를 사용할 때에는 특히 양쪽정렬을 적용하는 것이 좋다.

④ 중요 정보를 위한 독립영역 할당

텍스트, 그래픽, 애니메이션, 인터페이스 등 주요 구성요소들이 차지할 위치를 구조적으로 할당하여 각 정보 유형별로 일관성 있게 동일 화면영역에서 제시되어야 한다.

⑤ 그래픽의 사용

특정 그래픽이나 시각적 요소의 효과는 구체적 학습목표에 의존할 수밖에 없다. 제시되는 그래픽은 내용과 밀접한 관련이 있는 것으로 선택하여야 하며 학습목표 달성에 요구되는 최소한의 정보를 제공하는 것이 가장 효과적으로 그래픽을 사용하는 방법이기도 하다.

- 지나친 세부묘사나 부가적 그래픽적 요소는 오히려 학습자의 주의를 산만하게 하는 경향이 있으므로 제외하는 것이 좋다.
- 정적인 그래픽(사진, 다이어그램)이나 움직이는 그래픽(동영상, 애니메이션) 중 어떤 형태가 더 효과적인지는 전달된 정보의 유형에 달려 있으나 대체로, 동영상은 물리적 행동을 포함하는 개념을 전달할 때, 또 정적 이미지는 공간적 관계를 전달할 때 활용되는 것이 보다 효과적이다.
- 불필요한 그래픽이나 불균형적인 영역은 줄이는 것이 좋다.

⑥ 색상의 사용

색상의 사용은 한 화면에 5개, 많아야 7개를 넘지 않는 것이 좋으며, 오히려 잘못 사용하면 학습자의 주의산만을 초래하는 경향이 있다(Reid, 1985). 그럼에도 색상은 명도나 채도가 높은 색상과 낮은 색상을 섞어 적절히 활용함으로써 학습자의 이목을 집중시키고 단조로운 화면을 탈피하는 데 유용한 도움이 된다. 색상을 활용하는 이유는 다음과 같다.

- 학습자의 주의 및 시선 집중

- 신속한 검색
- 용이한 아이콘 인식
- 화면의 구조의 명확한 제시
- 감정의 유발 및 강화

또한 〈표 7-1〉에서와 같이 일반적으로 색과 관련된 정서가 달리 표현되는 만큼 상황에 따라 적절한 색상을 선택하는 지혜가 필요하다(Faiola, 1990; Faiola & DeBloois, 1988; Pett & Wilson, 1996). 컴퓨터 화면에서 색상을 선택적으로 사용할 때에도 색의 기본적 의미를 상기해 볼 필요가 있다[화면설계의 tip으로 제안된 색상설계 참조(강이철, 2019).

색과 관련된 감정으로 예시된 〈표 7-1〉의 내용은 다소 주관적으로 인식될 수도 있겠다. 각각의 색은 긍정적인 의미와 부정적인 의미를 동시에 가질 수 있으며 또 그 색에 대한 인식이나 감정은 문화나 풍습, 국가, 인종, 생활양식 등에 따라 매우 달리 사용될 수 있다. 이러한 지각을 기초로 그 색이 사용될 맥락과 환경을 고려하여 선별적으로 사용하는 지혜가 필요하다. 예컨대 우리나라 사람들은 사람의 이름을 빨간색으로 쓰는 것을 매우 싫어하지만 서양 사람들은 거리낌 없이 쓰기도 하기 때문이다.

〈표 7-1〉 색과 관련된 감정

색	관련된 정서
빨강	공격, 충동성, 따뜻함, 외향성, 조잡함, 낙천적, 위험, 수치
주황	친근함, 적합성, 차이, 따뜻함, 자부, 사교적인
노랑	고결한, 이상주의, 자기반성, 따뜻함, 주의, 배신, 겁쟁이
초록	신선함, 희망, 건강, 번영, 선망, 질투, 미친, 혐오, 승인
파랑	차가운, 고요한, 진실, 결백, 정확, 의심, 우울함, 절망
자주	자만(허영), 재치, 향수, 영혼, 체념, 후회
밤색	의무, 인색, 신뢰, 세속적, 불모지, 빈곤
금색	부, 지혜, 명예, 고급, 오만함, 자만심, 권력
흰색	가벼움, 결백, 순수, 지혜, 진실, 차가운, 영적인, 공허한
회색	자제(구속), 중립, 불임, 슬픔, 무관심, 활발하지 않은, 성숙
검정	죽음, 슬픔, 병적인 상태, 우울한, 절망, 위엄, 엄숙함, 죄, 반대

3.4 화면설계의 실제

3.4.1 기본 화면설계

- **단순성**: 학습자에게 필요 없는 내용은 생략하고 중요한 내용만 제공할 수 있도록 설계하도록 하는 원리이다.
- **일관성**: 동일한 정보가 항상 화면의 동일한 장소에 나타나야 된다는 원리로, 상태 표시줄이나 특별한 메뉴 혹은 윈도가 항상 같은 장소에 제시됨으로써 학습자가 원하는 정보를 빨리 찾을 수 있도록 해주는 것을 의미한다.
- **상징성**: 학습내용을 요약해서 제시해 주어야 한다는 원리이다.
- **공간성**: 화면에 나타날 학습내용이나 지시 등은 각각의 기능에 따라 학습효과를 최대로 높일 수 있도록 효율적으로 구성되어야 한다는 원리로서 일반적으로 학습자의 시선은 왼쪽에서 오른쪽으로, 위에서 아래로 움직이므로 중요한 영역이나 내용을 적절히 배치하여야 한다.

3.4.2 텍스트 설계

- 텍스트 설계 시, 내용의 명확성이나 가독성을 고려해야 한다. 즉 텍스트는 이해하기 쉽고 읽기 쉽게 설계되어야 한다.
- 텍스트는 학습자가 쉽게 피로를 느끼므로 한 화면에 너무 많은 텍스트를 사용해서는 안 된다.
- 내용이 많을 경우에는 억지로 글씨 크기를 줄이거나 줄 간격, 문단 간격을 줄여 한 번에 제시하는 것보다는 페이지를 나누어 제시하는 것이 좋다.
- 글자의 크기를 다양화하거나 하이라이트를 사용하여 강조하는 내용은 정보를 쉽게 인식할 수 있게 한다.
- 강조는 색상을 사용하거나 역상과 깜박임, 다른 글씨 크기나 스타일을 사용할 수 있다.

3.4.3 그래픽 설계

- 그래픽은 텍스트에 비해 정보를 쉽게 이해할 수 있도록 도와주고 학생과의 상호작용을 개선해 준다.

- 그래픽은 동기를 부여하고 중요한 내용을 강조하거나 핵심내용을 요약해 주고, 내용을 조직적으로 구성하여 기억을 높여 주는 이점을 가지고 있다.
- 너무 복잡한 그림보다 단순하면서도 깔끔한 그림을 사용하는 것이 좋다.
- 그림과 관련된 텍스트를 같이 제시하는 것이 이해에 도움을 줄 수 있으며, 과장되거나 현실적이지 않은 그림은 피하는 것이 좋다.
- 그래픽은 텍스트보다 많은 정보를 간단하게 전달할 수 있고 이해를 높일 수 있으므로 텍스트보다 그래픽을 더 많이 사용하는 것이 바람직하다.

3.4.4 색상 설계

- 화면색은 너무 튀지 않게 일반적인 색상을 활용하고 컨텐츠 전체에 포함될 색채 선정에 일관성을 유지한다.
- 색채를 시각 언어로 다루어 일관성을 가지고 색채 계획을 수립한다.
- 설계자 자신의 색채 견해가 보편적이라는 생각에서 벗어날 필요가 있다.
- 색채 계획을 할 때는 흑백 설계를 먼저 한 후 색채 설계를 한다.
- 한 화면에 최대 4~6개 이상의 색채를 사용하지 않는다.
- 색은 그 색과 논리적으로 관련된 정보를 연결하는 데 사용한다.
- 동일한 명암도를 가진 보색관계의 색 조합, 즉 파랑/오렌지, 빨강/녹색, 보라/노랑 등은 가능한 한 사용하지 않는다.
- 빨강-멈춤, 녹색-통과 등 색채의 보편적인 의미를 활용하되, 특히 색채의 문화적인 요인을 고려한다.
- 전경이 되는 문자 정보의 색채와 배경 색채는 가독성을 증가시키기 위해 최적의 명도 대비를 적용한다.

3.4.5 아이콘 설계

아이콘은 컴퓨터 시스템 내의 오브젝트, 즉 파일, 폴더, 애플리케이션, 휴지통 등을 그래픽으로 표시한 것으로 예시될 수 있다. 인간은 말로 표현한 것보다 그림으로 표현한 것을 빨리 인식하고, 명령어를 기억하는 것보다는 심볼을 인지하는 것이 더 용이하므로 아이콘을 사용한다. 아이콘은 인터페이스에 있는 아이템에 직접 접근할 수 있도록 해 주며, 인터페이스의 명확함과 완전함에 크게 기여한다. 아이콘은 ① 효율적인 작업 수행, ② 작업환경 일반화, ③ 문자해독 불필요, ④ 용이한 기억촉진, ⑤

신속한 정보확인, ⑥ 정보탐색 가속화, ⑦ 작업공간 극소화, ⑧ 시공간적 개념표현 등의 목적으로 사용되며(강이철, 2019), 감정 표현을 할 수 있는 다양한 형태의 아이콘을 사용하는 것은 사용자에게 친근한 환경을 제공하는 데 도움이 될 수 있다.

탐구 과제

1. 상호작용 설계의 원칙과 전략을 살펴보고, 실제로 사용자들의 접속이 많은 대표적인 인터넷 사이트를 찾아 해당 사이트의 상호작용성에 대해 논의해 보자.
2. 본 장에서 학습한 상호작용 설계의 원리 및 전략, 지침 등을 숙지하고, 이를 기초로 학습자의 관점에서 상호작용성을 최대한 고려하는 화면의 레이아웃을 설계해 보자.

참고문헌

강이철(2019). 교육방법 및 교육공학. 파주: 양성원.

김미량(2000). 학습자 중심 웹 기반 교수-학습체제의 화면설계 전략. 교육공학연구, 16(4), 51-76.

유철중(2001). 사용성이 높은 소프트웨어 제작을 위한 사용자 인터페이스 설계방안. 전라북도교육정보과학원.

이만재, 이상선(2002). 멀티미디어 교과서. 서울: 안그라픽스.

Blattner, M. M., & Dannenberg, R. B. (Eds.). (1992). *Multimedia interface design*. New York: ACM Press.

Faiola, T. (1990). Principles and guidelines for a screen display interface. *The Videodisc Monitor, 8*(2), 27-29.

Faiola, T., & DeBloois, M. (1988). Designing a visual factors-based screen display interface: The new role of the graphic technologist. *Educational Technology, 28*(8), 12-21.

Fleming, M., & Levie, W. H. (Eds.). (1993). *Instructional message design: Principles from the behavioral and cognitive sciences.* Englewood Cliffs, NJ: Educational Technology Publications.

Galitz, W. O. (2007). *The essential guide to user interface design: An introduction to GUI design principles and techniques*(3rd ed.). New York, NY: Wiley.

Gavora, M., & Hannafin, M. (1993). *Interaction strategies and emerging technologies.* ERIC Document Production Service No. ED 363276.

Grabinger, R. S. (1993). Computer screen design: Viewer judgments. *Educational Technology, Research and Development, 41*(2), 35-73.

Grabinger, S. (1998). *Web screen design guidelines for developers.* Paper presented at 10th World conference on educational multimedia and hypermedia and World conference on educational telecommunications, Freiburg, Germany.

Hannafin, M. J., & Hooper, S. (1989). Integrated framework for CBI: Screen design and layout. *Computers in Human Behavior, 5*(1), 155-165.

Laurel, B. (Ed.). (1990). *The art of human-computer interface design.* Reading, MA: Addison-Wesley.

Lin, S., Wang, H., & Yan, J. (2019). *Application of interactive design in visualization of production decision management.* DOI: 10.31058/j.ad.2019.21001.

Lynch, P. J., & Horton, S. (2016). *Web style guide: Foundations of user experience design*(4th ed.). Yale University Press.

Mayhew, D. J. (1992). *Principles and guidelines in software user interface design.* Englewood Cliffs, NJ: Prentice-Hall.

Marcus, A. (1982). *Managing facts and concepts.* Washington: National Endowment for the Arts, Design Arts Program.

Marcus, A. (1995). Principles of effective visual communication for graphical user interface design. In Baecker, R. M., Buxton, W., & J. Grudin (Eds.), *Readings in human-computer interaction: Toward the year 2000.* San Francisco, CA: Morgan Kaufmann.

Moore, M. G., & Kearsley, G. (2012). *Distance education: A systems view of online learning.* Belmont, CA: Wadsworth Publishing.

Mukherjee, P., & Edmonds, G. S. (1993). *Screen design: A review of research.* ERIC Document Reproduction Service No. ED 370561.

Pasztor, D. (2017). *How to start screeen design and 8 principles you should consider.* Retrieved from https://uxstudioteam.com/ux-blog/screen-design/#1_Three_guiding_questions_of_screen_design

Pett, D., & Wilson, T. (1996). Color research and its application to the design of instructional materials. *Educational Technology Research & Development, 44*(3), 19-35.

Reeves, T. C. (1994). *Text design guidelines*. Retrieved from http://coe.etsu.edu/departments/cuai/danielsh/5700/tools/prod/text_design.pdf

Reid, P. (1985). *Fundamentals of human-computer interaction.* London: Academic Press.

Reilly, S. S., & Roach, J. W. (1986). Designing human computer interfaces: A comparison of human factors and graphic arts principles. *Educational Technology, 26*(1), 36-40.

Rogers, Y., Sharp, H., & Preece, J. (2011). *Interaction design: Beyond human-computer interaction*(3rd ed.). John Wiley & Sons Ltd.

Saffer, D. (2010). *Designing for interaction: Creating innovative applications and devices*(2nd ed.). Berkeley, CA: New Riders.

Schwier, R., & Misanchuk, E. R. (1995). *The art and science of color in multimedia screen design, Part 1: Art, opinion, and tradition*. ERIC Document Reproduction Service No. ED 381143.

Shneiderman, B., Plaisant, C., Cohen, M., Jacobs, S.M., Elmqvist, N., & Diakopoulos, N. (2017). *Designing the user interface: Strategies for effective human-computer interaction*(6th ed.). Upper Saddle River, NJ: Pearson Merrill Prentice Hall.

Smaldino, S. E., Lowther, D. L., Mims, C., & Russell, J. D. (2019). *Instructional technology and media for learning*(12th ed.). Upper Saddle River, NJ: Pearson Merrill Prentice Hall.

CHAPTER 08

교수-학습 유형별 설계 방법

교수-학습 활동의 특성에 따라서 e-Learning 컨텐츠의 유형을 분류하는 방법은 다양하다. 이 장에서는 개인교수, 반복연습, 시뮬레이션, 교육용 게임, 자료제시, 문제해결 등과 같은 유형 분류의 방법을 소개한다. 최근 들어서 이 유형들 중에서 하나의 유형에만 초점을 두기보다는 개발 목적에 따라서 한 컨텐츠 내에 여러 유형을 통합적으로 연계하여 개발하는 사례들이 다양하게 나타나고 있다. 하지만 각 유형은 기본적으로 각각 다른 교수-학습의 목표 및 특성에 따라 설계된다. 이 장에서는 각 유형별 특징, 설계 전략 그리고 컨텐츠의 예에 대해 살펴보기로 한다.

1 개인교수

1.1 개인교수 유형의 특징

개인교수 유형의 컨텐츠는 학습자 개개인의 수준과 관심에 맞게 새로운 개념, 원리 등의 지식을 가르치고자 할 때 활용되는 유형이다. 이는 연습이나 학습평가를 위한 유형이라기보다는 내용의 제시나 기능의 모델링을 바탕으로 학습자가 그 내용이나 기능을 사용하여 볼 수 있도록 안내하는 데 초점을 맞춘다. 컴퓨터를 활용하여 가르치는 대부분의 경우는 언어 정보나 지적 기술 영역이다. 개인교수 유형의 컨텐츠 학습을 위해서는 그 컨텐츠가 학습이론에 근거하여 설계되어야 하고, 학습 목표와 학습 결과를 평가하는 방법과 학습을 시키는 전략이 조화롭게 개발되어야 한다. 따라서 학습 목표는 구체적으로 서술되어야 하고, 그러한 목표의 달성도를 측정하는 방법과 결과도 명확하게 제시되어야 한다. 개인교수 유형은 그 진행에 있어서 선형적 혹은 분지 형태로 진행된다.

1.2 개인교수 유형의 설계 전략

개인교수 유형의 기본 구조와 진행 절차는 [그림 8-1]에 정리된 바와 같다.

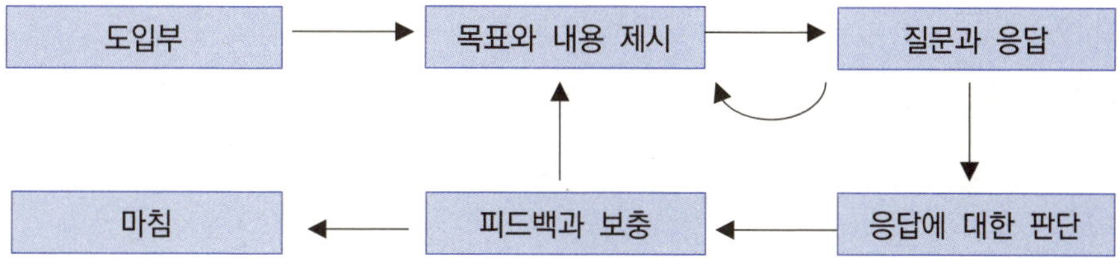

[그림 8-1] 개인교수 유형의 기본 구조

- **도입부**: 컨텐츠 타이틀과 함께 학습할 제목과 학습 목표가 제시되며, 선수 학습을 상기할 수 있는 기회가 주어진다. 도입부의 화면은 학습자의 관심을 끌면서 친근감을 끌 수 있도록 구성한다. 학습 순서와 내용을 선택할 메뉴가 제시되고, 사전 지식을 확인하거나 사전 검사를 받을 수 있다. 또한 프로그램에 관한 사용법에

대해 안내가 제공된다.

- **목표와 내용 제시**: 수업의 중심 단계라 할 수 있으며, 주로 텍스트, 그래픽, 음성 등의 형태로 제공된다. 학습자의 수준과 특성을 고려하여 제시할 내용의 양과 수준을 결정해야 하며, 재미있는 그래픽이나 애니메이션을 이용하여 학습자의 흥미를 끌도록 구성해야 한다. 제시되는 내용의 일반적인 유형은 언어적 정보, 개념, 원리, 기능 등으로 분류되며, 각 유형에 관한 자세한 설계 전략은 9장(지식의 유형별 설계 방법)을 참고하기 바란다. 또한 제시되는 자료의 여러 형태별(그래픽, 사운드, 애니메이션 등) 설계 전략은 11장(컨텐츠 개발)에서 자세히 다루고 있다.
- **질문과 응답**: 학습자의 흥미와 주의를 집중시키고, 학습자의 학습 수준과 이해정도를 가늠하며 후속 학습의 계열을 정하기 위해 다양한 질문을 제시한다. 여기에서 제시되는 질문의 형태로는 반응선택형(예: 선다형, 진위형, 배합형)과 반응구성형(예: 완성형, 단답형, 서술형)[1)]을 활용할 수 있다.
- **응답에 대한 판단**: 컴퓨터는 학습자의 응답을 판단한다. 여기에서 나타날 수 있는 학습자의 응답은 정확한 응답, 부분적으로 정확한 응답, 오류 응답, 또는 정확성을 판단하기 어려운 반응(예: 학습자의 이름) 등으로 구분될 수 있다.
- **피드백과 보충**: 학습자의 응답에 대해 긍정적이며 교정적인 피드백을 제공한다. 텍스트, 그래픽, 음성, 동영상 등을 이용하여 피드백을 제시할 수 있다. 학습자의 반응에 대한 프로그램의 응답 피드백이 옳은 반응 후, 중립적 반응 후, 내용 오류 반응 후 등에 제시된다. 교정적 정보를 제시하는 경우, 틀리게 반응한 정보내용을 재미있고 쉬운 예문이나 그래픽을 사용해서 반복적으로 제시한다.
- **마침**: 단원 학습이 끝나면 학습 내용을 요약해 주며, 후속 학습에 대한 안내를 제공한다. 단원 학습이 종료되지 않은 단계라 할지라도 일시적으로 종료한 후 이후에 다시 그 위치로 돌아올 수 있어야 한다. 또한 프로그램을 완전히 종료한다는 인상을 줄 수 있는 마침 메시지(예: 이 프로그램을 종료하시겠습니까? 예, 아니오)를 제시하는 것이 바람직하다.

효과적인 개인교수 유형은 다음과 같은 학습 전략을 세울 수 있다.

- 학습자의 주의를 끌고 동기를 유발시키기 위하여 학습자의 관심을 끌 수 있는

1) 정보교육의 ABC(이옥화 외, 2007)의 6장을 참고하기 바람.

내용을 제시하며, 학습자가 컨텐츠에서 배울 내용과 관련 있는 사전 지식으로 기억을 상기시킨다.

- 학습자의 연령이나 성숙도에 따라 적합한 학습목표를 제시한다.
- 학습 내용은 해설, 그래픽, 모의실험 등을 사용하여 적절한 방법으로 제시하며, 학습자에게 기대되는 수행 정도를 포함한 예를 제시할 뿐 아니라 학습 목표에 맞는 연습 기회를 제공한다.
- 연습 수행에 대한 피드백을 제공하되, 맞고 틀린 것에 대한 피드백뿐만 아니라 틀린 것은 왜 틀렸는지에 대해 알려주고, 자신의 틀린 답을 수정할 수 있는 기회를 제공한다.
- 전이나 파지를 위한 학습 활동의 기회를 제공하고, 향후 학습에 어떻게 도움이 되는지도 알려준다.

1.3 개인교수 유형 컨텐츠의 예

- 영어신과 함께하는 신나는 여행

초등 6학년 영어 학습을 위한 컨텐츠이다. '길을 묻고 답하는 말하기', '초등 단어 정복하기' 등의 내용에 대해 자기주도적 학습과 게임기반 학습이 가능하도록 구성되어 있다(교육정보화 연구대회 교육용 소프트웨어 분과 1등급 수상작. 개발자: 조상철, 최해진 선생님).

• Dr. Saul's Biology in Motion(http://www.biologyinmotion.com/index.html)

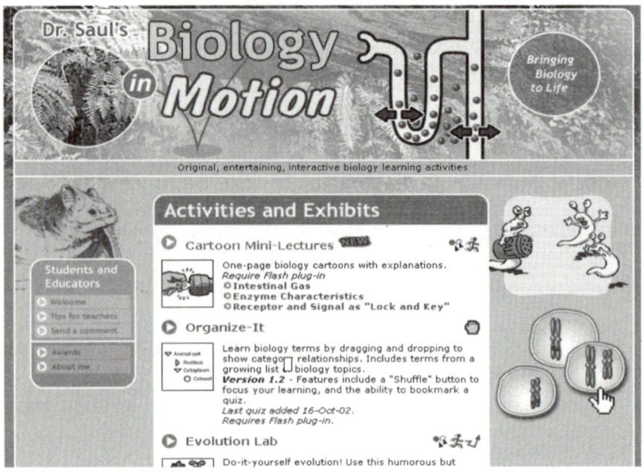

생물학과 관련된 여러 테마를 간단한 만화 또는 플래시로 설명한다. 학습자가 쉽게 관심 갖는 주제에서 난이도가 있는 학습 내용까지 다양한 학습 내용을 포괄적으로 다루고 있다.

2 반복연습

2.1 반복연습 유형의 특징

반복연습 유형의 컨텐츠는 학습자에게 새로운 개념을 가르치기보다는 학습자들이 이미 배운 개념이나 지식을 유지하고 더욱 신속하고 정확하게 수행하여 정규 학습과정을 보충·심화하도록 하기 위하여 사용된다. 이 유형은 연습 활동의 기회를 제공함으로써 기초적인 어학 기능, 구구단 암기, 연산 기능, 어휘 숙달 등과 같이 기능 숙달을 위한 학습에 유용하다. 그러므로 반복연습 유형의 컨텐츠는 학습자에게 질문, 문제 상황 등을 제시하고 학습자로 하여금 응답하게 한 후 컴퓨터는 이에 대한 피드백을 주고 수정이 필요한 경우 수정하게 한다. 그 후 다음 질문이나 문제로 진행한다.

2.2 반복연습 유형의 설계 전략

반복연습 유형의 기본 구조와 진행 절차는 다음과 같다.

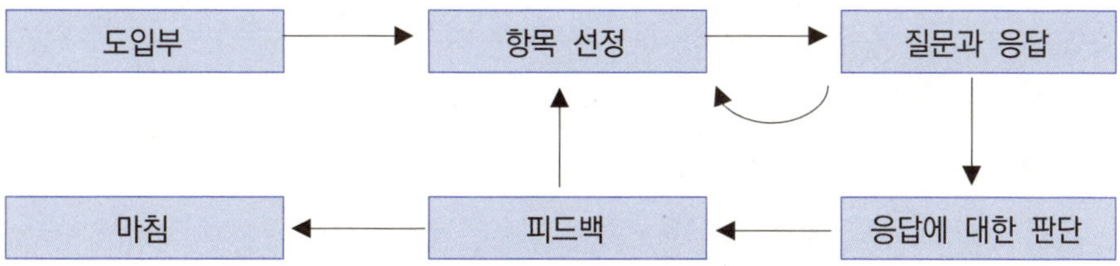

[그림 8-2] 반복연습 유형의 기본 구조

- **도입부**: 해당 컨텐츠의 특성에 대한 설명과 함께 학습할 내용, 학습 요령에 대한 안내를 제시한다.
- **항목 선정**: 연습할 항목을 선택하도록 하거나, 자동으로 제시하기도 한다. 항목은 표준적인 질문과 응답을 포함한다. 컴퓨터상에서 제시되는 항목의 유형으로는 음성/텍스트, 텍스트/그림, 음성/그림 등이 있으며 학습자 특성, 학습 목표, 학습 난이도 수준 등을 고려하여 그 유형을 결정한다. 문항의 난이도 수준은 학습자보다는 프로그램 자체가 통제하는 것이 바람직하다.
- **질문과 응답**: 선정한 질문 문항에 학습자가 응답을 하도록 한다. 이때 항목의 난이도는 일정하게 유지한다.
- **응답에 대한 판단**: 컴퓨터는 학습자의 응답을 판단한다. 응답이 옳지 않은 경우 다시 응답할 수 있는 기회를 준다.
- **피드백**: 적합한 피드백을 제공한다. 옳은 반응에 대해서 짧은 확인 피드백을 주며, 옳지 않은 반응에 대해서는 즉각적인 교정적 피드백을 준다.
- **마침**: 학습 활동을 마치게 된다. 이때, 연습하여야 하는 문항을 모두 마칠 때까지 문항 선정, 질문과 응답, 응답에 대한 판단, 피드백의 과정은 계속적으로 반복된다.

효과적인 반복연습 유형은 다음과 같은 학습 전략을 세울 수 있다.

- 이미 배운 지식이나 기술을 제시할 때, 학습자의 선수 지식, 기술 등을 고려하여 설계한다.
- 학습자가 반복되는 연습을 수행할 기회를 많이 제공한다.

- 학습자의 반응에 대해 명확히 지도해 주어야 한다. 정확하게 답을 한 반응은 학습을 강화하고 심화시켜 준다. 틀리게 답을 한 반응에 대해서는 틀린 이유를 설명해 주며, 다시 응답할 수 있는 기회를 제공한다.
- 반응은 간단하고 즉각적이어야 하며, 여러 번 반응할 수 있도록 하며 복잡한 절차와 불필요한 정보를 최소한으로 줄인다.
- 연습은 작은 단위로 나누어 짧은 시간에 하는 것이 많은 내용을 장시간에 걸쳐 하는 것보다 효과적이다.
- 효율적으로 구성한 분지, 색, 음향, 그래픽 등의 다양한 기법을 사용하여 흥미로운 학습 환경을 제공한다.
- 학습자의 단기 기억에 관한 특성을 이해하여 이에 적합한 반복 연습 기회를 제공한다.
- 학습자의 수행 과정과 수행 정도에 관한 기록을 저장하여 이를 활용할 수 있게 한다.
- 반복적인 학습 유형이라는 단점을 극복하기 위하여 다른 학습자, 컴퓨터 내의 경쟁자, 시간과의 경쟁적 요소 등을 포함할 수 있다.

2.3 반복연습 유형 컨텐츠의 예

- I love Maths(Dorling Kindersley LTD 제작)

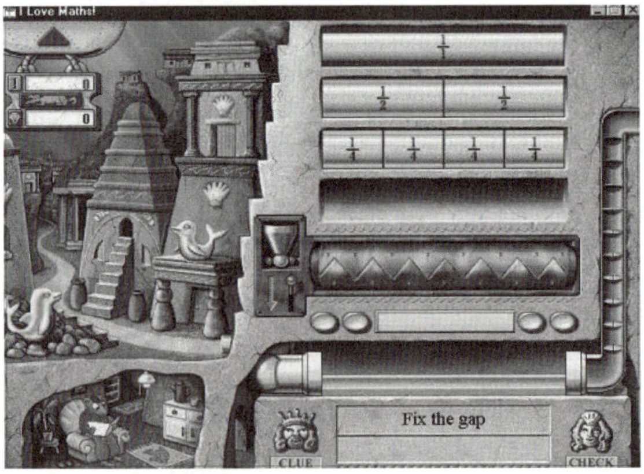

1,250개의 깊이 있는 수학 주제를 학습할 수 있도록 구성되었으며, 전문가에 의해 구성된 커리큘럼을 기초로 3,000개의 문제들을 학습할 수 있다.

• 수학 교실(아리수에듀 보급)

덧셈, 뺄셈, 곱셈, 나눗셈, 등치, 근사치 등 여섯 가지의 연산을 반복해서 학습할 수 있고, 각 연산별로 난이도 수준을 구분하여 문제를 제시한다.

3 시뮬레이션

3.1 시뮬레이션 유형의 특징

컴퓨터나 모바일을 활용하여 학습할 수 있다는 점에서 접근성이 뛰어나 효과적이면서 인기가 높아지고 있는 유형이 시뮬레이션이다. 시뮬레이션은 실제와 유사한 상황을 컴퓨터 스크린에 표현하여 컴퓨터의 특성을 가장 잘 활용한 학습 방법이라 할 수 있다. 그렇기 때문에 다른 유형보다 흥미롭고 동기유발적 측면에서 우수할 뿐 아니라 실제 상황과 유사한 상황에서 학습한다는 인식을 가져올 수 있다. 시뮬레이션에서는 컴퓨터가 미리 정해 놓은 상황을 제시하는 것이 아니라, 학습자의 반응에 민감하게 대처하여 변화하는 상황을 제시한다. 실제로는 비용이 많이 들거나, 오랜 시간이 걸리거나, 위험이 동반될 수 있는 상황 등을 시뮬레이션을 통하여 간접적으로 체험하도록 함으로써 비용, 시간, 위험 부담 등을 줄일 수 있다.

3.2 시뮬레이션 유형의 설계 전략

시뮬레이션을 통하여 학습자는 능동적으로 의사 결정을 하는 가운데 학습 목표를 성취하게 된다. 따라서 시뮬레이션은 다양한 교과 영역에서 교사들이 시뮬레이션 방법을 이용해 생동감 있고 흥미로운 교과목 학습을 가능하게 한다는 지지를 받고 있다. 또한 협동 학습과 대규모 학습에도 유용하게 활용될 수 있어서 개인이 의사 결정 과정을 통하여 학습할 뿐만 아니라 소그룹이 토의를 통해 의견 일치를 만들어 가며 학습할 수 있고, 한 학급 전체가 컴퓨터 상호작용을 유도해 가면서 한 대의 컴퓨터로도 학습하는 것이 가능하다. 시뮬레이션 유형의 기본 구조와 진행 절차는 [그림 8-3]과 같다.

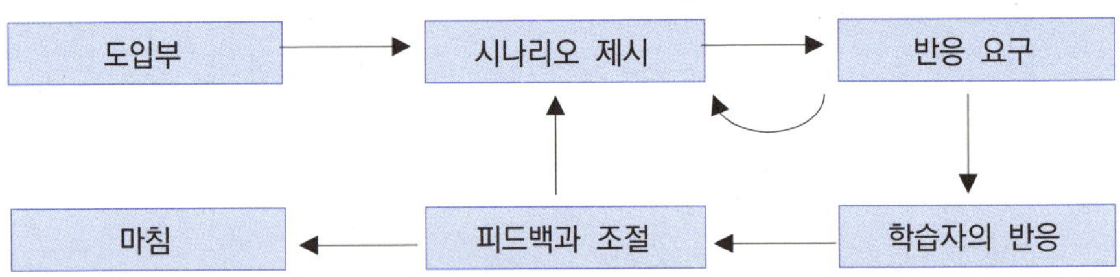

[그림 8-3] 시뮬레이션 유형의 기본 구조

- **도입부**: 컨텐츠 타이틀 화면과 함께 학습 목표, 학습 활동에 관한 명확한 지시사항을 제공한다. 시뮬레이션 유형은 다른 유형에 비해 학습의 절차가 다소 복잡하므로 학습자에게 학습의 내용 및 방법에 대해 자세하게 설명하는 것이 필요하다.
- **시나리오 제시**: 시뮬레이션 상황이 전개되는 시나리오를 제시한다.
- **반응 요구**: 제시된 시나리오에 대한 학습자의 반응을 요구한다.
- **학습자의 반응**: 다양한 형태로 학습자가 반응을 입력하도록 한다.
- **피드백과 조절**: 학습자의 반응 결과에 대해 피드백을 제공하고, 수정된 시나리오를 제시한다.
- **마침**: 시뮬레이션 활동을 마치며 활동의 과정과 결과에 대한 요약을 제시한다.

3.3 시뮬레이션 유형 컨텐츠의 예

시뮬레이션은 다음과 같이 물리적 시뮬레이션, 절차적 시뮬레이션, 상황적 시뮬레이션, 과정적 시뮬레이션 등으로 분류할 수 있다.

3.3.1 물리적 시뮬레이션

물리적 현상에 대해 학습자가 실험실에서 기구를 직접 다루지 않고도 컴퓨터를 통해 간접적으로 실험을 조작하며 학습할 기회를 제공하는 시뮬레이션으로서 물리학, 생물학, 공학 분야 등에서 활용될 수 있다. 물리적 시뮬레이션은 전류의 흐름, 빙하의 변화 등과 같은 세계와 자연의 현상 및 변화를 관찰할 수 있는 유형이다. 대표적인 컨텐츠의 예로는 SimCity, SimFarm, SimEarth 등의 Sim 시리즈가 있다.

- SimCity EDU(Simcity EA)
  (https://www.origin.com/kor/ko-kr/store/simcity/simcity)

미국의 STEAM 교육정책에 따라 학생들을 위해 기존의 SimCity를 교육목적에 맞게 제작한 사이트이며, 도시의 시장이 되어 도시를 만들고, 발전시킬 수 있는 기회를 제공한다. 과학(Science), 기술(Technology), 공학(Engineering), 예술(Arts), 수학(Mathematics) 부문의 내용을 시뮬레이션 조작을 통하여 이해할 수 있으며, 현대 도시가 직면한 어려움과 도시 계획, 환경 관리, 사회 경제 개발 등과 관련한 내용을 복합적으로 배울 수 있다.

3.3.2 절차적 시뮬레이션

컴퓨터가 문제 상황을 제시하고, 학습자가 반응하면 그에 대한 피드백을 제공하는 상호작용을 통하여 일이나 작용들의 순서와 절차를 학습하도록 설계된 시뮬레이션 형태이다. 항공기 운항, 시약 적정법 등의 모의학습이 포함된다. 구체적인 예로는 화학 실험 절차에 관한 Burette, 식물의 반응에 관한 BioLab, 모의 비행에 관한 Flight Simulator, 여행에 관한 Amazon Trail/Africa Trail 등이 있다.

- BioLab(Exploring Plant Responses)
  (https://www.classzone.com/books/hs/ca/sc/bio_07/virtual_labs/virtualLabs.html/)

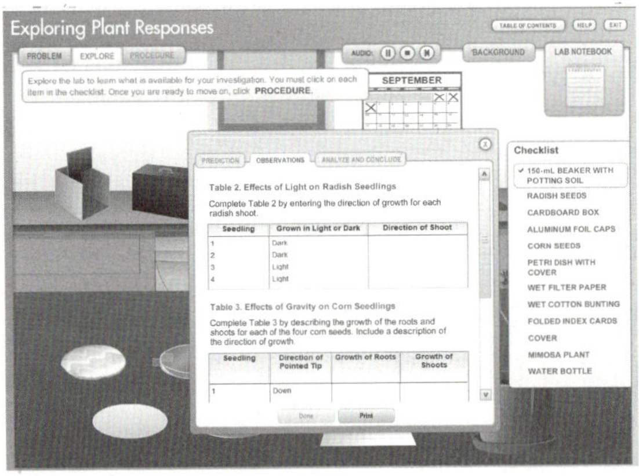

다양한 자극(빛, 중력, 그리고 접촉 등)에 어떻게 반응하는지 식물을 절차적으로 관찰해 볼 수 있도록 고안된 사이트이다. 개구리의 표피를 자르는 방향부터 순서, 각 장기들의 이름과 위치까지 모두 살펴볼 수 있다.

3.3.3 상황적 시뮬레이션

복잡하고 다양한 실생활에 대한 이해를 높이고 여러 상황 속에서 문제해결 능력을 신장하기 위해 여러 가지 역할을 수행하도록 설계된 시뮬레이션 형태이다. 대부분의 상황은 역할 수행해보기 기법을 사용한다. 이는 교사나 변호사 훈련에도 활용되며 마케팅, 노사 관계, 상담 기술 등과 같은 기업교육에서 많이 활용된다. 그 예로는 회사의 창업에서부터 시장 경쟁까지 다양하고 실제적인 비즈니스 관련의 Capitalism이 있으며, 핫도그나 아이스크림 장사 전략을 다루는 Hot Dog Stand, Stand-Top Dog, Ice Cream Truck, 변호사 교육과 관련한 Interactive Courtroom 등을 들 수 있다.

• Surgery-game(http://www.surgery-games.org/)

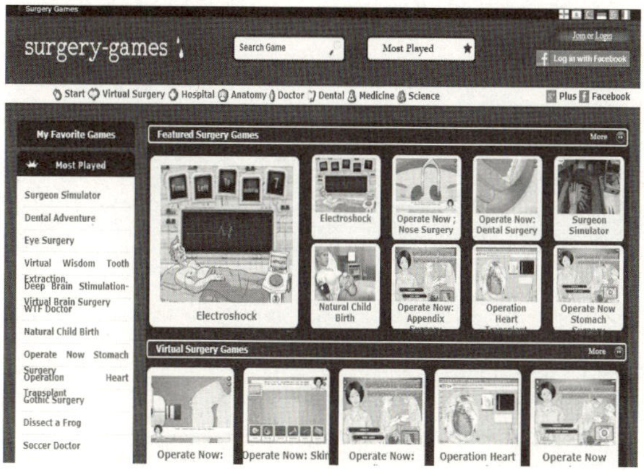

의사가 되어 여러 의학 분야의 수술 및 처치를 경험할 수 있는 사이트로서 다양한 컨텐츠를 제공한다. 해결해야 할 상황이 제시되고, 이에 맞게 적절한 치료가 이루어질 수 있도록 모의 수술 게임 형식으로 진행된다.

3.3.4 과정적 시뮬레이션

여러 가지 변인들을 상호작용시켜서 사건이 일어나는 과정이 어떻게 변화하는가를 파악하도록 설계된 시뮬레이션 유형이다. 주로 경제학에서의 수요 공급 법칙, 인구의 변화와 같은 생태학, 고양이와 같은 동물의 유전적 가설 검증 등과 같이 쉽게 눈으로 관찰하기 힘든 과정들을 학습하는 데 유용하다.

• Interactive Physics(http://www.design-simulation.com/IP/index.php)

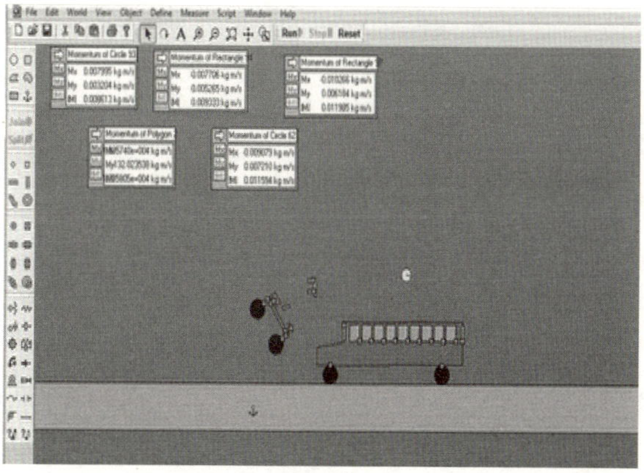

물리와 관련하여 교실에서 활용 가능한 다양한 시뮬레이션을 볼 수 있다. 학습자가 여러 가지 변인 값을 정하여 입력하면 그 과정을 시뮬레이션으로 보여준다.

4 교육용 게임

4.1 교육용 게임 유형의 특징

교육용 게임 유형의 컨텐츠는 교육용 컨텐츠에 목표, 규칙, 경쟁, 흥미, 도전, 호기심 등의 게임적인 요소를 첨가하여 특정 기능을 습득하는 데 보다 흥미로운 학습이 되도록 설계·제작된 유형으로 에듀테인먼트라고 불리기도 한다. 이는 시뮬레이션 유형과 그 구조가 비슷하지만, 일련의 규칙에 의해 진행되며, 다양한 유형의 반복연습 게임을 사용하기도 하고, 프로그램의 종결 부분은 반드시 승자와 패자가 결정된다는 점에서 차이가 있다.

게임적인 요소는 모든 종류의 학습에 활용될 수 있고, 학습자의 능동적인 참여를 유도하므로 게임 유형의 컨텐츠는 다른 유형의 컨텐츠에서도 통합적으로 활용될 수 있다. 교육용 컨텐츠에서 활용할 수 있는 게임의 종류는 매우 다양하다. 이를 유형별로 분류하면 탐험 유형, 판/카드놀이 유형, 전투 유형, 논리 유형 등이 있으며 각각의 개념은 다음과 같다.

- **탐험 유형**: 학습자는 게임의 주인공으로 게임이 제공하는 단서나 정보를 이용하여 미지의 세계를 탐구하며 알아가는 유형
- **판/카드놀이 유형**: 장기, 바둑, 윷놀이 등 전형적인 놀이판이나 카드 게임을 컴퓨터로 진행하는 유형
- **전투 유형**: 학습자와 학습자 또는 학습자와 컴퓨터가 무기, 전술을 이용하여 서로 전투하는 유형
- **논리 유형**: 논리적인 사고를 이용하여 학습자가 주어진 문제를 풀어 가는 유형

4.2 교육용 게임 유형의 설계 전략

게임은 승자와 패자의 요소가 있어 매우 흥미로울 뿐만 아니라 학습자로 하여금 목적을 달성하고 보상을 받고 높은 점수를 얻기 위해 능동적으로 참여하도록 한다. 따라서 게임에서 고려하여야 할 요소는 학습자의 흥미를 유발할 수 있는 애니메이션, 그래픽, 음향 효과 등의 효과 처리와 학습자의 능력에 맞추어 속도나 난이도를 조절할 수 있는 기능의 유무이다. 게임 유형의 기본 구조와 진행 절차는 다음과 같다.

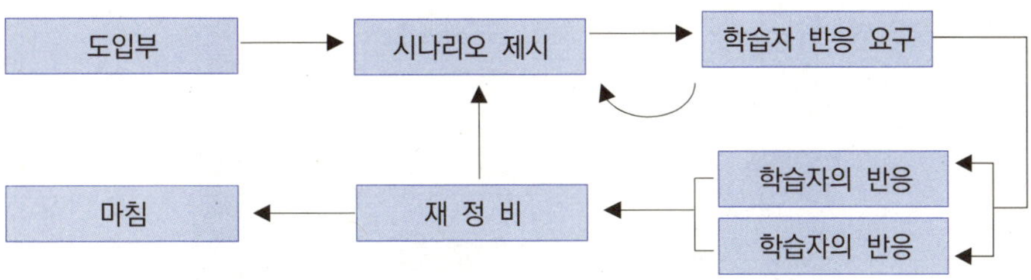

[그림 8-4] 교육용 게임 유형의 기본 구조

- **도입부**: 게임의 목적, 규칙(경기자, 게임 진행 절차, 제한 사항, 벌칙 등), 게임 사용 방법 및 선택 사항 등을 소개하며 명확한 게임의 방향이 제공된다.
- **시나리오 제시**: 게임 상황이 전개되는 재미있고 흥미로운 시나리오를 구성하여 제시한다. 학습 활동에 따라 게임 유형은 매우 다양한 시나리오로 구성될 수 있다. 시나리오는 학습의 목적에 따라 현실성에 가까운가, 단순한가, 활동에 보다 집중적인가, 이해에 중점을 두고 있는가, 정의적인 측면을 강조하는가, 인지적인 측면을 강조하는가 등을 고려하여 그 설계 목적을 구체화한다. 또한 게임은 불확실해야 좀 더 도전적이 된다는 점에서 다양한 수준의 난이도와 목표, 게임 속에 정보를 감춘다거나 무작위적인 흐름으로 구성할 수 있다. 또한 감각적이며 인지적인 호기심을 유발할 수 있는 시나리오이어야 한다. 경쟁자는 자기 자신 혹은 단체, 컴퓨터일 수 있으며, 기능과 우연적인 요소, 승리와 패배적 요소가 조화롭게 구성되도록 한다.
- **학습자 반응 요구**: 게임에 관한 정보, 전략, 도움말을 적절히 선택할 수 있어야 하며 제시된 게임 시나리오에 대해 학습자가 반응하도록 유도한다.
- **학습자의 반응**: 다양한 형태로 학습자가 반응을 입력한다.
- **재정비**: 학습자의 반응에 따라 경쟁을 하게 되고, 게임이 끝나면 게임의 승자를

알려 준다.

- **마침**: 게임을 마치는 부분에서는 승자가 누구인지 결정하여 주며, 승리에 대한 적절한 보상이 제공된다. 또한 지금까지의 게임 진행 상황이나 성적 등을 알려주기도 한다. 그리고 최종적으로 학습자가 게임을 종료할 수 있는 버튼이 있어 이를 선택함으로써 게임을 마치게 된다.

4.3 교육용 게임 유형 컨텐츠의 예

- **탐험 유형의 예**: The Clue Finders 4th Grade Adventures (러닝컴퍼니 제작/엠피지코리아 보급)

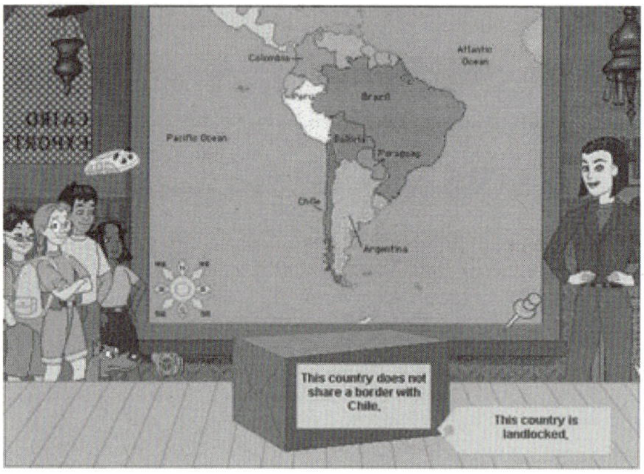

고고학 탐험을 하면서 재앙의 땅으로부터 탈출하기 위해 다양한 문제를 해결해 나가는 게임이다. 영어, 수학, 읽기, 과학, 지리 영역을 학습하며, 논리·추리력이 요구된다.

• **전투 유형의 예:** Addingtons(Knowledge Adventure 제작)

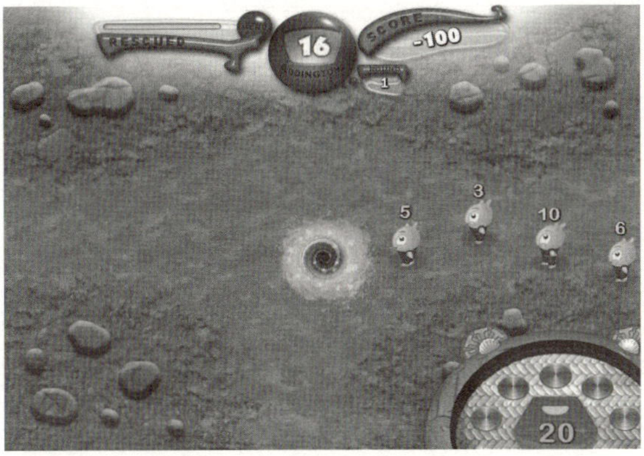

유치원 혹은 초등학생 대상으로 숫자를 의미하는 캐릭터들이 등장하면서 덧셈 연산 게임이 제공된다.

• **논리 유형의 예:** 줌비니의 논리 여행(아리수에듀 보급)

줌비니와 함께 여행하며 수학 개념 및 논리를 이해할 수 있도록 다양한 수학적 사고 능력을 개발시킨다. 예를 들어서, 오른쪽 그림의 진흙공벽은 대포로 점이 찍혀 있는 벽돌을 맞추면 점의 숫자만큼 줌비니들이 이동할 수 있다. 이때, 공의 모양이나 색깔과 벽돌의 가로와 세로 사이에는 일정한 규칙이 있는데 이를 찾아내야 한다.

5 자료제시

5.1 자료제시 유형의 특징

자료제시 유형의 컨텐츠는 많은 분량의 자료를 저장하여 학습자가 필요한 자료를 찾아볼 수 있도록 한다. 따라서 이 유형의 컨텐츠는 양질의 자료를 수집하거나 개발하는 것은 물론, 자료의 조직 및 제시 방법에 따라서 자료 검색 효과와 효율성에 영향을 주게 되기에 그 설계에 있어서도 세심한 주의가 필요하다.

5.2 자료제시 유형의 설계 전략

자료제시 유형의 구조와 각 단계별 설계 전략을 살펴보면 다음과 같다.

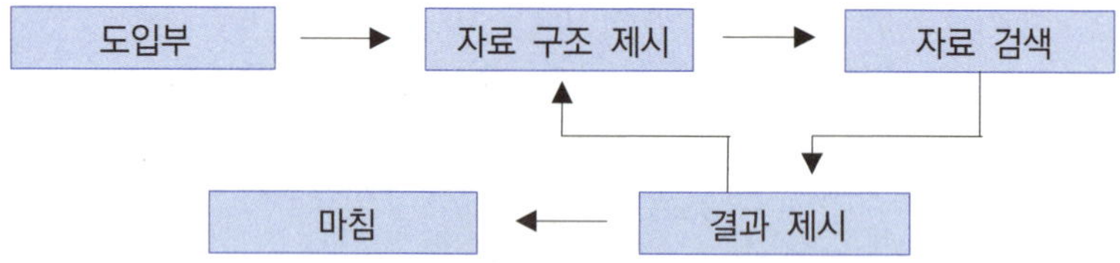

[그림 8-5] 자료제시 유형의 기본 구조

- **도입부**: 개요 부문에서는 두 가지 내용을 제시할 필요가 있다. 먼저 자료의 조직 형태, 자료의 특성, 자료 검색 방법 등에 대해 소개해야 한다. 또한 자료를 찾거나 정리하는 데 필요한 기능키 또는 아이콘의 이용 방법에 대한 설명을 제공한다. 이때, 그 이용 방법은 대상 학습자의 수준을 고려하여, 가능한 한 간단하고 쉽게 설계되어야 한다.
- **자료 구조 제시**: 이 유형의 컨텐츠는 다량의 자료를 다루기에 제시하는 자료를 잘 조직해야 할 뿐만 아니라 그 구조에 대한 정보를 학습자에게 제공해야 한다. 자료의 조직과 제시에 대한 세부 설계 방법은 다음과 같다.
  - 자료의 조직: 자료의 조직은 유사한 자료끼리 분류하는 방법과 주제에 따라 분류하는 방법이 주로 사용된다.

- 자료 제시: 자료의 구조를 제시하기 위해서 풀다운 메뉴, 아이콘을 이용한 메뉴, 팝업 메뉴 등이 많이 사용된다. 풀다운 형식의 메뉴는 전체적인 구조를 쉽게 파악하도록 하고, 진행 중에 다른 메뉴로 자유롭게 이동할 수 있도록 한다. 한편, 아이콘을 이용한 메뉴는 시각적으로 표현되기에 메뉴의 기능을 쉽게 전달하고, 학습에 대한 동기를 유발할 수 있다. 이와 비교할 때, 팝업 메뉴는 자료의 구조를 한눈에 보고, 소주제로 쉽게 이동할 수 있다는 장점이 있다.

• **자료 검색**: 자료 검색과 관련해서는 자료별 이동이 자유롭고, 의도하는 대로 쉽게 자료를 찾을 수 있도록 필요한 기능을 제공해야 한다.

• **결과 제시**: 결과를 제시할 때에는 정보의 전체 구조를 정리하고, 검색된 정보를 제시해야 한다. 결과로 제시된 각 화면 전체뿐만 아니라 검색 결과 중 원하는 부분을 프린터로 출력할 수 있도록 필요한 기능을 제공하는 것이 바람직하다.

• **마침**: 검색된 모든 자료를 제시하거나, 학습한 사항을 정리하여 제시하면서 컨텐츠를 끝낸다. 이 단계에서도 결과 제시 단계와 마찬가지로 학습자가 원하면 학습된 자료는 저장하거나 인쇄할 수 있도록 필요한 기능을 제공하는 것이 바람직하다.

5.3 자료제시 유형 컨텐츠의 예

• 브리태니커 온라인(http://premium.britannica.co.kr/)

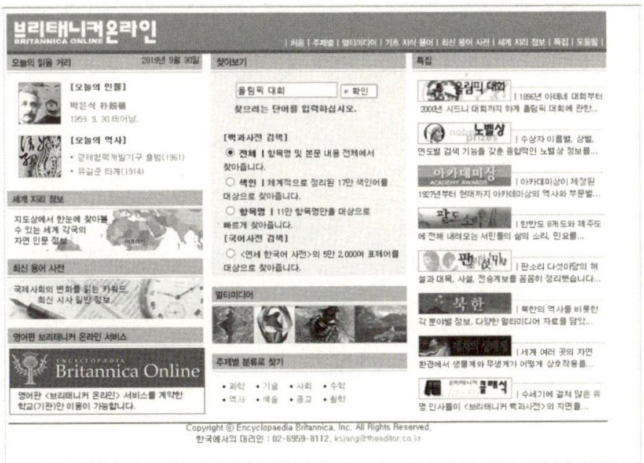

브리태니커 백과사전, 세계 연감, 세계 지리, 세계 통계, 세계사 연표, 인물 정보 사전, 지역 정보 사전, 각종 전자 사전 등을 제공하여 다양하고 방대한 자료들을 사용자가 쉽게 검색하여 볼 수 있도록 지원한다.

• 위키HOW(http://www.wikihow.com/Main-Page)

건강, 교육, 여행, 응급상황 등 정보 일반에 대하여 검색하고 정보를 찾아볼 수 있는 사이트이다. 관련 기사부터 예방책, 해결 방법에 이르기까지 다양하고 상세한 정보를 한눈에 찾아볼 수 있다.

6 문제해결

6.1 문제해결 유형의 특징

문제해결이란 고차적인 사고 기능을 요구하며, 문제 상황이 주어졌을 때 문제의 요구 사항과 주어진 조건을 분석하고, 이전에 학습한 개념, 원리, 절차, 인지 전략 등을 적용하여 해결책을 도출하고, 수행하며, 수행 과정을 평가하는 일련의 활동들을 의미한다(김동식, 정옥년, 장상필, 2002; 임철일, 2012). 따라서 문제해결 유형의 컨텐츠는 다양한 지식과 기능을 통합적으로 적용하도록 하는 문제 상황은 물론, 학습자들이 해결 과정을 보다 효과적으로 수행할 수 있도록 지원하는 방안들을 제시한다.

이 컨텐츠에서 제시되는 문제 공간은 문제해결의 목표 상태, 주어진 조건과 제한점을 포함한 현재 상태, 그리고 주어진 상태에서 목표 상태로 이동하기 위해서 거쳐야 하는 중간 상태로 이루어진다. 문제해결 유형의 컨텐츠는 목표 상태와 주어진 상태가 분명한 문제 상황을 제시하는 구조화된 문제(structured problem) 또는 그 두 가지 상태가 잘 알려져 있지 않아서 해결책이 불분명한 비구조화된 문제(ill-structured problem)를 다룰 수 있다. 한편, 문제의 유형은 논리 문제, 연산 문제, 스토리텔링 중심의 문제, 의사결정 문제 등과 같이 다양하다. 이 중에서 다른 컨텐츠 유형과 구분되는 문제해결 유형의 특성을 고려하여, 최근에는 스토리텔링 기법을 이용한 문제해결 학습에 대한 관심이 고조되고 있다(유영만 외, 2002; Reiser, & Dempsey, 2011; Schank, Berman, & MacPherson, 1999). 스토리텔링이란 생활 속에서 일어날 수 있는 이야기의 전개 속에서 문제해결 상황을 제시하고, 관련 정보와 지식을 적용하여 문제를 해결하도록 하는 설계 방법이다.

6.2 문제해결 유형의 설계 전략

문제해결 유형의 구조와 각 단계별 설계 전략을 살펴보면 다음과 같다.

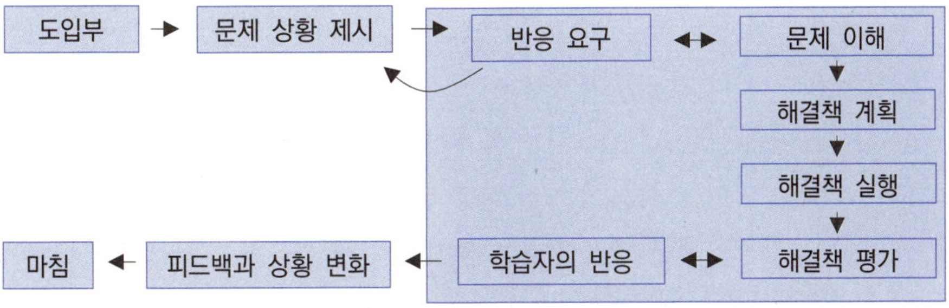

[그림 8-6] 문제해결 유형의 기본 구조

• **도입부**: 도입부에서는 학습자의 흥미를 자극하여 학습 동기를 유발하고, 학습 목표를 제시하며, 학습 내용과 활동을 간단히 소개한다.

- **문제 상황 제시**: 문제해결 유형의 컨텐츠에서는 가상의 문제에 대한 가상의 해결책을 찾도록 요구하기보다는 실제 상황에서 접할 수 있는 문제를 해결하도록 함으로써 적용이 가능한 문제해결 기능을 신장하도록 해야 한다. 문제해결 기능이란 일반적인 문제해결 전략, 영역 관련 지식, 그리고 상호작용과 팀워크 기능 등을 포괄적으로 의미한다(임철일, 2012). 문제 상황을 제시할 때에는 다음과 같은 질문들을 참고할 수 있다(유영만 외, 2002).
  - 어떻게 과제를 세분화할 것인가?
  - 과제를 수행할 수 있는 도구가 제시되어야 하는가?
  - 학습 활동 지원 시스템을 올바르게 설계하였는가?
  - 성찰 활동을 유도하는 단계가 포함되었는가?
  - 시각적인 상호작용이 지원되는가?
  - 학습자가 언제 어떤 시나리오에 대해 학습할 것인가?
  - 어떤 부분에서 학습자가 어떤 지원 자료에 접근할 수 있는가?
  - 학습자들에게 제공될 배경, 배경지식, 참고 자료 등이 적절하게 구성되었는가?
  - 학습자가 활동을 선택할 수 있는 액션 목록이 구성되어 있는가?

한편, 실제 상황 맥락에서의 문제해결을 위한 시나리오를 작성할 때에는 Schank와 그 동료 학자들(1999)이 제안한 "Goal-Based Scenario(GBS)"를 고려할 필요가 있다. GBS를 반영한 문제해결 시나리오에는 다음에 제시된 요소들을 포함시키는 것이 바람직하다(김동식, 정옥년, 장상필, 2002; 임철일, 2012; Schank et al., 1999).

- 임무(mission): 임무란 달성하고자 하는 목적을 의미한다. 학습자들은 임무를 수행하면서 학습에 적극적으로 참여할 수 있으며, 임무를 달성함에 따라서 목표한 바의 지식과 기능을 획득할 수 있다. 임무에 대한 설계를 할 때에는 특히 그 임무를 수행하는 데 필요한 주요 활동들을 규명할 필요가 있다. 이는 임무를 수행함에 있어서 특정 활동이 다른 활동들보다도 더 중요할 수 있고, 그와 같은 주요 활동이 문제해결 활동을 통해 달성하고자 하는 교육의 목적과 밀접하게 관련이 되기 때문이다.
- 커버 스토리와 역할 규명: 커버 스토리는 임무 수행을 위한 전제가 된다. 커버 스토리는 학습자들이 매우 좋아하거나 매우 두려워하는 등 관심을 끌 수 있는 이야기를 선택하는 것이 효과적이다. 커버 스토리가 잘 짜이면 학습자들의 역할을 보다 분명히 하고, 어떤 활동을 해야 하는지를 명시할 수 있으며, 학습자

들의 구체적인 관심을 유도할 수 있다.

- **반응 요구**: 제시된 시나리오에 대한 반응을 요구한다. 이때, 다음과 같은 두 가지 사항들을 고려할 필요가 있다.
  - 문제 상황 시나리오 수행(Scenario Operations): 이는 학습자들이 문제해결 상황에서 직접 임무를 수행하는 활동을 의미한다. 따라서 학습자들이 문제해결 과정에서 반드시 보여주어야 하는 활동을 분석하여 명시함으로써, 학습자들이 계속 흥미를 가지고 학습 활동을 전개하도록 유도할 필요가 있다.
  - 자원(Resources): 학습자들이 제시된 임무를 수행하는 과정에서 중요한 결정을 내리기 전에 충분한 정보와 자료들을 참고할 필요가 있기 때문에 필요한 정보나 자료들을 학습자가 사용하기 쉽게 조직하여 제시해야 한다. 일반적으로 문제해결 상황과 관련이 있는 이야기의 형태로 그와 같은 자원을 제공하는 것이 바람직하다.
- **학습자의 반응**: 다양한 형태의 학습자의 반응을 유도할 필요가 있다. 문제해결 학습은 특히 '문제 이해', '해결책 계획', '해결책 실행' 그리고 '해결책 평가' 등과 같은 인지 과정을 거치는 것이 바람직하기에 학습자의 반응을 유도함에 있어서도 그 과정을 안내할 필요가 있다.
- **피드백과 상황 변화**: 학습자의 반응을 유도한 후에는 그 반응에 따른 피드백을 제공하고, 적절한 문제 상황의 변화를 보여주어야 한다. 피드백을 제시할 때에는 다음에 제시된 방법들을 고려할 수 있다.
  - 문제해결 상황 속에서의 특정 행동의 결과로 피드백을 제시할 수 있다. 예를 들어서, 실수를 했다면 부정적인 결과가 이야기 속에서 전개될 수 있다.
  - 필요한 시기에 학습자를 도울 수 있도록 온라인 코치를 연결하여 진행 과정에 대한 조언을 제공할 수 있다.
  - 학습자가 당면해 있는 문제 상황과 관련된 영역의 전문가 의견을 피드백 정보로 제공할 수 있다.
- **마침**: 문제해결 활동을 마치면 이제까지의 문제 상황을 요약하고, 임무 수행 결과를 정리하는 것이 필요하다. 또한, 문제해결 상황이 복잡하여 1회의 학습으로 문제해결 활동을 완료하지 못하는 경우에는 일단 학습을 마친 후에 다시 학습을 시작할 때 이전에 학습하던 곳으로 바로 진행하도록 하는 저장 및 전환 기능을 제공하는 것이 바람직하다.

6.3 문제해결 유형 컨텐츠의 예

- **스페이스 타임 퀘스트**(http://www.gwoptics.org/processing/space_time_quest/)

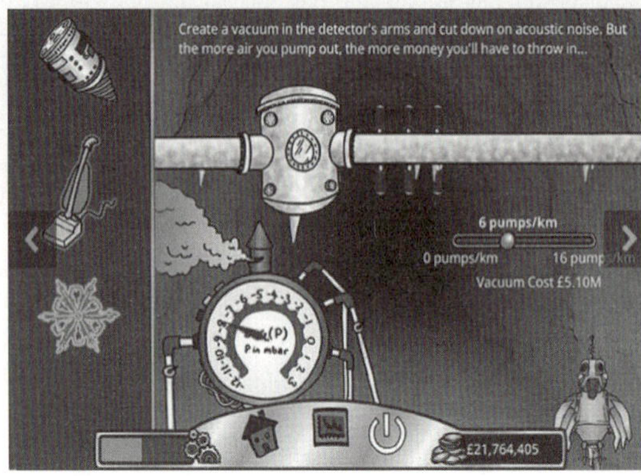

천체 물리학과 관련된 게임으로, 연구책임자가 되어 중력파장을 감지하는 간섭계를 고안하는 상황을 제시한다. 이를 고안하기 위해서는 다양한 환경적 요인과 재정적 상황을 고려해야 하며, 게임을 통해 복잡한 천체 물리학의 개념을 이해할 수 있다.

- The Clue Finders: 멀티미디어 초등종합학습 3단계(엠피지코리아 보급)

열대 밀림 속에서 원숭이 왕국, 끈끈이 늪, 정글 탐험, 잃어버린 도시 등과 같은 4개의 지역을 탐험하면서 여러 가지 문제들이 나타나면 문제를 해결하고, 그 보상으로 특별한 물품을 모으게 된다. 그 물품들을 모으면 납치된 호레이스 박사님을 구출할 수 있다. 이 컨텐츠는 이와 같은 이야기 전개 속에서 학습자들이 수학, 논리, 언어, 과학, 지리 등에 대한 문제해결 학습을 할 수 있도록 구성되어 있다.

탐구 과제

1. 교육용 컨텐츠 한 편을 선정하여 어떤 교수-학습 유형에 해당하는지를 분석하여 보자. 그리고 그 유형의 특징을 고려하여 설계하였는지를 평가하여 보자.
2. 최근 개발된 교육용 컨텐츠의 목록을 찾아보고, 몇 편의 컨텐츠를 임의로 선정하여 컨텐츠 설계에 어떤 교수-학습 유형들이 반영되었는지를 분석하여 보자.

참고문헌

김동식, 정옥년, 장상필(2002). 교수설계이론의 탐구. 서울: 원미사.

유영만, 김주연, 박미혜, 박소연, 박종휘, 이윤경(2002). 추락하는 e러닝에도 날개가 있다: e러닝 e렇게 하자. 서울: 문음사.

임철일(2012). 교수설계 이론과 모형. 파주: 교육과학사.

Reiser, R. V., & Dempsey, J. V. (2011). *Trends and issues in instructional design and technology.* Boston, MA: Pearson Education Inc.

Schank, R. C., Berman, T. R., & MacPherson, K. A. (1999). Learning by doing. In C. M. Reigeluth (Ed.), *Instructional design theories and models Volume II: A new paradigm of instructional theory.* Mahwah, NJ: Lawrence Erlbaum Associates, Publishers.

CHAPTER 09

지식의 유형별 설계 방법[1]

본 장에서는 Gagné가 분류한 학습 영역인 언어 정보, 지적 기능, 인지전략, 운동기능, 태도 영역을 바탕으로 지식의 유형을 개념, 원리, 절차, 인지 전략, 태도, 운동 기능으로 분류하여 지식의 유형에 따른 컨텐츠 설계 방법을 살펴보고자 한다.

1) 각 유형별 교수-학습 활동에 관한 내용은 김동식 외(2002), 임철일(2006), Smith와 Ragan(1999)의 일부분을 참조하여 작성되었다.

1 개념 학습을 위한 설계 방법

1.1 개념 학습의 특징

Gagné(1970)에 의하면 지적 기능의 한 하위 요소인 개념은 원리와 절차 학습이 이루어지기 위한 기초가 된다. 개념 학습은 의미 있는 학습의 최소 단위인 개념의 획득과 함께 이를 적용하는 것이다. 새롭게 개념을 획득하면서 그 개념과 관련한 사례가 주어지면 이미 획득된 개념에 적합한 예인지 적절한 예가 아닌지 구분하게 된다. 그러므로 개념 학습은 변별의 기준이 설정되어야 하며 일반적인 특성을 파악할 수 있도록 설계되어야 한다.

개념에 관한 선행 학습이 이루어질 때 원리나 절차 학습이 가능하게 된다. 삼각형에 대한 개념의 경우 삼각형이 구성되기 위한 조건들(세 변과 세 각)이 만족되는 경우와 만족되지 않는 경우, 삼각형인 경우와 삼각형이 안 되는 경우를 구별할 수 있게 한다. 좀 더 나아가 삼각형이 변과 각의 특성상 좀 더 세분화된 구분이 필요하여 정삼각형, 이등변삼각형 등과 같은 구별이 필요하게 되는데 이때 이들의 적절한 예와 적절하지 않은 예를 구분하게 된다. 그 외 개념의 예는 다음과 같다.

- 비, 소나기, 이슬비
- 각, 예각, 직각, 둔각
- 분수, 진분수, 가분수, 대분수
- 입력장치, 출력장치, 메모리

좀 더 나아가 개념의 특성과 관련하여 Klausmeier(1992)는 보다 전문적으로 속성(attributes)이라는 용어를 사용하여 개념을 설명하고 있다. 그는 속성을 내재성, 기능성, 관계성으로 분류하면서 개념에 대해 보다 심층적으로 논의하였다.

1.2 개념 학습을 위한 교수-학습 활동 및 설계 전략

개념 형성의 과정은 일반적으로 개념에 관한 전형(prototype)을 형성하고 개념의 실례들을 통해 구별이 가능해지면서 실례들을 일반화하는 과정을 거친다. 보다 구체적으로 개념 학습을 위한 교수-학습 활동에 따른 각 단계별 설계 전략은 일반적으로 다음의 4단계로 설명된다(김동식 외, 2002; Smith & Ragan, 1999).

- **도입**: 주의 끌기와 함께 개념에 관한 정보 제공을 할 수 있는 자료를 제시하면서 흥미와 동기를 유발시키며 교수 목표 설정과 함께 본 학습 내용을 소개한다. 학습자에게 개념을 부각시키기 위하여 개념의 역사나 기원에 관한 그림이나 재미있는 정보를 사용할 수 있다. 설명적 수업은 명시적 진술을 사용한다.
- **전개**: 본 개념 학습을 위한 사전 지식 회상이 있어야 하며 목표로 하는 개념에 대한 정보를 이해하며 개념의 적절한 예와 적절하지 않은 예를 변별하게 되는 연습을 거치고 이에 관한 피드백과 함께 학습자는 자신의 적절한 학습 전략을 사용하게 된다. 이때 개념의 중요한 속성을 다루는 요소들을 복습하며 가장 좋은 예와 정의를 제시하며 이전에 경험하지 않았던 예를 파악하게 한다. 개념 지도, 유추, 기억술, 이미지 생성 기법을 이용하며 속성 분리를 돕는 피드백을 제공한다.
- **결론**: 개념의 정의, 준거 속성, 개념 이름 등을 기억하기 위해 요약과 복습을 거치며, 그들이 배운 개념의 예를 실제 맥락에서 찾을 수 있을 뿐 아니라 생활 및 교실 밖으로 적용할 수 있어야 한다. 이때 학습에 도움을 줄 수 있는 설명을 제공한다.
- **평가**: 난이도가 다양한 개념에 대한 수행평가의 실시와 함께 이에 관한 피드백 및 교정이 이루어진다. 이때 적절한 예와 적절하지 않은 예에 관한 준거의 속성을 판단할 수 있는 능력 테스트를 실시하면서 점수와 수행결과에 관한 요약을 제공한다.

1.3 개념 학습을 위한 컨텐츠의 예

개념 학습을 위한 프로그램은 개념에 대한 설명과 함께 개념을 내포하는 적절한 예와 적절하지 않은 예를 제시하여 이를 구분할 수 있게 해 줄 수 있다. 예를 들어

삼각에 대한 개념을 위해 작은 각과 큰 각을 직접 만들어가며 개념 설명과 함께 다양한 각의 종류를 변별할 수 있도록 강화할 수 있다. 다양한 그래프를 직접 그려주는 앱을 활용하여 주어진 그래프의 움직임을 즉각적으로 관찰할 수도 있다. 또한 영어에서의 단어 개념과 발음 학습을 위한 프로그램도 다양하게 활용되고 있다.

- EBS 초등
  (http://primary.ebs.co.kr/course/grade/list?view)

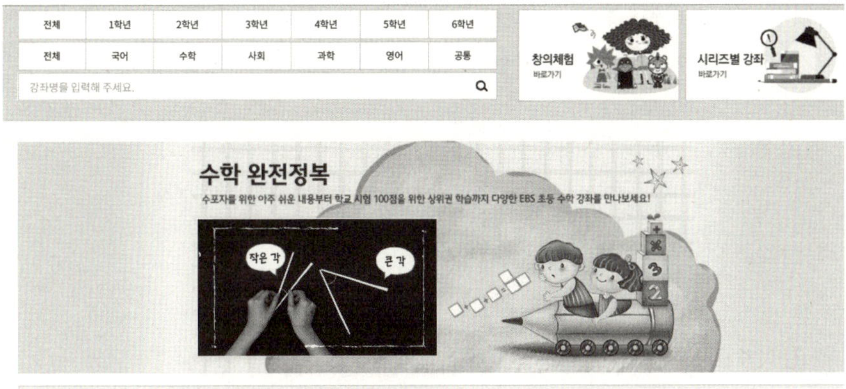

- GEOGEBRA

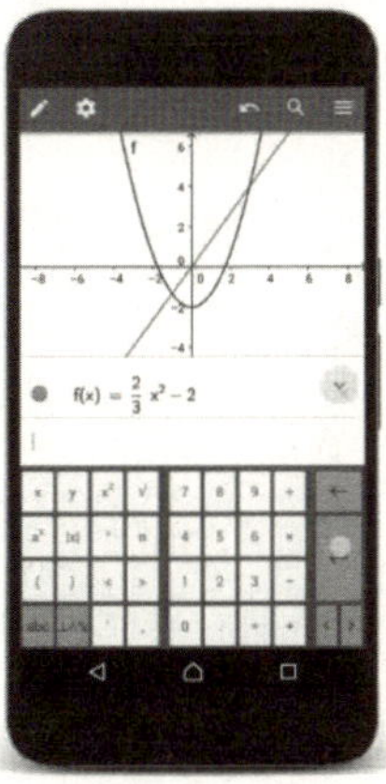

2 원리 학습을 위한 설계 방법

2.1 원리 학습의 특징

원리란 둘 이상의 개념들 간 관계 규정을 의미하며, 그 관계는 조건과 결과 또는 원인과 결과의 형태로 설명된다. 원리의 다른 표현으로 명제, 법칙, 정리, 공리 등이 있다. 원리는 문제해결에 있어서 핵심적인 필수요소이기 때문에 문제해결을 위해서는 주요 개념들 간의 관계를 설명하는 원리를 이해하여야 가능하다. 원리의 예는 다음과 같다.

- 지렛대의 원리, 에어컨 작동의 원리, 전구의 원리, 원자의 원리
- 컴퓨터 작동의 원리, 바코드의 원리
- 피타고라스의 정리, 페르마의 마지막 정리

2.2 원리 학습을 위한 교수-학습 활동 및 설계 전략

원리 학습은 먼저 원리를 획득한 다음에 이를 적재적소에 적용할 수 있어야 한다. 원리 획득 및 적용으로 설명되는 원리 학습을 위한 각 단계별 설계 전략은 일반적으로 다음의 4단계로 설명된다(김동식 외, 2002; Smith & Ragan, 1999).

- **도입**: 학습자들의 주의집중이 요구되며, 개념들 간의 관계 및 원리의 적용에 관한 교수목표가 설정되고, 흥미 및 동기 유발을 촉진할 수 있는 문제상황을 제시한다. 이때 또한 전체 교수-학습이 어떻게 진행되는가에 대한 내용을 소개한다.
- **전개**: 원리의 기초가 되는 개념을 학습하며 원리에 관한 설명과 적용되는 예를 제시할 때 학습자의 주의 집중이 요구된다. 이때 학습자들은 스스로 구성요소적 개념 복습과 함께 원리를 적용하며 관계를 제시하면서 변인의 변화에 주목한다. 원리 진술의 기억을 위해 규칙, 관계를 나타내는 다이어그램을 구성하기도 하며, 규칙이 올바르게 적용되는지 판단하여야 한다. 이때 적절한 학습 전략 및 연습, 피드백 평가가 요구된다.
- **결론**: 수업 초에 진술된 원리를 학습자 자신의 말로 재진술, 복습하며 지식이 잘 전이되도록 다른 규칙과 관련한 문제해결 상황을 적용하면서 지속적으로 동기를

유발한다. 이때 문제해결 과정에서 원리의 통합을 설명하며 일상생활에서 그 관련성을 탐색하게 한다.

- **평가**: 원리의 적용 평가에 관한 피드백 제공과 오개념에 대한 교정이 이루어진다.

2.3 원리 학습을 위한 컨텐츠의 예

- Magic School Bus - Human Body(Microsoft 제작)

우리 몸의 원리를 사진과 애니메이션 등을 이용하여 12개의 신체 부분으로 나누어 학습할 수 있다.

- LG사이언스랜드 가상과학실험실 - 구름은 어떻게 만들어질까
(http://lg-sl.net/product/scilab/sciencelablist/TEAS/sciencelabFlashNewViewer.mvc?sciencelabListId=/sl_movie/TEAS/TEAS2015/TEAS201509/TEAS2015090003/FLASH/index.html?reg_no=TEAS2015090003)

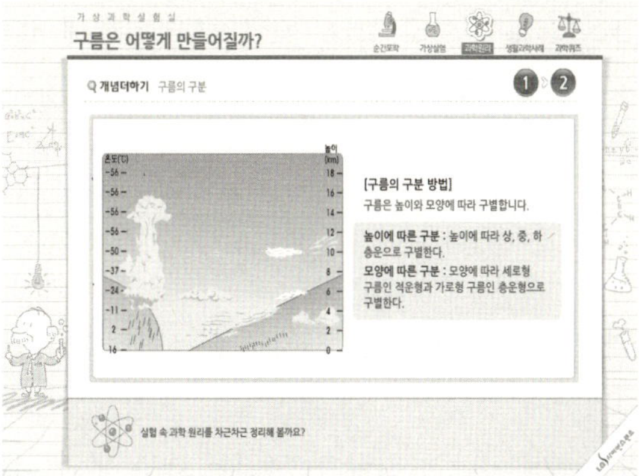

구름은 어떻게 만들어지는가에 관해 구름 생성 과정부터 원리를 플래시로 쉽게 이해할 수 있도록 제시하고 있다. 순간 포착, 학습자가 직접 조작해볼 수 있는 가상실험, 과학원리, 생활과학사례, 과학퀴즈로 구성되어 있다.

3 절차 학습을 위한 설계 방법

3.1 절차 학습의 특징

목적 달성을 위해 수행되는 일련의 행위인 절차는 물리적인 운동을 포함하는 물리적 절차와 지적 활동을 포함하는 지적 절차로 분류할 수 있다. 절차가 엄격하게 정의될 때 그 절차를 알고리즘이라고 부른다. 수학의 경우, 분수의 덧셈, 곱셈 등 대부분의 연산들은 알고리즘 절차로 설명된다. 절차의 예는 다음과 같다.

- **지적 절차의 예**: 두 자리 수 곱하기 두 자리 수, 세 자리 수 나누기 두 자리 수
- **물리적 절차**: 태권도 태극 품새, 미술에서의 판화 제작 과정

3.2 절차 학습을 위한 교수-학습 활동 및 설계 전략

절차 학습은 절차의 소개와 함께 각 절차를 정확하게 연습하면서 각 단계의 명확한 이해와 함께 정확한 절차 적용 단계를 거친다. 이때 절차를 학습자에게 유의미하게 전달하기 위하여 흐름도나 재진술 방법을 사용하기도 하며 단계의 순서나 내용을 기억하는 데 기억술의 활용은 도움이 된다. 절차 학습 활동에 따른 각 단계별 설계 전략은 일반적으로 다음과 같이 4단계로 설명된다(김동식 외, 2002; Smith & Ragan, 1999).

- **도입**: 절차 학습에 필요한 시범을 제시하며, 그 효율성을 설명하고, 절차에 대한 신뢰성을 강조한다. 대략적인 절차는 도입부에서 미리 소개한다. 또한 절차 및 적용 가능성의 범위까지 설명한다.
- **전개**: 절차와 관련한 개념이나 하위절차, 관련된 개념 및 원리를 복습한다. 절차

는 단순화하여 각 단계들 간 절차의 중요한 특징을 파악하며, 단계의 순서를 기억하게 한다. 학습자가 절차에 대해 완전히 수행하고 있는가를 파악하며, 평가 척도, 비디오 피드백 등을 통해 오류를 수정하며 교정하여 준다.

- **결론**: 원리 및 절차를 적용할 수 있는 상황으로 복습하며, 보다 복잡한 절차와 관련짓는 게 좋다. 이때 절차의 유용성을 강조한다.
- **평가**: 절차를 적용하며 완성하는 과정에 관해 정확하게 인식해야 하며, 학습자가 유발하는 공통된 실수와 오개념을 파악하여 이를 교정한다.

3.3 절차 학습을 위한 컨텐츠의 예

절차 학습을 위한 프로그램은 일련의 과정을 나타내는 각각의 절차가 바르게 진행되었는가를 직접 확인해 볼 수 있으며 절차의 단계가 잘못되었는지 확인받을 수 있다.

- **국기원 – 태극 품새**

  (http://taekwonedu.kr/)

태극 품새의 여러 동작을 순서대로 살펴볼 수 있으며 자세한 설명이 함께 제시되어 있다. 스틸컷뿐 아니라 동영상까지 볼 수 있어 학습자가 동작을 쉽게 따라 할 수 있도록 하였다.

4 인지 전략 학습을 위한 설계 방법

4.1 인지 전략 학습의 특징

학습자가 학습에 관련된 여러 가지 내적 학습과정을 자발적으로 조절하는 능력인 인지 전략은 Gagné(1985)에 의해 학습을 위한 인지 전략과 사고를 위한 인지 전략으로 세분화되기도 하는데 보통 일반적인 문제해결능력으로 보기도 한다. 인지 전략의 예는 다음과 같다.

- 조직 전략, 정교화 전략, 리허설 전략, 이해 점검 전략(Weinstein & Mayer, 1986)
- 브레인스토밍, 메타인지 전략

4.2 인지 전략 학습을 위한 교수-학습 활동 및 설계 전략

인지 전략 학습을 위한 교수-학습 활동에 따른 각 단계별 설계 전략은 일반적으로 다음과 같이 4단계로 설명된다(김동식 외, 2002; Smith & Ragan, 1999).

- **도입**: 인지 전략을 필요로 하는 과제를 부여하며 전략적 사고의 역할을 설명하고 개략적인 전략 모델을 제시한다.
- **전개**: 사전 경험한 학습전략과 과제를 회상하고, 이전에 사용했던 전략의 적절하거나 부적절하였던 경험을 회상한다. 시범 전략을 제시하며 전략의 중요성을 파악한다. 그리고 전략 적용을 위한 단서를 파악하며 그 전략의 효과를 모니터해본다. 전략이 적절하게 적용되는지 파악하며 점차적으로 난이도를 조정하여 과제를 해결한다. 동료들과 함께 연습하며 서로를 평가한다. 집단 피드백을 제공하며 결과를 검토한다.
- **결론**: 단계들을 요약하며 과제를 복습한다. 학습 이전의 전략과 학습 후 생성된 전략을 비교하며 전략 사용의 중요성을 인식한다.
- **평가**: 직접적인 관찰과 함께 전략 사용에 대해 검토한다. 선택한 전략의 적절성 및 정확성을 평가하며, 사용한 전략의 성공을 확인하고, 전략을 교정한다.

4.3 인지 전략 학습을 위한 컨텐츠의 예

인지 전략 학습 영역은 학습자 자신에게 가장 효율적인 방법을 선택하여 학습할 수 있는 영역이다. 이 영역에서의 컴퓨터는 문제를 제공하고 풀어 가는 과정에서 요구되는 도구를 제공함으로써 교육적 잠재성이 매우 높다.

- **줌비니2 산악구출작전**(Broderbund 제작, 아리수미디어 보급)

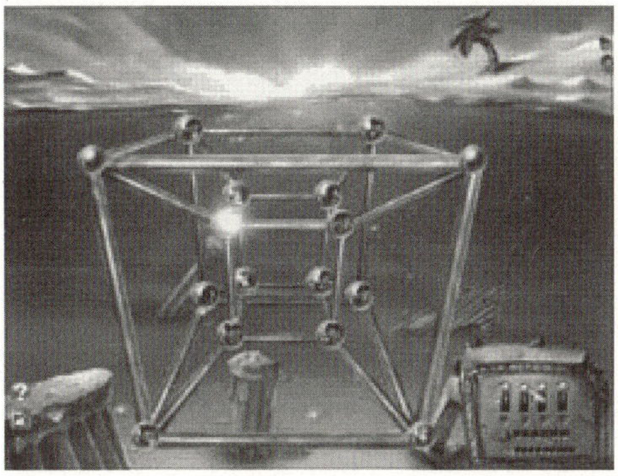

수리적 논리력과 함께 문제를 해결하기 위한 인지 전략 구성력과 사고력을 키워나갈 수 있다. Aqua Cube의 경우, 해저 세계의 미스터리 공간에 갇히게 되는데 매직볼을 움직여 줌비니들을 지상으로 이동시키는 인지 전략을 구성한다.

- **Arthur's Thinking Games**(The Learning Company 제작)

6종류의 재미있는 게임 과정을 통해 과학, 지리학, 역사에 관한 지식뿐 아니라 논

리력, 사고력, 기억력, 문제 해결력 등을 배울 수 있으며 각 게임을 해결하기 위해 적절한 인지 전략이 요구된다.

5 태도 증진 학습을 위한 설계 방법

5.1 태도의 특징

Gagné(1985)에 의하면 태도란 '특정한 방식으로 행동하려는 경향을 내포한 지적 상태'이다. 교육의 결과로 학습자가 가지게 되는 태도, 느낌, 가치에 관련된 영역으로 교육의 목적을 달성하는 데 인지 전략과 마찬가지로 태도 또한 학습전반에 걸쳐 장기적인 효과 및 변화를 기대할 수 있기에 인지적 영역 못지않게 그 중요성이 커지고 있다. 태도와 관련한 예는 다음과 같다.

- 자긍심, 자신감, 의견 차이 존중, 자기효능감 함양
- 시민의식, 세계 및 지구 보호에 대한 책임감 함양

5.2 태도 증진 학습을 위한 교수-학습 활동 및 설계 전략

자신감, 자기효능감 등 태도를 증진시키기 위한 교수-학습 이론으로는 동기 유발 방법으로 주목받는 Keller의 ARCS이론(Attention, Relevance, Confidence, Satisfaction, 6장 참조)을 활용할 수 있겠다. 이는 학습자의 학습에 대한 주의 집중, 관련성, 자신감, 만족감의 효율성 증진을 위한 다양한 전략들을 논의하고 있다. 이러한 특징을 갖는 태도 증진을 위한 교수-학습 활동에 따른 각 단계별 설계 전략은 일반적으로 다음과 같다(김동식 외, 2002; Smith & Ragan, 1999).

- **도입**: 학습자가 참여하도록 상황을 제시하면서 상황에서의 주인공과 동일시하게 한다.
- **전개**: 논의 및 역할 수행을 활용하며 존경받는 역할 모델도 활용한다. 적절한 약

어나 기억술을 사용하며, 수행과정에서 어떤 느낌인지 파악하도록 한다. 인지적, 행동적, 정의적 측면을 포함한 피드백을 평가한다.

- **결론**: 바람직한 행동을 재진술하며 역할 수행이나 시뮬레이션을 적용하며 상황을 논의한다. 새로운 학습이 이후에 어떻게 적용되는가에 대해 인식한다.
- **평가**: 실제적인 상황에서 태도 증진이 일어났는가를 평가하며 태도 증진에 대한 올바른 인식이 함양되도록 격려하며 교정한다.

5.3 태도 증진 학습을 위한 컨텐츠의 예

학습자가 스스로 해야 할 과제를 스스로 결정할 수 있도록 하는 태도 영역의 학습에서 컴퓨터는 직접적이기보다는 간접적으로 활용된다. 예를 들어, 수학 문제를 흥미 있는 게임형식으로 풀게 될 때 학습자는 문제를 푸는 것이 즐거워질 것이며, 자연히 수학문제를 풀고 싶다는 태도가 형성될 것이다.

- Go!Go! 문화재 속으로

  (에듀넷 http://down.edunet4u.net/KEDABA/theme/culture/04/cu04.htm)

기와의 종류 및 역사 등 아름다운 우리 문화재를 살펴보고 감상할 수 있는 웹사이트로 한국의 멋과 미를 재인식하고 우리 문화재의 우수성을 느낄 수 있다.

6 운동 기능 숙달 학습을 위한 설계 방법

6.1 운동 기능의 특징

Gagné(1985)는 운동 기능을 '유연성과 정확한 타이밍을 특성으로 하는 조종된 근육 동작'으로 정의하였다. 이는 조작적이거나 신체적인 능력을 포함한다. 운동 기능의 예는 다음과 같다.

- 테니스 서브, 농구 슛, 멀리뛰기, 스케이트 타기, 바이올린 켜기
- 컴퓨터 자판에서 타이핑하기

6.2 운동 기능 숙달 학습을 위한 교수-학습 활동 및 설계 전략

운동 기능 학습을 위한 단계별 설계 전략은 일반적으로 다음과 같이 4단계로 설명된다(김동식 외, 2002; Smith & Ragan, 1999).

- **도입**: 과제를 제시하며 새로운 기능이 필요한 이유와 그 효과에 대해 학습자가 파악하게 한다. 학습되어야 할 기능을 명료화하며 학습에 대한 개요를 소개한다.
- **전개**: 새로운 기능과 관련한 사전 기능을 연결하면서 기능을 설명한 후 시범을 보인다. 설명과 함께 시범을 보이며 기능이 위험성을 유발할 경우 주의하도록 한다. 자동적인 수행이 가능하도록 충분한 연습이 있어야 하며 적절한 수행 정도에 따른 코멘트가 주어진다.
- **결론**: 각 단계를 복습하며 연습의 확장으로 숙달성을 확보한다. 미래 사용하는 방법에 관해 시범을 보인다.
- **평가**: 수행 평가 척도를 이용하여 수행 정도를 평가하며, 수행 정도에 관한 명확한 파악과 함께 교정을 실시한다.

6.3 운동 기능 숙달 학습을 위한 컨텐츠의 예

신체적인 기능을 학습시키는 영역에서 컴퓨터의 특성상 컴퓨터가 제한적으로 사용될 수밖에 없다. 키보드의 사용 기능이라든지, 스포츠의 동작들을 절차적으로 보여주어 신체적인 기능의 습득을 이끌어 낼 수 있는 방법 등으로 활용될 수 있다.

- Type Scout(http://chrome.typescout.net/en/#keyboard-game)

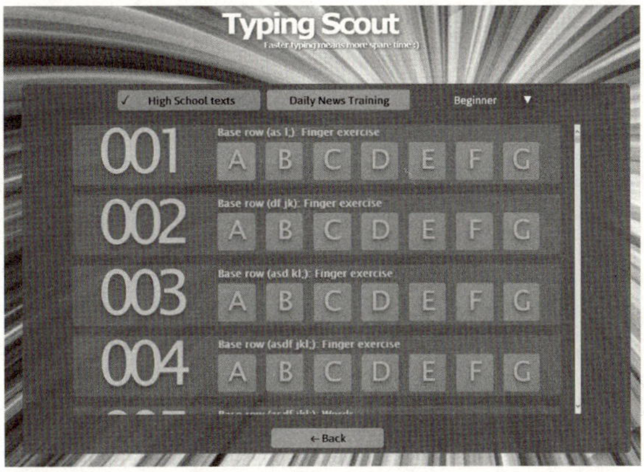

컴퓨터 자판에서의 타이핑 연습을 위한 프로그램으로 타이핑의 속도와 정확성을 확인하면서 그 기능을 숙달할 수 있다.

탐구 과제

1. 유아용, 초등용 또는 중등용 교육용 CD-ROM 타이틀 혹은 애플리케이션 프로그램을 선정하여 지식의 유형별 특징을 고려하여 컨텐츠가 개발되었는지 평가하며, 이를 수업에서 활용할 수 있는 방안을 모색해 보자.
2. 최근에 우리나라와 외국에서 개발된 교육용 소프트웨어 혹은 애플리케이션을 찾아보고 컨텐츠 안이 어떠한 지식의 유형 학습인지 분석하여 보자.

참고문헌

김동식, 정옥연, 장상필 역(2002). 교수설계이론의 탐구. 서울: 원미사.

이만재, 이상선(2002). 멀티미디어 교과서. 서울: 안그라픽스.

임철일(2006). 교수설계 이론: 학습 과제 유형별 교수전략. 서울: 교육과학사.

Alessi, S. M., & Trollip, S. R. (2001). *Multimedia for learning: Methods and development.* Allyn & Bacon Co.

Gagne, R. M. (1985). *The conditions of learning* (4th Ed.). New York: Holt, Rinehart & Winston.

Klausmeier, H. J. (1992). Concept learning and concept teaching. *Educational Psychologist, 27*(3), 267-289.

Smith, P. L., & Ragan, T. J. (1999). *Instructional design.* Wiley/Jossey-Bass Education.

Weinstein, C. E., & Mayer, R. E. (1986). The teaching of learning strategies. In M. C. Wittrock (Ed.), *Handbook of research on teaching* (3rd Ed.) (pp. 315-327). New York: Macmillian.

CHAPTER

10

설계의 실제

이 책의 제2부 5장, 6장, 7장, 8장과 9장에 포함된 내용 중에서 실제 설계 과정에서 이루어지는 활동들을 정리하고, 활용할 수 있는 양식들을 제공한다.

단계 1. 설계개요서 작성
단계 2. 학습 흐름도 작성
단계 3. 내용 구성 원고 작성
단계 4. 스토리보드 작성

e-Learning 컨텐츠의 설계 과정은 아래의 그림에 제시된 것과 같이 "설계개요서 작성", "학습 흐름도 작성", "내용 구성 원고 작성", "스토리보드 작성" 등과 같은 4가지 단계를 따라서 진행된다.

다음과 같은 과정을 고려하면서 몇 가지 절차에 따라서 컨텐츠를 설계한다.

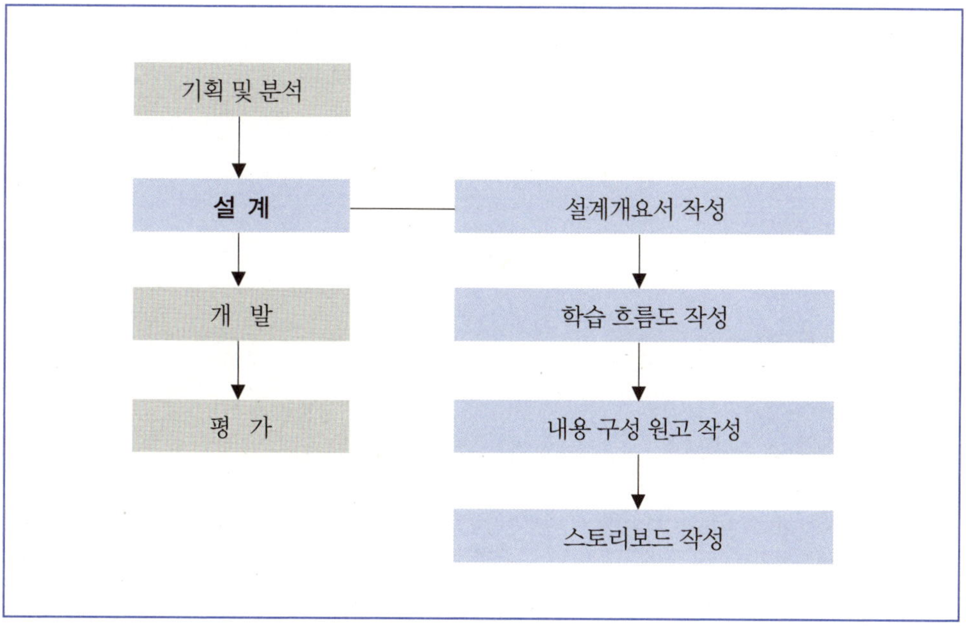

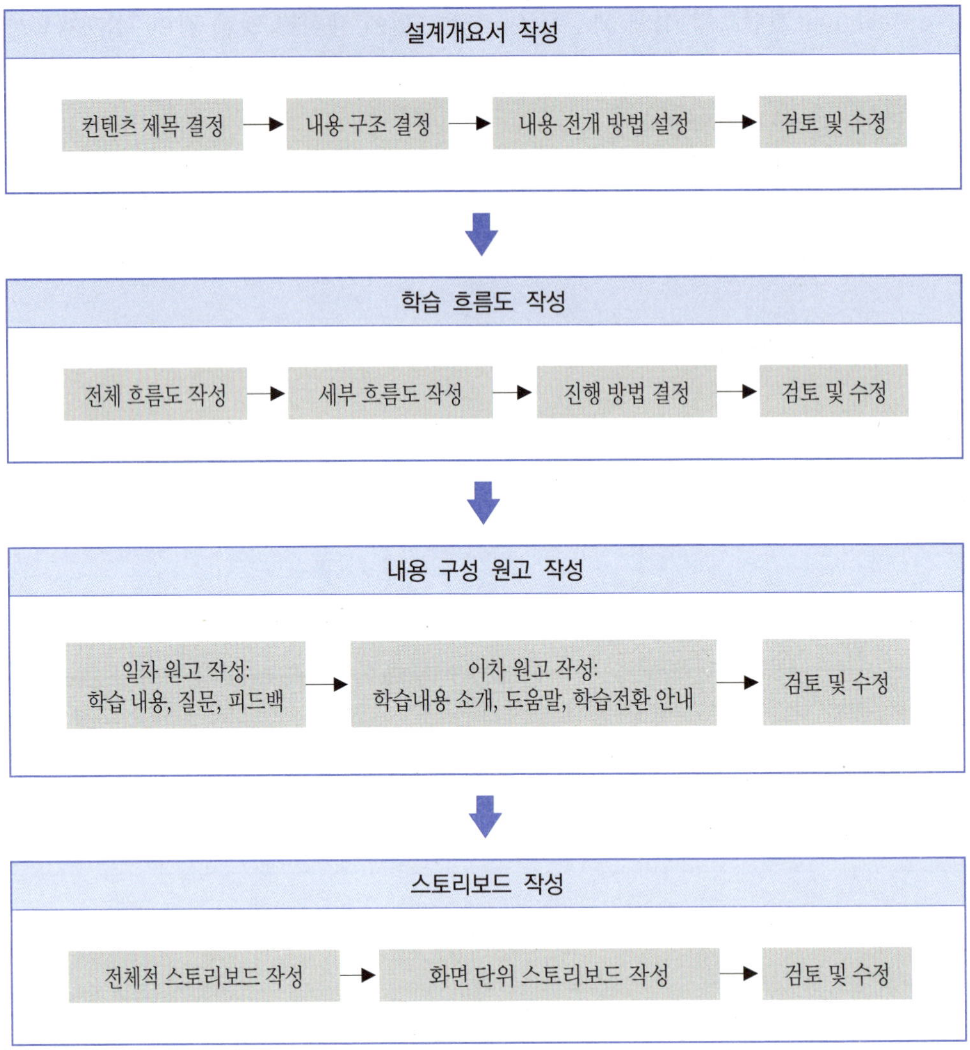
설계개요서 작성
컨텐츠 제목 결정
내용 구조 결정
내용 전개 방법 설정
검토 및 수정
학습 흐름도 작성
전체 흐름도 작성
세부 흐름도 작성
진행 방법 결정
검토 및 수정
내용 구성 원고 작성
일차 원고 작성: 학습 내용, 질문, 피드백
이차 원고 작성: 학습내용 소개, 도움말, 학습전환 안내
검토 및 수정
스토리보드 작성
전체적 스토리보드 작성
화면 단위 스토리보드 작성
검토 및 수정

단계 1 설계개요서 작성

• 앞의 분석 단계에서 이루어진 여러 가지 분석 결과와 그 결과로 설정된 교수-학습 목표에 기초하여, 컨텐츠 설계를 위한 기본 설계안을 작성함.

• 기본 설계안을 작성하는 활동은 컨텐츠 제목, 내용 구조, 내용 전개 방법 등을 결정하여 설계에 필요한 기본 사항들을 계획하는 것을 의미함.

• 학습자, 교과 지식, 교육 환경 등의 특성에 적합한 교수-학습 활동을 설계하기 위하여 교수설계 이론을 기본적으로 반영할 필요가 있음.

[세부 활동]

컨텐츠 제목 결정 → 내용 구조 결정 → 내용 전개 방법 설정 → 검토 및 수정

[관련 단원]
• 5장 2.2, 2.3
• 6장
• 8장 1.2, 2.2, 3.2, 4.2, 5.2, 6.2
• 9장 1.2, 2.2, 3.2, 4.2, 5.2, 6.2

[관련 양식]
• 설계 개요 내용 정리표
• 교수설계 이론 반영 점검표
• 교수-학습 유형별 설계 방법 점검표
• 지식 유형별 설계 방법 점검표
• 검토를 위한 점검표

◉ 설계 개요 내용 정리표

※ 다음에 제시된 각각의 항목에 대하여 생각해보면서 설계개요서를 작성하시오.

❖ 컨텐츠 제목

❖ 내용 구조

❖ 전개 방법

- **교수-학습 유형**[1)]

☐ 개인교수 유형	☐ 반복연습 유형
☐ 시뮬레이션 유형	☐ 교육용 게임 유형
☐ 자료제시 유형	☐ 문제해결 유형

- **지식 유형**

☐ 개념 학습	☐ 원리 학습
☐ 절차 학습	☐ 인지 전략 학습
☐ 태도 증진	☐ 운동 기능 숙달

1) 여러 유형이 혼합된 경우에는 여러 유형에 ✔ 표시.

❖ 세부 내용 전개 방법

<table>
<tr><td rowspan="3">도입</td><td colspan="3">사전 활동:</td></tr>
<tr><td colspan="2">■ 동기 유발: 학습자의 주의를 집중시키고 유지하는 방법 결정
■ 목표: 학습 활동을 끝냈을 때 학습자가 할 수 있는 것을 알리는 방법 결정</td><td></td></tr>
<tr><td colspan="2">■ 사전평가: 사전평가 실시 여부, 선수 지식이나 기능 습득 여부 점검과 보충 방법 등을 결정</td><td></td></tr>
<tr><td rowspan="9">전개</td><td colspan="3">세부 내용 (1):</td></tr>
<tr><td rowspan="2">정보 제시</td><td>■ 정보: 필요 내용 선정. 제시 순서 고려</td><td rowspan="4"></td></tr>
<tr><td>■ 예: 대표적인 예를 제시. 좋은 예와 나쁜 예의 비교</td></tr>
<tr><td rowspan="2">학습자 참여</td><td>■ 연습 문제: 목표 관련 연습 기회 제공</td></tr>
<tr><td>■ 피드백: 유형 선택. 다양한 피드백 제시</td></tr>
<tr><td colspan="3">세부 내용 (2):</td></tr>
<tr><td>정보 제시</td><td colspan="2" rowspan="2"></td></tr>
<tr><td>학습자 참여</td></tr>
<tr><td colspan="2">■ 학습증진평가: 학습증진평가 실시 여부, 평가 시기, 방법 등을 결정</td><td></td></tr>
<tr><td rowspan="3">정리</td><td colspan="3">사후 활동:</td></tr>
<tr><td colspan="2">■ 사후평가: 사후평가 실시 여부, 평가 시기, 방법 등을 결정</td><td></td></tr>
<tr><td colspan="2">■ 보충학습: 목표를 달성하지 못한 학습자를 위하여 어떤 학습 기회를 어떻게 제공할 것인지를 결정
■ 심화학습: 목표를 이미 달성한 학습자를 위하여 어떤 학습 기회를 어떻게 제공할 것인지를 결정</td><td></td></tr>
</table>

◉ 교수설계 이론 반영 점검표

※ 설계개요서를 작성하기 위하여, 적용할 교수설계 이론을 선정하는 것이 좋습니다. 경우에 따라 여러 가지 이론이 복합적으로 적용될 수 있습니다. 다음에 제시된 사항들을 검토하면서, 현재 설계하고자 하는 컨텐츠의 특성에 적합한 교수설계 이론을 선정하여 보시오.

고려 사항	해당 있음	해당 없음
1. 인지적 영역의 학습 내용을 개별학습 방식으로 개발한다.		
2. 학습자의 내적인 인지 과정을 지원하기 위하여 외적인 조건을 구체적으로 제공한다.		
3. 학습 과정에서 학습자의 학습동기를 적절히 유발하고 유지하기 위한 전략을 적용한다.		
4. 학습자의 실생활에서 접할 수 있는 문제 상황을 중심으로 학습 과정을 전개한다.		
5. 학습자 소집단을 형성하여 협동학습을 지원하는 학습 과정을 제공한다.		
6. 학습자 스스로가 지식을 활용하고 창출하는 개별학습 환경을 구성할 수 있도록 지원한다.		

교수설계 이론과의 연계성

- 1번 또는 2번 선택: 객관주의적 관점의 교수설계 이론 고려(Gagné & Briggs의 처방적 교수설계 이론)
- 3번 선택: 객관주의적 관점의 교수설계 이론 고려(Keller의 ARCS 이론)
- 4번 또는 5번 선택: 구성주의적 관점의 교수설계 이론 고려(Problem-Based Learning, 혹은 Goal-Based Scenario)
- 6번 선택: 구성주의적 관점의 교수설계 이론 고려(Open Ended Learning Environments)

◉ 교수-학습 유형별 설계 방법 점검표

※ 교육용 컨텐츠는 교수-학습 활동에 따라서 '개인교수', '반복연습', '시뮬레이션', '교육용 게임', '자료제시', '문제해결' 등과 같은 유형으로 분류할 수 있습니다. 아래에 제시된 표의 내용은 각 유형별 설계 방안들을 정리하여 제시합니다. 따라서 이 표의 내용을 참조하여 유형별 세부 내용 전개 방법을 구체화할 수 있습니다. 또한 세부 내용 전개 방법을 계획한 후에는 그 계획에 대한 타당성을 검토하기 위해 이 표를 사용할 수 있습니다.

단계	개인교수 유형 설계 방법 검토 사항	매우 그렇다	그렇다	보통이다	그렇지 않다	전혀 그렇지 않다
도입부	컨텐츠 타이틀과 함께 학습할 제목과 학습목표가 제시되고 있는가?					
	선수학습을 상기할 수 있는 기회가 주어지는가?					
	학습순서와 내용을 선택할 메뉴가 주어지고, 사전지식을 확인하거나 사전검사를 받을 수 있는가?					
	프로그램의 사용법에 관해 안내가 제공되는가?					
내용 제시	학습자의 수준과 특성에 맞도록 내용의 양과 수준을 고려하여 적절한 정보로 제시하고 있는가?					
	재미있는 그래픽이나 애니메이션을 이용하여 학습자의 흥미를 끌고 있는가?					
질문과 응답	학습자의 흥미와 주의를 집중시키고 학습자의 학습 수준과 이해 정도를 판단하고 있는가?					
	후속학습의 계열을 정하기 위해 다양한 질문을 제시하고 있는가?					
응답에 대한 판단	학습자의 응답을 적절하게 판단하고 있는가?					
피드백과 보충	학습자의 답에 대해 정답과 오답에 관한 긍정적이며 교정적인 피드백을 제공하고 있는가?					
마침	단원학습이 끝나면 학습내용을 요약해 주며, 후속 학습에 대한 안내를 제공하고 있는가?					
	프로그램을 완전히 종료한다는 인상을 줄 수 있는 마침 메시지를 제시하고 있는가?					

단계	반복연습 유형 설계 방법 검토 사항	매우 그렇다	그렇다	보통이다	그렇지 않다	전혀 그렇지 않다
도입부	해당 컨텐츠의 특성에 대한 안내와 함께 학습할 내용, 학습 방법에 대한 안내가 제시되고 있는가?					
항목 선정	연습할 항목을 선택하여 제시하고 있는가?					
	학습자 특성, 학습 목표, 학습 난이도 수준을 고려하여 반복적으로 학습할 내용을 선택할 수 있는가?					
질문과 응답	선정된 질문문항에 학습자가 응답을 할 수 있는가?					
	항목의 난이도는 일정하게 유지하고 있는가?					
응답에 대한 판단	학습자의 응답을 적절하게 판단하고 있는가?					
	답이 옳지 않은 경우, 재시도의 기회를 제공하고 있는가?					
피드백	학습자의 답에 대해 정답과 오답에 관한 긍정적이며 교정적인 피드백을 제공하고 있는가?					
마침	프로그램을 완전히 종료한다는 인상을 줄 수 있는 마침 메시지를 제시하고 있는가?					

단계	시뮬레이션 유형 설계 방법 검토 사항	매우 그렇다	그렇다	보통이다	그렇지 않다	전혀 그렇지 않다
도입부	컨텐츠 타이틀 화면과 함께 학습목표, 학습활동에 관한 명확한 지시사항이 제공되고 있는가?					
	학습자에게 학습의 내용 및 학습 방법에 대해 자세한 내용이 제시되고 있는가?					
시나리오 제시	시뮬레이션 상황이 전개되는 시나리오를 제시하고 있는가?					
반응 요구	제시된 시나리오에 대한 학습자의 반응을 요구하고 있는가?					
학생의 반응	다양한 형태로 학습자가 반응을 입력할 수 있는가?					
피드백과 조절	학습자의 반응 결과에 대해 피드백이 주어지고 수정된 시나리오를 제시하고 있는가?					
	적절한 때에 결과에 관해 요약을 제시하고 있는가?					
마침	프로그램을 완전히 종료한다는 인상을 줄 수 있는 마침 메시지를 제시하고 있는가?					

단계	교육용 게임 유형 설계 방법 검토 사항	매우 그렇다	그렇다	보통이다	그렇지 않다	전혀 그렇지 않다
도입부	게임의 목적과 규칙(경기자, 게임 진행 절차, 제한사항, 벌칙 등)을 자세하게 소개하고 있는가?					
	게임의 진행 방법, 선택 사항 등을 자세히 소개하고 있는가?					
시나리오 제시	게임 상황이 전개되는 재미있고 흥미로운 시나리오를 제시하고 있는가?					
	다양한 수준의 난이도와 목표를 포함하고 있는가?					
	게임 속에 정보를 감춘다거나 무작위적인 흐름으로 구성되어 있는가?					
반응 요구	게임에 관한 정보, 전략, 도움말을 적절히 선택할 수 있는가?					
	제시된 게임 시나리오에 대해 학습자가 반응하도록 유도하고 있는가?					
학생의 반응	다양한 형태로 학습자가 반응을 입력할 수 있는가?					
재정비	게임이 끝나면 게임의 승자를 알려 주는가?					
마침	승리에 대한 적절한 보상이 제공되는가?					
	지금까지의 게임 진행 상황이나 성적 등을 알려 주는가?					
	프로그램을 완전히 종료한다는 인상을 줄 수 있는 마침 메시지를 제시하고 있는가?					

단계	자료제시 유형 설계 방법 검토 사항	매우 그렇다	그렇다	보통 이다	그렇지 않다	전혀 그렇지 않다
도입부	자료의 조직 형태, 자료의 특성, 자료 검색 방법 등에 대해 소개하고 있는가?					
	자료를 찾거나 정리하는 데 필요한 기능키 또는 아이콘의 이용 방법에 대한 설명을 제공하고 있는가?					
	대상 학습자의 수준을 고려하여 가능한 한 간단하고 쉽게 설계되어 있는가?					
자료구조 제시	제시하는 자료를 잘 조직하고 있는가?					
	그 구조에 대한 정보를 학습자에게 제공하고 있는가?					
	자료 구조 제시를 위해 적절한 메뉴를 사용하고 있는가?					
자료 검색	자료별 이동이 자유로운가?					
	의도하는 대로 쉽게 자료를 찾을 수 있도록 필요한 기능을 제공하고 있는가?					
결과 제시	정보의 전체 구조를 정리하고 검색된 정보를 제시하고 있는가?					
	출력 기능을 제공하고 있는가?					
마침	검색된 모든 자료를 제시하거나, 학습한 사항을 정리하여 제시하면서 컨텐츠를 종결하고 있는가?					
	저장과 인쇄 기능을 제공하고 있는가?					

단계	문제해결 유형 설계 방법 검토 사항	매우 그렇다	그렇다	보통 이다	그렇지 않다	전혀 그렇지 않다
도입부	학습자의 흥미를 자극하여 학습동기를 유발하고 있는가?					
	학습 목표를 제시하며, 학습 내용과 활동을 간단히 소개하고 있는가?					
문제 상황 제시	과제 수행 도구가 제시되는가?					
	학습 활동 지원 시스템을 올바르게 설계하였는가?					
	성찰 활동을 유도하는 단계가 포함되어 있는가?					
	학습자들에게 제공될 배경(지식), 참고 자료 등이 적절하게 구성되어 있는가?					
	학습자가 활동을 선택할 수 있는 액션 목록이 구성되어 있는가?					
반응 요구	문제해결 과정에서 반드시 보여주어야 하는 활동을 명시하여 학습자들이 계속 흥미를 가지고 학습 활동을 전개하도록 유도하는가?					
	필요한 정보, 자료들을 사용하기 쉽게 조직하여 제시하고 있는가?					
학습자의 반응	다양한 형태로 학습자 반응을 유도하고 있는가?					
피드백과 상황변화	학습자의 반응을 유도한 후에 그 반응에 따른 피드백을 제공하고, 적절한 문제 상황의 변화를 보여주고 있는가?					
마침	이제까지의 문제 상황을 요약하고, 임무 수행 결과를 정리할 수 있는가?					
	저장/전환 기능을 제공하고 있는가?					

◉ 지식 유형별 설계 방법 점검표

※ 교육용 컨텐츠는 목표로 하는 지식의 특성에 따라서 '개념 학습', '원리 학습', '절차 학습', '인지 전략 학습', '태도 증진', '운동 기능 숙달' 등과 같은 유형으로 분류할 수 있습니다. 아래에 제시된 표의 내용은 각 유형별 설계 방안들을 정리하여 제시합니다. 이 표의 내용을 참조하여 유형별 세부 내용 전개 방법을 구체화할 수 있으며, 또한 세부 내용 전개 방법을 계획한 후에는 그 계획에 대한 타당성을 검토하기 위해 이 표를 사용할 수 있습니다.

단계	개념 학습 유형 설계 방법 검토 사항	매우 그렇다	그렇다	보통이다	그렇지 않다	전혀 그렇지 않다
도입	주의 끌기와 함께 개념에 관한 정보 제공을 할 수 있는 자료를 제시하면서 흥미와 동기를 유발하고 있는가?					
	교수 목표 설정과 함께 본 학습 내용을 소개하고 있는가?					
	학습자에게 개념을 부각시키기 위하여 개념의 역사나 기원에 관한 그림이나 재미있는 정보를 사용하고 있는가?					
	설명적 수업의 경우 명시적 진술을 사용하고 있는가?					
전개	본 개념 학습을 위한 사전 지식을 회상할 수 있는 기회가 제공되는가?					
	목표로 하는 개념에 대한 정보를 처리하고 있는가?					
	개념의 적절한 예와 적절하지 않은 예를 변별하는 연습의 기회를 제공하는가?					
	개념 지도, 유추, 기억술, 이미지 생성 기법을 이용하며 속성 분리를 돕는 피드백을 제공하는가?					
결론	개념의 정의, 준거 속성, 개념 이름 등을 기억하기 위해 요약과 복습의 과정을 거치는가?					
	그들이 배운 개념의 예를 실제 맥락에서 찾을 수 있으며 생활 및 교실 밖으로 적용할 수 있는가?					
평가	난이도가 다양한 개념에 대한 수행평가의 실시와 함께 이에 관한 피드백 및 교정이 이루어지는가?					
	예/반례에서 준거의 속성을 판단할 수 있는 능력 테스트와 무관한 속성 테스트를 실시하면서 점수와 수행 결과에 관한 요약을 제공하는가?					

단계	원리 학습 유형 설계 방법 검토 사항	매우 그렇다	그렇다	보통이다	그렇지 않다	전혀 그렇지 않다
도입	학습자들의 주의집중이 요구되며 개념들 간의 관계 및 원리의 적용에 관한 교수목표가 설정되어 있는가?					
	흥미 및 동기 유발을 촉진할 수 있는 문제상황을 제시하고 있는가?					
	전체 교수-학습이 어떻게 진행되는가에 대한 내용을 소개하고 있는가?					
전개	원리의 기초가 되는 개념을 학습하도록 하는가?					
	원리에 관한 설명과 적용되는 예를 제시할 때 학습자의 주의 집중을 고려하고 있는가?					
	학습자들은 스스로 구성요소적 개념 복습과 함께 원리를 적용하며 관계를 제시하면서 변인의 변화에 주목하고 있는가?					
	원리 진술의 기억을 위해 규칙, 관계를 나타내는 다이어그램을 구성하기도 하며 규칙이 올바르게 적용되는지 판단하고 있는가?					
	적절한 학습 전략 및 연습, 피드백 평가가 이루어지고 있는가?					
결론	수업 초에 진술된 원리를 학습자 자신의 말로 재진술 또는 복습하게 하는가?					
	지식이 잘 전이되도록 다른 규칙과 관련한 문제해결 상황을 적용하면서 지속적으로 동기를 유발하게 하는가?					
	문제해결 과정에서 원리의 통합을 설명하며 일상생활에서 그 관련성을 탐색하게 하는가?					
평가	원리의 적용 평가에 관한 피드백을 제공하는가?					
	오개념에 대한 교정이 이루어지게 하는가?					

단계	절차 학습 유형 설계 방법 검토 사항	매우 그렇다	그렇다	보통 이다	그렇지 않다	전혀 그렇지 않다
도입	절차학습에 필요한 시범을 제시하며 그 효율성을 설명하는가?					
	절차에 대한 신뢰성을 강조하는가?					
	대략적인 절차는 도입부에서 미리 소개하고 있는가?					
	절차 및 적용 가능성의 범위까지 설명하는가?					
전개	절차와 관련한 개념이나 하위절차, 관련된 개념 및 원리를 복습하게 하는가?					
	절차는 단순화하여 각 단계들 간 절차의 중요한 특징을 파악하며 단계의 순서를 기억하게 하는가?					
	학습자가 절차에 대해 완전히 수행하고 있는지를 파악하는가?					
	평가 척도, 비디오 피드백 등을 통해 오류를 수정하며 교정하여 주는가?					
결론	원리 및 절차를 적용할 수 있는 상황으로 복습하게 하는가?					
	보다 복잡한 절차와 관련지어 보는가?					
	절차의 유용성을 강조하는가?					
평가	절차를 적용하며 완성하는 과정에 관해 정확하게 인식하도록 하는가?					
	학습자가 유발하는 공통된 실수와 오개념을 파악하여 이를 교정하고 있는가?					

단계	인지 전략 학습 유형 설계 방법 검토 사항	매우 그렇다	그렇다	보통 이다	그렇지 않다	전혀 그렇지 않다
도입	인지전략을 필요로 하는 과제를 부여하고 있는가?					
	전략적 사고의 역할을 설명하는가?					
	개략적인 전략 모델을 제시하는가?					
전개	사전에 경험한 학습전략과 과제를 회상하고, 이전 전략의 적절하거나 부적절하였던 경험을 회상하게 하는가?					
	시범 전략을 제시하며 전략의 중요성을 파악하게 하는가?					
	전략 적용을 위한 단서를 파악하며 그 전략의 효과를 모니터하게 하는가?					
	전략이 적절하게 적용되는가를 파악하며 점차적으로 난이도를 조정하여 과제를 해결하게 하는가?					
	동료들과 함께 연습하며 서로를 평가하게 하는가?					
	집단 피드백을 제공하며 결과를 검토하게 하는가?					
결론	단계들을 요약하며 과제를 복습하게 하는가?					
	학습 이전의 전략과 학습 후 생성된 전략을 비교하며 전략 사용의 중요성을 인식하게 하는가?					
평가	직접적인 관찰과 함께 전략 사용에 대해 검토하게 하는가?					
	선택한 전략의 적절성 및 정확성을 평가하며 사용한 전략의 성공을 확인하고 전략을 교정하게 하는가?					

단계	태도 증진 유형 설계 방법 검토 사항	매우 그렇다	그렇다	보통이다	그렇지 않다	전혀 그렇지 않다
도입	학습자가 참여하도록 상황을 제시하는가?					
	상황에서의 주인공과 동일시하게 하는가?					
전개	논의 및 역할 수행을 활용하며 존경받는 역할 모델도 활용하는가?					
	적절한 약어나 기억술을 사용하며 수행과정에서 어떤 느낌인지 파악하도록 하는가?					
	인지적, 행동적, 정의적 측면을 포함한 피드백을 평가하는가?					
결론	바람직한 행동을 재진술하게 하는가?					
	역할 수행이나 시뮬레이션을 적용하며 상황을 논의하게 하는가?					
	새로운 학습이 이후에 어떻게 적용되는가에 대해 인식하게 하는가?					
평가	실제적인 상황에서 태도 증진이 일어났는가를 평가하는가?					
	태도 증진에 대한 올바른 인식이 함양되도록 격려하며 교정하는가?					

단계	운동 기능 숙달 유형 설계 방법 검토 사항	매우 그렇다	그렇다	보통이다	그렇지 않다	전혀 그렇지 않다
도입	과제를 제시하며 새로운 기능이 왜 필요하며 그 효과에 대해 학습자가 파악하게 하는가?					
	학습되어야 할 기능을 명료화하는가?					
	학습에 대한 개요를 소개하는가?					
전개	새로운 기능과 관련한 사전 기능을 연결하면서 기능을 설명한 후 시범을 보이는가?					
	설명과 함께 시범을 보이며 기능이 위험성을 유발할 경우 주의하도록 하는가?					
	자동적인 수행이 가능하도록 충분한 연습 기회가 제공되는가?					
	적절한 수행 정도에 따른 코멘트가 주어지는가?					
결론	각 단계를 복습하며 연습의 확장으로 숙달성을 확보하는가?					
	미래 사용하는 방법에 관해 시범을 보이는가?					
평가	수행 평가 척도를 이용하여 수행 정도를 평가하는가?					
	수행 정도에 관한 명확한 파악과 함께 교정을 실시하는가?					

◉ 검토를 위한 점검표

※ 설계개요서를 작성한 후에 컨텐츠 제목, 내용 구조, 내용 전개 방법의 측면에서 설계 계획이 잘 세워졌는지를 검토하고, 잘못된 사항이 있으면 수정을 해야 합니다. 다음에 제시된 각각의 검토 사항에 대하여, 그 점검 결과를 5가지 수준으로 나누어 표시하시오.

항목	설계개요서 검토 사항	매우 그렇다	그렇다	보통이다	그렇지 않다	전혀 그렇지 않다
제목	제목이 다루는 내용에 대한 정보를 나타내는가?					
	학습자의 학습동기를 유발할 수 있도록 재미있고 창의적인가?					
내용 구조	학습 내용 메뉴에 알맞게 내용의 구조가 결정되었는가?					
	유사한 컴퓨터의 기능을 사용하는 내용들을 함께 제시하는가?					
	나누어진 세부 내용의 분량이 적절한가?					
전개 방법	의미 있는 교수-학습 설계 이론을 기초로 하고 있는가?					
	학습 목표와 교수-학습 활동에 알맞은 유형이 선정되었는가?					
	선정된 유형의 특성에 알맞은 세부 전개 방법이 선택되었는가?					
	도입, 전개, 정리와 같은 학습의 흐름 단계별로 필요한 방법이 계획되었는가?					

단계 2 학습 흐름도 작성

• 학습 흐름도란 컨텐츠를 활용한 학습이 어떻게 진행되는가를 기호로 표시하여 쉽게 파악할 수 있도록 하는 자료를 의미함.

• 시작부터 끝에 이르는 순서뿐만 아니라 다양한 결정들에 따른 진행을 함께 묘사함.

• 학습 흐름도는 처음부터 세밀하게 작성하는 것이 어렵기에 간략한 형태의 흐름도를 작성한 후에 점차적으로 정교화된 형태로 작성함.

[세부 활동]

전체 흐름도 작성 → 세부 흐름도 작성 → 진행 방법 결정 → 검토 및 수정

[관련 단원]

• 5장 3.2와 3.3

[관련 양식]

• 전체 흐름도 정리표
• 세부 흐름도 정리표
• 진행 방법 정리표
• 검토를 위한 점검표

◉ 전체 흐름도 정리표

※ 기호를 사용하여 컨텐츠의 전체적인 흐름을 나타내는 전체 흐름도를 작성하시오.

전체 흐름도

◉ 세부 흐름도 정리표

※ 기호를 사용하여 학습자의 반응에 따라서 분지되는 사항, 학습자의 선택에 의해서 분지되는 사항 등과 같은 컨텐츠의 세부적인 흐름을 나타내는 세부 흐름도를 작성하시오.

세부 흐름도

◉ 진행 방법 정리표

※ 학습 과정에서 이루어지는 순서적인 진행, 분지 등에 필요한 아이콘, 특수키 등과 같은 진행 방법을 결정하고, 아래의 표에 정리하시오.

진행 방법	
아이콘 / 특수키	기능 설명

◉ 검토를 위한 점검표

※ 학습 흐름도의 오류를 검토하기 위해서는 흐름도에 나타난 여러 가지 상이한 경로들을 하나씩 검토해야 합니다. 검토 과정에서는 아래에 제시된 점검표를 이용하여 흐름도의 정확성과 타당성을 검토하시오.

항목	학습 흐름도 검토 사항	매우 그렇다	그렇다	보통이다	그렇지 않다	전혀 그렇지 않다
전체 흐름도	내용 분석에 따른 전체적인 흐름이 모두 제시되었는가?					
	전체적인 학습 흐름이 모두 연결되어 있는가?					
세부 흐름도	전체 흐름도 중에서 세부적인 흐름이 필요한 곳에 흐름도가 작성되어 있는가?					
	전체 흐름과의 연결이 자연스러운가?					
	진행 중 분지되는 곳에서 끊김이 없이, 그 진행이 반복되는 오류 없이 적절히 진행되는가?					
진행 방법	진행에 필요한 특수키 또는 아이콘이 모두 제시되어 있는가?					
	진행 방법이 통일성을 갖도록 설계되었는가?					
	일관된 진행 방법이 사용되었는가?					
	진행 방법을 위한 특수키 또는 아이콘의 기능이 명확히 전달되는가?					
	인간 기억 능력의 한계를 고려하여 진행 방법이 설계되었는가?					
	사용자 집단이 친숙하게 느끼도록 진행 방법이 선정되었는가?					
	쉽게 인식할 수 있도록 진행방법이 간결하게 설계되었는가?					
	학습자의 흥미를 유도할 수 있도록 심미적인 측면이 고려되었는가?					

단계 3 내용 구성 원고 작성

- 내용 구성 원고는 컨텐츠에서 사용할 텍스트들과 음성 또는 동영상이 들어있는 멀티미디어 산출물에 대한 스크립트의 작성 원고를 의미함.

- 일반 텍스트 원고는 학습 내용, 질문, 피드백, 학습 내용 소개, 도움말, 화면 전환 메시지 등 다양한 형태의 문자 정보를 컨텐츠에서 사용할 형태로 작성하는 것을 의미하며, 오디오와 비디오 자료 개발을 위한 스크립트는 말로 전달될 텍스트 정보와 더불어서 연극의 대본처럼 성우 또는 배우가 수행할 행동, 촬영 대상과 촬영 기법에 대한 설명 등을 포함함.

[세부 활동]

일차 원고 작성: 학습 내용, 질문, 피드백 → 이차 원고 작성: 학습내용 소개, 도움말, 학습전환 안내 → 검토 및 수정

[관련 단원]

- 5장 4.2와 4.3

[관련 양식]

- 텍스트 원고 검토를 위한 점검표
- 오디오 · 비디오 스크립트 검토를 위한 점검표

◉ 텍스트 원고 검토를 위한 점검표

※ 텍스트 중심의 내용 구성 원고를 작성한 후에는 다음에 제시된 사항들을 참고하여 원고의 내용과 집필 방법을 검토하고, 그 결과를 해당 항목별로 5가지 수준으로 나누어 표시하시오.

텍스트 원고 검토 사항	매우 그렇다	그렇다	보통 이다	그렇지 않다	전혀 그렇지 않다
1. 중요한 내용이 정확히 설명되고 있는가?					
2. 중요한 내용이 강조되는가?					
3. 내용 설명이 학습자의 참여를 유도하는가?					
4. 컴퓨터와 학습자 간의 상호작용을 고려하여 문장이 작성되어 있는가?					
5. 문장이 간결하게 기술되어 있는가?					
6. 맞춤법, 철자 등이 정확한가?					
7. 문장의 진술 방법이 통일되어 있는가?					
8. 학습자 수준에 맞는 어휘가 사용되고 있는가?					
9. 학습 목표와 관련된 질문이 제시되고 있는가?					
10. 다양한 형태의 질문이 제시되고 있는가?					
11. 질문에 대한 학습자의 응답 방법이 명확한가?					
12. 유형에 따라 적절한 피드백이 제공되는가?					
13. 학습자의 흥미를 유발하는 피드백이 제공되는가?					
14. 학습 내용 소개가 장황하거나 부적절하지 않게 잘 구성되어 있는가?					
15. 컨텐츠의 진행에 필요한 도움말이 제공되는가?					
16. 학습 내용의 전환에 대한 안내문이 제시되는가?					

◉ 오디오 · 비디오 스크립트 검토를 위한 점검표

※ 오디오 · 비디오 스크립트를 작성한 후에는 다음에 제시된 사항들을 참고하여 스크립트의 내용과 집필 방법을 검토하고, 그 결과를 해당 항목별로 5가지 수준으로 나누어 표시하시오.

오디오 · 비디오 스크립트 검토 사항	매우 그렇다	그렇다	보통이다	그렇지 않다	전혀 그렇지 않다
1. 내용과 언어 사용이 정확한가?					
2. 학습자의 동기를 유발하고 유지시킬 수 있도록 구성되어 있는가?					
3. 학습자 참여를 유도하도록 구성되어 있는가?					
4. 저작권을 침해하는 경우가 없이 저작권 보호를 고려하였는가?					
5. 오디오 스크립트가 말로 표현하기에 자연스러운가?					
6. 오디오 스크립트가 이야기 형식, 어조 등을 구체적으로 명시하는가?					
7. 비디오 스크립트의 내용과 지시 사항이 정확하고 상세하게 기술되어 있는가?					
8. 비디오 스크립트에 명시된 모션 세그먼트의 길이가 학습자의 주의를 끌 수 있도록 구성되어 있는가?					

단계 4 스토리보드 작성

- 스토리보드는 컨텐츠의 개발이 완료된 후의 모습, 즉 화면의 구성, 화면 단위의 내용 제시 분량과 위치, 메뉴의 내용과 제시 위치, 진행 방법, 상호작용 방법 등과 같은 구체적인 설계안을 화면 단위로 스토리보드 양식에 표현한 것을 의미함.

- 스토리보드의 작성을 통해 학습 내용과 전개 방법이 화면상에서 효과적으로 구현될 수 있는지, 화면 간의 흐름이 자연스러운지 등 학습의 효과와 관련한 구체적인 사항들을 명시하고 검토함.

[세부 활동]

전체적 스토리보드 작성 → 화면 단위 스토리보드 작성 → 검토 및 수정

[관련 단원]

- 5장 5.2, 5.3
- 7장 1.2, 1.3, 2.2, 2.3, 3.2, 3.3, 3.4

[관련 양식]

- 스토리보드 작성 용지
- 전체 스토리보드 작성 검토를 위한 점검표
- 화면 단위 스토리보드 상세화 작업 검토를 위한 점검표
- 상호작용 설계 방법 점검표
  상호작용 설계 유형 점검표, 상호작용 설계 전략 점검표,
  상호작용 설계 구성요소 점검표
- 화면설계 방법 점검표
- 사용자 인터페이스 설계 점검표 Ⅰ, Ⅱ

◉ 스토리보드 작성의 세부 절차

전체적 스토리보드 작성	화면 단위로 텍스트 분할 ⇩ 공통 화면 설계 스토리보드 화면 나열 ↓ 화면 구성 요소 파악 ↓ 구성 요소 제시 위치 결정 ↓ 레이아웃 설계 ↓ 레이아웃 작성 ⇩ 화면 단위 스토리보드 작성
⬇	
화면 단위 스토리보드 상세화	그래픽 자료 개발 및 제시 방법 결정 ⇩ 음향 사용 방법 결정 ⇩ 색 사용 방법 결정
⬇	
검토 및 수정	설계자, 전문가, 학습자 검토 및 수정

◉ 스토리보드 작성 양식

※ 스토리보드를 작성할 수 있는 양식의 예는 다음과 같습니다. 설계의 특성에 알맞은 양식을 선정하여 그대로 사용하거나, 필요한 경우에는 일부분을 수정한 후에 사용하시오.

과정명		페이지		일련번호	
화면명				참고자료	

〈내용 제시 영역〉	〈화면 분할도〉 〈화면 설명〉
	〈그래픽〉
	〈음향/음성〉
	〈애니메이션〉
	〈동영상〉
〈화면 진행〉	〈정답〉

<table>
<tr><td colspan="2">화면 이름:</td><td>일련번호:</td></tr>
<tr><td>내용 영역:</td><td colspan="2">하위 영역:</td></tr>
<tr><td colspan="2">(내용 제시 영역)</td><td>인터페이스:</td></tr>
<tr><td colspan="3">그래픽:
오디오:
애니메이션:
비디오:
기타 제시 자료:</td></tr>
</table>

<table>
<tr><td>화면번호</td><td colspan="2"></td><td>일련번호</td><td></td></tr>
<tr><td>화면이름</td><td colspan="4"></td></tr>
<tr><td colspan="5">(내용 제시 영역)</td></tr>
<tr><td colspan="2" rowspan="2">분지(Link):</td><td colspan="3">Graphic:</td></tr>
<tr><td colspan="3">Audio:</td></tr>
<tr><td colspan="2" rowspan="2">상황 설명 및 문제(Interaction):</td><td colspan="3">Animation & Simulation:</td></tr>
<tr><td colspan="3">Video:</td></tr>
</table>

◉ 전체 스토리보드 작성 검토를 위한 점검표

※ '화면 단위 텍스트 분할', '공통 화면 설계', '화면 단위 스토리보드 작성' 등과 같은 전체적 스토리보드 작성 작업이 끝난 후에는 다음에 제시된 사항들을 참고하여 스토리보드 작성 내용과 방법을 검토하고, 그 결과를 해당 항목별로 5가지 수준으로 나누어 표시하시오.

전체 스토리보드 작성 검토 사항	매우 그렇다	그렇다	보통 이다	그렇지 않다	전혀 그렇지 않다
1. 한 화면에 제시되는 텍스트의 분량이 적절한가?					
2. 앞뒤 화면의 내용이 자연스럽게 연결되는가?					
3. 학습 내용의 주요 부분을 강조하는가?					
4. 화면의 구성 요소가 일관되게 제시되는가?					
5. 화면의 레이아웃이 심미적인가?					
6. 학습 흐름상 빠진 화면이나 완전하지 않은 화면은 없이 적절하게 구성되어 있는가?					
7. 화면 진행에 필요한 설명이 구체적으로 제시되는가?					
8. 지시 사항이 누락되었거나 불완전하게 기술된 것은 없는가?					
9. 학습자의 가능한 응답을 모두 고려하는가?					
10. 학습자와의 상호작용 기회가 충분히 제공되는가?					
11. 필요한 아이콘이나 특수키의 기능이 각 화면에 제시되며, 조화롭게 배치되어 있는가?					
12. 화면의 제목이 정확하고 구체적으로 제시되어 있는가?					
13. 텍스트의 줄 간격이 내용을 이해하기에 알맞은가?					
14. 화면의 여백이 충분히 확보되어, 구성 요소들을 조화롭게 제시하는가?					
15. 심미적인 측면을 고려하여 화면이 설계되었는가?					
16. 화면설계가 간결하고 명확하게 되었는가?					
17. 화면에 제시되는 요소들이 일관된 방법으로 제시되는가?					
18. 주의 집중 유도 전략이 한 화면에 알맞게 사용되는가?					
19. 피드백이나 메시지가 필요한 학습 내용을 가리지 않게 구성되었는가?					
20. 화면 전환이나 분지가 오류 없이 잘 설계되었는가?					

◉ 화면 단위 스토리보드 상세화 작업 검토를 위한 점검표

※ '그래픽 자료 개발과 제시 방법', '음향 사용 방법', '색 사용 방법' 등을 결정하여 화면 단위 스토리보드 상세화 작업이 끝난 후에는 다음에 제시된 사항들을 참고하여 스토리보드 작성 내용과 방법을 검토하고, 그 결과를 해당 항목별로 5가지 수준으로 나누어 표시하시오.

화면 단위 스토리보드 상세화 작업 검토 사항	매우 그렇다	그렇다	보통 이다	그렇지 않다	전혀 그렇지 않다
1. 모든 그래픽 자료가 화면에 크기대로 수정되어 제시되는가?					
2. 애니메이션에 대한 설명이 정확한가?					
3. 그래픽이 학습 내용과 관련이 없거나 남용되지는 않았는가?					
4. 내용 설명이 너무 텍스트에만 의존하지 않으며 적절한 텍스트를 이용하고 있는가?					
5. 한 화면에 적절한 그래픽과 텍스트가 제시되는가?					
6. 관련 있는 그래픽과 텍스트가 하나의 화면에 제시되는가?					
7. 텍스트와 그래픽이 학습 순서에 알맞게 제시되는가?					
8. 학습자가 음향 사용 여부를 선택할 수 있는가?					
9. 음향에 대한 음계가 필요한 경우에 제공되어 있는가?					
10. 색이 한 화면에 너무 많이 사용되지 않고 적절하게 사용되고 있는가?					
11. 색이 흥미유발, 효과적 내용 전달 등을 위해 사용되고 있는가?					
12. 색의 사용으로 인해 학습자에게 피로감을 주지 않고 편안함을 주는가?					
13. 전체 색의 콘셉트와 비교할 때, 색 사용의 일관성을 유지하는가?					

◉ 상호작용 설계 방법 점검표

※ '상호작용성'은 e-Learning 컨텐츠 설계에 가장 중요하게 고려되어야 할 요소로서, 이는 학습자가 자기주도적 학습을 성공적으로 수행하도록 돕습니다. 따라서 상호작용 설계를 통해 양질의 컨텐츠를 제공할 수 있도록 설계유형, 설계전략, 구성요소 등 다음의 표에서 제공된 내용들을 단계적으로 검토해 보시오.

유형	상호작용 설계 유형 검토 사항	매우 그렇다	그렇다	보통 이다	그렇지 않다	전혀 그렇지 않다
학습자와 내용	학습목표가 구체적으로 제시되고 있는가?					
	학습목표에 적합한 학습내용이 선택되었는가?					
	학습내용의 조직이 학습자에게 적절한가?					
	학습자의 능동적인 참여를 유도하는가?					
	학습목표에 적합한 평가가 이루어지는가?					
	평가방법이 학습내용의 특성에 적절한가?					
	학습을 돕는 관리 및 지원기능이 있는가?					
	학습자의 반응에 대한 피드백이 있는가?					
학습자와 교수자	학습안내를 위한 정보가 제시되는가?					
	학습에 관련된 질의/응답기능이 있는가?					
	과제에 대한 피드백 등 학습과 관련된 교수자와의 상호작용이 원활한가?					
	온라인 조교가 학습도움을 제공하는가?					
학습자와 학습자	학습자의 개인정보를 공유할 수 있는가?					
	학습자 간 협동학습을 위한 기회가 있는가?					
	학습자 간 자유 의견교환의 기회가 있는가?					
	학습토론참여를 독려하는가?					
	상호작용에 참여하지 않는 학습자에 대한 관리가 이루어지는가?					
기타						

전략	상호작용 설계 전략 검토 사항	매우 그렇다	그렇다	보통 이다	그렇지 않다	전혀 그렇지 않다
학습자의 다양한 필요 충족	학습자의 개인차와 변화하는 학습필요에 따라 학습할 내용과 방법을 달리 제공하는가?					
	학습자의 필요에 따라 정보에 비순차적 접근이 가능하도록 계획적으로 내용을 배치하는가?					
	학습자의 선택에 따른 분지를 다양하게 제공하여 학습의 폭을 확장하는가?					
	학습자가 원하면 언제든지 접속할 수 있도록 풍부하고 다양한 선택지를 제공하는가?					
	학습자가 획득 가능한 정보의 내용과 분량이 적절하도록 조직되어 있는가?					
	학습자의 자유로운 탐색을 돕기 위해 관련 자료까지도 포함하는 학습자원을 제공하는가?					
	학습자가 원하면 언제, 어느 지점에서나 즉각적으로 접속이 가능한 도움말 기능을 제공하는가?					
효과적 학습자 통제	학습자에게 학습의 보조나 내용, 양, 자료제시의 순서 등에 대한 결정권한을 부여하는가?					
	학습자 주도 학습이 학습목표에 비추어 부적합할 때 적절한 안내와 점검 기회를 제공하는가?					
	학습의 주도권을 소유한 학습자가 최선의 결정을 하도록 필요한 코칭기제를 제공하는가?					
역동성 증진	역동적인 상호작용을 위하여 시스템과 학습자 간의 교수적 대화 진행을 유도하는가?					
	학습자가 원하는 정보지점에 신속히 접속할 수 있도록 단축키를 제공하는가?					
	학습자에게 어느 지점에서나 학습 진행을 중도에 중단시킬 수 있는 기제를 제공하는가?					
	학습내용을 융통적, 유동적 방식으로 설계함으로써 불필요한 정보에의 접속을 차단하는가?					

전략	상호작용 설계 전략 검토 사항	매우 그렇다	그렇다	보통 이다	그렇지 않다	전혀 그렇지 않다
원활한 의사 소통	e-Learning 시스템과 학습자 간 교수적 대화가 가능한 양방향 의사소통 통로를 제공하는가?					
	학습자의 반응과 참여를 유도하는 질문의 방법을 활용하는가?					
	학습자가 다양한 예와 충분한 연습의 기회를 경험할 수 있도록 유도하는가?					
	학습자의 투입행동에 대하여 적절하고 즉각적이며 교정적, 개별적인 피드백을 제공하는가?					
유용성 증진	컴퓨터에 대한 사전 경험의 수준에 따라 사용이 용이한 환경을 제공하는가?					
	학습자가 할 수 있는 여러 실수나 결정을 교정할 수 있는 포용적인 환경을 제공하는가?					
	학습자의 좌절과 불안의 정도를 최소화하되 지속적인 동기의 유발과 유지를 돕는, 사용자에게 친근한 환경을 부여하는가?					
내용의 효과적 전달	사용자 인터페이스를 통한 정보탐색이 효율적으로 이루어지도록 단순하고 명확히 설계되어 있는가?					
	사용자 인터페이스의 종류와 기능을 사전에 이해하고 숙달할 수 있는 기회를 부여하는가?					
	적절한 화면설계원리를 이용하여 효과적인 의사소통이 가능하도록 내용을 제시하는가?					
기타						

구성 요소	상호작용 설계 구성요소 검토 사항	매우 그렇다	그렇다	보통 이다	그렇지 않다	전혀 그렇지 않다
방향 제시	학습자가 찾기를 기대하는 사항들이 한눈에 들어오도록 제시되는가?					
	내용획득이 용이하도록 유용한 안내체제가 제시되어 있는가?					
	노출된 화면에서의 지시를 학습자가 이해하기 용이한가?					
이미지 맵과 메타포	학습자가 학습내용을 이해하는 데 도움이 되는가?					
	메타포가 내용에 적절하며 이해 가능한가?					
	메타포가 학습자의 기대를 충족시킬 수 있는가?					
내비 게이션	학습자가 자신의 현재 위치를 쉽게 파악할 수 있는가?					
	어디로 갈 수 있는지, 그 방법도 잘 알 수 있고 실제로 갈 수 있는가?					
	어디에서, 어떻게 이 지점에 왔는지 확인할 수 있는가?					
사용성	학습자의 접근노력을 최소화해 주는가?					
	사용자 투입에 대한 즉각적 피드백이 있나?					
	사용자 선택의 융통성을 제공하는가?					
	제시되는 내용이 명확한가?					
	학습자의 실수를 허용해 주며 실수를 교정할 방법이 제공되는가?					
기능성	상호작용을 위한 통제수단이 명확하게 제시되어 있는가?					
	학습자에게 혼돈을 주지 않도록 일관성이 유지되어 있는가?					
	적용된 멀티미디어가 적절하게 제·기능을 발휘하며 동작되는가?					
스토리 보드 (구성 요소 통합)	설계과정에서 고려한 전 과정이 스토리보드를 통해 표현되고 있는가?					
	학습자와의 대화에 초점을 둔 스토리텔링 기능을 보완하였는가?					
	내용과 기능이 통합되어 설계자의 의도가 명확히 반영되어 나타나는가?					

◉ 화면설계 방법 점검표

※ '화면'은 학습자에게 최종적으로 제시되는 결과물이므로 포장되는 방식이 매우 중요합니다. 화면설계를 완료하고 아래의 표에서 예시한 내용을 참고하여 검토해 보시오.

화면설계 방법 검토 사항		매우 그렇다	그렇다	보통이다	그렇지 않다	전혀 그렇지 않다
기본 화면	단순성: 학습자에게 필요 없는 내용은 생략하고 중요한 내용만 제공하는가?					
	일관성: 동일한 정보를 항상 화면의 동일한 위치에 제시하는가?					
	상징성: 학습내용을 요약하여 제시하는가?					
	공간성: 화면에 나타날 학습내용이나 지시 등이 학습효과를 우선적으로 고려하는가?					
텍스트	텍스트가 이해하기 쉽고 읽기 쉽게 설계되었는가?					
	한 화면에 너무 많은 텍스트를 사용하지 않고 적절한 양의 텍스트를 사용하고 있는가?					
	억지로 글씨 크기를 줄이거나 줄/문단 간격을 줄여 내용을 제시하기보다는 적절한 형태의 크기를 사용하고 있는가?					
	글자의 크기를 다양화하거나 하이라이트를 사용하여 내용을 강조하고 있는가?					
그래픽	지나치게 복잡한 그림을 사용하기보다는 학습자에게 적절한 복잡성을 고려하여 제시되고 있는가?					
	그림과 관련된 텍스트를 적절히 제공하고 있는가?					
	과장되거나 비현실적인 그림을 제시하기보다는 현실성을 고려한 그림을 제시하고 있는가?					
	그래픽의 사용이 내용의 이해와 기억을 돕는가?					
색상	색상을 일관적으로 사용하고 있는가?					
	한 화면에 지나치게 많은 색상을 사용하지 않고 적절한 색상을 사용하고 있는가?					
	색상의 보편적인 의미를 활용하되 문화적 요인을 고려하고 있는가?					
	가독성을 증가시키는 최적의 색상을 사용하고 있는가?					

◉ 사용자 인터페이스 설계 점검표 I

※ '사용자 인터페이스'는 설계의 단계에서 다양한 형태로 검토되어야 합니다. 사용자 인터페이스 설계를 완료하기 전에 학습자의 입장에서 다음의 사항들을 검토해 보시오.

사용자 인터페이스 설계 검토 사항		매우 그렇다	그렇다	보통이다	그렇지 않다	전혀 그렇지 않다
항해 규칙	첫 화면으로의 이동이 용이한가?					
	원하는 위치로의 이동을 위한 경로가 명확하게 제시되어 있는가?					
	위치파악을 돕는 사이트 맵이 제시되어 있는가?					
Look & Feel	사용자에게 정보를 전달하는 시스템의 외관상 특징이 매력적인가?					
	사용자를 위해 흥미를 끄는 경험을 제공하는 기법이 섬세한가?					
	사용된 메타포가 학습자의 정서적 측면에 긍정적인 영향을 미치는가?					
아이콘	제시되는 아이콘의 특성에 맞는 메타포를 적절하게 사용하고 있는가?					
	범세계적 호환성을 고려하고 있는가?					
	사용자가 아이콘을 쉽게 인식할 수 있도록 아이콘에 라벨을 붙이고 있는가?					
	동일한 아이콘패밀리에 속하는 아이콘들이 시각적으로 일관성을 유지하고 있는가?					
기타						

◉ 사용자 인터페이스 설계 점검표 II[2)]

※ 사용자 인터페이스 설계를 검토하는 여러 준거 중에서도, 아래 양식에 제시된 10가지 사항은 매우 중요한 항목이 됩니다. 필요에 따라 적절한 양식을 활용할 수 있을 것이나 본 양식을 활용하여 사용자 인터페이스 설계를 검토해 보시오.

1. 용이성

어려움 ←→ 쉬움

1	2	3	4	5	6	7	8	9	10

비평

2. 항해성

어려움 ←→ 쉬움

1	2	3	4	5	6	7	8	9	10

비평

3. 인지적 부하

감당할 수 없음 ←→ 감당할 수 있음

1	2	3	4	5	6	7	8	9	10

비평

2) Reeves, T. C. & Harmon, S. W. (1993). Interface Rating Tool for Interactive Multimedia. Retrieved from http://treeves.coe.uga.edu/edit8350/UIRF.html

4. Mapping

할 수 없음									강력함
1	2	3	4	5	6	7	8	9	10

비평

5. 화면설계

원칙위반									원칙준수
1	2	3	4	5	6	7	8	9	10

비평

6. 지식공간호환성

비호환적임									호환적임
1	2	3	4	5	6	7	8	9	10

비평

7. 정보제시

불분명함									명확함
1	2	3	4	5	6	7	8	9	10

비평

8. 매체통합

부조화됨 ⟷ 조화됨

1 2 3 4 5 6 7 8 9 10

비평

9. 심미성

불만족스러움 ⟷ 만족스러움

1 2 3 4 5 6 7 8 9 10

비평

10. 전반적 기능성

비기능적임 ⟷ 기능적임

1 2 3 4 5 6 7 8 9 10

비평

PART 3

컨텐츠 개발 및 평가

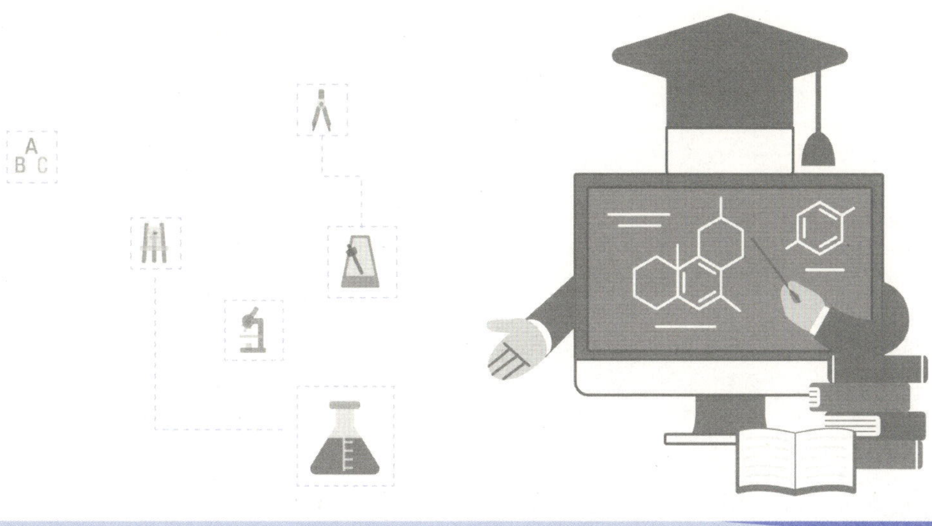

CHAPTER 11

컨텐츠 개발

이 장은 e-Learning 컨텐츠 설계와 개발 과정 중에서 개발 단계에 관련된 이론과 실제를 다루고 있다. 구체적으로 설계된 학습흐름도와 스토리보드를 기반으로 실제 개발 과정에 들어가게 되는데, 이 개발 단계에서 설계 자료의 검토, 개발 일정 계획, 멀티미디어 자료 제작 및 통합, 형성평가, 활용 안내 자료 제작에 관련된 정보와 개발 지침을 제시한다.

1 개발 과정

분석과 설계 과정의 산출물을 토대로 e-Learning 컨텐츠를 직접 개발하기 위하여 [그림 11-1]과 같은 과정을 거친다.

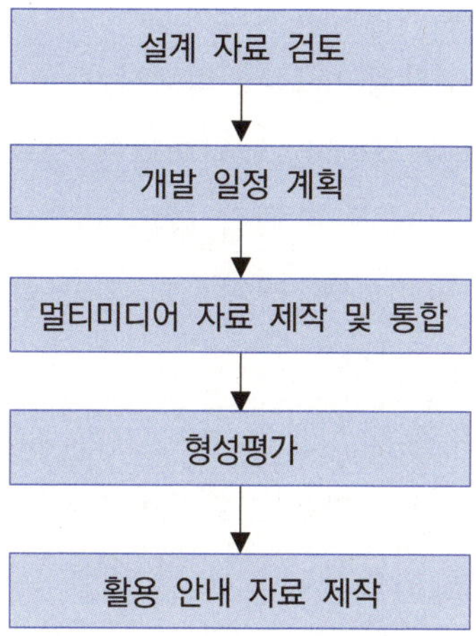

[그림 11-1] e-Learning 컨텐츠 개발 과정

이 과정에서는 컴퓨터와 인터넷을 활용한 학습 환경에서 필요한 멀티미디어 자료 및 학습 지원 자료를 개발한다. 아울러, 개발된 자료의 형성평가 과정을 통하여 전문가 및 활용 대상자로부터 얻은 의견은 e-Learning 컨텐츠의 개발을 완성하는 데에 중요한 역할을 한다.

1.1 설계 자료 검토

이전 단계인 설계 과정에서 얻은 학습흐름도와 스토리보드를 철저히 검토하는 것은 개발 과정에서 이루어져야 하는 첫 번째 업무이다. 설계 자료를 검토하기 위하여 다음과 같은 사항을 고려한다.

첫째, 개발자 혹은 개발팀 전원이 설계 자료를 모두 철저하게 검토하고, 가능하면 교수설계자와 함께 논의하면서 설계 의도를 숙지한다. 설계 자료를 검토할 때에는 공통적으로 적용되는 화면 설계 내용, 멀티미디어 자료의 유형, 각 화면별로 특이 사항을 파악한다. 교수설계자와 개발자가 동일한 경우에는 이 과정이 생략될 수 있다. 설계 자료에 대한 몇 가지 샘플 자료가 준비되어 있으면, 설계 방안에 대한 개발자의 이해를 돕기 위한 중요한 자료가 된다.

둘째, 사용할 컴퓨터의 사양, 프로그래밍 도구 등을 포함한 개발 환경의 특성과 교육적 목적이 적절히 조화될 수 있도록 한다. 때때로, 개발 환경의 특수성을 고려하다 보면 교육적 의도 혹은 목적이 간과되는 경향이 있고, 교육적 목적을 강조하다 보면 개발 환경의 한계가 적절하게 고려되지 못하는 상황이 발생한다. 이때, 개발 환경의 특수성과 교육 목적, 설계 의도가 적절하게 조절되는 것이 중요하다.

셋째, 제작 방법에 대하여 논의한다. 멀티미디어 자료의 형식, 인쇄 자료의 형식 등을 논의하고 결정한다. 웹 자료로 통합할 경우에는 어떤 저작도구 혹은 프로그래밍 언어를 사용할 것인지를 논의하고, 컨텐츠의 운영 환경을 토대로 표준화 기술을 고려한다.[1)]

설계 자료를 검토하면서 수집된 정보는 전체 개발 과정을 통하여 참고할 수 있도록 정리한다. 이때, 개발을 위한 사항을 스토리보드에 직접 기술하거나, 별도의 양식을 이용하여 일반적인 사항을 기록한다. 정리를 위한 특별한 양식은 없으므로, 개발자가 편리한 방식을 이용하면 된다. [그림 11-2]는 설계 자료 검토 내용을 정리한 양식의 예이다.

---

1) e-Learning 컨텐츠의 운영 환경에 대한 자세한 설명은 이 책의 12장을 참고하기 바람.

개발을 위한 검토 사항 정리
• 컨텐츠 주제(프로그램명): 도형의 합동 • 활용 대상: 중학생
• 공통 사항 1. 기본 화면 제작 2. 공통으로 활용되는 메뉴: 차례, 종료, 전 화면, 다음 화면, 도움말 3. 캐릭터 개발 4. 연습 문제 로직 개발 5. 학습 로직 제작 6. 데이터베이스: 학습자 정보, 문제, 학습 내용
• 멀티미디어 자료의 유형 및 개발 도구 그래픽 - 포토샵 오디오 - 성우 녹음 필요 애니메이션 - 플래시 실감형 컨텐츠(AR/VR) - 유니티 3D
• 화면별 고려 사항

화면 번호	검토 사항
100	플래시 애니메이션 필요
110	데이터베이스 연결, 정보 입력
120	학습 로직 I 이용

[그림 11-2] 개발을 위한 검토 사항 정리의 예

개발을 위한 설계 자료 검토가 끝나면, 검토에 참여한 개발자들이 함께 이 활동에 대하여 점검할 필요가 있다. 이때 〈표 11-1〉에 제시된 사항들을 중심으로 점검하여 설계 자료 검토를 완료한다.

〈표 11-1〉 설계 자료 검토를 위한 점검표

검토 사항	매우 그렇다	그렇다	보통 이다	그렇지 않다	전혀 그렇지 않다
1. 전체 학습흐름도와 세부 학습흐름도를 정확하게 파악하였는가?					
2. 컨텐츠의 진행 방법을 이해하였는가?					
3. 컨텐츠의 내용 구성을 이해하였는가?					
4. 공통적으로 개발되어 적용되는 사항을 정리하였는가?					
5. 개발되어야 하는 멀티미디어 자료를 파악하였는가?					
6. 멀티미디어 자료를 제작하기 위하여 사용할 저작도구를 결정하였는가?					
7. 개발을 위하여 부족한 정보를 보충하였는가?					
8. 설계자와 논의할 사항을 적절하게 결정하였는가?					

[기타 고려 사항]

1.2 개발 일정 계획

설계 자료의 검토 사항을 토대로, 실제로 자료 개발을 위하여 소요될 일정을 계획한다. 개발 일정은 멀티미디어 자료 제작, 전체 자료 통합, 수정・보완 등의 업무를 수행하기 위한 시간 계획으로 구성된다. 개발 일정을 계획할 때에는 개발 목적 및 개발 환경을 고려한다. 개발에 참여하는 인원, 개발에 사용되는 컴퓨터 성능과 저작도구 등을 점검하고 이를 고려하여 일정을 계획한다. 이때, 개발 완료일을 중심으로 거꾸로 계산해나가는 것도 한 방법이다.

[그림 11-3]은 e-Learning 컨텐츠를 개발하기 위하여 필요한 일정을 계획한 사례이다. [그림 11-3]의 일정표에서 날짜는 작성자의 의도에 따라 주별로 혹은 일별로 표시할 수 있다.

개발 일정 계획이 끝나면, 다른 개발자들과 함께 계획의 타당성을 점검하고 논의하여 완성한다. 이때, 〈표 11-2〉에 제시된 사항들을 고려한다.

개발 일정 (3월 2일 ~ 4월 25일)

- 컨텐츠 제목: ×××××××××
- 전체 분량: 평균 3시간
- 컨텐츠의 유형: □ CAI ▣ WBI □ 모바일 컨텐츠 □ 기타 자료
- 컨텐츠 완성일: ××××년 4월 30일
- 작성자: ×××

개발 내역 \ 날짜(주)	1	2	3	4	5	6	7	8	9	10
텍스트 자료	------	------								
그래픽 자료			------	------						
애니메이션, 동영상, 실감형 컨텐츠			------	------						
오디오 자료				------	------					
데이터베이스					------	------				
웹 프로그래밍						------	------	------		
전체 자료 통합									------	
수정・보완									------	------

(유의 사항)
애니메이션 제작을 위하여 필요한 저작도구 Flash를 업데이트해야 함.

[그림 11-3] 개발 일정 계획의 예

〈표 11-2〉 개발 일정 계획을 위한 점검표

검토 사항	매우 그렇다	그렇다	보통이다	그렇지 않다	전혀 그렇지 않다
1. 멀티미디어 자료 제작을 위한 일정을 계획하였는가?					
• 텍스트 자료 제작 일정					
• 그래픽 자료 제작 일정					
• 오디오 자료 제작 일정					
• 비디오 자료 제작 일정					
• 애니메이션 자료 제작 일정					
• 데이터베이스 제작 일정					
• 통합 프로그래밍 일정					
2. 새로 구입하여야 하는 저작도구의 구입 일정을 고려하였는가?					
3. 전체 일정이 융통성 있게 계획되었는가?					

[기타 고려 사항]

1.3 멀티미디어 자료 제작 및 통합

설계 단계에서 제작된 학습흐름도와 스토리보드에 따라 멀티미디어 자료를 제작하고 연결하여 e-Learning 컨텐츠를 개발한다. 멀티미디어 자료는 개발 일정에 따라 다음과 같은 단계로 제작될 수 있고, 웹에 탑재하여 사용하는 경우(WBI)와 모바일 장치에 사용하는 경우에는 개발 과정에 약간의 차이가 있다.

〈표 11-3〉 개발 과정 비교

	WBI	모바일 컨텐츠
제작	1. 개별 자료 제작 2. 웹프로그래밍 3. 자료 연결 및 통합	1. 개별 자료 제작 2. 모바일 웹프로그래밍 3. 웹 자료로 통합
검토 및 완성	4. 기술적 오류 검토 및 수정 · 보완	4. 기술적 오류 검토 및 수정 · 보완

1.3.1 WBI 개발

① 개별 자료 제작

학습흐름도와 스토리보드를 토대로, 필요한 텍스트 자료, 그림과 애니메이션 자료, 비디오 자료, 오디오 자료를 구별하고 우선 각 자료를 개별적으로 제작한다. 자료 제작을 위하여 사용될 프로그래밍 언어, 저작도구 등을 결정하고 제작을 시작한다. 이때, 제작한 자료를 검토하면서 오류를 발견하고 수정한다. 한편, 멀티미디어 자료를 제작할 때, 이를 관리하기 위하여 제작 일지를 작성할 수 있는데, [그림 11-4], [그림 11-5], [그림 11-6], [그림 11-7]의 양식은 Lee와 Owens(2004)가 제시한 것을 수정・보완한 것이다.

그래픽 자료 제작 일지

※ 컨텐츠 제목: 도형의 합동
※ 학습 주제: 도형의 합동의 의미와 그 성질
※ 제작자: ×××

번호	화면 번호	파일명	개요
1	20-3	의미	도형의 합동을 설명하는 두 도형
2	20-4	사례	합동인 도형 그림

[그림 11-4] 그래픽 자료 제작 일지의 예

오디오 자료 제작 일지

※ 컨텐츠 제목: 도형의 합동
※ 학습 주제: 도형의 합동의 의미와 그 성질
※ 제작자: ×××

번호	화면 번호	개요	파일명	녹음 번호	특성	개시일
1	20-1	목표 제시	목표	20-1-1	.	3/3
2	20-2	학습 안내	안내	20-2-1	.	3/3
3	20-3	합동의 의미	의미	20-3-1	.	3/3

[그림 11-5] 오디오 자료 제작 일지의 예

비디오 자료 제작 일지

※ 컨텐츠 제목: 컴퓨터 조립
※ 학습 주제: 주변 기기 연결하기
※ 제작자: ×××

번호	화면 번호	개요	파일명	재촬영	특성	개시일
1	30-2	키보드 연결	키보드			5/15
2	30-3	마우스 연결	마우스			5/15
3	30-4	프린터 연결	프린터			5/15

[그림 11-6] 비디오 자료 제작 일지의 예

애니메이션 자료 제작 일지

※ 컨텐츠 제목: 도형의 합동
※ 학습 주제: 도형의 합동의 의미와 그 성질
※ 제작자: ×××

번호	화면 번호	파일명	개요
1	20-5	의미	도형의 합동을 증명하는 두 도형
2	20-4-1	사례	합동인 도형을 보여줌

[그림 11-7] 애니메이션 자료 제작 일지의 예

② 웹 프로그래밍

학습흐름도와 스토리보드에 따라 전체적인 흐름을 웹 자료로 제작하고 연결한다. 웹 자료의 코딩이 완성되면, 직접 실행해보면서 내용 진행상의 오류를 점검하고 수정한다.

③ 웹 문서로 통합

제작된 개별 자료를 웹 프로그래밍 로직과 연결한다. 이때, 설계안과 비교하면서 정확한 위치에 그림이 제시되고 오디오 자료와 비디오 자료가 적절한 위치에서 연결되고 실행되는지를 점검하고 수정한다. 웹 자료 간의 상호 작용성을 높이기 위하여 같은 사이트 내의 다른 페이지로, 혹은 다른 사이트로 직접 연결할 수 있도록 하이퍼링크 기능을 이용하여 다양한 경로를 만들어준다. 웹 브라우저에 연결하여 실행해 본다.

④ 기술적 오류 검토 및 수정 · 보완

프로그램 개발자 입장에서 통합된 자료를 여러 번 실행해 가면서 기술적 오류를 점검하고 수정한다. 이를 위하여 평가용 DVD를 개발하거나, 임시로 웹에 탑재하여 평가할 수 있다. 또한, 전체 시스템의 기능이 작동하는지를 점검한다.

스토리보드를 중심으로 텍스트, 그래픽, 오디오 및 비디오 자료 등의 완성도를 체크한다. 스토리보드의 각 화면별로 문제점 및 수정 사항을 기록하고 수정한 후, 수정이 올바르게 되었는지 다시 한 번 점검한다. 이때, [그림 11-8]에 제시된 기술적 오류 검토 양식을 참고한다.

기술적 오류 검토

※ 컨텐츠 제목: 도형의 합동
※ 학습 번호: #10~100
※ 검토자: ×××
※ 검토일: 6/12

	○/×	비고
□ 일시 정지 / 다시 시작	○	
□ 뒤로 가기	○	
□ 다시 하기	○	
□ 계속	○	
□ 하이퍼링크		없음
□ 내비게이션		
▫ 주메뉴	×	
▫ 로그인/로그아웃	○	
▫ 이전 화면으로 이동	×	
▫ 다음 화면으로 이동	○	
□ 도움	○	
□ 완전 종료	○	

□ 기타(특정적인 기능 나열)
- ▫ 북마크
- ▫ 주제별 검색
- ▫ 메모

□ 종합 의견
내비게이션을 위한 인터페이스의 재점검이 필요함

[그림 11-8] 기술적 오류 점검표의 예

출처: Lee, W. W. & Owens, D. L. (2004). Multimedia-based instructional design: Computer-based training, Web-based training, distance broadcast training(2nd ed.)에 제시된 양식을 수정 · 보완하여 사용함.

1.3.2 모바일 컨텐츠 제작

① 개별 자료 제작

학습흐름도와 스토리보드를 토대로, 필요한 텍스트 자료, 그림과 애니메이션 자료, 비디오 자료, 오디오 자료, 데이터베이스를 구별하고 각 자료를 개별적으로 제작한다. 멀티미디어 자료를 제작할 때, 이를 관리하기 위하여 작성할 수 있는 일지는 앞에서 제시한 [그림 11-4], [그림 11-5], [그림 11-6], [그림 11-7]의 예시안을 참고한다. 자료 제작을 위하여 사용될 프로그래밍 언어, 에디터, 소프트웨어, 저작도구 등을 결정하고 제작을 시작한다. 이때, 제작한 자료를 검토하면서 오류를 발견하고 수정한다.

② 모바일 웹 프로그래밍

학습흐름도와 스토리보드에 따라 전체적인 흐름을 웹 자료로 제작하고 연결한다. 웹 자료의 코딩이 완성되면, 직접 실행해보면서 내용 진행상의 오류를 점검하고 수정한다.

③ 웹 문서로 통합

제작된 개별 자료를 웹 프로그래밍 로직과 연결한다. 이때, 설계안과 비교하면서 정확한 위치에 그림이 제시되고 오디오 자료와 비디오 자료가 적절한 위치에서 연결되고 실행되는지를 점검하고 수정한다. 웹 자료 간의 상호 작용성을 높이기 위하여 같은 사이트 내의 다른 페이지로, 혹은 다른 사이트로 직접 연결할 수 있도록, 하이퍼링크 기능을 이용하여 다양한 경로를 만들어준다. 웹 브라우저에 연결하여 실행해 본다.

④ 기술적 오류 검토 및 수정 · 보완

프로그램 개발자 입장에서 통합된 자료를 여러 번 실행해 가면서 기술적 오류를 점검하고 수정한다. 이를 위하여 평가용 DVD를 개발하거나, 임시로 웹에 탑재하여 평가할 수 있다. 또한, 전체 시스템의 기능이 작동하는지를 점검한다.

스토리보드를 중심으로 텍스트, 그래픽, 오디오 및 비디오 자료 등의 완성도를 체크한다. 스토리보드의 각 화면별로 문제점 및 수정 사항을 기록하고 수정한 후, 수정이 올바르게 되었는지 다시 한 번 점검한다. 이때, [그림 11-8]에 제시된 기술적 오류 검토 양식을 참고한다.

멀티미디어 자료 제작 및 통합이 끝나면, 〈표 11-4〉에 제시된 사항들을 토대로 다른 개발자들과 함께 점검하고 완성한다.

〈표 11-4〉 멀티미디어 자료 제작 및 통합을 위한 점검표

검토 사항	매우 그렇다	그렇다	보통 이다	그렇지 않다	전혀 그렇지 않다
1. 멀티미디어 자료가 설계 의도에 따라 완성되었는가?					
2. 멀티미디어 자료가 일관성 있게 개발되었는가?					
3. 개발자의 입장에서 프로그램의 기술적 오류를 검토하였는가?					
4. 운영 환경의 특성을 다양하게 고려하였는가?					
5. 통합된 e-Learning 시스템의 기능을 점검하였는가?					
6. 개별 화면 단위로 기술적 오류를 점검하였는가?					
7. 예상보다 개발 시간이 많이 소요되었는가?					

[기타 고려 사항]

1.4 형성평가

기술적 검토와 수정·보완이 끝나면, 교수설계자, 내용 전문가, 대상학습자를 중심으로 형성평가를 실시한다. 이 과정은 e-Learning 컨텐츠의 기술적, 내용적 오류를 점검하고 수정하여 좀 더 완성된 컨텐츠를 개발하기 위하여 실시된다. 일반적으로, 개발된 교육 프로그램의 질을 높이기 위하여, 교재 혹은 프로그램의 형성평가는 일대일 평가, 소집단 평가, 시범 적용 평가, 전문가 검토(Dick, Carey, & Carey, 2008)의 수준으로 이루어질 수 있는데, e-Learning 컨텐츠도 이와 같은 과정을 통하여 평가할 수 있다.

1.4.1 일대일 평가

일대일 평가는 교수설계자 혹은 개발자가 평가자와 직접 일대일로 만나서 평가하는 방식으로, 개발된 e-Learning 컨텐츠의 활용 대상자인 학습자가 직접 해당 컨텐츠를 사용해보고 평가하는 것이다. 일반적으로, 평가를 실시할 학습자는 학습 성취 정도에 따라 상, 중, 하 수준의 학습자 중에서 1명씩, 총 세 명을 임의로 선정한다.

이 세 명의 학습자가 순차적으로 컨텐츠를 사용해보면서 평가하되, 첫 번째 학습자가 검토하고 발견한 기술적 내용적 오류가 있다면 완전히 수정을 한 후, 두 번째 학습자가 다시 평가할 수 있도록 한다. 한 학습자가 찾아낸 오류를 수정하지 않고 다음 학습자에게 평가를 의뢰하면 같은 오류를 반복적으로 찾아낼 수 있으므로, 반드시 수정을 완료한 후에 다른 학습자에게 다시 평가를 의뢰한다. 이 평가 과정에서는 설계자 혹은 평가 전문가가 함께 참여하고, 학습자에게는 자신이 평가자의 역할을 해야 한다는 것을 미리 알려준다. 이때, [그림 11-9]와 같은 형성평가 양식을 이용하여 평가한 내용을 기록할 수 있도록 한다.

1.4.2 소집단 평가

세 명의 학습자가 개별적으로 참여한 일대일 평가가 끝난 후, 9명 내외로 관련 학습자를 선정하여 소집단 평가를 실시한다. 이 과정에서는 e-Learning 컨텐츠에 대한 개선 방안에 대하여 일대일 평가보다는 좀 더 다수의 공통된 의견을 들을 수 있다. 소집단 평가 양식은 [그림 11-9]와 같이 일대일 평가 시에 활용한 양식을 사용해도 무관하다. 소집단 평가가 끝나고 나면, 얻어진 검토 의견을 중심으로 다시 수정을 한다.

1.4.3 전문가 검토

개발한 e-Learning 컨텐츠와 관련된, 학습 내용 전문가, 교수설계자, 시스템 전문가, 교육 실천가(교사) 등을 대상으로 전문가 검토를 실시한다. 이 과정에서는 학습 내용의 적절성 및 타당성, 교수설계 전략의 효과성, 기술적 수준의 적합성 등을 중심으로 검토를 실시하고, 얻어진 자료를 토대로 수정 보완한다.

형 성 평 가	
검토자: 홍길동	
검토일: 6월 20일	
컨텐츠 제목: 도형의 합동	화면 번호: 20
□ 수정 사항 –철자 수정 합딩 - 합동, 도홍 - 도형 –통일 이다. - 입니다. –내용 진행 왼쪽의 그림이 먼저 나오고 설명이 나오면 이해하기가 더 쉬울 것 같음	
□ 수정 완료	

[그림 11-9] 일대일평가 양식의 예

전문가 검토를 위한 양식은 검토 영역에 따라 달라질 수 있는데, [그림 11-10]은 내용 구성 측면에서, [그림 11-11]은 교수설계 측면에서 전문가 검토를 실시할 때 사용할 수 있는 검토 양식의 예이다.

1.4.4 현장 시범 적용

활용 대상으로 예정된 학습 집단을 50~100명 정도 선정하여(학교의 경우에는 2개 학급 정도 가능) 개발한 컨텐츠를 시범 적용한다. 이 과정에서는 e-Learning 컨텐츠의 문제점과 보완점을 발견함과 동시에 대집단 학습 환경에서 활용 시 발생할 수 있는 문제점과 개선점을 찾아낼 수 있다. 이때 얻은 개선 방안을 토대로 수정 보완하여 컨텐츠를 완성한다.

이상에서 살펴본 4가지 유형의 형성평가가 완료되면, 〈표 11-5〉에 제시된 사항들을 중심으로 점검하고 완성한다.

내용 구성 검토

검토자: ××× 검토일: 7월 10일

컨텐츠 제목: 지구를 지켜라

학습 안내 영역	매우 그렇다	그렇다	보통이다	그렇지 않다	전혀 그렇지 않다
1. 컨텐츠의 학습 목표가 명확하게 제시되었는가?	√				
2. 대상 학습자가 명확하게 제시되었는가?	√				
3. 전체 학습 과정, 학습 일정, 학습 방법 등이 명확하게 제시되었는가?		√			
4. 학습 진행을 위한 도움말이 적절하게 제시되었는가?	√				
5. 학습 목표에 적합한 핵심적인 학습 내용이 선정되었는가?		√			
6. 학습 내용이 학습 목표의 달성에 효과적으로 조직되었는가?		√			
7. 학습 분량이 주어진 학습 시간에 적절한가?			√		
8. 학습 내용이 정확한가?		√			
9. 그림, 표, 애니메이션, 동영상이 학습 내용에 적합하게 제시되었는가?				√	
10. 문법, 맞춤법이 정확한가?				√	
11. 학습 내용의 설명이나 용어가 학습자의 수준에 적합한가?				√	
12. 학습 내용이 최신의 정보를 담고 있는가?	√				
13. 학습 목표에 적합하게 학습 평가가 제시되었는가?		√			
14. 학습 목표, 학습 내용, 학습 평가가 유기적으로 연결되는가?		√			
15. 학습 목표의 속성에 적합한 학습 평가 방식이 활용되었는가?			√		
16. 다양한 평가 방식이 활용되었는가?			√		
17. 평가 결과에 따른 학습 결과가 명확하게 제시되었는가?		√			

종합의견

학습 시간에 비하여 학습 분량이 많음
맞춤법에 오류가 있으며, 학습자의 수준에 맞지 않은 용어가 사용되었음
학습 평가 방식을 다양하게 제공할 필요가 있음

[그림 11-10] 내용 구성 검토 양식의 예

교수설계 검토					
검토자: ××× 컨텐츠 제목: 지구를 지켜라	검토일: 7월 10일				
※ 다음의 사항에 대하여 5가지 수준으로 평가하여 주시기 바랍니다.					
교수설계 영역	5	4	3	2	1
1. 프로그램의 목표가 명확하게 제시되었는가?	√				
2. 학습 내용이 학습 목표에 부합하는가?		√			
3. 학습 내용에 적합한 교수설계 전략이 활용되었는가?			√		
4. 교수설계가 학습 이론과 전략을 기반으로 하는가?			√		
5. 선택된 학습 방법이 학습자의 수준에 적합한가?		√			
6. 학습 속도가 학습자의 수준에 적합한가?		√			
7. 피드백이 적절하게 제시되는가?			√		
스크린 설계 영역	5	4	3	2	1
8. 구체적인 설계 원리를 기반으로 하는가?		√			
9. 멀티미디어가 적절하게 활용되었는가(학습 내용의 속성, 학습자의 특성 고려)?		√			
10. 레이아웃에 일관성이 있는가?		√			
기술 영역	있음		없음		
11. 진행상의 오류가 있는가?	√				
총평					
멀티미디어적 요소가 적절히 활용되었지만, 학습 내용에 부합되는 설계전략이 부족함. 메뉴 화면으로 진행하는 데에 오류가 있음					

[그림 11-11] 교수설계 검토 양식의 예

출처: http://mime1.marc.gatech.edu/MM_TOOLS/tindex.html에 제시되어 있는 양식을 수정・보완하여 사용함.

〈표 11-5〉 형성평가를 위한 점검표

검토 사항	매우 그렇다	그렇다	보통이다	그렇지 않다	전혀 그렇지 않다
1. 3회의 일대일 평가가 순차적으로 수행되었는가?					
2. 소집단 평가를 효과적으로 수행하였는가?					
3. 내용 구성 영역에서 전문가 검토를 실시하였는가?					
4. 교수설계 영역에서 전문가 검토를 실시하였는가?					
5. 현장 시범 적용을 수행하였는가?					
6. 형성평가를 통하여 얻은 정보를 통하여 컨텐츠를 수정・보완하였는가?					
[기타 고려 사항]					

1.5 활용 안내 자료 제작

형성평가를 통해 최종 e-Learning 컨텐츠가 완성되면, 이 컨텐츠의 효과적, 효율적 활용을 위하여 다양한 안내서를 제작한다. 안내 자료를 준비할 때, 필요하다면 학습용 자료와 교수용 자료를 구별하여 제작할 수 있다. 일반적으로 활용 안내 자료에는 다음과 같은 내용들이 포함될 수 있다.

- 컨텐츠의 제목
- 컨텐츠의 활용 목적과 대상
- 컨텐츠 사용 방법(실행 방법 포함)
- 컨텐츠의 구조와 학습 방법
- 컨텐츠의 장점과 단점
- 효과적인 활용 방안

활용 안내 자료는 한 개의 인쇄 자료로 제작하거나, 컴퓨터 자료로 제작할 수 있으며, 때때로 활용 안내 자료의 내용에 따라 인쇄 자료와 컴퓨터 자료를 병행하여 제작할 수 있다.

활용 안내 자료 제작이 끝나면, 〈표 11-6〉에 제시된 사항을 토대로 점검하고 완성한다.

〈표 11-6〉 활용 안내 자료 제작을 위한 점검표

검토 사항	매우 그렇다	그렇다	보통 이다	그렇지 않다	전혀 그렇지 않다
1. 활용 안내 자료의 제작 형식이 효과적인 활용을 위하여 적절하게 선택되었는가?					
2. 프로그램의 학습 목표와 학습 내용을 명확하게 소개하였는가?					
3. 적절한 활용 대상을 제시하였는가?					
4. 프로그램의 전체 구조를 상세하게 제시하였는가?					
5. 프로그램의 진행 방법을 알아보기 쉽게 설명하였는가?					
6. 다양한 활용 방안을 구체적으로 제시하였는가?					
7. 컨텐츠 활용 시의 주의 사항을 상세하게 설명하였는가?					
8. 활용 안내 자료의 보급 방안을 적절하게 계획하였는가?					

[기타 고려 사항]

2 멀티미디어 자료 제작

2.1 그래픽 자료 제작

2.1.1 그래픽 자료 제작 과정

스토리보드를 중심으로 필요한 그래픽 자료를 별도로 제작한다. 기존의 인쇄 자료를 통하여 얻을 수 있는 아날로그 형식의 사진이나 그림 혹은 일반 카메라로 찍어서 얻은 이미지들을 활용해야 하는 경우에는 컴퓨터에서 처리하기 위하여 디지털 형식으로 변환하여야 한다. 새롭게 생성해야 하는 경우에는 컴퓨터 그래픽 제작 소프트웨어를 이용하면 특별한 변환 단계 없이 디지털 형식의 자료를 직접 얻을 수 있다.

일반적인 그래픽 자료 제작 과정은 다음과 같다.

첫째, 스토리보드를 중심으로 최종 결과물에서 사용될 이미지 혹은 그래픽 자료를 계획하고 설계한다.

둘째, 제작될 그래픽 자료의 유형에 따라 적합한 방법을 이용한다. 이미 만들어져 있는 아날로그 형식의 그래픽 자료(인쇄된 그림 혹은 사진)를 이용하는 경우에는 스캐너 혹은 디지털 카메라를 이용하여 디지털 자료로 변환하고, 직접 그려야 하는 경우에는 PhotoShop, Illustrator 등의 컴퓨터 소프트웨어를 이용한다.

셋째, 필요하다면, 제작된 이미지 혹은 그래픽 자료를 편집한다. 이미지와 그래픽 자료가 모두 디지털 형식이므로 쉽게 합성될 수 있다. 일반적으로 PhotoShop 프로그램을 가장 많이 활용한다.

넷째, 편집이 끝나면, 화질과 호환성을 고려하여 저장한다. 저장할 때에는 주로 GIF, PNG와 JPEG 포맷을 사용한다.[2)]

2.1.2 그래픽 자료 제작 도구

일반적으로, 그래픽 자료를 제작하는 도구로는 Illustrator와 PhotoShop 프로그램 등을 들 수 있는데 여기서는 Photoshop에 대하여 간단히 알아본다.

PhotoShop은 Adobe사에서 만든 그래픽 자료 편집 소프트웨어로서, 이미지 생성 및 합성, 그래픽 자료 편집 등을 위하여 가장 많이 활용된다. [그림 11-12]는 PhotoShop의 기본 편집 화면이다.

◉ 기본 기능

- 아날로그 형식의 그래픽 자료를 스캐너로 읽어서 디지털 형식으로 전환할 수 있다.
- 두 가지의 이미지를 합성하거나, 이미지와 그래픽 자료를 합성하여 새로운 이미지를 생성할 수 있다.
- 이미지를 선명하게 바꾸거나 다양한 특수 효과를 이용하여 흥미로운 시각 효과를 낼 수 있다.
- 이미지에 문자를 삽입할 수 있다.
- 다양한 수준의 화질과 형식으로 이미지나 그래픽 자료를 저장할 수 있다.

2) 그래픽 자료의 형식에 대한 자세한 설명은 김미량 외(2018). 정보교육을 위한 교재의 이해와 활용(제3판). 파주: 교육과학사의 '11장 컴퓨터와 인터넷 기반 교재'를 참고하기 바람.

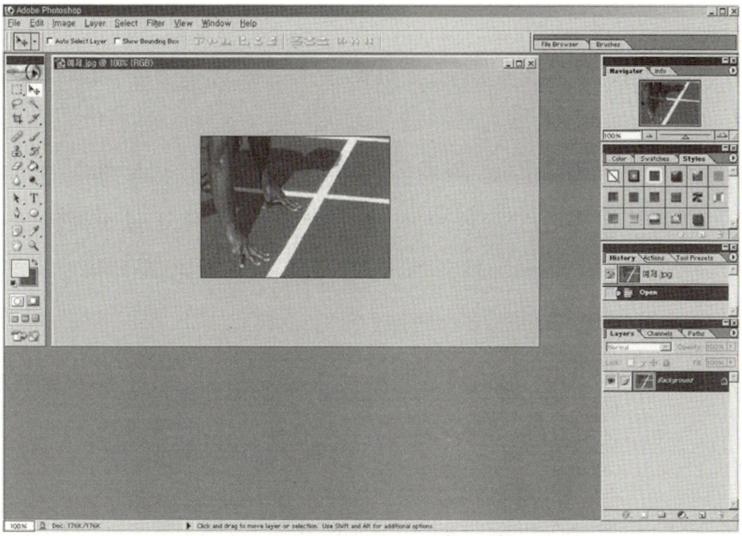

[그림 11-12] PhotoShop의 기본 편집 화면

◉ 유의 사항

- 그래픽을 정교하게 제작할 수 있는 다양한 기능이 부족하므로, 그래픽 자료를 제작하기 위하여 다른 프로그램을 이용하는 것이 효과적이다.
- 레이어 기능을 이용하여, 하나의 그래픽 자료를 여러 층으로 구성하고 원하는 부분만 수정할 수 있다. 이때, 그림의 일부분만 복사하고자 할 때에는 어떤 레이어에 포함되어 있는지를 잘 파악하여 그 레이어를 먼저 선택하여야 한다.
- 레이어 기능을 이용한 그래픽을 한번 합치고 나면, 다시 레이어 기능을 이용할 수 없다.

2.2 오디오 자료 제작

2.2.1 오디오 자료 제작 과정

미리 설계된 스토리보드를 중심으로 필요한 오디오 자료를 별도로 제작한다. 오디오 자료는 음성, 음악, 음향 효과 등과 같이 귀로 들을 수 있는 모든 소리 정보를 말한다. 사람의 음성이나 현실 세계의 소리는 아날로그 형식으로 되어 있기 때문에 녹음 장치를 이용하여 제작된 자료는 컴퓨터에서 처리하기 위해서 디지털 형식으로 바뀌어야 한다. 컴퓨터를 이용하는 경우에는 녹음과 함께 디지털 자료로의 변환이

동시에 이루어진다. 일반적인 오디오 자료 제작 과정은 다음과 같다.

첫째, 스토리보드를 중심으로 최종 결과물에서 사용될 오디오 자료를 계획하고 설계한다.

둘째, 기존에 만들어진 오디오 자료를 활용하는 경우에, 아날로그 형식의 자료는 컴퓨터에서 처리할 수 있는 디지털 형식으로 변환한다. 새로 제작하는 경우에는 아날로그 녹음 장치를 이용하여 제작한 후 디지털 형식으로 변환하거나, 직접 컴퓨터를 이용하여 녹음과 동시에 변환한다. 아날로그 자료를 디지털 형식으로 변환하는 경우에는 원음과 가장 유사한 표본을 추출해내는 표본화와 표본화된 값을 표현하는 정밀도인 양자화 과정을 거쳐 디지털 정보를 압축하고 저장하게 된다.

셋째, 필요하다면, 제작된 오디오 자료를 목적에 맞게 편집한다. 오디오 자료 편집용 도구로는 WaveEdit, Encore, CoolEdit, Sound Edit, Goldwave 등이 있고, 전문가가 주로 사용하는 MIDI용으로 Cakewalk, Finale 등이 있다.

넷째, 편집이 끝나면, 음질과 호환성을 고려하여 저장한다. 오디오 자료를 저장할 때에는 WAV, VOC, SND, AU, AIFF 등의 파일 형태로 저장되는 웨이브 방식과, 악기의 음표를 표시하는 MID, RMI, MOD 등의 파일 형태를 갖는 미디 방식의 2가지가 사용된다.[3)]

2.2.2 오디오 자료 제작 도구

디지털 형식의 오디오 자료를 편집하는 소프트웨어들의 기본 기능은 서로 유사한 점이 많다. 대표적으로 GoldWave에 대하여 간단히 살펴본다. GoldWave는 캐나다의 GoldWave사가 개발한 디지털 사운드 편집 프로그램으로, 여러 가지 오디오 포맷을 지원하며 다양한 편집 기능을 가지고 있다. [그림 11-13]은 GoldWave의 기본 화면을 제시한 것이다.

3) 그래픽 자료의 형식에 대한 자세한 설명은 김미량 외(2018). 정보교육을 위한 교재의 이해와 활용(제3판). 파주: 교육과학사의 '11장 컴퓨터와 인터넷 기반 교재'를 참고하기 바람.

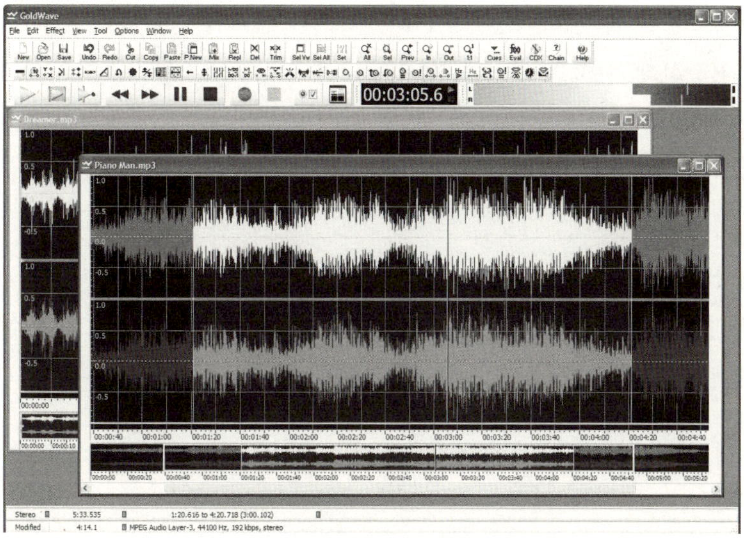

[그림 11-13] GoldWave의 기본 화면

◉ 기본 기능

- 여러 수준의 음질, 다양한 파일 형식으로 저장이 가능하다.
- 컴퓨터의 저장 공간이 허용하는 한, 매우 긴 사운드 파일의 편집도 가능하다.
- 잡음 제거 기능이 있다.
- 여러 가지의 사운드 파일을 하나로 합칠 수 있다.[4)]

2.3 비디오 자료 제작

2.3.1 비디오 자료 제작 과정

비디오는 흔히 동영상, 동화상이라고도 불리는데, 정지 화상의 집합체이다. 일반적으로 비디오 자료는 다음과 같은 과정을 거쳐 제작할 수 있다.

첫째, 스토리보드를 중심으로 최종 결과물에서 사용될 비디오 자료를 계획하고 설계한다.

둘째, 기존에 만들어진 비디오 자료를 활용하는 경우에, 아날로그 형식의 자료는 컴퓨터에서 처리할 수 있는 디지털 형식으로 변환한다. 새로 개발하는 경우에는 아날로그 녹화 장치를 이용하여 제작한 후 디지털 형식으로 변환하거나, 디지털 비디오

4) 출처: http://www.goldwave.com/features.php

카메라를 이용하면 녹화된 화상을 비디오 보드로 처리하여 컴퓨터에 적합한 신호로 변환하고 저장하게 된다.

셋째, 필요하다면, 제작된 비디오 자료를 목적에 맞게 편집한다. 비디오 자료 편집용 도구로는 Windows Movie Maker, Gom Encoder, Daum Pot Encoder, Adobe Premiere 등이 있다.

넷째, 편집이 끝나면, 화질과 호환성을 고려하여 저장한다. 데이터의 크기가 매우 크므로, 비디오 코덱을 사용하여 데이터를 압축하거나 화면의 크기를 축소하여 데이터 크기를 줄인다.

2.3.2 비디오 자료 제작 도구

비디오 자료를 제작하거나 편집할 수 있는 소프트웨어로 Windows Live Movie Maker에 대하여 간단하게 살펴본다.

Windows Live Movie Maker(WLMM)는 Microsoft사에서 개발한 동영상 편집 소프트웨어로서, 비디오 자료와 함께 오디오, 사진, 그래픽 등을 통합하여 제작할 수 있는 프로그램이다. 기존에 이미 만들어진 비디오 자료를 편집하는 경우에는 저작권 침해를 고려해야 하는데, 최근에는 간단한 기술로 저작권의 영향을 덜 받는 편집 방법이 소개되고 있다(참고 사이트: http://videocooki.com/).

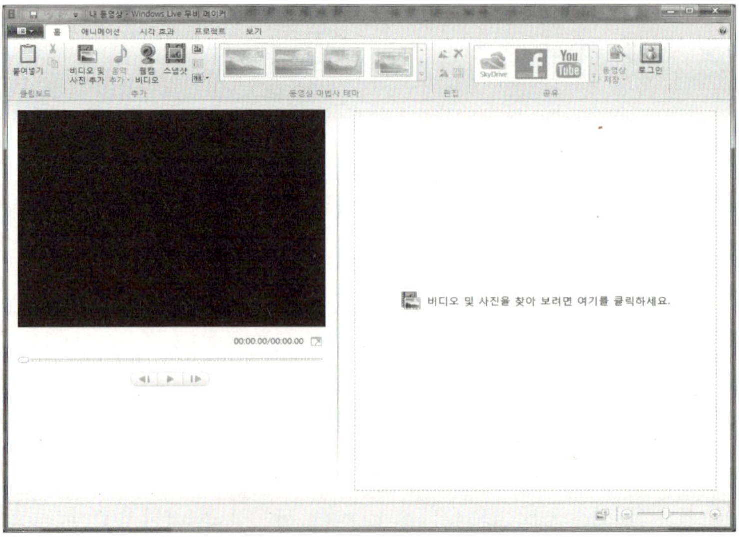

[그림 11-14] WLMM의 기본 화면

◉ 기본 기능

- 동영상을 제작할 때, 사용되는 비디오 클립 혹은 오디오 클립을 쉽게 정렬하고 편집할 수 있다.
- 편집한 내용을 즉시 확인하고 변경할 수 있다.
- 비디오 자료에 제목, 자막 등을 쉽게 삽입할 수 있다.
- 장면 전환 시에 시각효과나 애니메이션 효과를 쉽게 추가할 수 있다.

2.4 애니메이션 자료 제작

2.4.1 애니메이션 자료 제작 과정

애니메이션은 사물의 움직임을 표현하기 위한 기법으로, 여러 장의 정지 화상이나 그래픽을 일정한 시간 간격으로 연이어 제시하면서 연속된 동작으로 인식하도록 하는 잔상효과를 이용한다. 전통적인 애니메이션은 모든 프레임을 따로따로 제작하여 연속적으로 제시하는 기법을 이용하였지만, 최근에 컴퓨터 기술이 발전하면서 대표적인 프레임들을 작성하고 그 중간의 프레임들은 컴퓨터에 의하여 완성되는 기법을 사용하기도 한다(최윤철, 고견, 2001). 일반적으로 애니메이션 자료는 다음과 같은 과정을 거쳐 제작될 수 있다.

첫째, 스토리보드를 중심으로 최종 결과물에서 사용될 애니메이션 자료를 계획하고 설계한다.

둘째, 애니메이션의 프레임을 제작할 프로그램을 선택하고, 프로그램의 속성에 적합한 애니메이션 유형을 선정하여 제작한다.

2.4.2 애니메이션 자료 제작 도구

애니메이션을 제작하거나 편집할 수 있는 소프트웨어로는 Adobe Flash, GIF Animator, Adobe Director 등이 있다. 여기서는 대표적으로 Flash에 대하여 간단하게 살펴본다.

Flash는 Macromedia사에서 개발한 것으로, 벡터 그래픽과 웹 애니메이션을 제작하는 소프트웨어이다. 사용법이 간단하고 결과가 뛰어나 많은 사람들이 선호한다. 특히, 다양한 애니메이션과 상호작용 기능을 구현하기가 용이하여 인터넷상에서 효과적으로 활용할 수 있다. [그림 11-15]는 Flash의 기본 화면이다.

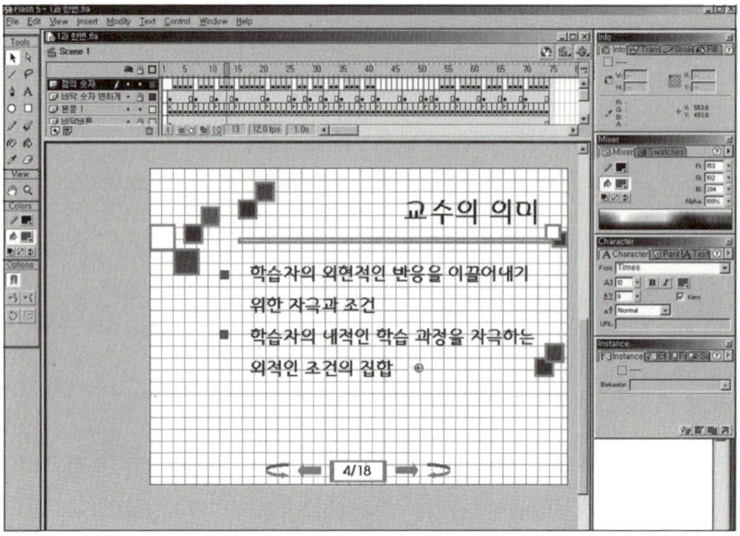

[그림 11-15] Flash의 기본 화면

◉ 기본 기능

- 벡터 방식을 이용한 그래픽 제작 기능을 통해 다른 방식보다 파일 사이즈가 작고 확대할 때에도 질이 떨어지지 않는 자료를 개발할 수 있다.
- 간단하고 쉽게 애니메이션을 제작할 수 있다.
- 애니메이션, 그래픽, 사운드가 함께 작동되고 간단한 버튼을 이용하여 복잡한 스크립트 없이도 멀티미디어를 손쉽게 제작할 수 있다.

2.5 실감형 영상 자료 제작

실감형 영상 자료 혹은 실감형 컨텐츠는 사람의 다양한 움직임, 음성 등을 분석하고 이를 이용하여 가상의 물체를 조작할 수 있도록 만든 자료이다. 대체로 가상현실(virtual reality, VR), 증강현실(augmented reality, AR) 기법을 이용하여 영상 자료를 개발한다. 단순히 키보드 입력을 통한 가상 세계와의 접촉을 넘어, 인간의 실제 움직임을 활용한 가상 경험을 제공한다. 가상현실이 가상의 세계에서 가상의 물체를 조작하는 것이라면, 증강현실은 현실 세계에 가상 물체를 합성하여 실체적인 물체만으로는 얻기가 어려운 정보를 추가적으로 제공할 수 있다(김준호, 정규민, 2011; 전종홍, 이승윤, 2011). 실감형 자료를 제작하기 위하여 다음과 같은 과정을 고려한다.

첫째, 교육 내용 중에서 실감형 자료로 개발될 필요가 있는 부분을 선정한다. 직접 경험하기 어렵지만, 실제적인 관찰과 체험이 필요한 내용이 적합하다.

둘째, 선정한 내용의 특성을 고려하여 가상현실과 증강현실 기법 중에서 어떤 것을 적용할 것인지를 결정한다. 일반적으로 가상현실 기법으로 자료를 제작하는 경우에는 HMD(Head Mounted Display) 장치 혹은 CAVE(CAVE Automatic Virtual Environment) 시설이 필요하다. 증강현실의 경우에는 보드게임과 같이 물리적인 실체를 선정하고 가상 물체를 어떻게 활용할 것인지를 고려한다.

셋째, 실감형 자료를 볼 수 있는 장치를 선택한다. 가상현실의 경우에는 앞에서 언급한 장치들이 활용될 수 있다. 학교에서 손쉽게 사용할 수 있는 도구로는 구글에서 제작한 카드보드 또는 데이드림이 있다. 증강현실의 경우에는 휴대폰과 같은 모바일 장치를 이용하여 실감형 자료를 활용하는 것이 가장 효과적이다.

실감형 영상을 제작하기 위하여 가장 많이 활용되는 것은 360도 카메라이고 상호작용이 가능한 영상자료를 만들기 위하여 유니티 3D가 가장 많이 활용된다.

3 웹 문서 제작

웹 문서는 텍스트 자료를 비롯하여 각종 멀티미디어 자료와 상호작용 도구들을 통합 연결하여 활용할 수 있으므로, 이를 위한 프로그램을 개발한다.

3.1 웹 문서 제작 과정

다음과 같은 과정을 통하여 웹 문서를 제작한다.

첫째, 스토리보드를 중심으로 최종 결과물에서 사용될 웹 문서를 계획하고 설계한다.

둘째, 웹 문서로 통합될 다른 멀티미디어 자료(오디오 혹은 그래픽 자료)들은 개별적으로 제작한다.

셋째, 웹 문서에 포함될 기능을 고려하여 적절한 프로그래밍 언어 혹은 웹에디터를 선택하여 웹프로그래밍을 한다.

넷째, 별도로 제작된 멀티미디어 자료들과 통합하여 완성한다.

3.2 웹 문서 제작 도구

웹을 통하여 사용되는 문서들은 주로 HTML 형식으로 취하는데, 사용자와의 상호작용을 높이고 동적인 서비스를 제공하기 위하여 CGI, JAVA, ASP, PHP, XML 등과 같은 다양한 기술들이 포함되어야 한다. 또한, XHTML, WML 등이 모바일 컨텐츠 개발을 위하여 사용되기도 한다.

간단한 웹 문서는 일반 문서를 HTML 문서로 전환할 수 있는 기능이 있는 워드프로세서를 이용하여 쉽게 제작할 수 있지만, 역동적인 기능을 포함하기 위해서는 전문적인 인터넷 프로그래밍 언어 혹은 저작도구인 웹에디터를 사용하여야 한다.

① HTML(HyperText Markup Language)과 XHTML

HTML은 인터넷을 통해 정보를 공유하고 교환하기 위하여 하이퍼텍스트 기능을 가진 문서를 만드는 언어이다. HTML로 만들어진 웹 문서는 인터넷 익스플로러, 크롬, 파이어폭스, 오페라와 같은 웹 브라우저를 통해 검색되고 제시될 수 있다.

HTML은 정보 처리를 위하여 사용된 기본 태그가 비교적 간단해서 대중화되어 있는 반면에, 새로운 태그의 확장이 어렵고 동적인 표현의 어려움이 있다.

HTML로 작성된 문서의 코드를 살펴보면 다음과 같다.

```
〈HTML〉

〈HEAD〉
〈TITLE〉e-Learning 컨텐츠 개발〈/TITLE〉
〈/HEAD〉

〈BODY〉

〈H1〉e-Learning 컨텐츠 개발〈/H1〉
〈H2〉e-Learning 컨텐츠 개발〈/H2〉

〈/BODY〉

〈/HTML〉
```

한편, 모바일 브라우저를 위해서는 XHTML을 사용하기도 한다. 안드로이드, iOS 등이 장착된 모바일 장치의 모바일 웹 브라우저는 XHTML, 자바스크립트, AJAX 등을 지원한다(Frederick & Lai, 2010).

② XML(eXtensible Markup Language)

차세대 인터넷 언어로서, 인터넷 표준 문서의 제작 방식인 HTML의 기능을 보완하여 HTML로는 표현할 수 없는 다양한 기능을 개발할 수 있다.

ISO 문서표준인 SGML(Standard Generalized Markup Language)의 서브세트인 XML은 다양한 태그를 사용자가 직접 정의하여 사용할 수 있어 고유한 문서를 개발할 수 있고, 정보 검색이 쉬우며, Unicode를 사용하므로 어떤 플랫폼에서도 사용 가능하다(고범석 외, 2002).

XML로 작성된 문서의 코드를 살펴보면 다음과 같다.

```
〈?XML version="1.0" encoding="UTF-8"?〉
〈e-Learning_컨텐츠_개발〉
        〈TITLE〉e-Learning 컨텐츠 개발〈/TITLE〉
        〈Document_Name〉
                〈DATA〉e-Learning 컨텐츠 개발〈/DATA〉
                〈Number〉12345〈/Number〉
        〈/Document_Name〉
〈/e-Learning_컨텐츠_개발〉
```

③ WML(Wireless Markup Language)

WML은 무선 프로토콜 마크업 언어로서, 작은 화면과 제한된 메모리 및 CPU, 좁은 대역폭을 가진 무선 이동단말기에 적합한 언어이다(임영환, 2008). WML 문서는 XML의 서브세트로서, XML의 문법적인 규칙을 따른다. HTML로 되어 있는 웹 페이지는 하나의 파일이 한 페이지를 이루지만, WML은 “Deck”과 “Card”로 구성되어 있다. Deck은 하나의 WML 문서이며, Card는 사용자와 단말기 사이에서 이루어지는 대화상자이다(임영환, 2008).

WML로 작성된 문서에는 다음과 같은 코드가 포함될 수 있다.

```
<?XML version="1.0" encoding="UTF-8"?>
<e-Learning_컨텐츠_개발>
<wml>
      <card id="교육“ title=" e-Learning 컨텐츠 개발">
        <p>
          교육: e-Learning 컨텐츠 개발 <br/>
        </p>
      </card>
</wml>
```

④ JavaScript

JavaScript는 넷스케이프사에서 개발한 언어인데, HTML을 확장하고 CGI를 대체하기 위한 목적을 갖고 있다. 객체 지향 프로그래밍 언어로서, HTML 문서에 직접 통합하여 별도의 컴파일 과정 없이 그대로 실행할 수 있으며, 다른 언어에 비하여 훨씬 배우기 쉽고 이해하기 쉽다.

다음은 JavaScript가 포함된 HTML 문서의 가장 일반적인 구조를 나타낸 것이다.

```
<HTML>
<HEAD>
<TITLE>자바 스크립트의 기본 구조 </TITLE>
<SCRIPT LANGUAGE="JavaScript">
<!- -
      자바 스크립트
//- ->
</SCRIPT>
</HEAD>
<BODY>
</BODY>
</HTML>
```

출처: 영진교재개발팀(2001a). Java Script로 만드는 홈페이지. p. 17. 영진.com.

⑤ ASP

ASP는 Active Server Pages의 약자로, MS사의 IIS(Internet Information Server)에서 쉽게 프로그래밍할 수 있도록 한 웹 프로그래밍 언어이다. ASP파일은 서버 측 스크립트로서, 동적인 웹 문서를 만들 때 활용할 수 있으며 Visual Basic, JavaScript 등과 같은 다양한 스크립트의 사용을 지원한다.

이 언어는 현재 서버 측에서 기존에 쓰이는 CGI(Common Gateway Interface)보다 서버에 가해주는 부하를 줄여줄 뿐만 아니라, 처리 속도도 더 빠르다.

다음의 예는 Visual Basic script를 사용하여 작성된 ASP 문서의 소스이다. 이 문서의 확장자는 반드시 "*.asp"로 설정해야 한다.

```
〈%@ Language=VBScript %〉
〈HTML〉
〈BODY〉
〈%
Presentation.Write ("컨텐츠 개발")
%〉
〈/BODY〉
〈/HTML〉
```

⑥ PHP

PHP(Professional Hypertext Preprocessor)는 1994년 Rasmus Lerdorf에 의해 개발된 언어로서, 역동적이고 상호작용적인 웹 문서 개발에 효과적으로 사용될 수 있다. PHP는 서버에서 해석되는 스크립트 언어로서, 웹브라우저와 같은 사용자 측에서는 소스를 볼 수 없어 보안이 잘 된다.

PHP는 그 자체 언어를 가지고 있으며, 데이터베이스 시스템, 운영 체제, 다른 프로그래밍 언어, 다른 웹 에디터와 함께 사용할 수 있고, 플랫폼의 특성에 구애받지 않아 범용성이 높다(Aztec IT training, 2003).

다음의 예는 PHP 문서의 소스이다. 이 문서의 확장자는 반드시 "*.php"로 설정해야 한다.

```
<?php

$DataFile = "counter.data";

if (file_exits ($DataFile))
{
$fp = fopen ($DataFile, 'r');
$buffer = fread($fp, filesize($DataFile) );
fclose($fp);
$Count = intval($buffer);
}
else
{
$Count = 0;
}

$Count = $Count + 1;

$fp = fopen ($DataFile, 'w');
fwrite ($fp, $Count);
fclose ($fp);

echo "당신은 $Count 번째 방문한 손님입니다.“;

?>
```

출처: 박광덕(1999). PHP를 이용한 웹서버 프로그래밍. pp. 149-150. 삼각형프레스.

또한, 웹 문서를 개발하기 위하여 프로그래밍 언어보다 쉽게 사용할 수 있도록 개발된 저작도구들이 있다. 일반적인 웹 컨텐츠 개발을 위해서는 나모웹에디터와 DreamWeaver 등이 사용되며, 모바일 컨텐츠 개발에는 이클립스, Xcode 등이 사용된다.

탐구 과제

1. e-Learning 컨텐츠의 교수설계자와 개발자가 구별되어 있는 경우와, 교수설계자와 개발자가 동일인인 경우를 비교하여, e-Learning 컨텐츠를 개발하는 과정에서 어떤 활동들이 달라질 수 있는지를 논의하여 보자.
2. 멀티미디어 자료 및 웹 문서를 제작할 때, 활용할 수 있는 대표적인 저작도구를 나열해보고 각 도구별로 차이점을 논의하여 보자.
3. 웹 컨텐츠와 모바일 컨텐츠 개발의 차이점을 논의하여 보자.

참고문헌

고범석, 공정석, 권용재, 임수미, 윤수진(2002). 초보자를 위한 다이나믹 웹설계 XML. 서울: 영진.com.

김준호, 정규만(2011). 증강현실 기술을 이용한 보드 게임 설계 및 구현. 한국컴퓨터게임학회논문지, 24(1), 45-51.

박광덕(1999). PHP를 이용한 웹서버 프로그래밍. 서울: 삼각형프레스.

배경희, 김학언, 전세경(2004). 나모웹에디터 FX. 서울: 영진.com.

송태섭, 천희식(2001). ASP 프로그래밍. 서울: 정익사.

영진교재개발팀(2001a). Java Script로 만드는 홈페이지. 서울: 영진.com.

영진교재개발팀(2001b). 나모로 만드는 홈페이지. 서울: 영진.com.

영진교재개발팀(2001c). 드림위버로 만드는 홈페이지. 서울: 영진.com.

임영환(2008). 모바일 웹사이트 제작 및 프로그래밍. 서울: 홍릉과학출판사.

전종홍, 이승윤(2011). 모바일 증강현실 기술 표준화 동향. 전자통신동향분석, 26(2), 61-74.

조미헌, 김민경(2018). 제11장. 컴퓨터와 인터넷 기반 교재. 김미량 외. 정보교육을 위한 교재의 이해와 활용 (pp. 265-284). 파주: 교육과학사.

최윤철(2001). 멀티미디어 실습. 서울: 생능출판사.

최윤철, 고견(2001). 멀티미디어 배움터. 서울: 생능출판사.

Aztec IT training (2003). *The PHP programing language*. Retrieved from http://www.aztectraining.com/ training/about_php.htm

Dick, W., Carey, L., & Carey, J. O. (2008). *The systematic design of instruction* (7th ed.). New York, NY: Allyn & Bacon.

Frederick, G. R., & Lai, R. (2010). 스마트폰 웹 개발 (북그래퍼 역.). 파주: 제이펍. (원본 출판, 2009).

Howtocreate (2000). *A history of JavaScript*. Retrieved from http://www.howtocreate.co.uk/jshistory.html

Lee, W. W., & Owens, D. L. (2004). *Multimedia-based instructional design: Computer-based training, Web-based training, distance broadcast training*(2nd ed.). San Francisco, CA: Jossey-Bass/Pfeiffer.

CHAPTER

12

컨텐츠 운영 환경

이 장에서는 교육용 컨텐츠가 사용되는 환경을 어떻게 운영하고 유지해야 하는지에 대해 기술한다. 디지털 컨텐츠를 면대면 수업의 보완책으로 많이 사용하는 초·중·고등학교에서는 간단한 웹브라우저 환경에서 교육용 컨텐츠를 사용하는 경우가 많다. 그러나 초중등학교의 디지털교과서나 사이버대학 혹은 MOOC의 경우 컨텐츠와 함께 학습활동을 지원해야 하기에 컨텐츠 운영 환경은 좀 더 복잡해진다. 모바일 기기의 사용이 늘어나면서 교육용 컨텐츠의 운영 환경은 더욱 다원화되었다.

1 e-Learning 컨텐츠 운영 환경의 개념

1.1 e-Learning 컨텐츠 운영 환경의 특성

e-Learning은 언제 어디서나 학습을 할 수 있는 환경을 제공해 주고 있어 전통적 면대면 교육에서 e-Learning 환경을 거의 모든 교육활동에서 활용하고 있다고 볼 수 있다. 학교교실과 같은 형식적 교육기관에서는 물론이고, 길거리나 차 안과 같이 비형식적 교육 현장에서 e-Learning으로 학습하는 모습을 쉽게 볼 수 있다. 전통적 교실 학습환경에서 Blended Learning을 활용하면서 e-Learning의 외연이 급격히 팽창하게 되었다. 이러한 e-Learning의 확산은 전통적 교육 현장과 다른 교육적 기회를 제공해 준다. 아래 간략히 e-Learning의 특성을 기술하였다.

- 시간과 장소의 제약 없이 학습 내용/활동 제공
- 학습 활동에 다양한 상호활동 환경 및 도구 제공
- 병원에 장기 입원해 있는 학생, 장애로 인하여 정규 학교 수업을 들을 수 없는 학생, 홈스쿨링 학생 등과 같은 이들에게 교육의 기회 제공
- 농수산어촌과 같이 양질의 다양한 교육을 받기 힘든 지역에 교육 제공
- 멀티미디어 교수-학습 자료의 제공
- 다양한 교육자원 및 전문가들과 연계 용이
- 무료로 제공되는 다양한 온라인 자원 이용 가능

한국교육학술정보원에서는 초 · 중 · 고등학교에서 활용할 수 있는 교육용 컨텐츠를 지속적으로 개발 보급해 오고 있는데, 특히 최근 디지털교과서를 보급하여 교실에서 Blended Learning이 이루어지도록 지원하고 있다. 2011년부터 초 · 중 · 고등학교에서 시범적으로 디지털교과서가 적용되고 있고, 2015년부터 초 · 중학교 4~9학년까지 4과목의 교과서는 디지털 교과서로 제공되고 있다. 이외에도 현재 인터넷상에서 개방형 교육 자료들(Open Educational Resources; OER)이 유튜브를 통해, 또 MOOC(Massive Online Open Courseware)나 많은 인터넷 사이트를 통해 무료로 제공되고 있다.

초 · 중등교육에서뿐만이 아니라 대학의 경우 전국에 지역별 e-Learning 센터를 두고 인근 대학들이 컨텐츠를 개발하여 공유하여 전국의 대학에서 제공되는 컨텐츠

에 접근할 수 있도록 하였다(http://www.kocw.net). 아울러 전국 17개 사이버대학들과 방송대학은 e-Learning으로 학위를 취득할 수 있는 수업을 제공하고 있다. 현재 전 세계 유수 대학들이 대학 강의를 MOOC 형태로 무료로 제공하고 있다. 개인은 자신의 흥미에 따라 MOOC 강의 혹은 한국에서 제공하는 K-MOOC를 수강하고 학점은행제를 통한 학위증 발급을 받을 수도 있다.

평생교육 혹은 기업교육에서도 e-Learning이 활기를 띠고 활용되고 있다. 산업계가 요구하는 최신 기술 역량은 대학에서 시의적절하게 제공하기 어려울 때가 많다. 학생들은 당장 취업이 필요한 기술을 인터넷의 강의를 통해 한입수업(micro learning)으로 배운다. 또 평생교육 차원에서 수준 높은 강의들이 유튜브와 같이 동영상으로 제작되어 널리 무료로 공유되는 것들이 많다.

역사적으로 그 어느 때보다도 양질의 교육용 컨텐츠가 무료로 풍부하게 제공되고 있다. 이렇게 e-Learning 컨텐츠가 풍부해진 현상은 기술적, 문화적, 사회적으로 해석할 수 있겠으나, 그 주된 이유는 현재 컨텐츠 개발 기술이 어느 때보다도 손쉬워져 일인미디어로 동영상 제작이 가능해졌기 때문이다. 누구나 손쉽게, 누구나 자신의 동영상을 올리는 플랫폼에 접근이 가능해졌다. 컨텐츠의 개발 및 소비가 더 이상 거대 기관이나 기업 등의 관문을 거치지 않고 가능해졌다. 사안에 따라 공중파 방송보다 개인의 유튜브 방송이 더 큰 영향력을 갖는 것처럼, 컨텐츠의 내용에 따라 형식적 교육기관이라는 환경 이외의 많은 곳에서 교육 컨텐츠가 개발되고 소비되고 있다.

이제 e-Learning은 흔하게 일상에서 볼 수 있는 학습 형태이다. 따라서 학습의 활동이 어느 정도 온라인으로 이루어지는가에 따라 e-Learning으로 인정되는가와 같은 규정은 의미가 많이 퇴색하였으므로, 온라인 활동과 오프라인 활동으로 이루어지는 학습을 Blended Learning이라고 부르고 e-Learning의 범주에 포함한다. 모든 수업활동이 면대면으로 이루어지는 경우와 모든 수업활동이 온라인 공간에서 이루어지는 사이버교육 환경을 양극단으로 본다면, 대체로 많은 수업은 이 중간의 어느 지점에 속한다고 볼 수 있다. 온라인 학습 활동과 면대면 오프라인 학습활동이 서로 보완적으로 사용되는 오늘날의 수업이 Blended Learning이다.

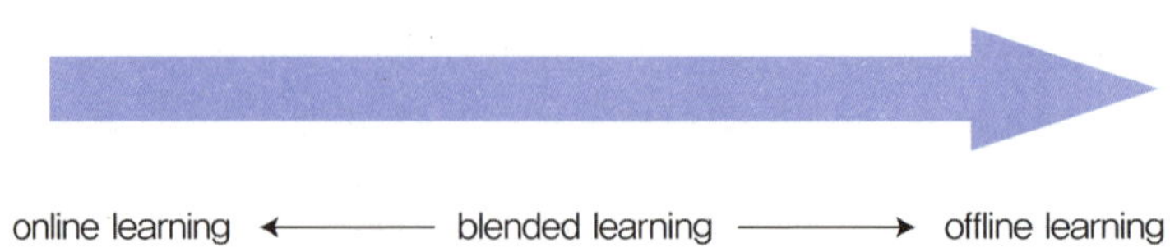

[그림 12-1] e-Learning의 범주

e-Learning의 환경은 기술발달에 따라 급격한 진화를 겪는다. 정보통신기술의 교육적 활용에 따라 e-Learning의 진화를 전개기(1996~2000), 도약기(2001~2005), 확산기(2006~2014), 대중화기(2015~현재)로 나누어 볼 수 있고, 이 기간 동안 ICT 소양 능력, ICT 활용 능력을 중점적으로 배양해야 할 능력으로 삼았다. 이러한 유형의 e-Learning은 컴퓨터기반학습(CAI: computer assisted instruction), M-Learning(Mobile 학습), U-Learning(Ubiquitous 학습)으로, 여러 유형의 e-Learning으로 불리는 것을 알 수 있다(한국교육학술정보원, 2013, pp. 2-3). 앞으로 인공지능, 빅데이터, 클라우드 기술 등의 발달에 힘입어 교육(Educational Technology)은 지속적으로 변화하고 진화를 지속할 것이다. 최근 인공지능과 빅데이터 기술의 발달에 힘입어 학습자의 학습활동 패턴을 분석하여 학습자 개개인에 최적화된 피드백을 주는 연구가 활발히 진행되고 있는데, 이러한 연구를 학습분석학이라고 부른다. 학습분석학의 발전으로 학습 활동을 과학적으로 지원해 줄 수 있게 되어 진화된 e-Learning 학습이 이루어질 것으로 기대한다.

2 e-Learning 컨텐츠 운영 환경의 구성

2.1 e-Learning 컨텐츠 운영 환경의 구성요소

e-Learning 환경을 구성하는 데에 필요한 요소는 물리적 구성요소와 내용적 구성요소로 구분할 수 있다. 물리적 구성요소는 다시 인적 자원과 물적 자원으로 대별되며, 인적 자원에는 교수자, 학습자, 운영자(튜터), 시스템 관리자 등이 포함된다. 물적 자원의 구성에 있어서는 네트워크, 클라우드 컴퓨팅, 방화벽, 하드웨어의 확보 및 소프트웨어의 확보 등 시스템 인프라의 구성요소들, 교사(건물) 확보 상태와 확보 비율 등의 교사 관련 구성요소 등을 고려해야 한다.

내용적 구성요소는 크게 운영 시스템과 교육용 컨텐츠 그리고 학사운영으로 구별할 수 있다. 운영 시스템의 구성 요소는 교수자용, 학습자용, 운영자용 플랫폼으로 구분하여 각 플랫폼의 최소 구성 요소 및 기능 등을 고려해야 한다. 교육용 컨텐츠에 관련하여서는 컨텐츠의 양과 질적인 문제, 그리고 온라인 교재 등 컨텐츠에 대한 제반 사항을 고려해야 한다. 학사운영에 관하여서는 입학/편입학, 학점제 등록금, 학부/학과, 학사관리 시스템 그리고 졸업요건 등의 구성요소가 포함된다. 〈표 12-1〉에 e-Learning 환경의 구성 요소와 세부적인 고려 사항이 정리되었다(이옥화 외, 2002).

〈표 12-1〉 e-Learning 운영 환경의 물리적 구성요소 및 고려사항

구 분		구성요소	고려사항
물리적 구성 요소	인적 자원	교수자	전임교원의 확보, 겸임 및 시간강사 확보, 사이버강사의 자질, 사이버 강의료, 또는 인센티브, 사이버 강의의 시간 개념
		학습자	사이버 강의실당 적절한 학생 수, 자격
		운영자(튜터)	운영자의 자질, 자격
		시스템 관리자	관리자의 자격
	물적 자원	시스템인프라	클라우드 컴퓨팅, 네트워크, 방화벽, H/W 확보, S/W 확보

e-Learning을 이루는 산업군들은 크게 세 가지로 나누어 볼 수 있다. 운영 시스템, 교육용 컨텐츠, 그리고 교육서비스를 제공하는 산업군들이다. 운영 시스템 계열의 서비스는 현재 많은 교육용 컨텐츠의 플랫폼을 표방하고 있는 산업체들이 이에 속한다. 대표적으로 유튜브가 이에 해당하고, MOOC의 플랫폼들, 컨텐츠를 제공하는 플랫폼들이 예이다. 교육용 컨텐츠는 주로 동영상 형태로 제작이 되는데 개인이 제작하거나 기관에서 여러 저자들을 모아서 제작하기도 한다. 일단 교육용 컨텐츠와 이러한 컨텐츠에 접속하고 학습활동을 할 수 있는 서비스 외에 이러한 학습활동을 교육적인 제도 안에서 관리해 주는 서비스가 있다. 이는 사이버 대학교 혹은 회사나 기관의 형태로 운영되는데, 학위증이나 자격증(혹은 수료증)을 제공해 주는 일을 한다. 이러한 교육서비스의 기능과 예들을 〈표 12-2〉에 설명하였다.

〈표 12-2〉 e-Learning 산업군의 구성요소 및 고려사항

구 분		구성요소	고려사항
e-Learning의 구성요소	운영 시스템	플랫폼 네트워크 LMS, LCMS	플랫폼의 최소 구성 요소 및 기능 (교수자용, 학습자용, 운영자용 플랫폼의 구성) e-Learning의 운영 지원 네트워크 구축 및 관리 학습 활동 및 컨텐츠 관리 시스템 클라우드 컴퓨팅
	교육용 컨텐츠	컨텐츠	다양한 멀티미디어 컨텐츠의 개발 컨텐츠 저작권 확보 양질의 컨텐츠 확보 및 온라인 지원 교재 컨텐츠의 운영 관리
	교육 서비스 (학사 운영)	입학/편입학	입학 시기, 입학 자격, 학생 선발 방법, 학생 정원
		학점제	졸업 학점, 1학점의 기준
		등록금	학점당 등록금제, 등록 관리
		학부/학과	학부 및 학과의 적절성, 교육 조직의 적절성 교육지원부서의 적절성
		학사 관리시스템	성적 및 학사 관리 시스템의 적절성
		졸업요건	학점 상호 인정, 학점 인정제, 시간제 등록제, 학위 수여

이 각각의 구성 요소를 좀 더 구체적으로 설명한다. 운영 시스템이란 가상의 공간에 있는 학교와 교실 시설과 같은 공간이다. 학습활동이 가상의 공간에서 이루어지기 때문에 이곳에서는 수업활동을 할 수 있도록 네트워크와 서버의 물리적 구축, 운영체제나 학습관리시스템과 같은 시스템 소프트웨어가 운영된다.

각 교육기관에서 e-Learning 학습을 지원하는 환경기 위해 제공하는 시스템을 학습관리시스템 LMS(Learning Management System)라고 부른다. LMS에 컨텐츠 관리 기능이 더해진 LCMS(Learning Contents Management System)가 있다. 이러한 시스템들은 상용과 공개용 소프트웨어[1]로 나누어 볼 수 있다. 상용 시스템은 회사에서 개발된 제품으로 시스템의 구축, 사용 및 운영, 유지보수 등을 위해 일정액을 내고 사용하는 제품이다. 이렇게 회사를 통해 시스템을 사서 사용하는 것과 달리 공개소스 기반의 LMS도 있다. 대표적인 공개소스 기반 학습설계 시스템으로 LAMS(Learning Activity

1) 공개용 소프트웨어(open source software: OSS)란 저작권에 구애받지 않고 누구나 사용할 수 있도록 소프트웨어를 공개한 것을 뜻한다.

Management System)[2]와 MOODLE[3](Modular Object-Oriented Dynamic Learning Environment)(무들 연구회, 2007) 등이 존재한다. 상용 시스템과 달리 공개 소스 기반 시스템은 일차적으로 사용자들이 모여 시스템을 개발한 것이기 때문에 이들 사용자 모임에서 제공하는 기술적인 지원을 활용하게 된다. 예컨대 전 세계적으로 사용되는 LMS인 MOODLE의 경우 사용자가 많이 있는데 이들은 서로 기술적인 지원을 하고 있다.

최근 대학에서 사용하는 학습플랫폼은 상용 시스템에서 공개소스 기반 시스템으로 많이 전환하고 있는 추세이다. 그러나 전 세계적으로 많이 활용되는 MOOC의 등장으로 플랫폼의 판도에 변화가 생기고 있다. MOOC를 운영하는 기관들은 개인이 MOOC 컨텐츠 및 LMS를 사용하게 되는 경우 무료로 제공하지만, 기관 차원에서 MOOC를 사용하고자 하는 경우 MOOC 플랫폼을 일정액을 받고 제공한다. 즉 MOOC의 개인 사용자들은 무료로 컨텐츠와 플랫폼을 사용할 수 있지만, 다른 대학이 MOOC를 대학 차원에서 제공할 경우는 큰 액수는 아니기는 하나 플랫폼 사용료를 제공해야 한다. 현재는 공개소스 기반의 MOOC EdX의 플랫폼을 도입하는 기관들이 늘어나고 있다.

컨텐츠는 정보통신기술의 발달과 함께 발전하였다. 초기에는 텍스트 이미지가 주된 매체로 사용된 웹기반의 컨텐츠를 사용하였는데, 정보통신기술이 발달함에 따라 영상 비디오를 주 컨텐츠로 사용하게 되었다. 최근 MOOC나 일인미디어가 활발해짐에 따라 세계적으로 우수한 컨텐츠들이 무료로 공개되는 사례가 많아지고 있다.

교육 서비스 분야는 학사운영을 담당하는 분야로 학생의 모집, 학습 이력을 관리하고 상응하는 자격증이나 졸업증을 제공해 주는 분야이다. 이러한 산업군에는 사이버 대학, 방송대학이나 방송고등학교가 대표적인 기관으로 속해 있다. 이러한 교육 서비스를 받기 위해서는 앞서 두 분야와는 달리 일정 비용을 지불해야 한다. 미국의 MIT 대학에서는 대학의 유명 강의를 웹에서 누구나 볼 수 있게 오픈코스웨어(http://ocw.mit.edu)로 공개하고 있다. 그러나 이 공개 컨텐츠로 공부하였다고 하여 MIT의 졸업증을 주는 것은 아니다. 학생으로 등록하고 졸업을 해야 한다. e-Learning의 산업군에서 공개소스의 영향을 덜 받으며 사업모델을 유지하는 분야가 이 교육 서비스 분야이다. 그러나 이도 학점 은행제와 같은 제도나 온라인 수업을 운영하는 교수자의 운영 방법에 따라 그 발달이 지금과 상당히 다른 형태로 진화할 것으로 기대된다. 특히 세계 최고

2) http://en.wikipedia.org/wiki/LAMS
3) http://en.wikipedia.org/wiki/MoodleMerlot

의 대학들이 만들어 내는 양질의 동영상 강의가 학습 활동과 함께 제공되어, 개인의 학습을 관리해 주는 무료 서비스 MOOC에서 자격증이나 학위를 주는 시도가 일어나고 있다. 버지니아 공과대학의 경우 MOOC 온라인 학습만을 통해 석사 과정의 학위 프로그램을 운영하고 있다. 현재 코세라(coursera.com), 에드엑스(edX.org), 유다시티(Udacity: www.udacity.com), 노보에드(NovoED: www.novoed.com) 등과 같은 대표적인 MOOC 사이트에서 기존의 대학들과 손을 잡고 학위 프로그램을 운영하거나 산업체와 협력하여 자격증 프로그램을 제공하는 경우도 늘고 있다.

3 LMS(Learning Management System)의 기능

LMS의 기능은 분류하는 학자의 견해나 이를 지원하는 기술적 특성에 따라 다양하게 논의될 수 있다. 여기서는 LMS의 기능을 사용자 측면에 초점을 두어, 교육 서비스 기능, 교육 컨텐츠 저작 및 관리 기능 그리고 학사 관리 기능의 3가지로 정리한다.

3.1 교육 서비스 기능

교육 서비스 기능이란 시간과 공간의 차이를 두고 발생하는 교수 및 학습 활동이 효과적으로 이루어질 수 있도록 지원하는 기능이다. 가상의 공간에서의 학습활동은 다양한 형태의 상호작용 속에서 일어난다. 일반적으로 학습자들은 LMS를 통해 제공되는 동영상 강의와 같은 컨텐츠를 이용한다거나, 시스템에서 제공되는 연습 문제를 풀고, 동료 혹은 조교와 의견을 주고받고 상호작용을 하고 피드백을 주고받게 된다. 또한 전자게시판 혹은 실시간 채팅 기능 등을 통하여 개별적으로 혹은 그룹별로 교수자나 다른 학습자들과 상호작용하면서 학습활동을 한다. 이처럼 학습자와 컨텐츠, 교수자, 그리고 다른 학습자들과의 상호작용을 지원해주는 것이 교육 서비스 기능이다. 보다 조직적인 학습활동을 위하여 학습의 진행상황이나 다양한 학습 활동에의 참여를 점검하는 것이 필요한데, 이 또한 e-Learning 환경인 LMS가 제공해야 하는 기능에 속한다. 다음에 대표적인 교육 서비스 기능으로 학습지원 기능, 운영・관리지원 기능, 교수지원 기능을 소개한다.

3.1.1 학습지원 기능

학습지원 기능은 학습활동지원, 상호작용, 자료검색, 그리고 기타 부가 기능으로 나눌 수 있다.

- **학습활동지원**

  학습 내용의 검색, 개인 자료 작성, 학습 진도 제공, 학습 진행을 위한 인터페이스, 학습동기 유발 기능을 제공

- **상호작용**

  학습자와 교사, 학습자들 간, 학습자와 컨텐츠와의 상호작용을 지원. 실시간 혹은 비실시간으로 문자, 음성, 화상 대화 기능과 상호작용을 위한 내용 작성, 검색, 읽기, 파일 송수신 등의 기능을 제공

- **자료검색**

  인터넷 접속을 통해 외부자료의 검색, 수정, 편집의 제 기능을 제공

- **기타 부가 기능**

  학습자 개인 정보 및 접속 관리 기능이나 도움 기능 등을 제공

3.1.2 운영 · 관리 지원 기능

운영 · 관리 지원 기능은 강의 관리, 자료 관리, 안내 정보 관리의 3가지 영역으로 세분화되어 있다.

- **강의 관리**

  강의 내용을 관리하거나, 강의 내용과 연계된 학습자의 정보를 관리하는 기능으로, 강의 계획서 작성, 수강생 DB 관리, 출결 통계 및 관리의 기능

- **자료 관리**

  학습 자료나 일반 자료들을 관리하는 기능으로, 자료 등록, 수정, 삭제 및 관리 기능을 포함

- **안내 정보 관리**

  e-Learning 환경에서 필요한 안내 정보를 공지하거나 보관하는 관리 기능으로, 공지 사항 작성 및 등록, 기타 안내 정보 작성 등의 기능들을 포함

3.1.3 교수 지원 기능

교수 지원 기능은 교수 활동 지원, 수업관리 지원, 상호작용 및 교수설계 및 자료 저작의 기능으로 세분화될 수 있다. 교수 활동 지원에는 학습 내용이 담긴 파일 송수신, 작성, 삭제, 인쇄의 기능이 포함되며, 수업관리 영역에는 출석관리, 개인 및 그룹의 학습 모니터링, 토론방에서의 학습활동, 그리고 과제 제출이나 평가실시 등이 포함된다. 상호작용은 실시간, 비실시간으로 구분되는데 실시간 상호작용에는 문자, 음성, 화상 대화 기능이 제시되어야 하며, 비실시간 상호작용에는 상호작용을 위한 내용 작성, 검색, 취소, 인쇄, 파일 송수신 등이 포함된다. 교수설계 및 자료저작의 영역에는 다양한 유형의 교수 자료 설계 및 저작 등이 포함되는데, 설계 및 저작 기능이 함께 제공되기도 하지만, 별도의 프로그램을 이용하는 것이 일반적이다.

3.2 교육용 컨텐츠의 관리 기능

교육용 컨텐츠를 효과적으로 관리하기 위하여 학습관리 시스템에 학습 컨텐츠 관리 시스템(Learning Contents Management System: LCMS)[4)]의 개념이 더해지고 있다. LCMS는 학습 과정에서 필요한 컨텐츠를 효율적으로 저장하고 검색하고 학생의 요청에 맞게 재조직화하여 제시하는 기능을 가진, 학습 컨텐츠를 효율적으로 관리하기 위한 학습 컨텐츠 관리 시스템이다(이준, 2002). LCMS는 기능상 학습 과정을 관리하는 학습 관리 시스템(Learning Management System: LMS)에 컨텐츠 관리 시스템(Content Management System: CMS)을 포함한 시스템이다. 여기서, CMS는 온라인 자료를 생성하고 관리하는 시스템이고, LMS는 일련의 목적을 가지고 진행되는 학습 활동을 관리하고 학습 경로를 추적하여 효과적인 학습을 지원하는 시스템이다. LMS는 학습자의 지식과 기술에 대한 정보를 축적하고, 이를 향상시키기 위한 적절한 학습 활동을 제공하나, 학습 내용 자체를 생성하고 활용하고 관리하는 기능은 제공하지 않는다. LCMS는 다음과 같은 역할을 수행한다(Nichani, 2001).

첫째, 학습자의 요구에 즉각적으로 반응하여, 학습자가 필요로 하는 학습 과정을 생성하고 제공할 수 있다.

둘째, 학습자들은 그들이 원하는 학습 내용을 얻을 수 있을 뿐만 아니라, 그 학습 내용을 원하는 시기에 접할 수 있다.

---

4) 이준(2002)의 논문에 관련 정보가 많이 있으므로 참조하기 바람.

셋째, 학습 경험을 자신의 요구에 맞추어 개별화할 수 있다.

3.3 학사 관리 기능

학사 관리는 학습자의 입학과 등록, 수강 신청, 성적 관리, 졸업 등에 관한 제반 학사 업무를 지원하고 관리하는 것이다. 수강신청 및 정정, 그리고 제반의 학사 관련 정보들을 등록, 수정, 삭제, 검색할 수 있도록 통합하여 제공함으로써 학사지원팀 간의 일관적인 정보공유를 할 수 있다(권형규 외, 2001). 각 학교에서는 보통 기본 모듈을 가지고 업체들의 학사지원 시스템을 요구자에 맞게 맞춤형으로 주문하여 이용하고 있는 실정이다. 이러한 학사 관리 시스템이 포함하고 있는 항목들을 〈표 12-3〉에서와 같이 요약 정리할 수 있다.

〈표 12-3〉 학사 관리 시스템의 주요 기능

구분	주요기능	세부기능	
등록 관리	등록금 관리 등록	• 계열별/학년별 등록금	
	등록금 관리 조회	• 계열별/학년별 등록금	
	등록생 관리 등록	• 등록 현황 관리	
	등록생 관리 조회	• 납부자 조회	• 미등록자 조회
	등록생 관리 출력	• 등록생 명부	• 미등록생 명부
입시 관리	입시생 등록 관리	• 모집 인원 관리	• 입학원서 접수
	입시생 등록 조회	• 접수현황 조회 • 입시생 조회	• 학과별 지원자 조회
	입시생 관리 출력	• 입학원서 접수대장	• 학과별 지원율
	합격생 관리 등록	• 합격생 관리	
	합격생 관리 조회	• 합격생 조회	
	합격생 관리 출력	• 합격생 명단	
교과 관리	교과목 관리 등록	• 학과별 설정과목 관리 • 동일유사과목/대체과목 관리	• 학과별 이수과목 관리
	교과목 관리 출력	• 동일/유사 과목 일람 • 교과과정표	• 학과별 이수과목 일람
	개설과목 관리	• 개설과목 관리	
	개설과목 출력	• 개설과목 일람표	• 강의시간표 작성 기초자료

구분	주요기능	세부기능
		• 교양, 교직과목 강의/조정 시간표 • 담당교수/강의실별 강의 시간표 • 담당교수 미정강좌 일람표
성적관리	성적입력 등록	• 성적환산등급관리 • 상대평가비율관리 • 금 학기 성적관리
	성적입력 조회	• 금 학기 성적조회
	성적입력 출력	• 성적표
	성적확정 등록	• 성적확정 • 성적정정 • 석차계산 • 학기 우등생 생성
	성적확정 조회	• 전체 성적 조사 • 학과별 평점 조회 • 학과별 성적 경고 조회
	성적확정 출력	• 개인별 학점이수표 • 학과별 성적 경고자 명단 • 성적 증명서
수강신청관리	수강등록	• 선수강처리 • 수강 신청 • 수강 정정
	수강 출력	• 선수강 과목 • 출석부 • 00명 이상(이하) 수강신청 과목 일람 • 학생별 강의 시간표 • 수강신청 최종 통보서 및 수강신청 포기원
학적관리	학적기본 등록	• 신입생 학적부 생성 • 학적부 관리 • 진급처리 • 관보번호 관리
	학적기본 조회	• 학적부 조회
	학적기본 출력	• 학적부 • 재학생 명부 • 재적생 명부 • 학부학생 명단
	학적변동 등록	• 휴학관리 • 복학관리 • 제적관리 • 학부학생 명단
	학적변동 출력	• 휴학생 명단 • 복학생 명단 • 재적자 명단 • 전과자 명단 • 재적생 변동 상황 총괄표
졸업관리	졸업확정 등록	• 증서/학위번호 부여 • 졸업확정
	졸업확정 출력	• 졸업예정자 사정대장 • 학위등록 예정자 명부 • 졸업대장 • 졸업증서
공통시스템	등록	• 각종 코드 관리 • 우편번호 관리 • 학사력 관리 • 학칙관리

구분	주요기능	세부기능
		• 졸업년도별 대학/학과/전공코드 관리 • 사용자 ID/암호 관리
	출력	• 코드 목록 • 학사력 현황 • 졸업년도별 대학/학과/전공코드 목록

4 다양한 교육매체의 운영 환경

4.1 유튜브의 운영 환경

4.1.1 교육용 컨텐츠 플랫폼으로서의 유튜브

방송과 인터넷이 접목하여 일인미디어로 동영상을 제작하여 개인의 채널을 운영할 수 있는 플랫폼으로 유튜브가 확산 중이다. 특히 유튜브의 활동은 수익으로 이어지고 일부 유튜버는 상당한 수준의 수익[5)]을 올린다고 알려져 더욱 많은 사람들의 관심을 받고 있다. 또 유튜브는 정치적으로도 상당한 영향력을 끼치는 것으로 알려져 있는데, 민감한 사안에 대해 거대미디어보다 유튜버들이 하는 일인 방송에 더 많은 사람들이 주목하고 있다. 일반 공중파보다도 유튜브 개인이 운영하는 채널에 더 많은 구독자가 몰리는 등, 동영상 플랫폼 유튜브는 여러 측면으로 정보공유의 중요한 플랫폼이 되었고, 이러한 현상은 교육적 활용에서도 예외가 아니다. 유튜브의 교육적 활용을 위한 환경을 살펴보기로 한다.

새로운 정보를 찾기 위해 텍스트로 검색을 하던 시대는 저물고 이제 동영상으로 정보 검색을 하는 시대가 되었다. 많은 정보가 동영상을 통해 제공되고 있다는 반증이다. 동영상 플랫폼 YouTube에서 찾지 못하면 세상에 존재하지 않는 정보라는 말이 있을 정도이다. 교육용 도구로서 유튜브 사용의 장점은 다음과 같다.

5) 6세 어린이 보람 양은 유튜버로 보람채널을 운영하여 월 37억의 광고수익을 내는 것으로 알려져 있다. MBC 노조는 하루 광고수익이 보람TV의 하루 광고비와 비슷하다고 밝히기도 하였다. 보람튜브 구독자수는 2019년 7월 23일 기준 1,700만 명이 넘는다. (2019. 7. 23. 기사)
https://www.hankyung.com/life/article/201907235008H

- 유튜브는 세상에서 가장 많은 동영상 컨텐츠를 보유하고 있다. 수업에 필요한 주제의 동영상 자료를 찾을 수 있는 좋은 자원의 보고이다.
- 동영상 자료는 학생들에게 동기 유발을 위해, 또 손쉬운 정보 제공을 위해 사용하는 데 효과적이다. 동영상 자료는 텍스트 자료보다 재미있고 정보를 효과적으로 전달할 수 있는 매체이다.
- 유튜브는 누구나 쉽게 접근할 수 있어서 컨텐츠의 소비뿐만이 아니라 컨텐츠의 유통도 쉽게 할 수 있게 해 준다.

4.1.2 유튜브에서 채널 운영하기

유튜브에서 교육용 컨텐츠 채널을 성공적으로 운영하기 위해서는 탑재된 동영상이 양적으로 풍부해야 사용자의 검색에 대상이 될 가능성이 높다. 유튜브는 자료의 최신성, 구독자수와 시청시간에 의해 움직인다. 자신의 영상물을 주기적으로 새로 올리고, 일정한 수준의 시청시간이 확보되면 구글에서 추천영상으로 올려준다. 그렇게 되면 사용자에게 많이 노출되고, 이로 인해 접근성이 좋아져서 많은 구독자가 생기게 된다.

유튜브의 전체 트래픽 중 추천을 통해 70%가 이루어진다고 한다(유튜브 알고리즘: 검색[6]). 따라서 유튜브의 추천 시스템이 구독을 유도한다고도 볼 수 있다. 유튜브의 추천시스템이 어떻게 작동되는지에 대한 알고리즘이 알려져 있지 않아 어떻게 추천 동영상이 되는지를 가름하기 어렵다. 그러나 추천영상이 되면 갑자기 트래픽이 늘어나게 되므로 추천영상이 되는 것이 자신의 채널의 구독자를 늘리는 데 큰 기여를 한다.

유튜브를 통해 수익을 내기 위한 기준은 구글에서 정한 구독자수와 시청시간에 따른다. 구독자수가 1,000명, 4,000 시청시간이 기준이 된다. 영상 질이 좋거나 추천영상물이 되면 조회수가 늘어나는 데 크게 기여한다. 수익은 구독자수보다는 시청시간에 의해 더 영향을 받는 것으로 알려져 있다. 그러나 구글에서는 컨텐츠를 노출하는 알고리즘은 자주 바뀌기 때문에 노출시간에 더 이상 중요한 기준이 되지 못한다고도 한다. 최신 자료, 양질의 컨텐츠에 가산점을 주어 상위노출이 되는 것으로 보인다.

키워드를 잘 선정하는 것은 사용자에게 정보를 쉽게 접근할 수 있는 마법과 같은

---

6) https://www.유튜브.com/watch?v=wDqKuKhN_2Q 유튜브 알고리즘: 검색- 조회수 460짜리 영상이 상위노출 되는 이유. 2019. 3. 23. 올렸음. 2019. 10. 5. 검색

역할을 한다. 조회수가 많은 다른 동영상의 키워드를 참조하여 이와 비슷한 유의 키워드를 작명해 본다. 조회수가 많은 키워드란 독자들의 관심이 많은 분야를 의미한다. 이러한 키워드를 동영상 제목의 앞부분에 넣게 되면 많은 구독자들이 검색을 통해 접속하는 효과를 볼 수 있다. 이러한 키워드는 제목뿐만이 아니라 태그에도 넣게 되면 접속 효율을 높이는 효과가 있다. 자신의 영상 통계를 보고 키워드에 관한 아이디어를 얻을 수도 있다. 분석랩에 들어가서 트래픽수, 유튜브 트래픽수 전체를 검색하여 본인 영상에서 어떤 키워드가 독자층에게 어필하는지를 확인해 보고 이를 활용한다.

4.2 모바일 컨텐츠의 교육적 활용

모바일 컨텐츠란 무선 모바일 단말기에서 시청할 수 있는 동영상, 데이터, 오디오, 텍스트 등의 컨텐츠를 의미한다. 모바일 기기는 휴대와 이동이 가능한 특징을 가진다. 모바일 컨텐츠의 교육적 활용 환경을 살펴보기로 한다.

무선통신의 이동성을 지원하는 환경에서 디지털 컨텐츠는 이동성, 위치기반, 고객차별성, 개인성을 기반으로 다음과 같은 교육적 특성을 갖는다.

첫째, 휴대성이다. 모바일 단말기의 대표적인 기기인 스마트폰은 휴대하기 용이하여 언제 어디서나 사용할 수 있는 학습지원도구로서 사용하는 데 적합하다. 학습정보에 쉽게 접근이 가능하여 학습자가 버스 타고 길을 가다가, 회의를 하다가, 언제든지 쉽고 편하게 학습 정보에 접근을 할 수 있다. 이러한 활용 방식은 적시학습(just-in-time learning)을 가능하게 해 준다.

둘째, 이동성이다. 단말기가 무선으로 연결될 수 있어서 장소에 의한 제약에서 벗어나 이동하면서 공부할 수 있고 또한 상황기반학습을 가능하게 해준다. 위치정보를 통해 다양한 교육서비스를 받을 수 있다.

셋째, 개인성이다. 모바일 단말기의 운영 환경은 개개인의 활용 성격에 따라 맞춤형으로 운영된다. 각 단말기로 학습자는 자신의 학습 활동에 맞게 학습 활동을 저장하고 스스로 학습 내용을 선택하고 조절 및 진행을 할 수 있다. 자신의 학습 정보를 관리하며 자신의 현 상태를 평가할 수도 있도록 실현하게 한다. 모바일 기기는 사용자에 따라 각기 다른 환경을 제공한다. 개인마다 다른 운영 환경이 제공되는 것이다. 따라서 모바일 기기에 접속되는 순간 개인의 고유한 정보에 접근하게 되는 것이므로,

이러한 개별성으로 인해 출금 및 쇼핑 등이 용이하게 이루어진다. 학습자를 자동으로 인지하게 되어 학습자에게 최적화된 환경을 제공해 줄 수 있다.

넷째, 상호작용성이다. 학습자는 학습활동에 필요한 정보 수집이나 검색, 처리 등 필요한 정보를 필요할 때 전문가나 동료와 SMS와 음성 및 화상통화 등 다양한 통신 방법을 활용한 상호작용으로 즉각적인 피드백을 받아 학습의 동기 부여 및 학습효과를 높일 수 있다. 최근에는 인공지능이 도입되어 인터페이스가 음성으로 가능한 디바이스가 많아졌다.

모바일 단말기는 통상 작은 화면을 사용한다. 단말기가 작아서 기능이 제한되기는 하지만, 모바일 기기가 발달하면서 모바일 기기에 특화된 기능들이 제공되기도 한다. 이제 컴퓨터보다 휴대폰이 더 많이 보급되었고, 사람들은 더 많은 시간을 휴대폰에서 보내고 있다.

모바일 컨텐츠를 개발할 때 고려해야 할 점들은 다음과 같다.

첫째, 가독성을 고려해야 한다. 텍스트의 음영을 넣거나 색이 흐린 경우 읽기가 매우 불편하다. 가급적 텍스트보다는 그림이나 사진으로 메시지를 전달하도록 설계한다.

둘째, 작은 스크린에 제공할 수 있는 정보의 양이 제한되다 보니, 이러한 환경에 사용자가 익숙해져서 긴 글이나 많은 정보를 차분히 소화하는 것에 약할 수 있다. 따라서 가급적 정보의 제시를 짧은 글 위주로 하여 우선 독자의 관심을 모으고, 이어 긴 정보제공으로 이어가도록 한다. 동영상의 길이가 너무 길지 않도록 한다.

셋째, 정보가 선형적으로 제시(sequential representation)되는 데 필요한 부분이 하이퍼텍스트로 연결되어 자료가 풍부해질 수 있게 한다.

넷째, 이동 중에도 컨텐츠를 소비할 것이고, 시간과 장소에 구애를 받지 않고 컨텐츠를 소비할 수 있도록 컨텐츠를 사용하던 곳으로 이어 진행할 수 있게 해 주어야 한다.

모바일 디바이스는 보통 사용자가 이동을 하면서 사용하기 때문에 장시간 집중해서 사용하기보다는 잠시 사용하는 경우가 보통이다. 짬을 내어 보다가 이어서 다시 그 다음의 컨텐츠를 계속하기 원하는 경우도 많고 외부 잡음이나 비, 햇빛 등의 환경의 제약을 받을 수 있다. 이러한 특성을 고려하여 모바일 컨텐츠를 설계하여야 한다. 다음에 제시된 〈표 12-4〉는 모바일 환경에서의 정보설계와 상호작용설계 시 설계 영역별로 고려하여야 할 설계 전략들을 나열한 것이다.

〈표 12-4〉 모바일 환경의 정보설계 및 상호작용설계 전략(김태현, 2009 수정 후 사용)

영역		설계 전략
정보 설계	텍스트	내용을 작은 단위로 나누어 제시
		효과적인 정보의 그루핑
		핵심내용만을 요약하여 제시
		화면에 제시된 정보의 양에 대한 시각적 단서 제시
		중요한 정보 강조하여 제시
		적절한 크기의 글자로 제시
		굵은체, 기울기체, 색상 사용에 주의
		일반적인 범용 폰트 사용
	그래픽	그래픽요소의 절제된 사용
	레이아웃	일관성 있는 레이아웃
		웹사이트를 모바일환경에 적용 시 단순한 축소적용이 아닌 재설계
상호 작용 설계	피드백	진행상황이나 동작에 대한 피드백 제공
		효과적인 피드백 사운드 제공
		상황 및 오류에 대한 효과음 제공
	버튼	시작, 실행, 검색 등과 같은 기본 기능들은 일관성 있게 배치
		버튼이나 아이콘 단순하게 디자인
		버튼의 효율적 배치
	내비게이션	계층구조로 설계
		메뉴는 간단 · 명료하게(한 행을 넘지 않도록)
		이동 용이하게
		사운드를 활용하여 내비게이션 보조

탐구 과제

1. 고등학교를 졸업한 철수는 e-Learning 전문가가 되는 꿈을 가지고 있다. 철수는 국내에서 적당한 교육기관을 찾지 못하여 MOOC 과목을 통해 학습을 하고 있다. 세계적으로 유명한 강사들의 수준 높은 강의를 60학점 이상 수강하였다. 일정 수준의 과목들을 통해 자기 스스로 학습을 한 철수는 이를 학점은행제도를 통해 대학학위를 받고자 한다. 철수는 어느 기관을 통하여 어떤 절차를 밟아 학사 학위를 받을 수 있는지 알아보자.
2. 자신의 취미나 관심 사항을 동영상으로 제작하여 유튜브에 올려 보자. 동영상을 한 번의 이벤트로 제작하기보다는 시리즈로 제작하기 위하여 어떤 주제가 적당한지, 어떤 양식으로 제직하는 것이 적절한지, 기획의 절차에 따라 기획안을 개발해 보자.

참고문헌

김태현(2009). 모바일 학습 환경에서 자기조절학습을 지원하는 사운드 설계에 관한 연구. 서울대학교 박사학위논문.

무들연구회(2007). 무들 활용 입문: 오픈 소스 학습관리시스템 무들 9 활용법. 서울: ㈜북스.

이상커플(2018, 11.24). 유튜브 구독자수 늘리는 법 8가지: 키워드 분석편 [비디오 파일 https://www.유튜브.com/watch?v=EmFFCtxDa_c]

이옥화, 임연욱(2003). 온라인 수업의 실시간 토론 내용 분석. 교육공학연구, 19(1), 29-50.

이준(2002). LCMS(Learning Content Management System) 기반의 e-Learning 개발과 적용. 교육정보방송연구, 8(2), 93-113.

한국교육학술정보원(2013). 2012 교육정보화백서 요약본.

FastForward (2019, 3. 22.) 유튜브 알고리즘: 검색- 조회수 460짜리 영상이 상위노출 되는 이유[video file. https://www.유튜브.com/watch?v=wDqKuKhN_2Q 에서 2019. 3. 23. 검색]

Nichani, M. (2001). LCMS = LMS + CMS [RLOs]. http://www.elearningpost.com/features/archives/001022.asp

CHAPTER

13

컨텐츠 평가

양질의 e-Learning 컨텐츠 개발을 위해 지금까지 여러 단계를 거쳐 고려되어야 할 많은 요소들과 원칙들을 숙지하고 실제로 연습해 보는 기회를 가져 보았다. 그 과정에서 형성평가의 기능과 방법을 경험하고 그 중요성을 인식할 수 있었을 것이다. 본 장에서는 총괄적으로 컨텐츠 평가의 목적을 재검토해 보고 컨텐츠 평가에 반드시 포함되어야 할 내용과 요소에는 어떤 것들이 있는지 확인해 보기로 한다.

1 컨텐츠 평가의 개념과 목적
2 컨텐츠 평가의 절차
3 평가도구의 신뢰성과 타당성
4 컨텐츠 평가의 주요 영역
5 컨텐츠 평가 항목 및 준거
6 컨텐츠 평가와 스마트교육

1 컨텐츠 평가의 개념과 목적

체계적인 컨텐츠 설계 및 개발과정을 통해 원하는 결과물이 완성되었다면 이제는 개발된 컨텐츠가 질적으로 얼마나 만족스러운지를 평가해 보아야 한다. e-Learning에서 컨텐츠의 평가는 최종 개발된 컨텐츠가 원래의 의도를 충분히 반영하고 있는지, 의도된 교육적인 효과를 거둘 수 있는지를 판단하기 위해 이루어진다. 컨텐츠에 대한 평가는 해당 컨텐츠의 질적 수준에 대한 판정에 그치지 않고 차후 컨텐츠 개발과정에 피드백되어 보다 나은 컨텐츠 개발을 위한 정보로 활용된다.

일반적으로 교육활동에서 일어나는 모든 평가는 다양한 과정을 거쳐 얻은 정보를 기초로 하여 교수-학습을 개선하고 학습자의 학습능력을 최대화하기 위해 실시한다. 교육평가의 궁극적인 목적은 교육 목표의 선정과 학습 활동의 성과 측정, 교육과정과 교육 방법 개선 및 학습 결과의 확인, 교정, 지도를 위한 자료의 제공에 있다. 따라서 합리적인 평가활동을 위해서는 특정 방법에 한정하지 말고 학습자의 이해를 돕는 모든 방법들이 동원되어야 하며, 평가를 통하여 얻은 자료는 극히 일부에 불과하다는 생각을 전제로 평가 결과를 해석하고 적용해야 한다.

이와 같은 맥락에서 컨텐츠 평가의 목적은 컨텐츠가 적어도 현재의 상태보다 더욱 개선되고 질적으로 성장하기를 기대하는 것이며, 컨텐츠의 효과성을 객관적으로 설명해 줄 수 있고 필요한 경우 수정의 기회를 제공하기 위한 것이다. 따라서 올바른 평가를 위해서는 컨텐츠 설계 및 개발자를 포함한 개발팀은 물론, 교수자, 평가자, 내용전문가, 최종사용자, 관리자 등으로부터의 다양한 의견을 수렴할 필요가 있다.

e-Learning 컨텐츠에 대한 평가는 평가의 시기에 따라 형성평가와 총괄평가로 이루어진다. 형성평가란 컨텐츠를 개발하는 과정에서 수정, 보완, 질 개선을 위한 방안을 탐색하고 결정하는 데 필요한 정보를 수집, 분석하기 위한 목적으로 실시된다. 이는 양질의 컨텐츠 제작에 핵심적 단계이나 흔히 간과되기도 한다. 형성평가 과정에서는 내용 전문가, 교수설계자, 교수자 및 학습자 등으로부터 개발 중인 컨텐츠와 관련된 여러 자료를 수집하고 이를 토대로 컨텐츠를 수정한다. 컨텐츠 개발팀은 최종 개발될 컨텐츠의 효과성, 효율성, 매력성 등을 학습자의 관점에서 평가해 볼 필요가 있다.

한편, 총괄평가란 형성평가를 통해 개발된 e-Learning 컨텐츠가 최적의 상태임을 확인한 후에 이의 성능이나 질을 최종적으로 평가하고자 할 때 적용하는 기법이다. 이 과정에서는 개발된 컨텐츠가 교수 현장에서 어떤 효과를 산출할 수 있을 것인지를 측정하고 평가하게 된다. 총괄평가는 ⅰ) 평가의 계획, ⅱ) 평가의 준비, ⅲ) 평가의 수행 및 자료수집, ⅳ) 평가결과의 분석과 요약, ⅴ) 결과 보고의 과정으로 진행된다. 이 과정에서 무엇을, 어떻게, 왜, 무슨 목적으로, 누구를 위해 평가할 것인가를 생각해보면, 평가 과정에 개입되는 요인이 매우 다양하기 때문에 의미 있는 총괄평가를 위해서는 정교한 평가준거가 사전에 마련되어야 한다.[1)]

e-Learning 컨텐츠를 평가할 때 평가의 시기 못지않게 평가를 바라보는 관점도 매우 중요하다. 많은 경우, 설계자나 개발자, 내용전문가 등 개발하는 입장에서 수정, 검토작업이 진행되기 때문에 최종 사용자, 즉 학습자의 입장에서 개발된 컨텐츠를 평가하기란 말처럼 쉽지만은 않다. 따라서 최근에는 평가의 관점은 최종 사용자의 입장을 고려해야 한다는 '고객 중심 모형'이 강조되는 경향이 있다.

고객 중심 모형은 범람하는 질 낮은 교육서비스로부터 교육자와 학습자들을 보호하기 위해 탈목표 평가모형을 제창한 Scriven(1974)이 제안한 것으로, 교육과정이나 프로그램에 대해 일가견이 있는 전문가가 최종 사용자를 대신하여 교육적 서비스의 상대적 장단점을 판단하여 교수자 및 학습자에게 교육서비스 선택에 유용한 도움을 줄 수 있도록 정보를 제공해 주는 것을 의미한다. 이는 마치 소비자들로 하여금 필요한 상품을 현명하게 선택, 구매할 수 있도록 도울 목적으로 공공 또는 전문 기관에서 각종 상품에 대한 평가 보고서를 만들어 소비자에게 제공하는 것과 유사하다. 교육환경에 '고객', '서비스' 등의 개념이 유입되는 것에 대한 비판적 시각도 존재하나 컨텐츠 평가의 입장에서는 학습자가 양질의 컨텐츠를 취사선택하여 학습할 수 있도록 돕고 이를 바탕으로 보다 나은 질의 컨텐츠가 새롭게 설계, 개발되어야 하는 건설적 순환과정이 필요한 것으로 판단된다. 이에 학습자의 입장에서 개발된 컨텐츠를 평가하는 데 우선적으로 고려해야 할 사항들을 제시하면 다음과 같다(성태제, 2000, 2019).

---

1) 본 장에서는 컨텐츠의 최종 효과를 판단하기 위한 총괄평가의 관점에 초점을 두어 설명하고자 한다. 개발 각 단계의 활동에 초점을 두는 형성평가의 과정에 대해서는 11장 '컨텐츠 개발'의 내용을 참조하기 바란다.

① 피평가자의 입장에서 평가방법의 타당성과 신뢰성을 고려해야 한다.

컨텐츠 평가의 항목들이 타당도와 신뢰도가 확보되었는지에 대한 면밀한 검토가 있어야 한다. 이를 위하여 문항분석을 실시하여야 하며 그 결과를 토대로 문항의 수정 개발이 필요하다.

② 준거참조평가관에 입각하여 평가를 실시해야 한다.

컨텐츠 평가는 절대적인 준거로 가능한 한 양질의, 최상의 질을 추구하여 시행되어야 하며 상호 경쟁을 조장하는 규준참조평가는 지양되어야 한다.

③ 한 번의 평가로 인한 성급한 판단을 지양해야 한다.

아무리 총괄적으로 이루어진 컨텐츠 평가라고 하더라도 한 번의 평가결과에 의하여 컨텐츠의 질을 규정하기보다는 평가의 결과가 수시로, 또 지속적으로 피드백되어 개발팀에게 전달될 수 있어야 한다. 또한 평가 결과, 양질의 컨텐츠로 판단되었다고 하더라도 그 안에 있을 수 있는 문제점이 계속적으로 갱신, 해결될 방법이 마련되어야 한다.

2 컨텐츠 평가의 절차

컨텐츠 평가의 절차란 개발된 컨텐츠가 과연 원하는 목표대로 성실하게 개발되어 원래 컨텐츠를 개발하고자 했던 목적을 얼마나 충실히 달성했는지를 측정하는 과정이라고 할 수 있다. 개발 완료된 컨텐츠의 목표 달성도를 측정하려고 할 때 거쳐야 할 평가의 절차는 평가 방법에 따라 다소 차이가 있으나 큰 맥락에서 일반적인 평가의 절차와 동일하게 진행된다. 다만 그 과정에서 평가대상이 되는 컨텐츠의 특성에 따라 독특한 상황이나 평가항목이 차별적으로 고려될 수 있을 것이다.

모든 평가에서 반드시 고려해야 할 공통된 절차는 i) 컨텐츠 평가의 계획, ii) 컨텐츠 평가 도구의 제작 및 타당화, iii) 평가의 실시 및 결과의 처리, iv) 평가 결과의 분석 및 활용과 같고, 이를 도식화하면 다음 [그림 13-1]과 같다.

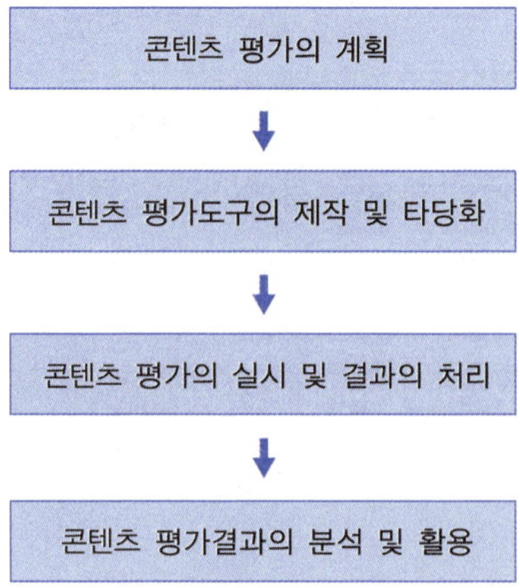

[그림 13-1] 컨텐츠 평가의 일반적 절차

이러한 일반적인 평가의 절차에 더하여 컨텐츠 평가 시 특별히 고려해야 할 세부 절차는 다음 〈표 13-1〉의 과정과 같다. 이 과정에서는 설계, 개발에 참여한 모든 전문가가 관여하되, 각 단계별로 주 역할을 하는 인력이 투입되어야 한다. 평가활동이 진행되는 동안 과정적 결과물이 산출되며 이 결과물은 컨텐츠 질 관리의 중요한 자료가 되므로 해당 컨텐츠별로 분류되어 잘 관리되어야 한다.

〈표 13-1〉 컨텐츠 평가의 세부 절차

과정	개발팀	결과물
프로젝트 전 과정의 기록	프로젝트 책임자 (PM: Project Manager)	프로젝트 전 과정을 상세히 설명하는 문서
컨텐츠 테스트	내용전문가 (SME: Subject Matter Expert)	기능적으로 타당성을 검증받은 컨텐츠
컨텐츠 타당화	교수설계자	교수적으로 타당성을 검증받은 컨텐츠
컨텐츠의 효과성 검증	컨텐츠 평가자, 프로그래머, 최종 사용자(학습자)	형성 평가 보고서 및 효과성 평가 보고서

3 평가도구의 신뢰성과 타당성

e-Learning 컨텐츠를 평가하기 위해서는 적절한 평가도구를 이용할 필요가 있다. 일반적으로 좋은 평가도구란 신뢰성, 타당성, 객관성[2], 실용성[3] 등을 갖춘 평가도구를 말한다. 이 중, 평가활동에서 어떤 방법을 선택하더라도 가장 우선적으로 고려되어야 하는 것이 바로 신뢰성과 타당성이다(성태제, 2000, 2019).

신뢰성이란 평가자나 평가시기에 따라 서로 다른 결과가 나오지 않고 일관된 평가결과가 보장되는 것을 말한다. 신뢰성 있는 평가도구는 정확한 저울과 같이 언제, 어느 때 몸무게를 측정하더라도 항상 같은 결과를 내놓는다. 이와 같이 신뢰성이란 측정오차가 없어야 보증된다. 한편, 타당성이란 평가 목적에 부합하는 평가방법을 사용할 때 보장된다. 어떤 검사도구의 타당도란 그 검사가 주어진 목적을 얼마나 충실하게 재고 있는지 그 정도를 의미한다(서울대학교 교육연구소, 1998). 즉 그 평가에서 재고 있는 것이 무엇이냐는 개념과 관련이 있다. 예를 들면 추리력을 측정하려면 추리력을 측정해야지 기억력을 측정해서는 안 되며 지능을 측정한다고 하면서 학력을 측정해서도 안 된다. 흔히 한 검사도구가 가져야 할 중요한 측면으로 신뢰도와 타당도를 제시하나 타당한 측정이 신뢰로운 측정보다 더 중요하다고 할 수 있다. 타당한 측정 없이 신뢰로운 측정이란 아무런 의미가 없기 때문이다(서울대학교 교육연구소, 1994). 따라서 e-Learning 컨텐츠 평가를 위해서는 평가도구의 타당성을 우선적으로 확보할 필요가 있다.

타당도[4]에는 안면타당도, 내용타당도, 공인타당도, 구인타당도, 검사항목타당도

---

2) 동일한 평가 대상에 대해 누가 평가를 하여도 동일한 결과를 도출함.

3) 아무리 정확하고 좋은 도구라도 지나치게 오랫동안 평가, 분석하여 때를 놓치면 아무 소용이 없음.

4) 타당도의 형태

- 안면타당도(face validity): 검사의 구성내용으로 보아 그 검사가 무엇을 재고 있는지를 피검사자의 주관적 인상에 따라 기술하게 하는 방법
- 내용타당도(content validity): 전문가가 그 검사와 관련된 정의, 전제, 가설 등을 기초로 하여 그 검사내용의 타당성을 이론적으로 설명하는 방법
- 공인타당도(concurrent validity): 주어진 검사와 어떤 기준과의 관계의 정도를 의미하는 준거타당도(criterion-related validity)로서 검사의 자료가 수집되는 시기에 동시적으로 기준자료가 수집되어 그들 간의 관계를 분석하는 방법
- 구인타당도(construct validity): 측정대상의 속성에 따라 이론적 가설의 검증을 통하여 밝혀진 검사내용 및 득점에 관한 타당도

등이 있으며 이와 관련된 내용은 다음 〈표 13-2〉와 같다(Lee & Owens, 2004).

〈표 13-2〉 타당도의 유형

유형	타당도 확인 방법	중요성	시기
안면타당도	형성평가, 전문가가 컨텐츠를 총괄적으로 검토하고 내용이 학습목표에 근접한지를 확인	가르치고자 의도한 것을 가르치는지, 측정하고자 한 것을 측정하고 있는지를 확인	설계 개발
내용타당도	형성평가, 전문가가 컨텐츠의 학습목표, 내용, 검사항목들의 일치 여부를 확인	컨텐츠의 내용이 최소한 해당 주제에 관련된 능력 검증에 유용한지를 확인	설계
공인타당도	양적 총괄평가, 검사 간의 유사성 측정	평가항목타당도 설정	평가
구인타당도	양적 총괄평가, 평가점수와 직무수행 간의 관계 측정	평가문항과 실제업무 간의 명확한 관계 정립	평가
검사항목 타당도	양적 형성/총괄평가, 개별 질문과 전체 평가 간의 관계 측정	평가항목이 기술을 정확하게 측정하는 것에 높은 점수부여	설계 평가
예언타당도	양적 총괄평가, 동일 기술 분야에서 미래에 성공할 것을 예언	평가가 측정하려는 직무수행능력과의 긍정적 관계 확인	평가
평가자 간 합의	양적 형성/총괄평가, 과제의 성공적 수행에 동의하는 평가자의 능력 측정	평가자들 간의 일관된 관찰결과의 신뢰수준 결정	분석 평가

4 컨텐츠 평가의 주요 영역

컨텐츠 평가의 주요 영역으로 컨텐츠 자체만을 평가할 경우 크게 교수설계의 영역과 교수내용의 영역으로 구분할 수 있다. 이에 더하여 컨텐츠가 활용되는 환경에 따라 컨텐츠 활용의 유용성을 돕는 지원체제와 관련된 영역이 추가될 수 있을 것이다. 이와 같은 교수설계, 내용, 지원체제라는 커다란 범주로는 평가를 위한 실질적 내용을 담기 어려우므로 이를 보다 세분화하여 영역을 구분할 필요가 있다. 이 경우 평가

• 예언타당도(predictive validity): 검사종료 후 상당한 기간이 경과한 후에 검사 득점과 그 검사에서 목적으로 하였던 행동특징과의 상관도를 보아 그 검사의 타당성을 문제 삼는 방법

의 목적이나 평가자의 의도에 따라 다양한 영역구분이 이루어지는데 대표적인 영역들을 예시하면 다음과 같다.

◉ 접근성

컨텐츠가 웹 환경에서 활용될 때에는 누구나(Anyone), 시간과 장소의 제약 없이(Anytime, Anywhere), 자신이 필요로 하는 다양한 교육과정에 접근하여 학습할 수 있어야 한다. 컨텐츠가 안정적으로 실행되기 위해서 사용자의 조건을 반영하여 학습하는 데 어려움이 없도록 설계하거나(예를 들어 약시를 가진 학습자를 위해 돋보기 기능을 추가하거나 음성파일을 제공하여 학습할 수 있도록 한다), 사용자가 최소한 구비하여야 하는 하드웨어나 소프트웨어의 환경을 사전에 명시함으로써 접근성을 배려하여야 한다.

◉ 상호작용성

상호작용성은 컨텐츠의 질을 평가할 때 가장 핵심이 되는 지표가 된다. 컨텐츠는 인간과 컴퓨터 간의 상호작용이라는 전제하에 학습자 간에, 학습자와 내용 간에, 학습자와 교수자 간의 상호작용을 통한 학습을 돕기 위해 개발되기 때문이다. 따라서 컨텐츠상에서 구현되는 최적의 상호작용성을 위해서는 용이성, 유용성, 신속성, 지속성, 연계성, 역동성 등이 고려되어야 한다.

◉ 제시방식

컨텐츠는 아무리 좋은 내용이라도 컴퓨터라는 매체 환경을 경유하여 표현되므로 내용이 제시되는 방식에 따라 학습자의 지각이 달라진다. 따라서 제시되는 방식의 편의성, 매력성, 일관성, 심미성 등이 화면설계의 원리와 함께 고려되어야 하며 이러한 사항의 검토는 컨텐츠 평가의 중요한 영역이 된다. 화면설계에서 문자 종류와 크기, 사용되는 색상의 종류와 적절성, 제시된 내용의 양, 가독성, 멀티미디어의 활용, 도움말, 학습내용 확인의 용이성 등도 함께 고려하면 좋다.

◉ 자기주도학습(SDL: Self-Directed Learning)

e-Learning은 온라인상에서 학습자가 외부의 간섭이나 지시 없이 학습하게 되므로 자기주도성이 매우 중요하다. 이를 위해 컨텐츠는 외부 강사에 의존하지 않는 자

기완결성에 기초하여 학습자의 자기 주도 학습을 안내할 필요가 있다. 자기주도학습을 촉진하기 위해 컨텐츠 설계 시 내용의 선정, 교수 전략, 사용자 인터페이스 설계, 학습 평가 등에 주의를 기울여야 한다.

◉ 학습내용

컨텐츠가 제공하는 학습내용이 교수 목적에 비추어 타당하고, 정확하며, 객관적이어야 한다. 또한 최신의 정보를 담고 있어야 하며, 학습자 개인의 다양한 필요에 따라 개별 학습이 가능할 수 있도록 심화·확대된 내용을 포함하고 있어야 한다. 따라서 내용의 전문성, 정확성, 신뢰성, 저작권, 객관성, 최신성, 유용성 등이 중요한 평가의 척도가 된다.

◉ 사용자 인터페이스

사용자 인터페이스는 컨텐츠를 이용하여 자기주도학습을 하는 학습자를 위해 친절히 제공될 필요가 있는 유용한 도구이다. 사용자 인터페이스는 자료의 수집과 이용이 편리해 정보에 빠르고 쉽게 접근할 수 있도록 설계되어 있어야 한다. 항해성이 보장되어야 하고 메뉴 선택과 화면 이동이 용이해야 하며, 아이콘 기능과 링크가 명확해야 한다.

◉ 비용효과성

컨텐츠 개발에 얼마나 많은 비용이 투입되었는지를 평가하기는 어렵다. 여기에서 의미하는 비용이란 단순히 금전에만 국한되는 것이 아니라 컨텐츠 개발에 총 투입된 시간과 노력, 에너지, 열정 등 물리적으로 산정하기 어려운 제 비용을 포괄하기 때문이다. 그러나 컨텐츠 개발의 비용효과성 문제는 컨텐츠를 활용한 교육의 효과성, 컨텐츠의 재사용성, 학습자 부담 비용, 기존 교육 방식과의 비교 우위성, 학습자들의 학습지속동기 및 만족도 등과 관련하여 중요한 관심사가 되고 있다.

5 컨텐츠 평가 항목 및 준거

컨텐츠 평가를 위해서는 평가 영역과 해당 영역을 적절하게 평가할 수 있는 세부적인 평가 준거를 마련할 필요가 있다. 실제 평가 시에 준거별로 평가가 이루어져서 컨텐츠의 질적 수준과 가치가 결정되므로 평가의 준거를 명확하게 제시하는 것이 매우 중요하다. 컨텐츠 평가는 그 목적에 따라 준거가 달라지며 다양한 영역으로 구분되어 평가될 수 있다.

이미 국내외에서는 여러 기관과 단체에서 컨텐츠를 평가하기 위해 다양한 준거를 마련하고 있으며 일부는 e-Learning 컨텐츠 품질인증에 활용되고 있다. 컨텐츠 품질관리를 위해 국가기술표준원, 국가평생교육진흥원, 정보통신산업진흥원, 한국u러닝연합회, 사이버대학교 등이 나름의 준거들을 제시하고 있는데 e-Learning 컨텐츠 평가와 관련하여 대표적인 평가기준을 몇 가지 살펴보기로 하자. 먼저, 초중등교육용 e-Learning 컨텐츠 평가를 위해 지식경제부 기술표준원(2008, 2012, 2013)이 개발한 e-Learning 품질인증기준 표준안이 있다. 이 표준안은 e-Learning을 통해 제공되는 학습용 컨텐츠의 품질을 관리하여 e-Learning을 통한 교육의 효율성과 효과성을 제고하며 질적으로 우수한 컨텐츠 개발 기반을 마련하는 데 있다. 표준안에서는 e-Learning을 통해 제공되는 학습용 컨텐츠의 품질을 보장하기 위해 12개의 평가영역을 규정하고 세부 준거를 제시하고 있다. 이들 평가영역은 e-Learning 컨텐츠를 품질인증하거나 내부 품질 관리 도구로 활용하는 등의 사용 목적에 따라 선택적으로 사용할 수 있다.

〈표 13-3〉 지식경제부 기술표준원 초중등 e-Learning 평가 영역 및 정의(2008, 2012, 2013)

분류	평가영역	정의
1	요구분석	e-Learning 컨텐츠 서비스 제공과 활용에 필요한 체제, 내용, 인적 자원, 물적 자원들에 대한 기대 수준과 실제 수준의 차이를 분석하는 것으로, 학습용 컨텐츠의 활용 목적에 적합한 교수 내용 정보를 제공하기 위한 지식과 기능을 분석하는 것
2	교수설계	학습 요구의 분석 및 체계적 교수 기법을 통해 특정 수업내용과 특정 학생들을 위한 교육과정이나 코스에서 학습목표 달성을 위해 계획, 실행, 평가 등과 같이 절차별 교수 방법과 내용을 체계적으로 기획하는 것

분류	평가영역	정의
3	학습내용	특정한 학업성취 목표 달성을 위해 학습자에게 제공되는 정보, 지식과 기술로서 학습자들에게 효과적으로 전달되어 이용될 수 있도록 다양한 학습자원들이 체계적으로 구성되어 있는 것
4	교수 학습전략	교수자가 가르치는 것을 학습자가 배우도록 하기 위해 전반적인 계획을 세우는 것으로 결과보다는 과정을, 학습내용보다는 학습방법을 중시하여 언제, 어디서 어떤 학습방법을 사용해야 할 것인가에 대해 계획하는 것
5	상호작용	학습자의 학습 활동 및 참여를 증진시키고 학습자의 반응을 이끌어내기 위한 학습자, 교수자, 학습내용 간의 관계를 나타내고, 이들이 서로 다양한 의사소통 방법을 통해 의도적으로 교류하는 것
6	지원 체계	학습자가 효율적으로 특정 학습목표를 달성할 수 있도록 지지하여 돕는 것으로 인적 자원을 포함하여 물적 자원과 환경 등을 구조화하고 체계적으로 구성하는 것
7	평가	학습목표 달성 정도를 측정하기 위한 것으로 학습시작 전, 학습과정 중, 학습완료 후 학습목표와 관련된 내용을 다양한 방법이나 내용, 형태 등으로 제시하여 학습자의 수준을 파악하는 것
8	피드백	학습자의 학습행동에 대해 반응을 보이는 것으로 평가 결과를 토대로 학습목표와 비교하여 향후 행동 변화를 위해 어떤 학습계획을 수립해야 하는지 등에 대한 다양한 수행 내용을 제시하는 것
9	재사용성	기존에 개발된 컨텐츠의 내용을 다시 사용하는 것으로, 기존의 컨텐츠에 적용된 학습 구조를 파악하여 새로운 컨텐츠를 개발하거나 새로운 컨텐츠 개발 시 모듈 단위로 다시 사용할 수 있도록 하는 것.
10	공유유통	하나의 컨텐츠나 컨텐츠의 속성을 다수의 이용자가 함께 소유하거나 이용하는 것으로 개발된 컨텐츠의 속성을 파악하여 e-Learning 서비스 기관이 e-Learning을 위해 공동 활용할 수 있도록 하는 것
11	윤리성	컨텐츠의 내용이 사회적으로 지켜져야 할 도리와 규범을 준수하도록 해야 함을 나타내는 것으로, 사회 구성원들의 양심, 사회적 여론, 관습 따위에 비추어 스스로 지켜야 할 행동 준칙이나 규범 등 인간 상호 관계를 규정하는 것
12	저작권	창작에 대한 노력과 이로 인한 재산적 가치를 인정하는 것으로 저작물이라 할 수 있는 컨텐츠를 저작자의 승인 없이 이용하거나 재산적 권리를 침해하는 것을 방지하기 위해 저작자에게 독점적인 권리를 부여하는 것

다음으로 한국교육학술정보원에서 개발한 평가준거(2012)를 살펴보자. 한국교육학술정보원은 e-Learning 품질인증을 위한 기준을 개발하여 실제 품질인증사업을 지속적으로 추진해 오고 있다. 주요 평가영역은 요구분석, 교수설계, 학습내용, 교수학습전략, 상호작용, 지원체계, 평가, 윤리성, 저작권 등 9개 영역이며 교수설계 분야와 학습내용 분야, 교수학습 분야 및 평가 분야의 세부 지표들이 강조되어 있는데 화면 인터페이스 영역 및 기술적 측면의 준거가 없다는 특징을 가지고 있다. 영역 및 평가준거들을 살펴보면 〈표 13-4〉와 같다.

〈표 13-4〉 한국교육학술정보원 e-Learning 컨텐츠 평가영역 및 준거(한국교육학술정보원, 2012)

평가영역	평가준거	평가영역	평가준거
요구분석	학습환경 분석	교수학습전략	교수학습전략 선정
교수설계	학습목표 제시		자기주도적 학습 전략
	수준별 학습		동기부여 전략
	학습요소자료	상호작용	학습자와 학습내용 간 상호작용
	화면구성	지원체계	지원내용 선정
	인터페이스	평가	평가내용 선정
학습내용	학습내용 선정		평가방법 선정
	학습내용 조직		평가도구 적용
	학습난이도	윤리성	윤리적 규범
	학습분량	저작권	저작권

그 밖에 컨텐츠를 평가할 때 사용할 수 있는 평가영역 및 준거들이 다양하게 존재하고 있다. 다음 표는 다양한 평가 영역 중에서 상호작용, 인터페이스, 멀티미디어 영역을 선정하여 세부 준거를 제시하고 있는 사례이다(이인숙, 2002). 이는 예시자료이며 연구의 결과로 도출된 것이므로 평가의 목적에 따라 필요한 내용을 수정, 가감하여 활용할 수 있음을 유념하여야 한다.

상호작용 영역

학습자와 내용 간의 상호작용

분류	세부항목	점수
1. 학습 목표의 구체성	• 교육 목표가 구체적으로 제시되어 있는가? • 학습자가 학습 목표를 스스로 설정할 수 있는 기능이 제공되는가?	
2. 학습 내용의 적절성	• 학습 목표에 적합한 학습 내용이 선택되었는가? －진도에 맞는 학습 내용 선택 －관심사에 따른 학습내용 선택 －심화학습내용 선택 • 학습 내용의 조직이 적절한가? • 학습 내용이 적절하게 세분화되어 있는가? • 학습자의 능동적인 참여를 요구하는가? • 학습 내용의 검색 기능이 있는가? • 학습자가 임의의 학습 내용을 재조직할 수 있는가?	
3. 학습 평가의 적합성	• 학습 목표에 부합되는 학습 평가가 이루어지는가? • 평가 내용이 학습 내용에 적합한가? • 평가 방법이 학습 내용의 특성에 적절한가?	
4. 학습 관리 지원	• 도움말 · 학습 안내(방법)가 제공 · 설명되는가? • 학습자에게 학습 내용의 선택권이 주어져 있는가? • 학습 계획을 도와주는 기능이 있는가? • 학습자의 반응에 대한 피드백을 제공하는가? • 학습 과정과 결과에 대한 성찰의 기회가 있는가? • 저자 혹은 개발자와 통신이 가능한가?	

학습자와 교수자 간의 상호작용

분류	세부항목	점수
1. 학습 안내 정보 제시	• 교수자로부터 학습에 관련된 정보가 제시되는 공지 사항을 접할 수 있는가?	
2. 질의 및 응답	• 학습에 관련된 질의/응답 코너가 있는가? • 기술적 지원에 관련된 질의/응답 기회가 있는가? • 교수자가 개인적으로 상호작용할 수 있도록 구성되어 있는가?	
3. 학습 관련 상호 작용	• 과제물에 대한 교수자의 피드백이 주어지는가? • 학습 진행 과정에 대한 교수자의 피드백이 주어지는가?	
4. 상호작용 지원	• 온라인 조교가 지원되는가? • 필요한 경우에, 가상의 캐릭터가 지원되는가?	

학습자와 학습자 간의 상호작용

분류	세부항목	점수
1. 개인적인 정보 교환	• 학습자의 개인적인 정보(이름, 취미 등)를 공유할 수 있는가?	
2. 주제별 의견 교환	• 토론방과 같이 학습 내용에 관련된 주제 토론의 기회가 있는가? • 협동학습을 위한 기회가 있는가?	
3. 자유 의견 교환 및 공유	• 자유게시판과 같이 다른 학습자와 학습 자원을 교환하고 공유할 수 있는 기회가 있는가? • 학습자에게 학습 자원을 공유할 수 있는 권리가 주어져 있는가?	
4. 상호작용 지원	• 토론 참여를 독려하는가? • 효과적인 토론을 위하여 교수자 혹은 조교의 중재가 있는가? • 상호작용에 참여하지 않는 학습자에 대한 관리가 이루어지는가?	

◉ 인터페이스 영역

분류	세부항목	점수
1. 아이콘 또는 버튼	• 메뉴와 버튼이 구체적인 메타포를 활용하는가? • 기능별 아이콘(버튼) 모양을 전체 컨텐츠 내에서 일관성 있게 사용하였는가? • 정보검색이나 내비게이션에 활용되는 브라우저는 학습자의 경험에 친숙한 것을 사용하였는가? • 현재 학습하고 있는 위치를 아이콘의 색 변경 등을 통해 알려주었는가?	
2. 개별화	• 학습자가 전체 학습내용의 어느 부분을 학습하였는지를 시스템상에서 제시하는가? • 전체 학습량에서 현재 학습 진도율을 표시해주는가? • 학습자가 현재 자기의 위치를 알 수 있는가? • 동료학습자들의 평균 진도율을 알 수 있는가?	
3. 내비게이션	• 메인 화면(첫 화면)으로 이동하기 쉬운가? • 같은 페이지로 진행하기 위하여 두 가지 이상의 경로가 있는가? • 전체를 한번에 볼 수 있는 항해지도(site map)가 제시되어 있는가? • 직선형의 경우, 화면번호 등이 있어서 내비게이션이 용이한가?	
4. 하이퍼링크	• 링크의 수는 적절한가(한 화면에 3~4개 이하)? • 다양한 장소에 선택적으로 이동할 수 있는가? • 링크는 적절히 얕게 구성하였는가(약 2~3개)? • 다른 색깔로 표현하여 쉽게 알아볼 수 있게 되어 있는가? 즉 링크가 다른 것과 구별되어 표시되어 있는가? • 페이지가 길어지는 경우에 처음으로 되돌아갈 수 있는 버튼을 제공하는가? 　– 링크된 페이지에서 원래 페이지로의 이동이 쉬운가? 　– 링크된 사이트의 주소가 풍선 도움말 기능을 사용하여 명시되어 있는가?	
5. 검색 기능	• 검색도구(searching tool)를 사용하여 정확한 정보를 입력하지 않아도 학습자가 원하는 정보를 쉽게 찾아볼 수 있게 도와줄 수 있는가?	

◉ 멀티미디어 영역

분류	세부항목	점수
1. 텍스트	1) 내적 측면 • 전문적인 용어보다는 학습자의 연령 수준에 적합한 용어를 사용하였는가? • 구체적인 행위동사를 사용하였는가? • 문장이 간결한가? • 개인적 친밀감을 느낄 수 있는 문장으로 구성되었는가? • 텍스트 내용은 이해를 돕기 위해 능동태 문장을 사용하였는가? • 명확한 단어나 문장을 사용하였는가? • 요약, 압축해서 제공하였는가?	
	2) 외적 측면 • 글자체, 글자크기, 색깔과 단락구분 등에 일관성이 있는가? • 이해하기 쉬운 글자체를 사용하였는가? • 글자 색이 배경 색과 대조되는가? • 문법 및 철자법이 정확한가? • 영어 문장에서 대문자를 지나치게 사용하는가? • 전체 텍스트에서 3~4개 이내의 글자체를 사용하였는가? • 정보 분류를 위하여 여백을 충분히 활용하였는가? • 문단의 정렬 방식이 일관성이 있는가? • 표, 불릿 등을 활용하여 정보를 제시하였는가?	
2. 그래픽 설계	• 그래픽 사용을 최소화하였는가? • 꼭 필요한 부분에만 애니메이션을 사용하였는가? • 그림과 문자자료의 균형이 이루어져 있는가? • 다이어그램, 차트, 그래프를 사용하여 효과적으로 제시하였는가? • 그림에 대한 부가 설명(캡션)이 제시되어 있는가? • 사이트의 내용과 연관된 적절한 색상을 사용하였는가? • 그림의 형식에 일관성이 있는가? • 그림 제시 시간이 진행에 방해가 되는가? • 색상의 선택과 사용에 일관성이 있는가?	
3. 사운드	• 압축 파일을 이용하였는가? • 실행시키기가 용이한가? • 사운드의 크기를 조절할 수 있는가?	
4. 동영상 자료	• 동영상 자료가 꼭 필요한가? • 압축률이 높은 정보를 설계하였는가? • 동영상의 길이가 적절한가? • 진행 속도를 조절할 수 있는가? • 동영상 제시 시간이 진행에 방해가 되는가?	

〈표 13-5〉는 이들 컨텐츠를 활용하여 e-Learning 강좌를 운영할 때의 전반적인 사항들을 총괄하는 항목들을 예시하였다. 이와 같이 다양한 형태의 평가준거를 제시한 것은 설계, 제작의 일반적인 원칙에 준하여 개발된 컨텐츠라고 하더라도 평가자(기관)나 평가의 목적에 따라 다소 차별적인 준거에 의해 평가될 수 있다는 것을 강조하고자 한 것이다.

〈표 13-5〉 e-Learning 강좌의 평가항목(강이철, 2019)

영역	항목	세부항목	
교육내용	학습 목표	학습 목표 설정	• 학습목표의 학교 현장 활용 가능성 • 학습목표의 성취 가능성
		학습 목표 진술	• 학습 목표 진술의 명확성 • 학습 목표 진술의 구체성
	학습 내용	학습내용 선정	• 학습 목표와 관련된 핵심 내용 선정 여부 • 학습 내용 분배의 적정성 • 학습 내용 범위, 수준의 적합성 • 학습 양의 적정성 • 학습 내용의 지속적 업데이트 여부
		학습내용의 정확성	• 학습 내용의 의미 전달 명확성 • 용어 설명의 정확성 • 학습 내용의 오류 여부 • 저작권 위배 여부 • 윤리 · 가치적 문제 제기 가능성 여부
		학습내용 구성	• 학습 내용 구성의 체계성 • 학습 내용의 계열화 적합성 • 선수 학습 자료 제공 여부 • 보조자료 및 부연설명 제시 여부
	평가 내용	평가의 타당성	• 학습 목표와 평가 내용 간의 일치성 • 평가 계획과 내용 간의 연계성 • 학습 목표, 내용과의 연계성
		평가의 신뢰성	• 평가 내용 및 방법의 신뢰성 • 평가 도구 · 전략의 적합성 • 평가 계획의 사전 공지 여부

◉ 교수-학습영역

평가내용	비고
• 내용이 정확한가? • 강좌의 선수지식을 확인하고 처방하는가? • 강좌목표 및 수업목표가 명시되어 있는가? • 강좌에 흥미 없는 학습자를 도울 방안을 제공하는가? • 강좌는 상호작용적인가? • 강좌는 다양한 동기유발 요소들을 제공하는가? • 강좌내용은 명확한 계열 및 구조를 갖추고 있는가? • 강좌내용은 시각적으로 구조화되어 있는가? • 학습개선을 위한 멀티미디어적 속성을 활용하고 있는가? • 웹 환경 및 기능이 강좌내용의 전달에 적합한가? • 강좌내용에 적합한 다양한 연습문항을 제공하고 있는가? • 강좌 중에 확증적, 교정적 피드백을 수시로 제공하는가? • 강좌는 하이퍼링크의 융통성을 활용하고 있는가? • 실용적 지식 및 기능을 평가하는 전략을 포함하고 있는가? • 과제 및 연습이 강좌내용에 적합한 것인가? • 담당교수자는 정기적인 피드백을 제공하는가?	

◉ 기술영역

평가내용	비고
• 수강생에게 필요한 전산지식에 대한 지침이 있는가? • 대용량의 자료가 내려받기하도록 파일로도 제공되는가? • 강좌에 필요한 하드웨어와 소프트웨어가 명시되어 있는가? • 소프트웨어를 내려받기할 수 있는 곳으로 연결하고 있는가? • 수강에 필요한 최소한의 컴퓨터 사양을 제시하고 있는가? • 필요한 프로그램을 설치하는 방법이 명시되어 있는가? • 발생 가능한 문제와 해결방안 목록이 제시되어 있는가? • 전산 관련 문제에 대한 지원 연락처가 제공되어 있는가? • 첨부파일의 경우, 종류와 응용 프로그램이 제시되어 있는가? • 내용에 적합한 동영상 제시방식을 채택하고 있는가?	

◉ 화면설계영역

평가내용	비고
• 화면설계 및 자료배치 구도가 심리적으로 안정적인가? • 제시된 문서자료의 가독성이 고려되었는가? • 전경과 배경의 색상이 조화를 이루고 있는가? • 한 화면에 제시된 정보의 양이 적절한가? • 내용수준별로 글씨크기가 일관성이 있는가? • 링크된 부분의 색상이 선택 전후에 일관성 있게 변화하는가? • 지적 부담을 느낄 정도로 과도하게 많은 선택사항이 있는가? • 외부 링크로부터 쉽게 돌아오게 하는 시각적 기능이 있는가? • 한 화면에 제시된 색상의 수는 적절한가? • 화면을 기능적 공간으로 분리하여 일관성을 유지하고 있는가? • 도표나 차트 등을 적절하게 활용하고 있는가? • 사이트 맵이나 이미지 맵을 적절하게 활용하고 있는가? • 내용의 구조를 일목요연하게 보여주는 시각자료가 있는가? • 각 화면마다 상위 화면으로의 링크가 제공되어 있는가? • 항해나 학습을 위한 인터페이스의 모양과 위치가 일관되게 제시되어 있는가?	

◉ 수업지원영역

평가내용	비고
• 전문가의 견해를 확보할 수 있는 방안이 제시되어 있는가? • 교수자와의 접속정보가 제시되어 있는가? • 전화, 팩스 등 기존의 연락방법 등이 제시되어 있는가? • 과제 등의 제출시기를 쉽게 공지할 수 있는가? • 과제제출 여부를 확인할 수 있는 자동화체제가 구비되어 있는가? • 학습자의 학습과정 및 학습내력 등의 사항이 잘 보호되고 있는가? • 사이버공간에서 방향감각을 유지하게 하는 기능이 있는가? • 담당 교수자 외에 수업을 지원하는 인적 자원이 있는가? • 수업지원을 위한 FAQ나 Q & A 기능이 제시되어 있는가? • 참여자 수를 조절할 수 있는 소집단 토론 기능이 있는가? • 교수자나 조교와 실시간 채팅을 할 수 있는가? • 과제를 집단 또는 개인별로 융통성 있게 부과할 수 있는가? • 강의노트를 할 수 있는 기능이 별도로 제공되어 있는가? • 학습활동에 필요한 온라인 매뉴얼이 제공되어 있는가? • 다양한 외부링크로 풍부한 수업의 자료원을 제공해 주는가?	

◉ 운영 · 관리영역

평가내용	비고
• 강좌내용의 개정일자를 명시하고 있는가? • 강의일정과 제출기한 등을 제시하고 있는가? • 학습자가 자신의 개인정보를 멀티미디어 형태로 제시할 수 있는가? • 학습자의 홈페이지를 링크할 수 있는 기능이 있는가? • 다양한 정보교류 기능을 제공하는가? • 수강생의 토론내용을 저장, 관리할 수 있는가? • 온라인상에서 강좌평가를 할 수 있는가? • 본 강좌에 대한 이전 학기 평가결과를 열람할 수 있는가? • 온라인 시험 기능을 제공하고 있는가? • 수강생 개인별 데이터베이스가 있는가? • 수강생이 자신의 과제파일을 등재할 수 있는 기능이 있는가? • 수강생의 점수를 등급화, 평점화하는 기능이 있는가? • 문항 출제기능과 점수의 통계처리가 가능한가? • 성적에 대한 열람이 수강생 개인별로 가능한가? • 학습자별로 학습경로 및 학습내력을 파악할 수 있는 기능이 있는가?	

이와 같이 e-Learning의 다양한 형태나 특성에 따라 평가기준이 일부 차별적으로 적용될 수 있기는 하나 전반적으로 영역별로 여러 항목을 포괄하여 점검하고 확인하는 준거는 다음과 같이 공통적으로 제시될 수 있을 것이다(백송이 외, 2018 참조).

◉ 대표적인 공통 영역 및 준거

평가영역	평가준거
요구분석	학습자(특성) 분석
	학습내용 분석
	학습환경 분석
교수설계	학습목표
	내용설계
	상호작용설계(UI/UX 포함)
	멀티미디어설계
학습내용	내용 선정
	내용구조화

평가영역	평가준거
	학습의 양과 질
	학습자료
교수학습전략	전략 채택
	학습동기유발
	피드백
	평가
지원체계	지원의 범위 및 내용
	지원의 방법 및 도구
	운영 및 문의
평가	내용 선정
	방법 선정
	도구 채택
	결과 적용

6 컨텐츠 평가와 스마트교육

최근 스마트폰이나 아이패드, 갤럭시탭과 같은 스마트 기기를 활용한 교육이 PC 기반의 e-Learning을 대체해 나가고 있다. 모바일기반, 소셜 네트워크, 터치 등 다양한 입력방식 등을 특징으로 하는 스마트기기 기반의 교육을 스마트교육[5)]이라 하여 기존의 e-Learning과 차별화하기도 하지만 기본적으로 스마트교육 역시 온라인과 컴퓨팅을 기반으로 한다는 점에서 e-Learning의 진보된 형태로 볼 수 있다(임병노 외, 2012). 그러나 스마트교육 컨텐츠를 평가하는 경우 기존의 e-Learning과 다른 차별성을 고려하여 평가 영역과 준거를 새롭게 설정할 필요가 있다. 〈표 13-6〉은 스마트교육 컨텐츠 평가를 위해 일반기준과 우수기준으로 크게 구분하고 일반 기준에 5개 평가영역, 우수 기준에 2개 평가영역을 설정하였으며 각각의 영역에 세부 항

5) 스마트교육이란 적절한 스마트기기와 정보통신기술을 활용하여 지식과 정보, 각종 네트워크에의 상시적 접근을 통하여 협력적 상호작용, 지능적 맞춤화, 자기주도적 지식구성이 가능해진 학습체제를 의미한다(임병노, 임정훈, 성은모, 2013).

목을 구체적으로 제시하고 있다. 스마트교육의 핵심적인 특성을 살린 우수 컨텐츠 평가기준을 구체적으로 소개하면 〈표 13-7〉과 같다.

〈표 13-6〉 스마트교육 컨텐츠 평가를 위한 구성체계(임병노 외, 2012)

수준	영역	지표
일반	1. 내용 영역	정확성
		타당성
		적절성
		윤리성
	2. 교수학습지원 영역	도입활동
		내용제시전략
		안내 및 도움
		스마트기기 상호작용
		멀티미디어 활용
		동기유발
		평가 및 피드백
	3. 화면 및 인터페이스 영역	화면 디자인
		일관성
		스마트 입력방식
		사용편의성
	4. 관리 영역	환경설정
		학습활동관리
		저작권
	5. 기술 영역	안정성
		메타데이터
		보안성
우수	6. 설계 영역	소셜네트워크 상호작용
		지능적 맞춤화
		자기주도적 창발성
	7. 기술영역	접근성
		상호운용성 표준
		끊김 없는 서비스
		기술의 혁신성

〈표 13-7〉 스마트교육 컨텐츠 평가를 위한 우수기준

영역	지표
소셜네트워크 상호작용	필요할 때 언제든 전문가, 동료, 자료원, 멘토 등과의 상호작용이 가능하여, 커뮤니티 형성 등 지속적인 협력학습 및 성장이 가능하도록 지원하고 있는가? • SNS서비스와의 연계, 위키 기반의 서비스를 제공하는가? • 커뮤니티 서비스 등이 제공되는가, 멤버들에 대한 관리를 제공하는가? • 지속적인 협력 학습이 가능하도록 교수 전략적으로 촉진하고 있는가?
지능적 맞춤화	학습이 이루어지는 맥락과 학습자 수준에 맞추어 지능적 처치와 적응적 지원이 이루어지는가? • 위치기반, 센서 또는 상황 인지 기술을 이용하여 학습자가 처한 특정 상황을 인식하는가? • 학습자 트래킹을 통하여 학습자의 필요와 요구에 맞게 특정정보나 서비스를 제공하는가? • 학습자에 대한 지능적 진단을 통해 개별화된 맞춤화된 처치나 지원을 제공하는가?
자기주도적 창발성	학습자가 주도적으로 지식을 창출 및 수정할 수 있으며, 학습한 내용을 실제에 적용하여 지식을 확장할 수 있는 기회를 제공하는가? • 학습자가 자기주도적으로 지식을 생성/수정하여 학습에 반영할 수 있는가? • 학습결과를 실제로 적용하여 지식을 확장할 수 있는 기회를 제공하는가?
접근성	장애인의 이용을 지원하기 위한 접근성 기술 또는 장애환경을 고려한 대체 포맷을 지원하고 있는가? • 시각 장애인을 위한 디지털 음성도서, 웹 접근성 기준 등 컨텐츠의 유형에 적합한 접근성 기술을 지원 또는 채택하고 있는지 여부 • 난청환경에서 텍스트 스크립트, 멀티미디어 요소자료에 대한 설명, 오디오/비디오 선택 기능 등 원래 의도된 포맷을 필요에 따라 대체할 수 있는 포맷을 지원하는지 여부
상호운용성 표준	컨텐츠 및 디지털 자원의 상호운용성을 지원하는 표준을 활용하고 있는가? • 웹 표준(HTML), 교육 기술 표준(평가문항 및 시험, 컨텐츠 포맷, 학습용 소프트웨어), 전자출판 표준(EPUB) 등 유형별로 요구되는 표준을 준수하였는지 여부
끊김 없는 서비스	컨텐츠를 이용함에 있어 운영환경이 변화하더라도 끊김 없이 서비스를 이용할 수 있는가? • 사용자가 모바일 환경에서 PC/TV 등 고정된 이용환경으로 변경하여 이용할 때, 맥락에 맞춰 변화하는 환경(네트워크, 스크린 사이즈, 해상도)에 따라 적절한 포맷(반응형 디자인)으로 컨텐츠를 제공하는가 여부 • 사용자가 컨텐츠의 잠시멈춤, 정지, 실행 과정을 반복할 때 이용 기록을 유지하면서 지속적으로 컨텐츠를 실행·활용할 수 있는지 여부
기술의 혁신성	컨텐츠를 표현하거나 전달하기 위해서 최신의 혁신적인 기술을 활용하고 있는가? • 차세대 웹 기술, 그래픽스 기술(AR, 3D, 4D, 홀로그래픽스 등), 센서처리 기술, 지역기반서비스(LBS), 클라우드 서비스 등 스마트 디바이스 또는 클라우드 컴퓨팅 기반의 혁신적인 기술 활용 정도

탐구 과제

1. 컨텐츠 평가에서 가장 중요하게 고려되어야 한다고 판단되는 준거들을 제시하고, 그 근거를 타당화해 보자.
2. 인터넷에서 학습의 목적으로 활용 가능한 컨텐츠를 찾아보고, 그 컨텐츠의 목적에 맞는 평가준거를 가지고 실제로 평가해 보자.
3. 인터넷에서 자신이 발견할 수 있는 최상의 컨텐츠를 찾아 벤치마킹할 만한 특성들을 제시해 보자.

참고문헌

강이철(2019). 교육방법 및 교육공학. 파주: 양성원.

교육인적자원부・한국교육학술정보원(2003). 원격교육연수원 컨텐츠평가 지침.

국가기술표준원 기술보고서(2017). 교육 기술전망과 표준화 동향.

김미량(2003). 교육용 웹 사이트 평가를 위한 준거의 개발 및 적용. 컴퓨터교육학회논문지, 6(1), 41-54.

김미량, 허희옥, 김민경, 이옥화, 조미헌(2018). 정보교육을 위한 교재의 이해와 활용. 파주: 교육과학사.

백송이, 구양미, 김용(2018). 교원연수 이러닝 컨텐츠 품질관리에 대한 원격교육연수원의 인식 분석. 이러닝학회 논문지, 3(1), 21-30.

서울대학교 교육연구소(편)(1994). 교육학용어사전. 서울: 도서출판 하우.

서울대학교 교육연구소(편)(1998). 교육학대백과사전. 서울: 하우동설.

성태제(2000). 타당도의 새로운 개념 변화. 교육평가연구, 13(2), 1-11.

성태제(2019). 교육평가의 기초. 성남: 학지사.

이수경(2002). 사이버교육 컨텐츠 평가 및 질 관리 전략. 한국직업능력개발원.

이옥화 외(2007). 정보교육의 ABC. 서울: 교육과학사.

이인숙(2002). 사이버공간 인문 교육컨텐츠 실태조사 및 수준향상 방안. 인문사회연구회정책연구보고서.

임병노, 임정훈, 성은모(2013). 스마트 교육 핵심 속성 및 스마트 교육 컨텐츠 유형 탐색. 교육공학연구, 29(3) 459-489.

임병노, 임정훈, 정영란, 최미나, 정효정, 성은모, 조용상(2012). 스마트교육 컨텐츠 및 프로그램 품질인증 가이드라인 개발 연구. 한국교육학술정보원.

정보통신산업진흥원(2011). 이러닝 컨텐츠 품질인증 컨설팅 핸드북.

지식경제부 기술표준원(2008). 초중등 이러닝 품질인증기준.

지식경제부 기술표준원(2012). 초보기술-이러닝 품질인증 가이드라인-컨텐츠-제 2부: 초중등 교육분야.

지식경제부 기술표준원(2013). 정보기술-이러닝 품질인증 가이드라인-서비스-제 2부: 초중등 교육분야.

한국교육학술정보원(2012). 한국교육학술정보원 이러닝 컨텐츠 품질인증 평가준거.

Lee, W. W., & Owens, D. L. (2004). *Multimedia-based instructional design*(2nd ed.). San Francisco, CA: Jossey-Bass/Pfeiffer.

McManus, T. F. (1995). *Special considerations for designing Internet based instruction.* Retrieved from http://www.editlib.org/noaccess/46677.

Reeves, T. C., & Harmon, S. W. (1993). *User interface rating tool for interactive multimedia.* Retrieved from http://treeves.coe.uga.edu/edit8350/UIRF.html

Starr, R. M. (1997). Delivering instruction on the World Wide Web: Overview and basic design principles. *Educational Technology, 37*(3), 7-15.

CHAPTER

14

개발 및 평가의 실제

이 책의 제3부 11장과 13장에 포함된 내용 중에서 실제 개발과 평가 과정에서 이루어지는 활동들을 정리하고, 활용할 수 있는 양식들을 제공한다.

1 개발의 실제
- 단계 1. 설계 자료 검토
- 단계 2. 개발 일정 계획
- 단계 3. 멀티미디어 자료 제작 및 통합
- 단계 4. 형성 평가
- 단계 5. 활동 안내 자료 제작

2 평가의 실제
- 단계 1. 컨텐츠 평가의 계획
- 단계 2. 컨텐츠 평가도구의 제작 및 타당화
- 단계 3. 컨텐츠 평가 실시 및 결과 처리
- 단계 4. 컨텐츠 평가 결과의 분석 및 활용

1 개발의 실제

e-Learning 컨텐츠의 개발 과정은 아래의 그림에 제시된 것과 같이 '설계 자료 검토', '개발 일정 계획', '멀티미디어 자료 제작 및 통합', '형성 평가', '활용 안내 자료 제작' 등과 같은 5가지 단계를 따라서 진행된다.

다음과 같은 개발 과정을 염두에 두고 몇 가지 절차에 따라 멀티미디어 자료 및 웹 문서를 개발한다.

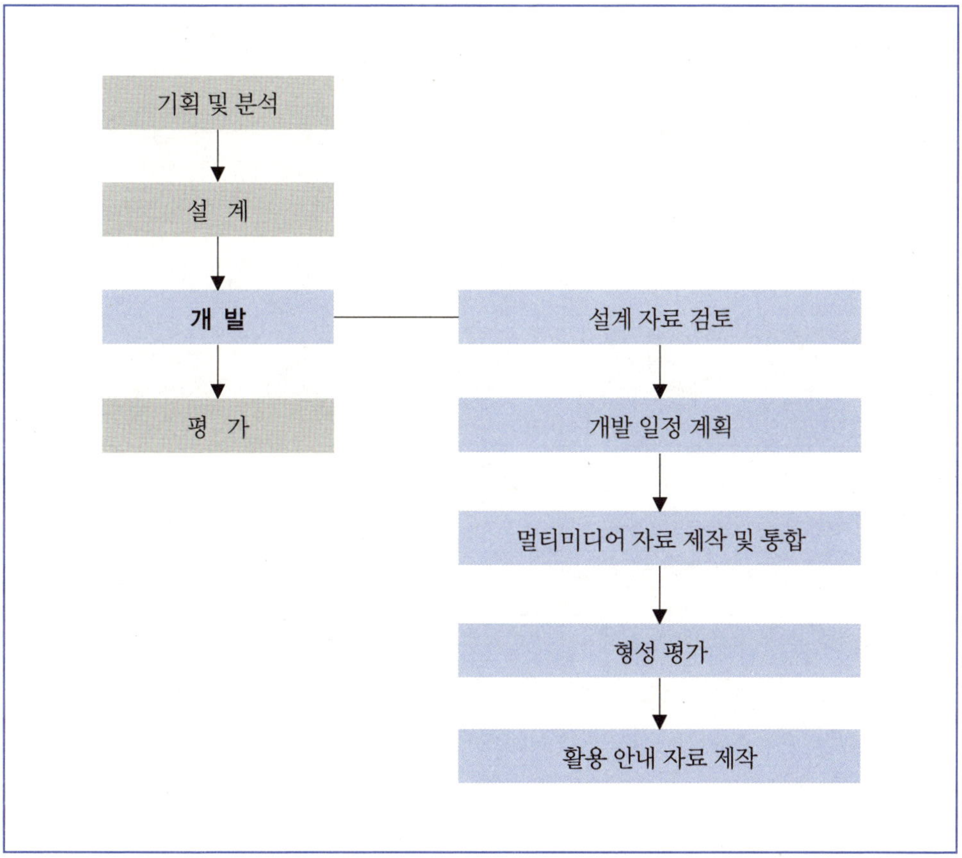

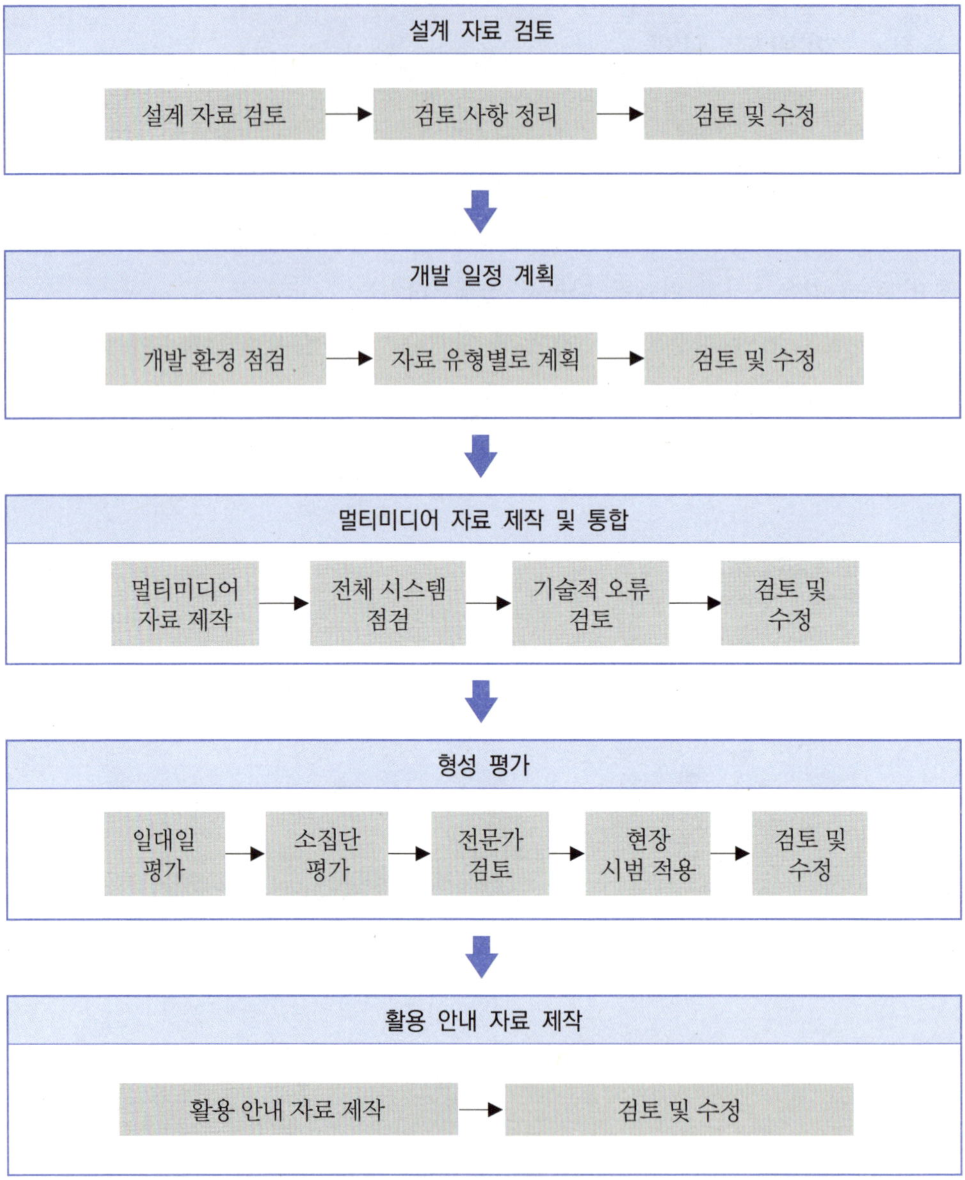
설계 자료 검토
설계 자료 검토
검토 사항 정리
검토 및 수정
개발 일정 계획
개발 환경 점검
자료 유형별로 계획
검토 및 수정
멀티미디어 자료 제작 및 통합
멀티미디어 자료 제작
전체 시스템 점검
기술적 오류 검토
검토 및 수정
형성 평가
일대일 평가
소집단 평가
전문가 검토
현장 시범 적용
검토 및 수정
활용 안내 자료 제작
활용 안내 자료 제작
검토 및 수정

단계 1 설계 자료 검토

• 설계 과정에서 산출된 설계개요서, 학습 흐름도와 스토리보드를 철저히 검토하면서 개발을 위하여 필요한 사항들을 기록함. 경우에 따라 내용 구성 원고도 검토함.

• 설계 자료를 검토하면서, 개발할 멀티미디어 자료의 유형과 개발 도구를 결정하고 전체 시스템의 기능을 확인함.

[세부 활동]

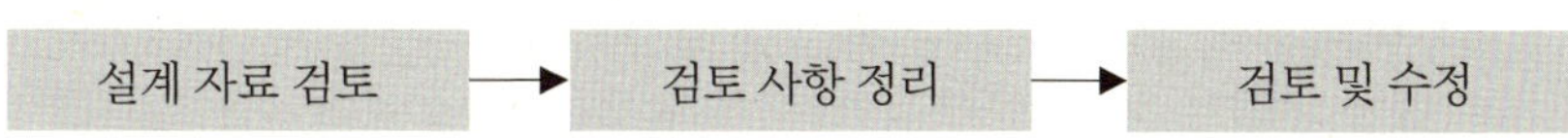

[관련 단원]

• 설계 자료 검토: 11장 1.1
• 멀티미디어 개발 도구: 11장 2.1.2, 2.2.2, 2.3.2, 2.4.2, 3.2

[관련 양식]

• 개발을 위한 검토 사항 정리 양식
• 설계 자료 검토를 위한 점검표

◉ 개발을 위한 검토 사항 정리 양식

※ 다음에 제시된 각각의 항목에 대하여 생각해보면서 정리표를 작성하시오.

개발을 위한 검토 사항 정리
• 컨텐츠 주제(프로그램명): • 활용 대상:
□ 공통 사항
□ 멀티미디어 자료의 유형 및 개발 도구
□ 화면별 검토 사항

화면 번호	검토 사항

◉ 설계 자료 검토를 위한 점검표

※ 다음에 제시된 각각의 검토 사항에 대하여, 그 점검 결과를 5가지 수준으로 나누어 표시하여 보시오.

검토 사항	매우 그렇다	그렇다	보통이다	그렇지 않다	전혀 그렇지 않다
1. 전체 학습 흐름도와 세부 학습 흐름도를 정확하게 파악하였는가?					
2. 컨텐츠의 진행 방법을 이해하였는가?					
3. 컨텐츠의 내용 구성을 이해하였는가?					
4. 공통적으로 개발되어 활용되는 사항을 정리하였는가?					
5. 개발되어야 하는 멀티미디어 자료를 파악하였는가?					
6. 전체 시스템의 기능을 확인하였는가?					
7. 멀티미디어 자료를 제작하기 위하여 사용할 저작도구를 결정하였는가?					
8. 개발을 위하여 부족한 정보를 보충하였는가?					
9. 설계자와 논의할 사항을 적절하게 결정하였는가?					
[기타 고려 사항]					

단계 2 개발 일정 계획

• e-Learning 컨텐츠의 완성을 위한 전체 일정을 고려하여, 프로그램 개발을 위하여 필요한 일정을 상세하게 계획함.

• 개발 일정은 멀티미디어 자료의 유형별로 작성하는 것이 편리함.
- 텍스트 자료
- 그림과 애니메이션
- 오디오 자료
- 비디오 자료
- 데이터베이스 개발
- 웹 프로그래밍과 모바일 웹 프로그래밍

• 전체 일정에 비하여 좀 더 많은 시간을 소요하게 될 작업은 미리 설계자와 상의하는 것이 바람직함.

• 멀티미디어 자료 개발을 위하여 사용할 수 있는 저작도구를 파악하고, 필요한 경우에는 구입하여 사용할 수 있도록 일정을 융통성 있게 계획함.

[세부 활동]

개발 환경 점검 → 자료 유형별로 계획 → 검토 및 수정

[관련 단원]
• 멀티미디어 자료 개발 일정: 11장 1.2

[관련 양식]
• 개발 일정 계획 양식
• 개발 일정 계획을 위한 점검표

◉ 개발 일정 계획 양식

※ 개발 내역별로 개발 일정을 그래프로 표시하여 보시오.

개발 일정 (~)
• 컨텐츠 제목: • 전체 분량: • 컨텐츠의 유형: □ CAI □ WBI □ 모바일 컨텐츠 □ 기타( ) • 컨텐츠 완성일: • 작성자:

날짜 / 개발 내역										

[유의 사항]

◉ 개발 일정 계획을 위한 점검표

※ 다음에 제시된 각각의 검토 사항에 대하여, 그 점검 결과를 5가지 수준으로 나누어 표시하여 보시오.

검토 사항	매우 그렇다	그렇다	보통이다	그렇지 않다	전혀 그렇지 않다
1. 멀티미디어 자료 제작을 위한 일정을 계획하였는가?					
• 그래픽 자료 제작 일정					
• 오디오 자료 제작 일정					
• 비디오 자료 제작 일정					
• 애니메이션 자료 제작 일정					
• 데이터베이스 제작 일정					
• 통합 프로그래밍					
2. 새로 구입하여야 하는 저작도구의 구입 일정을 고려하였는가?					
3. 전체 일정이 융통성 있게 계획되었는가?					
[기타 고려 사항]					

단계 3 멀티미디어 자료 제작 및 통합

• 학습 흐름도와 스토리보드에 따라 필요한 멀티미디어 자료를 개발함.

• 멀티미디어 자료를 개발하면서 개발 일지를 작성하여 개발된 자료를 정리함.

• 개별적인 멀티미디어 자료가 개발되면 하나의 자료로 통합하거나, 웹 자료로 개발하는 경우에는 웹 프로그래밍을, 모바일 자료로 개발하는 경우에는 모바일 웹 프로그래밍을 이용하여 통합함.

• 개발이 끝나고 본래의 설계에 알맞게 통합이 되면, 전체 시스템과 개별 화면별로 프로그램의 완성도를 점검함.

[세부 활동]

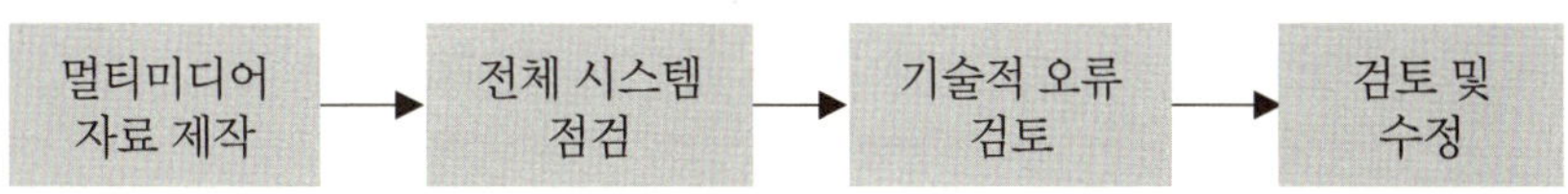

[관련 단원]
• 멀티미디어 자료 개발 및 통합: 11장 1.3
• 컨텐츠 운영 환경: 12장

[관련 양식]
• 그래픽 자료 개발 일지
• 오디오 자료 개발 일지
• 비디오 자료 개발 일지
• 애니메이션 개발 일지
• 전체 시스템 점검 양식
• 기술적 오류 검토 양식
• 멀티미디어 자료 제작 및 통합을 위한 점검표

◉ 그래픽 자료 개발 일지

※ 개발된 그래픽 자료별로 그 속성을 기록하여 보시오.

그래픽 자료 개발 일지

- 컨텐츠 제목:
- 학습 주제:
- 제작자:

번호	화면 번호	파일명	개요

[유의 사항]

◉ 오디오 자료 개발 일지

※ 개발된 오디오 자료별로 그 속성을 기록하여 보시오.

오디오 자료 개발 일지

- 컨텐츠 제목:
- 학습 주제:
- 제작자:

번호	화면 번호	개요	파일명	녹음 번호	특성	개시일

[유의 사항]

◉ 비디오 자료 개발 일지

※ 개발된 비디오 자료별로 그 속성을 기록하여 보시오.

비디오 자료 개발 일지

- 컨텐츠 제목:
- 학습 주제:
- 제작자:

번호	화면 번호	개요	파일명	재촬영	특성	개시일

[유의 사항]

◉ 애니메이션 자료 개발 일지

※ 개발된 애니메이션 자료별로 그 속성을 기록하여 보시오.

애니메이션 자료 개발 일지

• 컨텐츠 제목:
• 학습 주제:
• 제작자:

번호	화면 번호	파일명	개요

[유의 사항]

◉ 전체 시스템 점검

※ 멀티미디어 자료가 제작되고 통합된 후, 다음에 제시된 사항을 중심으로 전체 e-Learning 시스템의 교육 서비스 기능, 학습 정보 관리 기능을 점검하고 질 관리를 위하여 기술적 기능을 점검하여 보시오.

전체 시스템 점검						
교육 서비스 기능		매우 적절함	적절함	보통	적절치 않음	전혀 적절치 않음
학습지원	학습과정 지원					
	실시간 상호작용 지원					
	비실시간 상호작용 지원					
	자료 검색 지원					
	학습자 개인 정보 관리					
	도움말 제공					
운영관리	강의 관리					
	자료 관리					
	안내정보 관리					
교수지원	교수 활동					
	수업 관리					
	학습자와의 상호작용					
	교수 자료 제작 지원					

학습 정보 관리	매우 적절함	적절함	보통	적절치 않음	전혀 적절치 않음
학습객체 개발					
메타데이터 생성					
데이터 서버 관리					
사용자 인증/보안					
각종 통계 현황(시스템 접속) 제공					
평가를 통한 학습 결과 관리					
학습 진도 정보 관리					
상호작용 정보 관리(게시판, 토론방, 전자우편 등)					

질 관리 활동		매우 적절함	적절함	보통	적절치 않음	전혀 적절치 않음
데이터 평가	문자의 선명도					
	이미지의 선명도와 용량					
	그래픽의 선명도와 용량					
	애니메이션의 적절성과 용량					
	동영상의 화질과 용량					
	오디오의 음질과 용량					
시스템 점검	접속 성공 여부와 속도					
	검색 속도와 결과의 정확성					
	응답의 정확성					
	전체 로직의 정확성					

◉ 기술적 오류 검토 양식

※ 다음 사항을 중심으로, 통합된 컨텐츠의 개별 화면별로 기술적 오류를 검토하여 표시하여 보시오.

<table>
<tr><th colspan="3">기술적 오류 검토</th></tr>
<tr><td colspan="3">• 컨텐츠 제목:
• 학습 주제 및 화면 번호:
• 검토자:
• 검토일:</td></tr>
<tr><td></td><td>O / X</td><td>비고</td></tr>
<tr><td>□ 일시 정지 / 다시 시작
□ 뒤로 가기
□ 다시 하기
□ 계속
□ 하이퍼링크
□ 내비게이션
  ▫ 주메뉴
  ▫ 로그인/로그아웃
  ▫ 전 화면으로 이동
  ▫ 다음 화면으로 이동
□ 도움
□ 완전 종료</td><td></td><td></td></tr>
<tr><td colspan="3">□ 기타(특징적인 기능 나열)
  ▫
  ▫</td></tr>
<tr><td colspan="3">□ 종합 의견</td></tr>
</table>

◉ 멀티미디어 자료 제작 및 통합을 위한 점검표

※ 개발 과정을 완료한 후, 다음 사항을 점검하여 보시오.

검토 사항	매우 그렇다	그렇다	보통이다	그렇지 않다	전혀 그렇지 않다
1. 멀티미디어 자료가 설계 의도에 따라 완성되었는가?					
2. 멀티미디어 자료가 일관성 있게 개발되었는가?					
3. 개발자의 입장에서 프로그램의 기술적 오류를 검토하였는가?					
4. 운영 환경의 특성을 다양하게 고려하였는가?					
5. 통합된 e-Learning 시스템의 기능을 점검하였는가?					
6. 개별 화면 단위로 기술적 오류를 점검하였는가?					
7. 예상보다 개발 시간이 많이 소요되었는가?					
[기타 고려 사항]					

단계 4 형성 평가

- 형성 평가를 통하여 개발된 e-Learning 컨텐츠를 검증하고, 수정・보완 과정을 거쳐 완성함.
- 형성 평가 과정은 일대일 평가, 소집단 평가, 현장 검증 등의 단계로 수행함.
- 전문가 검토는 교과 내용 전문가, 교수설계 전문가, 시스템 설계 전문가 등을 통하여 실시함.

[세부 활동]

[관련 단원]

- 일대일 평가: 11장 1.4.1
- 소집단 평가: 11장 1.4.2
- 전문가 검토: 11장 1.4.3
- 현장 시범 적용: 11장 1.4.4

[관련 양식]

- 일대일 평가 양식
- 소집단 평가 양식
- 전문가 검토 양식 Ⅰ(내용 구성 검토용)
- 전문가 검토 양식 Ⅱ(교수설계 검토용)
- 현장 시범 적용 결과 정리표
- 형성 평가를 위한 점검표

형성평가 세부 과정

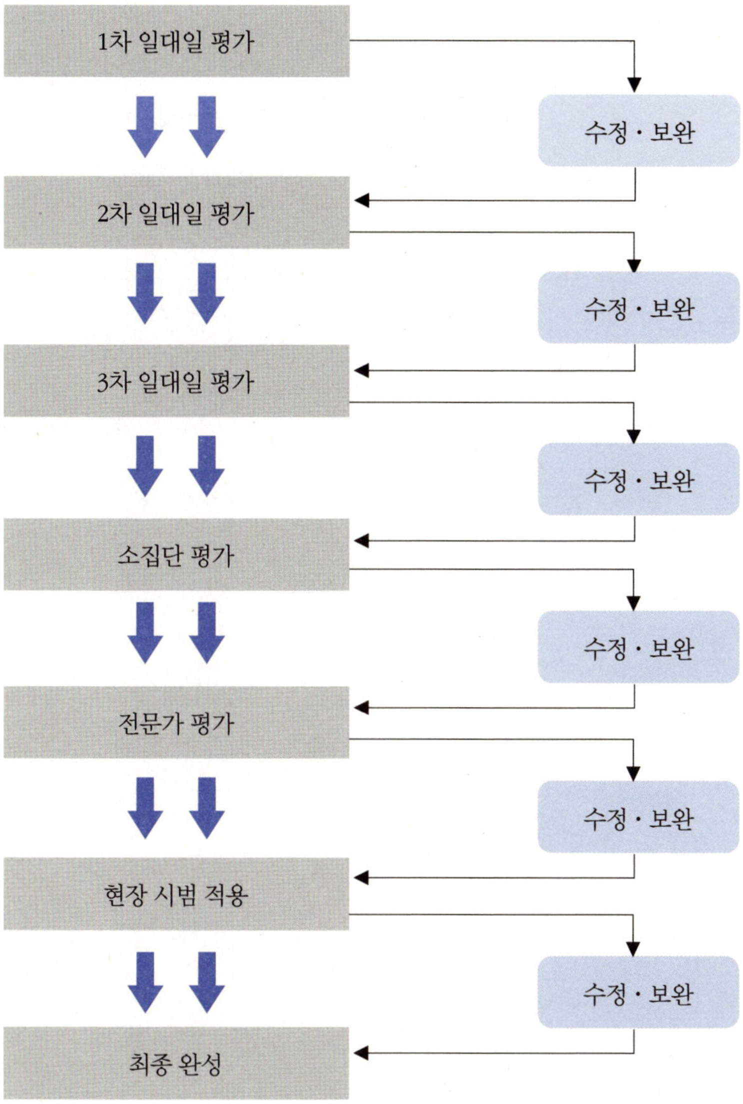
1차 일대일 평가
수정 · 보완
2차 일대일 평가
수정 · 보완
3차 일대일 평가
수정 · 보완
소집단 평가
수정 · 보완
전문가 평가
수정 · 보완
현장 시범 적용
수정 · 보완
최종 완성

◉ 일대일 평가 양식

※ 다음의 평가 양식을 이용하여, 개발된 e-Learning 컨텐츠의 화면 혹은 주제별로 검토 내용을 정리하여 보시오(평가자가 직접 작성).

형성평가	
검토자:	
검토일:	
컨텐츠 제목:	화면 번호:
□ 수정 사항	
□ 수정 완료	

◉ 소집단 평가 양식

※ 개발된 e-Learning 컨텐츠의 화면 혹은 주제별로 검토 내용을 정리하여 보시오 (이 평가 양식은 평가자가 직접 작성하거나, 개발자가 평가 내용을 정리하기 위하여 사용해도 무관함).

형성평가	
검토자:	
검토일:	
컨텐츠 제목:	화면 번호:
□ 수정 사항	
□ 수정 완료	

◉ 전문가 검토 양식 I(내용 구성 영역)

※ 다음과 같은 측면에서 개발된 e-Learning 컨텐츠의 내용 구성 영역을 검토하여 해당하는 내용에 표시하여 보시오(검토자가 직접 작성).

내용 영역					
검토자: 검토일: 컨텐츠 제목:					
학습 안내 영역	매우 그렇다	그렇다	보통이다	그렇지 않다	전혀 그렇지 않다
1. 컨텐츠의 학습 목표가 명확하게 제시되었는가?					
2. 대상 학습자가 명확하게 제시되었는가?					
3. 전체 학습 과정, 학습 일정, 학습 방법 등이 명확하게 제시되었는가?					
4. 학습 진행을 위한 도움말이 적절하게 제시되었는가?					
학습 내용 영역	매우 그렇다	그렇다	보통이다	그렇지 않다	전혀 그렇지 않다
5. 학습 목표에 적합한 핵심적인 학습 내용이 선정되었는가?					
6. 학습 내용이 학습 목표의 달성에 효과적으로 조직되었는가?					
7. 학습 분량이 주어진 학습 시간에 적절한가?					
8. 학습 내용이 정확한가?					
9. 그림, 표, 애니메이션이 학습 내용에 적합하게 제시되었는가?					
10. 문법, 맞춤법이 정확한가?					
11. 학습 내용의 설명이나 용어가 학습자의 수준에 적합한가?					
12. 학습 내용이 최신의 정보를 담고 있는가?					

학습 내용 영역	매우 그렇다	그렇다	보통이다	그렇지 않다	전혀 그렇지 않다
13. 학습 목표에 적합하게 학습 평가가 제시되었는가?					
14. 학습 목표, 학습 내용, 학습 평가가 유기적으로 연결되는가?					
15. 학습 목표의 속성에 적합한 학습 평가 방식이 활용되었는가?					
16. 다양한 평가 방식이 활용되었는가?					
17. 평가 결과에 따른 학습 결과가 명확하게 제시되었는가?					
종합 의견					

◉ 전문가 검토 양식 II(교수설계 영역)

※ 다음과 같은 측면에서 개발된 e-Learning 컨텐츠의 교수설계 영역을 검토하여 해당하는 내용에 표시하여 보시오(검토자가 직접 작성).

교수설계 영역					
검토자: 컨텐츠 제목:	검토일:				
교수설계 영역	매우 그렇다	그렇다	보통이다	그렇지 않다	전혀 그렇지 않다
1. 프로그램의 목표가 명확하게 제시되었는가?					
2. 학습 내용이 학습 목표에 부합하는가?					
3. 학습 내용에 적합한 교수설계 전략이 활용되었는가?					
4. 교수설계가 학습 이론과 전략을 기반으로 하는가?					
5. 선택된 학습 방법이 학습자의 수준에 적합한가?					
6. 학습 속도가 학습자의 수준에 적합한가?					
7. 피드백이 적절하게 제시되는가?					
스크린 설계 영역	매우 그렇다	그렇다	보통이다	그렇지 않다	전혀 그렇지 않다
8. 구체적인 설계 원리를 기반으로 하는가?					
9. 멀티미디어가 적절하게 활용되었는가? (학습 내용의 속성, 학습자의 특성 고려)					
10. 레이아웃에 일관성이 있는가?					
기술 영역	있음		없음		
11. 진행상의 오류가 있는가?					
총평					

◉ 현장 시범 적용 결과 정리

※ 개발된 e-Learning 컨텐츠를 잠정적인 활용 대상의 실제 학습 현장에 시범 적용한 후, 그 결과를 다음과 같은 사항을 중심으로 정리하여 보시오.

현장 시범 적용 결과
작성자:
컨텐츠 제목:
현장 시범 적용일:
□ 시범 적용 결과
□ 적용 결과에 따른 수정 사항

◉ 형성평가를 위한 점검표

※ 형성평가 과정을 완료한 후, 다음 사항을 점검하여 보시오.

검토 사항	매우 그렇다	그렇다	보통이다	그렇지 않다	전혀 그렇지 않다
1. 3회의 일대일 평가가 순차적으로 수행되었는가?					
2. 소집단 평가를 효과적으로 수행하였는가?					
3. 내용 구성 영역에서 전문가 검토를 실시하였는가?					
4. 교수설계 영역에서 전문가 검토를 실시하였는가?					
5. 현장 시범 적용을 수행하였는가?					
6. 형성평가를 통하여 얻은 정보를 통하여 컨텐츠를 수정・보완하였는가?					
[기타 고려 사항]					

단계 5 활용 안내 자료 제작

- e-Learning 컨텐츠 개발이 완료되면, 활용을 위한 안내 자료를 제작하되, 활용 안내 자료의 형식은 제작자가 결정함.

- 활용 안내 자료는 인쇄하여 별책으로 만들거나, 디지털 자료로 저장하여 프로그램과 함께 보급함.

[세부 활동]

활용 안내 자료 제작 → 검토 및 수정

[관련 단원]
- 11장 1.5

[관련 양식]
- 활용 안내 자료 검토를 위한 점검표

◉ 활용 안내 자료 검토를 위한 점검표

※ 개발된 컨텐츠의 활용 안내 자료를 제작하고 다음 사항에 따라 점검하여 보시오.

검토 사항	매우 그렇다	그렇다	보통 이다	그렇지 않다	전혀 그렇지 않다
1. 활용 안내 자료의 제작 형식이 효과적인 활용을 위하여 적절하게 선택되었는가?					
2. 프로그램의 학습 목표와 학습 내용을 명확하게 소개하였는가?					
3. 적절한 활용 대상을 제시하였는가?					
4. 프로그램의 전체 구조를 상세하게 제시하였는가?					
5. 프로그램의 진행 방법을 알아보기 쉽게 설명하였는가?					
6. 다양한 활용 방안을 구체적으로 제시하였는가?					
7. 컨텐츠 활용 시의 주의 사항을 상세하게 설명하였는가?					
8. 활용 안내 자료의 보급 방안을 적절하게 계획하였는가?					
[기타 고려 사항]					

2 평가의 실제

e-Learning 컨텐츠 평가의 과정은 아래의 그림에 제시된 것과 같이 '컨텐츠 평가의 계획', '컨텐츠 평가도구의 제작 및 타당화', '컨텐츠 평가 실시 및 결과 처리', '컨텐츠 평가 결과의 분석 및 활용'의 과정을 따라 전개된다. 이 과정은 모든 평가활동이 일반적으로 전개되는 기본 절차에 준하는 것이며, 세부 과정에서 컨텐츠 평가의 특성을 고려하고자 하였다.

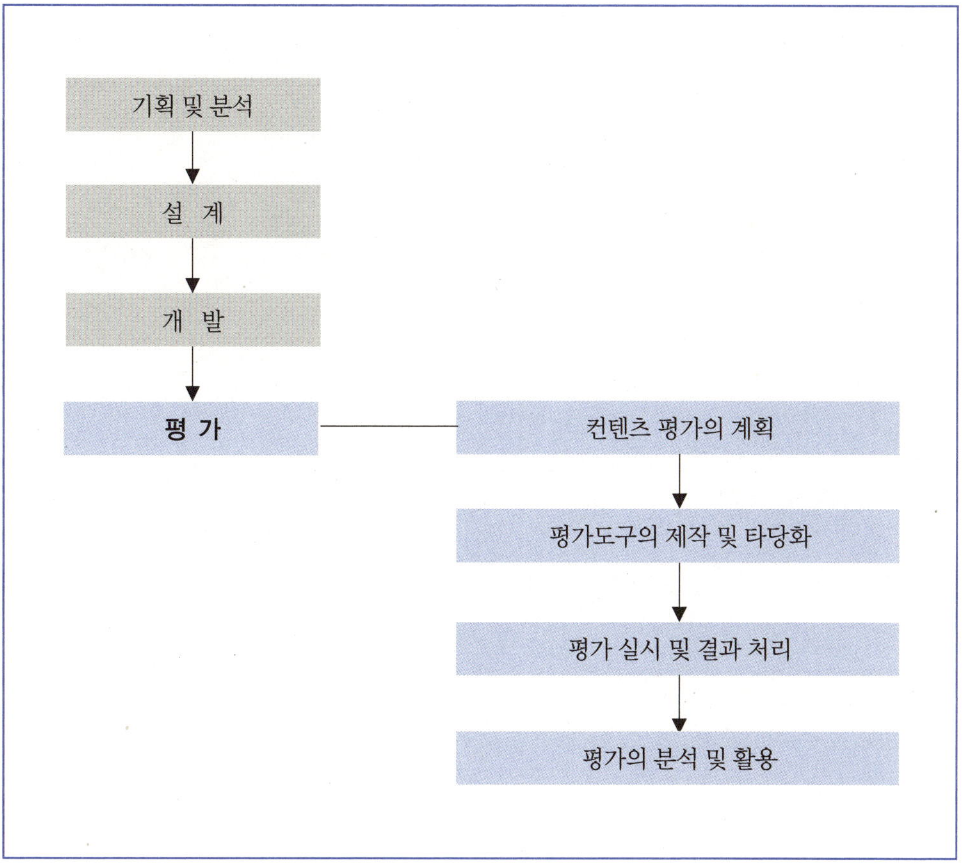

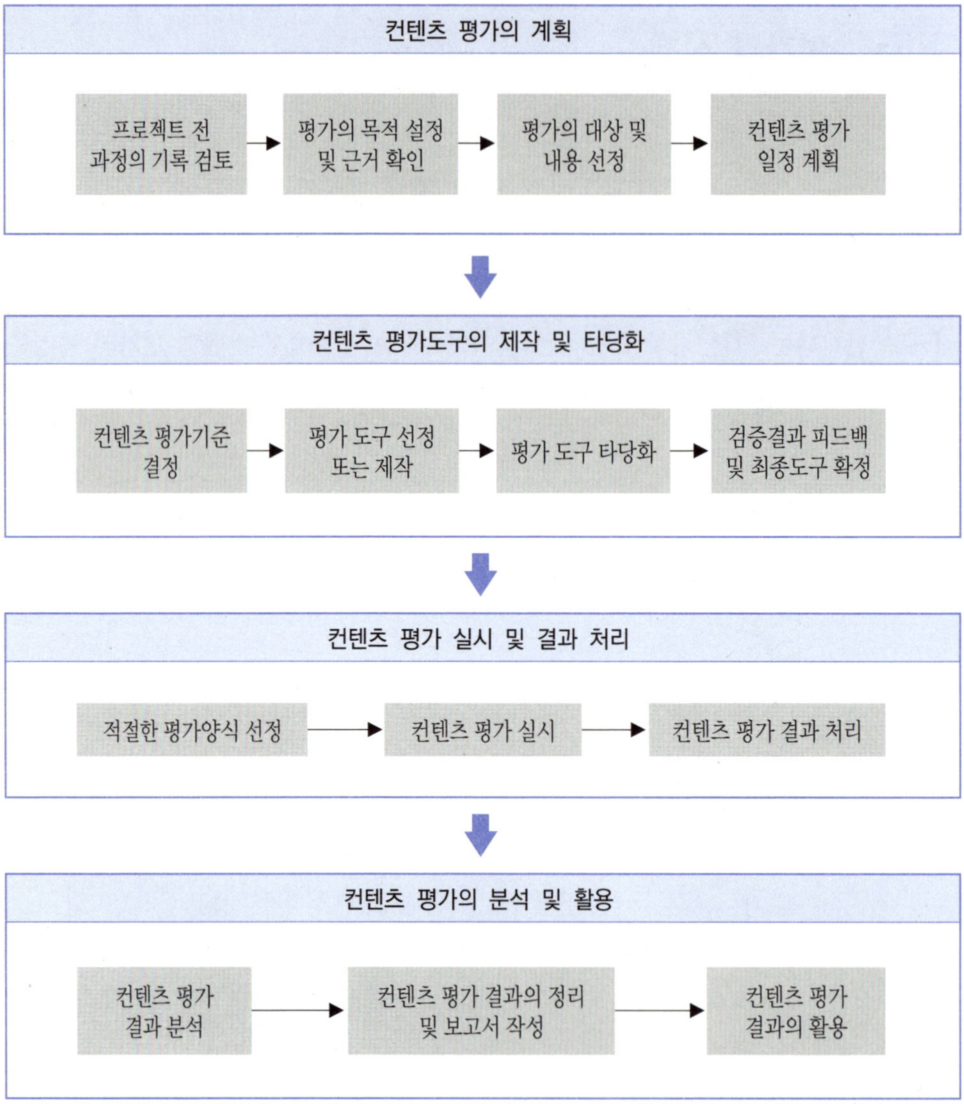
컨텐츠 평가의 계획
프로젝트 전 과정의 기록 검토
평가의 목적 설정 및 근거 확인
평가의 대상 및 내용 선정
컨텐츠 평가 일정 계획
컨텐츠 평가도구의 제작 및 타당화
컨텐츠 평가기준 결정
평가 도구 선정 또는 제작
평가 도구 타당화
검증결과 피드백 및 최종도구 확정
컨텐츠 평가 실시 및 결과 처리
적절한 평가양식 선정
컨텐츠 평가 실시
컨텐츠 평가 결과 처리
컨텐츠 평가의 분석 및 활용
컨텐츠 평가 결과 분석
컨텐츠 평가 결과의 정리 및 보고서 작성
컨텐츠 평가 결과의 활용

단계 1 컨텐츠 평가의 계획

- 컨텐츠 평가의 계획 단계에서는 컨텐츠 개발을 위한 프로젝트 전 과정의 기록을 토대로 컨텐츠 평가의 목적을 설정하고 그 근거 및 평가 대상, 평가 내용을 확인하고 컨텐츠 평가의 일정을 계획함.

- 컨텐츠 평가의 계획 단계에서는 지금까지 개발과정에서 실시되어 온 형성평가의 결과확인을 비롯하여 최종적으로 반드시 검토해야 할 내용들이 무엇인지를 전반적으로 검토하고 계획하는 일들이 필요함.

[세부 활동]

프로젝트 전 과정의 기록 검토 → 평가의 목적 설정 및 근거 확인 → 평가의 대상 및 내용 선정 → 컨텐츠 평가 일정 계획

[관련 단원]

- 13장 1

[관련 양식]

- 컨텐츠 평가 계획서
- 컨텐츠 평가 유의사항 기록표

◉ 컨텐츠 평가 계획서

※ 평가할 컨텐츠와 관련하여 아래의 항목을 확인해 보시오.

❖ 컨텐츠 제목

❖ 컨텐츠 평가의 목적

❖ 컨텐츠 활용의 주 대상

❖ 컨텐츠 평가자 및 평가 일시

❖ 컨텐츠 평가의 기본 원칙 및 제약 사항

◉ 컨텐츠 평가 유의사항 기록표

※ 최종적으로 이루어지게 될 컨텐츠 평가활동을 위해 평가자의 판단에 중요하다고 생각되는, 반드시 확인해 보아야 한다고 생각되는 내용들을 브레인스토밍하여 개괄적으로 메모해 보시오.

컨텐츠 평가 유의사항	매우 그렇다	그렇다	보통 이다	그렇지 않다	전혀 그렇지 않다
1. 개발된 컨텐츠는 개발하고자 한 목적에 부합되는가?					
2. 개발된 컨텐츠의 유형에 적절한 평가준거를 구성하였는가?					
3. 정확한 평가를 위하여 더 필요한 정보가 있는가?					
4. 평가 실시 전 평가자 간에 논의할 사항이 있는가?					
5. 컴퓨터기반환경의 특성상, 평가대상 컨텐츠는 저작권에 위배되는 사항은 없는가?					
[기타 고려 사항]					

단계 2 컨텐츠 평가도구의 제작 및 타당화

- 컨텐츠 평가도구의 제작 및 타당화 단계에서는 컨텐츠 평가의 기준을 결정하고 이 기준에 따라 평가 도구를 선정 또는 제작한 다음, 이 도구의 타당화 과정을 통해 검증함. 검증결과를 피드백하여 최종적으로 평가에 사용될 도구를 확정하여 평가실시를 위한 모든 준비를 마침.

- 도구의 타당화 과정에서는 타당도 요구수준과 유형을 결정하고 측정도구의 타당화 시기를 결정한 다음 결정된 사항을 문서화함.

- 다양한 유형의 타당도를 숙지하고 신뢰롭고 타당한 평가가 전개되기 위해 최소한 요구되는 타당도를 확보할 수 있도록 확인하는 노력이 필요함.

- 평가 도구에 따라 결과에 대한 이의가 제기될 수 있으므로 평가 도구의 선정 또는 제작에 각별한 주의가 요망됨.

[세부 활동]

컨텐츠 평가기준 결정 → 평가 도구 선정 또는 제작 → 평가 도구 타당화 → 검증결과 피드백 및 최종도구 확정

[관련 단원]

- 13장 2

[관련 양식]

- 컨텐츠 평가도구 제작 시 고려사항 점검표
- 컨텐츠 평가도구의 타당도 확인 점검표

◉ 평가도구 제작 시 고려사항 점검표

※ 컨텐츠 평가에서 가장 중요한 활동은 바로 평가도구의 제작입니다. 이 제작 과정에 앞서 특별히 고려해야 할 사항이 있는지를 미리 검토하여 보시오.

평가도구 제작 시 고려 사항	매우 그렇다	그렇다	보통이다	그렇지 않다	전혀 그렇지 않다
1. 목표에 준하여 다양한 평가 문항이 제시되어 있는가?					
2. 평가문항의 수는 검사 기간의 허용 정도와 평가 목적에 따라 사전에 결정되었는가?					
3. 평가시기 및 횟수는 컨텐츠 개발과정의 한 단계로 고려되었는가?					
4. 컨텐츠 설계과정과 학습내용 평가에 대한 중요한 요소는 모두 포함되었는가?					
5. 컨텐츠를 사용할 주 학습자특성이 고려되었는가?					
6. 평가를 위한 시간적 제약이 반영되었는가?					
7. 본 평가에 대한 외부의 요구사항이 반영되었는가?					

[기타 고려사항]

◉ 컨텐츠 평가도구의 타당도 확인 점검표

※ 타당도 형태에 따라 그 중요성이 달리 부각되는 만큼 컨텐츠 평가에서 가장 중요하게 판단되어야 할 타당도를 중심으로 이의 확보를 위한 검토 작업을 수행해 보시오.

타당도 확인을 위한 검토 사항		매우 그렇다	그렇다	보통이다	그렇지 않다	전혀 그렇지 않다
안면 타당도	전문가가 컨텐츠를 총괄적으로 검토하고 내용이 학습목표에 근접한지를 확인해 보았는가?					
내용 타당도	전문가가 컨텐츠의 학습목표, 내용, 검사항목들의 일치 여부를 확인했는가?					
공인 타당도	검사 간의 유사성을 측정해 보았는가?					
구인 타당도	평가점수와 직무수행 간의 관계를 측정해 보았는가?					
검사항목 타당도	개별 질문과 전체 평가 간의 관계를 측정해 보았는가?					
예언 타당도	동일 기술 분야에서 미래에 성공할 것이 예상되는가?					
평가자 간 합의	평가자들이 과제의 성공적 수행에 동의하는가?					
[기타 고려사항]						

단계 3 컨텐츠 평가 실시 및 결과 처리

• 컨텐츠 평가실시 및 결과처리 단계에서는 단계 2의 결과, 준비된 평가도구를 이용하여 실제로 평가를 실시하며 그 결과를 처리하여 보고함.

• 평가의 목적에 따라, 또는 개발된 컨텐츠의 유형에 따라 평가 양식이 달리 선택될 수 있음.

[세부 활동]

적절한 평가양식 선정 → 컨텐츠 평가 실시 → 컨텐츠 평가 결과 처리

[관련 단원]

• 13장 3

[관련 양식]

• 컨텐츠 평가 양식 Ⅰ
• 컨텐츠 평가 양식 Ⅱ

◉ 컨텐츠 평가 양식 I 1)

※ ① 전혀 그렇지 않다 ← ④ 중간 → 매우 그렇다 ⑦

세부평가항목: 정보	
목차, 사이트맵 등을 이용하여 내용이 조직화, 체계화되어 있다.	①②③④⑤⑥⑦
컨텐츠가 단일수업시간 동안 이용할 수 있도록 구성되었다.	①②③④⑤⑥⑦
복습하기 쉽게 프로세스가 디자인되었다.	①②③④⑤⑥⑦
학습자들의 학습내용을 저장할 공간을 제공하고 있다.	①②③④⑤⑥⑦
복잡한 구성요소들이 단순화되어 있다.	①②③④⑤⑥⑦
제시되는 정보가 대상 사용자에게 적절하다. (적절성)	①②③④⑤⑥⑦
정보의 조직이 사용자의 이해를 돕는 방식으로 구조화되어 있다.	①②③④⑤⑥⑦
내용의 이해를 돕기 위해 다양한 테크놀로지를 활용하고 있다.	①②③④⑤⑥⑦
학습의 결과로 사용자가 얻을 수 있는 능력에 대한 정보가 제시되어 있다.	①②③④⑤⑥⑦
사용자의 주의를 집중시킬 수 있는 형태로 정보가 제시되고 있다.	①②③④⑤⑥⑦
전달하고자 하는 정보가 충분히 명확하게 전달되고 있다.	①②③④⑤⑥⑦
세부평가항목: 제시방식	
그림, 사진 등에 마우스 커서를 가져가면 설명이 제시되어 있다.	①②③④⑤⑥⑦
중간중간에 요약/정리 부분이 있다.	①②③④⑤⑥⑦
용어의 정리가 제시되어 있다.	①②③④⑤⑥⑦
주된 용어의 정의나 설명이 hot링크가 되어 있다.	①②③④⑤⑥⑦
제목이나 타이틀이 산뜻하고 흥미 있는 컨텐츠를 구축하고 있어 사이트에 들어오고 싶은 마음이 든다.	①②③④⑤⑥⑦
스크롤하지 않고 볼 수 있도록 적합하게 구성되어 있다.	①②③④⑤⑥⑦
인쇄하는 것이 편리하게 되어 있다.	①②③④⑤⑥⑦
3번 이하의 마우스 클릭으로 내용이 접속 가능하다.	①②③④⑤⑥⑦
다운로드해야 할 필요가 있는 자료가 많지 않다.	①②③④⑤⑥⑦
머리글, 꼬리글, 내용, 이동버튼 등이 일관성 있게 제시되어 있다.	①②③④⑤⑥⑦
멀티미디어는 학습해야 할 내용을 이해하는 데 도움이 된다.	①②③④⑤⑥⑦
멀티미디어는 전송 속도에 적합한 크기로 분할되어 있다.	①②③④⑤⑥⑦
멀티미디어의 음질이나 화질이 적합하다.	①②③④⑤⑥⑦
학습내용과 관련된 멀티미디어들이 적합하게 제시되고 있다.	①②③④⑤⑥⑦
애니메이션, 사운드, 비디오의 사용이 감정적 호소력에 기여한다.	①②③④⑤⑥⑦
컬러, 사진, 그래픽이 시각적 호소력을 증가시킨다.	①②③④⑤⑥⑦
충분한 여백을 가지고 있어 한 화면에 포함된 내용의 양이 적절하다.	①②③④⑤⑥⑦
글자가 읽기 쉽도록 색상이 사용되어 있다.	①②③④⑤⑥⑦
글자의 크기와 글자체가 읽기 좋게 설정되어 있다.	①②③④⑤⑥⑦

1) 김미량(2003). 교육용 웹 사이트 평가를 위한 준거의 개발 및 적용. 컴퓨터교육학회논문지, 6(1), 41-54. 연구의 결과, 제안된 교육용 웹 사이트 평가양식의 한 예이며 평가의 목적에 따라 필요한 항목을 적절히 수정하여 사용할 수 있을 것임.

세부평가항목: 상호작용	
웹사이트에 제시된 외부 연결들은 제대로 되어 있다.	[1][2][3]④[5][6][7]
학습의 난이도를 학습자가 조절할 수 있다.	[1][2][3]④[5][6][7]
학습의 속도를 학습자가 조절할 수 있다.	[1][2][3]④[5][6][7]
개인 간 또는 그룹 간 합동학습의 기회를 제공한다.	[1][2][3]④[5][6][7]
주 대상자가 이해하기 쉽고 적절한 형태로 정보가 제시되어 있다.	[1][2][3]④[5][6][7]
다양한 질문을 할 수 있는 방법이 제공되어 있다.	[1][2][3]④[5][6][7]
내용 이해를 돕기 위한 상호작용이 적합하게 제시되어 있다. (시각적 효과; 뉴스그룹, 게시판, 이메일 등)	[1][2][3]④[5][6][7]
진도에 대한 긍정적 피드백과정이 있다.	[1][2][3]④[5][6][7]
웹 사이트에서 현재의 위치를 식별할 수 있다(효과적 탐색).	[1][2][3]④[5][6][7]
페이지 간의 이동이나 문서 간의 이동이 편리하도록 이동버튼들이 제시되어 있다 (한 페이지에서 다른 페이지로의 이동이 쉽다).	[1][2][3]④[5][6][7]
주 화면으로 되돌아오기 쉽다(외부 링크 후 길을 잃지 않도록).	[1][2][3]④[5][6][7]
현재 학습 중인 내용과 관련 있는 다른 문서와의 연결이 제시되어 있다.	[1][2][3]④[5][6][7]
세부평가항목: 과정소개	
사용자, 교육수준, 대상층범위 등과 같은 학습내용이 의도하고 있는 대상이 명시되어 있다.	[1][2][3]④[5][6][7]
교육과정과 학습내용의 목적이 분명하게 제시되어 있다.	[1][2][3]④[5][6][7]
교육과정과 학습자료의 제목이 내용을 잘 나타내고 있다.	[1][2][3]④[5][6][7]
교육과정 이수를 위해 필요한 프로젝트 등의 안내가 제시되어 있다.	[1][2][3]④[5][6][7]
교과내용, 목표 등을 포함하는 교과과정에 안내가 제시되어 있다.	[1][2][3]④[5][6][7]
수업계획과 학습내용의 범위가 제시되어 있다.	[1][2][3]④[5][6][7]
학습자 또는 학년에 대한 안내가 제시되어 있다.	[1][2][3]④[5][6][7]
세부평가항목: 과정내용	
저작자의 전문성을 판단할 수 있는 배경정보가 제시되어 있다.	[1][2][3]④[5][6][7]
저작자와 연락할 수 있는 방법이 제시되어 있다.	[1][2][3]④[5][6][7]
저작자는 제시된 내용에 대해 전문가이다.	[1][2][3]④[5][6][7]
제시된 내용의 정확성을 확인할 수 있는 근거가 제시되어 있다.	[1][2][3]④[5][6][7]
학습자료에 문법적 오류가 없다.	[1][2][3]④[5][6][7]
제시된 학습자료가 원자료인지, 가공한 것인지가 밝혀져 있다.	[1][2][3]④[5][6][7]
편향된 정보나 부정확한 정보가 제시되어 있지 않다.	[1][2][3]④[5][6][7]
학습자료의 수정일이 제시되어 있다.	[1][2][3]④[5][6][7]
학습자료가 최근에 수정된 것으로 주기적으로 갱신되고 있다.	[1][2][3]④[5][6][7]
학습자료와 내용의 수정주기가 명시되어 있다.	[1][2][3]④[5][6][7]
최초로 저작된 일자가 명시되어 있다.	[1][2][3]④[5][6][7]
학습자료에 제시된 정보가 가장 최근의 것임이 명시되어 있다.	[1][2][3]④[5][6][7]

세부평가항목: 과정내용	
학습자료 내의 데이터는 수집된 날짜가 표시되어 있다.	1234567
목표로 하는 특정 주제에 대해 충분한 정보를 제공하고 있다.	1234567
참고 문헌, 관련도서 등이 제시되어 있다.	1234567
학습내용은 교육과정과 잘 연계되어 있다.	1234567
제목(caption)이 내용에 적합하게 제시되어 있다.	1234567
사이트 내에 링크된 관련 사이트는 매우 유용한 정보를 제공한다.	1234567
외부전문기관으로부터 내용에 대한 인증을 받았다.	1234567
학습내용과 관련 없는 상업성 광고가 게재되어 있지 않다.	1234567
저작권 및 출처에 대한 표시가 되어 있다.	1234567
제시된 정보를 얻은 근거와 참고자료를 제대로 밝히고 있다.	1234567
추가 정보와 학습자료에 대한 연결이 포함되어 있다.	1234567
쉬운 단어, 익숙한 단어, 예제, 사례 등으로 흥미를 유발하고 있다.	1234567
세부평가항목: 평가	
학습자의 학습정도를 확인할 수 있는 다양한 평가방법이 제시되어 있다.	1234567
활용된 평가 방법이 합리적이고도 명확하다.	1234567
평가결과에 따른 피드백이 제공된다.	1234567
평가가 학습진행과정에서 수시로 활용되고 있다.	1234567
최종 학습평가에 대한 결과가 학습자에게 통보된다.	1234567
학습자가 피드백을 제공하고 코스 설계에 대한 평을 할 수 있는 기능을 제공받는다.	1234567
학습자의 진전을 기록하는 시스템을 가지고 있다.	1234567
세부평가항목: 기술적 · 물리적 환경	1234567
정보 재생 시 에러가 발생하지 않고 안정적이다.	1234567
주제에 결정적 영향을 미치는 technology가 구현되어 있다.	1234567
자료 로딩시간(대기시간)이 적절하다.	1234567
내비게이션을 쉽게 하기 위해 플러그인을 쉽게 다운받을 수 있다.	1234567
항상 사이트에 접속이 가능하다.	1234567
사이트가 로그-온을 요구하는데, 필요정보를 잘 보안하고 있다.	1234567
세부평가항목: 학습자(심리적 측면)	
사이트 내에 다양한 도움기능이 있어 정보에의 신속한 접근을 촉진한다.	1234567
프로그램, plug-in에 대한 안내가 제시되어 있다.	1234567
웹 사이트 내의 문서를 검색하는 자체 검색엔진이 있다.	1234567
검색 결과제시 방식이 적절하다.	1234567
내비게이션 도구가 사용하기가 쉽게 효과적으로 조직되어 있다.	1234567
학습과정에서 기대할 수 있는 도움에 대한 명확한 지침을 제공한다.	1234567
학습과정에 관한 학습자의 문제를 도와줄 수 있는 교사 이외의 사람을 제공한다.	1234567
학습과정에 대한 FAQ 페이지를 제공하고 있다.	1234567

◉ 컨텐츠 평가 양식 II[2)]

영역	항목	세부 항목	배점[3)]	점수
교수설계	화면 구성	① 심미성 및 가독성 • 화면 구성과 배치의 심미성 • 색상 조화의 심미성 • 텍스트 및 그래픽의 가독성		
		② 메뉴와 버튼 구성 • 메인 메뉴 구성의 체계성 • 메뉴, 버튼 구성과 배치의 일관성		
		③ 접근 용이성 • 첫 화면의 전체 내용 개관 여부 • 사이트 맵 제공 여부 • 도움말 기능 제공 여부		
	교수·학습 전략	① 교수·학습 전략 • 교수·학습 전략의 적합성 • 교수·학습 전략의 충실성		
		② 멀티미디어 활용 전략 • 학습 내용 전달을 위한 멀티미디어 활용의 적합성 • 자료제시 전략의 다양성 • 도식 및 도표 활용의 효율성 • 시각 자료(텍스트, 그래픽, 이미지)의 의미전달 명료성 • 청각 자료의 의미전달 명료성 • 동영상, 애니메이션 자료의 의미전달 명료성		
		③ 상호작용 유도 전략 • 교수자와 학습자 간의 의사소통 도구 마련 여부 • 학습자들 간의 상호 활동 공간 마련 여부 • 학습자와의 상호작용을 유도하는 매체 활용의 충실성		
	진행 방식 (인터페이스)	① 진행 전략 • 동기 유발을 유도하는 진행 전략 구현 여부 • 학습자 몰입을 유도하는 진행 전략 구현 여부 • 학습자의 학습 내용 조정·통제 가능 여부		
		② 진행의 일관성과 체계성 • 메뉴, 버튼 사용 방식의 일관성 • 진행 방식의 체계성 • 진행 도움말 제시 여부		
		③ 진행 용이성 및 안정성 • 문서 내의 찾기 기능 설치 여부 • 전후 화면으로의 이동 용이성 • 메뉴, 버튼, 아이콘의 직관성 • 진행상 오류 발생 여부 • 학습자의 다양한 입력에 대한 반응의 안정성		
소계				

2) 교육인적자원부·한국교육학술정보원(2003). 원격교육연수원컨텐츠평가지침.

영역	항목	세부 항목	배점	점수
교육내용	학습 목표	① 학습 목표 설정 • 학습목표의 학교 현장 활용 가능성 • 학습목표의 성취 가능성		
		② 학습 목표 진술 • 학습 목표 진술의 명확성 • 학습 목표 진술의 구체성		
	학습 내용	① 학습 내용 선정 • 학습 목표와 관련된 핵심 내용 선정 여부 • 학습 내용 분배의 적정성 • 학습 내용 범위, 수준의 적합성 • 학습 양의 적정성 • 학습 내용의 지속적 업데이트 여부		
		② 학습 내용의 정확성 • 학습 내용의 의미 전달 명확성 • 용어 설명의 정확성 • 학습 내용의 오류 여부* • 저작권 위배 여부*		
		• 윤리 · 가치적 문제 제기 가능성 여부*		
		③ 학습 내용 구성 • 학습 내용 구성의 체계성 • 학습 내용의 계열화 적합성 • 선수 학습 자료 제공 여부 • 보조자료 및 부연설명 제시 여부		
	평가 내용	① 평가의 타당성 • 학습 목표와 평가 내용 간의 일치성 • 평가 계획과 내용 간의 연계성 • 학습 목표, 내용과의 연계성		
		② 평가의 신뢰성 • 평가 내용 및 방법의 신뢰성 • 평가 도구 · 전략의 적합성 • 평가 계획의 사전 공지 여부		
소계				
계				

3) 배점은 평가자 간 합의에 따라, 또는 평가의뢰자의 중요도 판단에 따라 항목별로 가중치를 적용하거나 배점을 달리 배정할 수 있음.

단계 4 컨텐츠 평가 결과의 분석 및 활용

- 컨텐츠의 질과 효과성을 판단하기 위한 컨텐츠 평가의 마지막 단계에서는 실시한 평가 결과의 분석을 토대로 평가 보고서를 작성하고 이 결과를 유용하게 활용할 수 있도록 함.

- 컨텐츠 평가 보고서를 작성할 때에는 총괄적으로 수행된 평가뿐 아니라 설계·개발 과정에서 진행되었던 형성평가 결과도 함께 고려하여 통합 보고서로 작성되어야 함.

[세부 활동]

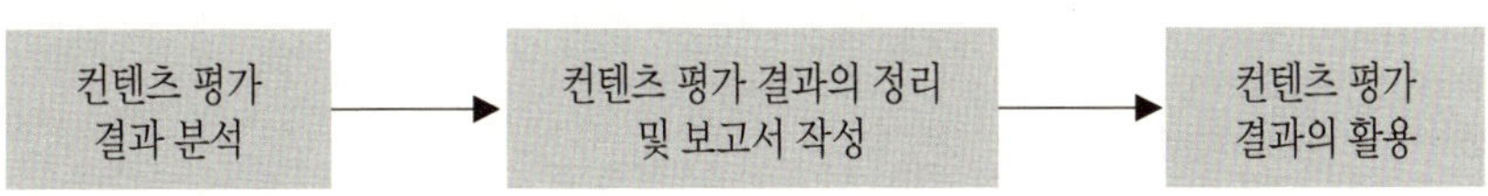

[관련 단원]

- 13장 4

[관련 양식]

- 컨텐츠 평가 보고서 양식 Ⅰ
- 컨텐츠 평가 보고서 양식 Ⅱ

◉ 컨텐츠 평가 보고서 양식 I

※ 다음에 제시된 사항을 중심으로 컨텐츠 평가 결과를 정리하여 보고서를 작성하여 보시오.

1. 요약문
   - 결과 1
   - 결과 2
   - 기타

2. 배경 정보
   - 배경
   - 목적
   - 역할과 책임

참여자	역할	수행한 일
	후원자	
	프로젝트 매니저	
	교수설계자	
	내용전문가	
	프로그래머	
	최종사용자	
	평가전문가	

   - 자료 수집 방법

3. 결과
   - 도입
   - 결과

4. 결론 및 제언
   - 결론
   - 제언

[부록]

◉ 컨텐츠 평가 보고서 양식 II

※ 다음에 제시된 사항을 중심으로 컨텐츠 평가 결과를 정리하여 보고서를 작성하여 보시오.

<table>
<tr><td colspan="2">컨텐츠 제목</td><td colspan="4"></td></tr>
<tr><td colspan="2">컨텐츠 평가의 목적</td><td colspan="4"></td></tr>
<tr><td>평가자</td><td></td><td>평가대상</td><td></td><td>결과사용자</td><td></td></tr>
<tr><td>평가일시</td><td></td><td>평가장소</td><td></td><td>결과공고여부</td><td></td></tr>
<tr><td colspan="2">컨텐츠 평가목표 및 기준</td><td colspan="4"></td></tr>
<tr><td>평가도구</td><td></td><td>소요시간</td><td></td><td>획득점수</td><td></td></tr>
<tr><td colspan="6">• 평가과제 및 평가문항

• 채점 기준표

• 유의사항

• 기타 고려사항</td></tr>
</table>

부록

행동목표 진술 동사 리스트

이 목록은 학습 목표를 분석할 때 사용할 수 있는 행동 동사를 나타낸다. 이 동사를 이용하면 학습 목표 진술 시 학습능력의 유형별로 목표 달성에 적합한 학습능력을 나타낸 수 있다.

---

* 이 내용은 Lee & Owens 공저의 Multimedia-based Instructional Design 책의 한글번역서 부록에서 그대로 인용하는 것으로 아래 번역서 저자의 허락하에 사용합니다.
백영균, 김보경(공역)(2003). 기업 및 학교교육을 위한 멀티미디어 활용 교수의 설계. 서울: 학지사. (pp. 285-294 인용).

학습 능력		뜻
변별 (Discrimination)	alter	변경하다
	arrange	마음속으로 정돈하거나 또는 범주로 분류하다
	circle	원으로 그려 이해됐음을 나타내다
	describe	특성을 나타내다
	discover	본래의 특성을 발견하다
	divide	두 개나 그 이상의 부분이나 그룹으로 나누다
	isolate	떼어놓다
	point	알거나 볼 수 있게 하다
	segregate	분리하거나 따로 두다
	separate	떼어놓다
	set apart	특별한 사용을 위해 남겨 두다
	show	차이점을 지적하다
	sort	공통적인 특성을 기초로 하여 지적으로 분류하다
	split	지적으로 일부분이나 몫으로 나누다
	write (or) type	인쇄하다
구체적 개념 (Concrete concept)	arrange	규칙적인 방식으로 정돈하다. 범주로 분류하다
	call	요청하다
	catalogue	자료를 분류하다
	combine	전체적인 형태를 위하여 종합시키다
	connect	지적인 관계를 만들다
	describe	표현하다 또는 설명하다
	duplicate	똑같은 것을 만들어내다
	gather	불러 모으다 또는 수집하다
	group	두 개나 더 많은 부분으로부터 완벽한 하나로 구성시키다; 분류하다; 마음속으로 결합시키거나 같은 것으로 묶다
	index	사실이나 결론을 이끌어내기 위해서 항목들을 늘어놓다
	inspect	주시하다 또는 ~에 주목[주의]하다
	itemize	상세히 설명하다 또는 하나씩 열거하다
	join	합쳐서 하나의 개체를 이루다
	label	기술하다 또는 나타내다
	link	지적으로 연결시키다
	mark	특징이나 특질을 구분하다
	match	서로 같음을 표시하다
	name	명명하다 또는 명백하게 언급하다
	narrate	자세하게 말하다
	place	순서 지어 늘어놓다
	point	나타내다 또는 지정하다
	repeat	주요한 사항들을 요약하다
	select	한 집단에서 기준을 가지고 뽑다
	sort	이미 정해놓은 특정사항에 따라 집단 내에서 분배하다
	tell	말하다 또는 설명하다
	unite	통합하다 또는 혼합하다

학습 능력		뜻
정의된 개념 (Defined concept)	alphabetize	알파벳순으로 늘어놓다
	arrange	순서대로 놓다
	change	고치다 또는 개선하다
	evaluate	가치를 매기다
	file	특정 성질에 따라 순서대로 정렬하다
	group	특정 성질에 따라 합치다
	index	특정 성질에 따라 분류하다
	list	특징이나 기능을 평가하는 목록, 특징, 기호, 태도, 흥미나 능력의 목록을 만들어 특정한 범주에 놓다
	measure	표준이 되는 기준에 근거한 결정을 내리다
	order	체계화하다
	organize	일관성 있는 하나의 개체를 형성하다
	pigeonhole	카테고리 속에 넣다 또는 분류하다
	rank	순서대로 늘어놓다
	rate	가치를 정하다 또는 평가하다
	record	기록을 만들다
	score	~에 가치를 정하다
	sort	구체적인 특징에 따라 그룹을 나누다
	survey	(상태를) 시험하다 또는 평가하다
	weigh	심사숙고하다 또는 평가하다
	write (or) type	인쇄하다
	announce	알리다, 또는 선언하다
	categorize	구체적인 특징에 따라 분류하다
	coach	미리 가르치다
법칙 (Rule)	corroborate	(소신, 진술 등을)확실하게 하다
	define	결정하다 또는 한계를 정하다
	depict	(글이나 말로)묘사하다 또는 ~을 의미화하다
	describe	표현하다 또는 설명하다
	disclose	발표하다; 알리다, 밝히다
	display	전시하다
	divulge	공표(발표)하다, 밝히다, 또는 드러내다
	explain	말하다, 교육하다, 또는 가르치다
	expose	묘사하다, 밝히다, 또는 끌어내다
	extricate	풀다 또는 해결하다; 구해내다
	locate	찾아내다; 위치나 범주에 놓다
	organize	정렬하다 또는 관련 있는 개체를 모아서 집합체를 이루다; 통합하다
	paint	묘사하다 또는 예를 들다
	place	놓다 또는 위치를 정하다
	present	보여주다
	proclaim	분명히 나타내다
	prove	믿을 수 있음을 증명하다
	relate	말하다
	reveal	누설하다 또는 알리다

학습 능력		뜻
	separate	분해하다 또는 분리하다
	show	확실히 설명하다 또는 명백하게 하다
	summarize	간결하게 나타내다
	teach	교육하다 또는 양성하다
	tell	설명하다
	tutor	보통 특정한 과목에서 지도하거나 가르치다
	unfold	나타내다
	verify	사실, 정확성, 또는 진실을 확증하다; 확실하게 하다
문제해결 (Problem solving)	acquire	~을 소유(점유)하게 되다
	arrive	나타나다; 미리 결정하거나 미확인된 결말에 이르다
	assemble	모아 정리하다
	build	세우다 또는 형성하다
	collect	한 몸이나 장소에 함께 모으다
	complete	끝내다
	compose	하나의 통일체로 만들다
	construct	부분이나 요소들을 정렬하다; 조립하다
	convince	논리적으로 설득하다 또는 확증하다
문제해결 (Problem solving)	create	행동의 과정에 의해 만들거나 야기하다
	deduce	~을 끌어내다, 얻다
	design	생각하고 계획하다
	develop	상세히 설명하다; 단계나 세부 항목으로 분명히 하다
	devise	달성하다 또는 해내다
	effect	야기하다 또는 (사건 등이) 일어나는 원인이 되다
	eliminate	특정한 기준에 의하여 제외시키다
	enact	세우다, 수립하다 또는 제정하다
	enlist	도움과 지지를 획득하다; 고용하다
	equalize	양적이나 질적으로 같게 하다
	erect	적절한 제재들로 모아 놓다; 세우다
	establish	세우다 또는 수립하다
	excite	행동을 자극하다
	exhibit	시야에 나타내다
	finish	완료하다
	formulate	조직적으로 이루어 놓다
	give	필요한 것을 제공하다
	inaugurate	시작하다
	incite	행동을 일으키게 하다
	include	특정한 기준에 따라 통합시키다
	initiate	시작을 야기하다; 움직이게 하다
	introduce	활동시키다; 시작하다
	invent	창작하다, 찾다, 시작하다
	launch	움직이게 하다; 시작하다
	make	창조하다 또는 만들어 내다, 발생하다 또는 나타나다

학습 능력		뜻
	originate	창시하다 또는 만들어 내다
	plot	해낼 것을 고안하거나 계획하다
	present	볼 수 있게 나타내다 또는 보여주다
	produce	만들다, 산출하다, 주다 또는 효과적으로 주다
	show	보여주다; 나타내다
	stimulate	행동을 자극하다
	supply	필요한 것을 공급하다; 주다
인지적 전략 (Cognitive strategy)	accede to	요구나 요청에 따르다
	accept	특별한 의미를 갖는 것으로 생각하다; 이해하다
	admit	허락하다 또는 허가하다; 준비하다
	advocate	~에 편들어 주장하다
	affirm	정당성을 입증하다
	agree	이의 없이 받아들이다; 허락하다; 인정하다
	allow	허가하다, 허락하다, 동의하다, 말하다 또는 진술하다
	approve	형식적이나 공식적으로 찬성하다
	arrange	순서대로 놓거나 분배하다
	authorize	권위를 부여하다
	champion	지지하다; 유지하다
	clarify	이해할 수 있게 하다
	comply	무언의 혹은 공공연하게 받아들이다
	concede	사실로, 근거가 확실하게 또는 정확하게 받아들이다
	confirm	찬성하다; 인가하다
	contain	~의 범위 내에서 가지다; 소유하다; 타협하다; 포함하다
	corroborate	증거나 권위로 입증하다; 확증하다
	defend	입장을 유지하거나 보호하다
	define	한계를 정하거나 표시하다
	describe	표현하다 또는 설명하다
	embrace	포함하다
인지적 전략 (Cognitive strategy)	employ	사용하다
	enact	합법적, 권위적인 행동에 의하여(제도·법률 등을) 제정하다
	encompass	에워싸다, 덮어 싸다, 또는 포함하다
	endorse	공개적으로 찬성하는 입장을 나타내다
	endure	흔들리지 않다 또는 완고하다
	engage	끌어 담다(채우다)
	espouse	말로써 지지하다
	exercise	효과적으로 하다; 사용하다; 움직이다
	exhaust	다 써버리다 또는 완전히 소비하다
	expend	특별한 목적을 위해 사용하다
	explain	알리다; 분명하고 이해하기 쉽게 하다
	implement	~에게 효력을 주다, 실행하다 또는 성취하다
	incorporate	이미 구별할 수 없는 형태로써 존재하고 있는 것을 통합하거나 가공하다

학습 능력		뜻
	incur	줄어들다
	legislate	법률로서 제정하다
	list	열거하다
	manipulate	잘 다루다 또는 능숙하게 다루다
	narrate	자세히 말하다
	operate	기능을 수행하다; 알맞은 결과를 이루다
	permit	가능하게 하다
	prove	진실이나 정당성을 검사하다
	ratify	정식으로 승인하고 인가하다; 확증하다
	recite	소리 내어 읽고 말하다
	recount	자세히 말하다; 이야기하다
	rehearse	말하다; 되풀이하여 말하다; 이야기하다; 말하다 또는 열거하다
	relate	말하다
	report	말하다
	sanction	정확히 또는 구속력 있게 하다
	simplify	더 알기 쉽게 하다
	substantiate	증거나 증거물을 가지고 (사실 등을) 입증하다; 증명하다
	support	실증하다
	uphold	반대에 대립하여 지지하다
	use	실행에 옮기다
	validate	확증하다, 입증하다, 또는 확실하게 하다
	verify	확증하다 또는 확신을 가지고 법적으로 증명하다
언어정보 (Verbal information)	acknowledge	알리다 또는 주목하다
	advance	나아가게 하다
	affirm	명확하게 말하다; 확인하다 또는 확증하다
	agree	일관되다 또는 조화를 이루다
	allege	증거 없이 단언하다
	announce	공개적으로 알리다; 공포하다
	argue	말로 논쟁하거나 의견이 다르다; 논의하다
	articulate	명료하게 표현하다
	assert	명확하게 선언하거나 진술하다
	attest	확증하다 또는 ~의 사용을 증명하다
	characterize	성질을 묘사하다
	charge	명령하다 혹은 가르치다
	clarify	이해할 수 있게 하다
	comment	설명하다 또는 해석하다
	communicate	알리다
	confess	말하다 또는 알리다
	confirm	승인하다 또는 비준하다
언어정보 (Verbal information)	contend	단언하다 또는 강력히 주장하다
	contribute	정보를 제공하다
	decipher	알기 쉬운 서식으로 바꾸다

학습 능력		뜻
	declare	정식으로 또는 명백히 알리다
	decode	풀다, 번역하다
	define	~의 의미를 설명하다
	delineate	상세하게 묘사하다
	describe	표현하다 또는 ~을 설명하다
	explain	알리다; 이해할 수 있게 하다
	expound	제시하다; 진술하다
	express	설명하다, 진술하다, 묘사하다 또는 상세히 묘사하다
	interpret	설명하다 또는 ~의 의미를 말하다
	justify	틀림없는, 정당한 또는 합리적임을 증명하다
	narrate	상세히 말하다
	notify	통지하다
	offer	수락을 제안하다
	portray	말로 묘사하다
	profess	공개적 또는 자유롭게 선언하거나 인정하다
	propose	제시하다
	rationalize	합당한 이유나 원인을 밝히다
	recount	자세히 말하다 또는 이야기하다
	speak	말하다
	tell	진술하다 또는 이야기하다
	utter	말하다
	summarize	간단하고 간결하게 기술하다
	verbalize	말로 표현하다
	vocalize	말하다
	voice	말로 표현하다
운동 기능 (Motor skill)	attach	접착하다
	administer	~의 사용을 관리하거나 통제하다
	aid	도와주다
	arrange	정돈하다 또는 배열하다
	bring about	발생의 원인이 되다
	bring on	유발하다(나타나는 원인이 되다)
	carry out	목적을 달성하다
	clean	삭제하다 또는 근절하다; 벗기다 또는 비우다
	complete	끝내다
	conduct	이끌다
	deal	분배하다
	deliver	나르다
	demonstrate	보여주다
	direct	보여주다 또는 지적하다
	discharge	짐을 덜다
	dismiss	떠나게 하다
	dispense	비율에 따라 분배하다
	display	분명하게 하다

학습 능력		뜻
	distribute	비율만큼 쓰다(소비하다)
	do	일어나다 또는 실행하다
	donate	주다
	dramatize	과장된 행동으로 나타내다
	emerge	나타나다
	empty	~의 내용을 삭제하다
	endow	주다 또는 공급하다
운동 기능 (Motor skill)	equip	공급하다
	establish	물리적으로 세우다
	excrete	추려내다; (부담 따위를)제거하다
	finish	끝내다
	force	일어나게 하다
	free	구속하는 것을 없애다
	give	주다, 수여하다 또는 증여하다
	impersonate	~의 특성을 따라 하다 또는 ~처럼 행동하다
	implement	수행하다; (목표를)달성하다
	inflict	부과하다 또는 (과오 등을) 저지르다
	liberate	해방시키다
	make	창조하다 또는 건설하다
	organize	가지런히 하다, 정렬하다
	pass	~보다 앞으로 이동하다
	perform	실행에 옮기다 또는 연기하다
	play	즐거운 활동을 하다
	present	보여주다
	release	놓아주다
	serve	시중들다
	sketch	그리다
	stage	공공관람으로 제공하다
	supply	공급하다
	surrender	넘겨주다
	transfer	어떤 사람이나 장소나 상황을 다른 것으로 옮기다
	work	노동에 힘을 소비하다
태도 (Attitude)	adopt	정식으로 수락하다
	advocate	~을 위하여 변호하다
	champion	지지하다
	complete	끝내다
	conclude	결정하다
	cull	그룹으로부터 선택하다
	decide	결론에 도달하다
	decree	결정하다
	defend	위치를 정하다
	determine	결정하다 또는 결심하다

학습 능력		뜻
	discover	알려지거나 가시적으로 하다
	discriminate	구별하다
	distinguish	차이점을 알다
	divine	발견하다 또는 알아내다
	elect	자유롭게 선택하다
	embrace	~의 부분으로 받아들이거나 포함시키다
	encompass	포함하다
	endorse	승인하다
	espouse	지지하다
	fancy	좋아하다
	favor	(사람, 관심 등이 ~으로)기울어지다
	include	전체의 부분으로 받아들이다
	incorporate	이미 존재하고 있는 어떤 것으로 합하거나 가공하다
	judge	~의 의견을 형성하다
	opt	선택하다 또는 고르다
	perform	실행에 옮기다 또는 연기하다
	pick	선택하다 또는 고르다
	prefer	더 좋아하다; 추천하다
	resolve	결정하다
	select	즐겨 선택하다
	settle	결정하다 또는 결심하다
	take up	수락하다 또는 채택하다

찾아보기

ㄱ

ㄴ

ㄷ

ㄹ

ㅁ

ㅈ

ㅊ

ㅋ

기타

저자 소개

조미헌

University of Wisconsin-Madison, 컴퓨터교육 · 교육공학 전공 석사 · 박사
(현) 청주교육대학교 컴퓨터교육과 교수
안동대학교 교육공학과 교수 역임
한국교육개발원 부연구위원 역임

김민경

이화여자대학교, 수학교육 전공 석사
Iowa State University, 수학교육 · 교육공학 전공 박사
(현) 이화여자대학교 초등교육과 교수

김미량

Lehigh University, 교육공학 전공 석사
서울대학교, 교육공학 전공 박사
(현) 성균관대학교 컴퓨터교육과 교수
공공데이터전략위원회 위원
정부혁신추진협의회 위원
전자정부추진위원회 위원

이옥화

University of Wisconsin-Madison, 컴퓨터교육 · 교육공학 전공 석사 · 박사
(현) 충북대학교 교육학과 교수
(현) 한국문화정보원 이사
한국과학기술원 시스템공학센터 선임연구원 역임
한국교육개발원 책임연구원 역임
국가 홍조근조훈장 수상
(전) 대통령 국가정보화전략위원회 위원
(전) 대통령 교육혁신위원회 위원
(전) 한국교육학술정보원 이사
(전) 한국교육정보미디어학회장

허희옥

이화여자대학교, 교육공학 전공 석사
Florida State University, 교육공학 전공 박사
(현) 순천대학교 컴퓨터교육과 교수
한국교육개발원 연구원 역임

제4판 **e-Learning 컨텐츠 설계**

2004년 2월 25일 제1판 1쇄 발행
2006년 3월 10일 제1판 3쇄 발행
2010년 2월 25일 제2판 1쇄 발행
2015년 1월 25일 제3판 1쇄 발행
2020년 2월 20일 제4판 1쇄 인쇄
2020년 2월 25일 제4판 1쇄 발행

저 자 : 조미헌 김민경
김미량 이옥화
허희옥
발행자 : 한 정 주
발행처 : 교육과학사

저자와의 협의하에 인지생략

경기도 파주시 광인사길 71
전화 (031)955-6956~8/팩스 (031)955-6037
Home-page : www.kyoyookbook.co.kr
E-mail : kyoyook@chol.com
등록 : 1970년 5월 18일 제2-73호

낙장 · 파본은 교환해 드립니다.
Printed in Korea.

정가 21,000원
ISBN 978-89-254-1441-6